Understanding of Social Welfare Research

사회복지조사의 이해(3판)

조학래 지음

신정

머리말 Proface

사회복지학 교육 과정에서 사회복지조사론은 사회과학의 연구방법론과 많은 내용을 공유하는 필수 교과목이며 사회복지사 1급 국가시험의 시험과목이다. 이는 사회복지조사론이 사회복지학 교육뿐만 아니라 사회복지실천현장과 밀접한 연관이 있음을 보여 준다. 이러한 인식에 따라 사회복지 교과목 지침서에 제시된 사회복지조사론의 교과목 목표는 사회복지학의 이해에 필요한 기초적 사회과학 연구역량 함양과 증거기반 실천역량을 가진 사회복지사의 양성이다.

이러한 교과목 목표와 교과목 지침서 목차를 토대로 이 책은 13장으로 구성하였다. 1장은 과학적 방법과 조사연구, 2장은 사회과학의 특성과 접근방법, 3장은 사회복지조사의 기본 이해, 4장은 연구주제의 선정과 조사연구, 5장은 측정과 척도, 6장은 측정도구의 신뢰도와 타당도, 7장은 인과관계 추론과 연구설계, 8장은 단일사례설계, 9장은 표본추출, 10장은 자료수집방법, 11장은 비관여적 자료수집과 관찰법, 12장은 평가조사와 욕구조사, 13장은 질적 연구의 전통, 14장은 통계 등이다.

이 책의 특징은 장마다 학습목표와 핵심 내용 정리, 사회복지사 1급 기출문제 등을 제시하고 있다는 점이다. 학습목표는 각 장에서 학습해야 할 주요 사항이 무엇인지를 파악하고 학습하도록 도와줄 것이다. 핵심 내용 정리는 학습한 내용 중에서 가장 중요한 사항을 중심으로 정리하였으므로 짧은 시간 내에 반복 학습을 할 때 도움이 될 것이다. 사회복지사 1급 기출문제를 통해 학습한 내용의 기본 개념을 정리하고, 출제 경향과 문제 유형을 이해할 수 있을 것이다.

이 책은 저자가 지난 20년 이상 강의하면서 교재로 사용하였던 여러 책 가운데 김환준 〈사회복지연구조사방법론〉, 유기웅 외 〈질적 연구방법의 이해〉, 이훈영 〈이훈영 교수의 사회과학조사방법〉, 채서일과 김주영 〈사회과학조사방법론〉, 최성재 〈사회복지조사방법론〉 등에서 특히 많은 도움을 받았다. 이렇게 좋은 책이 많은데 또 하나의 사회복지조사론 교재가 필요한 것인가에 대해 저자는 많이 고민하였다. 그런 고민을 통해 저자는 그동안 사용했던 교재보다 학생들이 더 쉽게 이해할 수 있는 내용으로 구성할 것, 학습내용은 사회복지실천현장과 연결될 것, 그리고 1급 국가시험과 사회조사분석사 시험과 밀접한 연관성이 있을 것 등을 염두에 두고 저술하고자 노력하였다.

이 책을 마무리하면서 항상 느끼는 것은 나의 무지함에서 시작된 용기와 과욕에 대해 다시 한번 반성하는 시간이 되었다. 오랜 기간 여러 저자의 책과 글을 참고하여 더 쉽게 작성하려고 하였지만, 사회복지조사에 대한 저자의 지식이 부족함을 확인하였다. 부족한 부분은 독자의 건전한 비판과 가르침을 통해 더욱 다듬어질 수 있기를 기대해 본다.

끝으로 지금까지 항상 좋은 길로만 인도해 주신 하나님의 은혜에 감사드린다. 나를 낳고 길러 주신 부모님, 학문적 소양을 갖추도록 가르침을 주신 은사님, 항상 도움을 주는 동료 교수님과 언제나 믿고 따르는 제자들, 함께 저술하지 못한 부담감으로 꼼꼼히 읽고 도움을 주신 손의성 교수님, 항상 무한한 신뢰와 헌신적인 내조로 용기를 주는 황은정님, 그리고 저자를 위해 기도하는 모든 분께 감사의 마음을 전한다. 또한 이 책이 나올 수 있도록 도움을 주신 도서출판 신정 관계자들께 진심으로 감사를 드린다.

2024년 2월

하기동 선지동산의 작은 공간에서

차례 Contents

Chapter 2 사회과학의 특성과 접근방법

Chapter 3 사회복지조사의 기본 이해

Chapter 4

연구주제의 선정과 조사연구

Chapter 5

측정과 척도

Chapter 9 표본추출

Chapter 10 자료수집방법

Chapter 12

평가조사와 욕구조사

Chapter 13

질적 연구의 전통

CHAPTER 01

과학적 방법과 조사연구

1. 탐구와 과학적 방법
2. 과학적 연구의 특성
3. 과학적 연구의 논리체계
4. 사회복지조사의 윤리성
5. 윤리성 제고 방안

Chapter 01

과학적 방법과 조사연구

학습목표

- 과학의 목적을 이해한다.
- 일상적인 지식습득 과정의 오류를 이해한다.
- 과학적 연구의 특징을 이해한다.
- 과학적 연구의 논리체계인 연역법과 귀납법의 특징을 이해한다.
- 사회복지조사에서 발생할 수 있는 윤리적 문제를 이해한다.

1. 탐구와 과학적 방법

과학(science)이란 인간이 자기 주변 환경을 지배하기 위해 사용하는 기술이며, 현상에 대한 체계적인 설명이다. 즉, 과학이란 새로운 지식을 얻기 위한 수단으로 과학적 방법 또는 과학적 방법으로 획득된 지식을 의미한다(김환준, 2004). 일반적으로 학문은 과학, 예술, 형이상학 등 세 가지 분야로 분류할 수 있다. 예를 들어 과학은 문제해결 과정에서 과학적 방법을 사용하지만, 예술이나 형이상학 분야는 그렇지 않다. 과학은 인간의 일반적인 능력으로 관찰을 통해 해결 가능한 문제를 다루지만, 예술과 형이상학은 종교나 철학, 점성술 등과 같이 인간의 궁극적인 진리를 탐구하거나 초자연적인 현상을 연구한다. 이처럼 과학, 예술, 형이상학 분야

등의 구분은 해결 가능한 문제를 다루는지와 문제 해결을 위해 과학적 방법을 사용하는지에 따라 나뉜다. 이러한 분류기준에 근거하여 과학은 해결 가능한 문제를 과학적 방법을 통해 이론을 도출하는 과정으로 정의할 수 있다(채서일, 2011).

1) 과학의 목적

과학의 목적은 사회현상을 설명하고 이해하기 위해 이론을 제시하고 증명하는 것이다. 이러한 이론(theory)은 사회현상을 설명하기 위한 논리나 틀로서 어떤 현상의 발생 이유를 설명하고 예측할 목적으로 변수 간의 관계를 기술하거나 설명하는 지식체계를 의미한다. 이런 점에서 특정한 사회현상의 발생 이유를 합리적으로 설명하는 어떤 지식체계를 이론이라 부른다. 이처럼 이론은 어떤 현상의 발생 이유를 설명하고, 이해하며 예측하는 데에 필수적인 도구이다. 이러한 이론을 제시하고 증명하는 과학의 구체적인 목적을 살펴보면 다음과 같다(채서일, 2011).

① 현상을 설명하는 지식 제공

과학은 존재하거나 경험적으로 검증 가능한 것에만 관심이 있고, 가치관이나 신앙 등의 문제는 다루지 않는다. 과학은 관심의 대상이 되는 어떤 현상이 '왜' 그렇게 존재하며 '어떻게' 될 것인가에 대한 지식을 제공한다. 이처럼 어떤 현상의 인과관계에 대한 일반적인 법칙을 제공하는 것을 설명이라 한다. 예를 들어 술과 담배가 청소년의 신체 건강에 해롭다는 주장은 그것들이 청소년의 신체 건강에 나쁜 영향을 준다는 연구 결과를 근거로 설명할 수 있는 지식이 있다는 의미이다.

② 현상에 대한 규칙의 일반화

과학은 자연현상과 사회현상에 존재하는 논리적인 유형, 즉 발견된 규칙성을 이론과 법칙으로 일반화한 것이다. 여기서 규칙성은 절대적인 것이 아니라 발생 가능성이 큰 확률적 규칙성을 의미하며, 이런 과정에서 과학은 객관성이 있어야 한다. 예를 들어 "겨울에는 눈이 온다."라는 자연현상에 대하여 "가을에는 눈이 오지 않는다."라고 일반화할 수 없다.

③ 변수 간의 관계 기술 및 설명

과학에는 연구대상이 되는 다양한 변수들이 있는데, 이러한 변수 간의 관계를 기술하거나 설명하는 것이 이론이다. 이러한 이론을 제시하고 증명하는 것이 과학의 목적이다. 예를 들어 독립변수인 부모 – 자녀관계, 친구 관계, 교사와의 관계 등은 종속변수인 청소년의 학교생활적응과 어떤 관련이 있는지를 기술하고 설명하는 것이 과학의 목적이다.

④ 이론을 바탕으로 현상 예측

과학의 목적은 현상에 대한 지식의 제공을 통해 그 현상을 설명하는 이론을 개발하는 것이다. 어떤 이론이 특정 현상을 설명하는 데 적합하다면, 그것에 근거하여 미래의 같은 현상에 대해서도 예측할 수 있어야 한다. 이처럼 어떤 현상의 결과가 나타날 것을 예측하여 그것을 통제하면 문제를 해결하거나 개선할 수 있다. 예를 들어 소극적 강화의 관점에서 지각하는 학생에게 벌점을 부과하면, 지각 횟수가 줄어들 것이라는 것을 예측할 수 있다. 이처럼 소극적 강화(부적 강화)와 같은 행동주의 이론으로 특정 현상을 예측할 수 있다면, 그것은 좋은 이론이다. 따라서 좋은 이론이란 인과관계의 설명력이 높으므로 특정 현상에 대한 예측력이 높아야 한다(김구, 2011).

2) 지식습득의 방법

과학이란 지식을 습득하려는 인간의 활동 중 하나로 지식습득의 방법으로는 과학적 방법과 비과학적 방법이 있다. 과학적 방법이란 연구자의 주장과 관련된 경험적 증거를 찾거나, 불확실한 미래의 예측을 위하여 진행되는 체계적이며 합리적인 절차로 사회복지조사도 여기에 해당한다. 특히 사회복지사는 사회복지실천현장에서 수행하는 다양한 업무와 관련하여 과학적 방법인 사회복지조사의 지식이 필요하다. 즉, 사회복지사가 제공하는 서비스의 평가나 새로운 프로그램의 만족도 평가, 서비스의 질 향상을 위한 실천기술 개발이나 실천방법의 효과성 비교, 지역주민의 복지 욕구 파악을 위한 욕구조사 등이다.

사람은 과학적 방법으로 개연성(probability)이 높은 지식을 습득해야 하지만, 비과학적 방법으로도 지식을 탐구하기도 한다. 일반적으로 사람은 오류와 한계가 있지만, 다음과 같은 비과학적 방법을 통해 지식을 습득하기도 한다.

① 전통 혹은 관습에 의한 방법

전통 혹은 관습(tenacity)에 의한 방법은 이미 사회적으로 형성된 전통이나 관습 등을 비판 없이 수용하여 자신의 지식으로 형성하는 것이다. 예를 들어 "세 살 버릇 여든까지 간다.", "사과는 아침에 먹으면 금이고, 저녁에 먹으면 독이다.", "특정한 성씨를 가진 사람은 고집이 세다."라고 우리가 알고 있는 내용은 이전부터 내려왔던 지식을 아무런 의심 없이 그대로 받아들인 것이다. 이러한 방법은 다른 사람들이 아는 것을 그대로 받아들임으로써 새로운 지식습득의 시간과 비용을 절감할 수 있는 것이 장점이다. 이처럼 전통이나 관습에 근거하여 어떤 지식을 쉽게 습득하는 이유는 주로 인간의 보수성과 이를 받아들이지 않았을 때 받게 될 불편과 고통 때문이다. 그러나 전통이나 관습은 시대에 따라 변하며, 사회에 관한 사람의 관심은 모두 같지 않다는 것이 한계이다.

② 권위에 의한 방법

권위(authority)에 의한 방법은 자기주장의 타당성과 설득력을 높이기 위하여 뛰어난 인품 · 전문기술 · 높은 사회적 지위의 사람을 이용하거나, 믿을만한 정보 출처를 이용하거나, 신뢰도가 높은 국가기관의 유권 해석을 이용해서 지식을 얻는 방법이다. 이럴 때 그 지식의 원천은 다른 사람 또는 다른 조직의 사회적 권위에 둔다(채서일 · 김주영, 2016). 예를 들어 "침대는 가구가 아니라 과학입니다."라는 광고 문안을 들은 청소년이 TV 매체의 권위에 의해 침대를 가구가 아닌 과학으로 잘못 알고 있을 수가 있다. 이 방법으로 지식을 습득하는 것은 빠르고 간단하며 비용이 적게 드는 것이 장점이다. 그러나 관련 분야의 전문가도 실수나 오류를 범할 수 있고, 전문가마다 다른 견해가 있을 수 있다. 이처럼 권위의 원천이 서로 달라서 견해의 불일치가 나타날 수 있다는 것이 한계이다.

③ 직관에 의한 방법

직관(intuition)이란 이성적 추리 없이 오랜 시간 관찰된 많은 사물이나 사태를 곧바로 아는 능력 또는 그런 감각을 가진 능력을 의미한다. 따라서 직관에 의한 방법은 비판의 여지가 없는 분명한 명제에서 출발하여 지식을 습득하는 방법이다. 예를 들어 옛날에는 의심하지 않았던 "지구는 평평하다."라는 명제도 거짓으로 밝혀졌다. 이러한 직관은 개인적인 정신 능력이나 판단에 기초하므로 비합리적일 가능성이 크기 때문에 반드시 검증해야 한다는 생각이 과학적 사고의 출발점이 될 수 있다.

3) 일상적인 지식습득 과정의 오류

개인적 경험 혹은 "백 번 듣는 것이 한 번 보는 것만 못하다."라는 속담은 지식습득의 방법으로 설득력이 있지만, 개인적 경험도 착각 때문에 실수하기도 한다. 이처럼 일상적인 지식습득 과정에서 개인은 다음과 같은 오류를 범할 수도 있다(황성동, 2015; Rubin & Babbie, 2014).

① 부정확한 관찰

인식대상에 대한 정확한 관찰은 지식습득을 위한 과학적 방법의 출발이다. 그러나 인간의 감각기관은 한계가 있으므로 인식대상을 있는 그대로 관찰하는 것이 어렵다. 예를 들어 미리 의도하지 않았다면, 대부분 사람은 어제 만났던 사람의 옷 색깔을 기억하지 못할 것이다. 이처럼 일상생활에서 인간의 관찰은 대부분 비의도적이고 무의식적으로 이루어지기 때문에 부정확한 경우가 많다. 하지만 과학적 연구는 무계획적으로 시행하는 것이 아니라 계획적으로 관찰하므로 관찰에서 범하는 오류를 줄일 수 있다.

② 과도한 일반화

일반화(generalization)란 특정 대상의 연구 결과를 그것과 유사한 대상에 확대 적용하는 것인데, 이것이 지나칠 때 과도한 일반화가 된다. 즉, 과도한 일반화란 개인이 관찰한 소수의 사건이나 경험을 근거로 마치 전체 현상 속에서 볼 수 있는 규칙적 특성으로 일반화하는 오류를 말한다. 예를 들어 몇몇 결혼이주여성과의 상담을 통해 한국 사회 적응에 어려움이 있음을 파악한 사회복지사가 대다수 결혼이주여성이 그런 어려움이 있다고 주장하는 경우이다. 이처럼 연구대상에 대해 절대적으로 부족한 관찰이 과도한 일반화의 문제이다. 하지만 과학적 연구는 충분한 표본의 사용을 통해 과도한 일반화를 예방한다.

③ 선별적 관찰

선별적 관찰이란 연구자가 자신의 선입관과 일치하는 연구대상의 특성에만 관심을 두고 관찰할 때 발생하는데, 과도한 일반화에서 비롯된 경우가 많다. 예를 들어 사회복지사는 친절하다는 선입관이 있는 사람이 불친절한 사회복지사를 만나면, 그 사건을 무시하거나 의미를 부여하지 않는 것이다. 하지만 과학적 연구는 연구설계를 통해 관찰대상의 속성이나 유형을 명확히 하여 선별적 관찰이 이루어지지 않도록 준비한다.

④ 사후 가설 설정

사후 가설 설정이란 연구자가 가설을 설정하지 않은 상태에서 경험적 관찰을 시행한 결과를 근거로 가설을 설정하여 연구의 결론에 도달하는 경우이다. 이러한 사후 가설 설정이 참된 지식이 되려면, 다른 많은 관찰을 통해 이와 유사한 사실이 발견되고 증명되어야 한다(김환준, 2004). 하지만 과학적 연구는 어떤 사실 간의 관계를 설명하기 위해 먼저 가설을 설정한 다음, 그것이 타당한지를 경험적으로 확인한다.

⑤ 비논리적 추론

참된 지식은 경험적 관찰과 논리적 추론으로 이루어진다. 하지만 충분한 관찰을 수행하더라도 논리적 추론이 잘못되었다면 그 결과는 믿을 수 없다. 이처럼 비논리적 추론은 논리적 근거가 명확하지 않은 추론을 의미한다. 비논리적 추론은 도박사의 오류(Gambler's fallacy)라고도 하는데, 도박판에서 계속 잃기만 하던 사람이 다음 판에는 꼭 딸 것으로 생각하는 오류를 말한다. 즉, 확률적으로 독립적인 사건에 대해 이전 사건의 발생 확률에 근거하여 다음번에 반대되는 결과가 나올 것이라고 착각하는 현상을 일컫는다. 예를 들어 나눔 로또 복권의 1등에 당첨될 확률은 814만 분의 1이지만, 복권을 계속해서 구매하는 사람은 매번 그 확률이 같다는 것을 잊어버릴 수 있다. 하지만 과학적 연구는 연역법과 귀납법의 논리체계를 사용하여 논리적 근거가 명확한 추론을 시행한다.

⑥ 자기중심적 현상 이해

같은 현상도 연구자의 관점에 따라 다르게 해석할 수 있다. 즉, 연구의 추론 과정에서 연구자의 자아와 선입관 때문에 적절한 인식 활동이 저해될 수 있다. 예를 들어 좋은 학점을 받지 못한 학생은 자신의 능력이나 시험 준비의 부족보다는 교수의 불공정한 기준이나 어려운 문제를 원인으로 생각하는 것이다. 이처럼 지식 습득 과정에서 연구자가 자기중심적으로 현상을 이해한다면, 연구의 객관성이 훼손되어 타당도가 낮은 결론을 내릴 수 있다. 하지만 과학적 연구는 가치중립적인 객관적 연구를 지향한다.

⑦ 탐구의 성급한 종결

탐구의 성급한 종결이란 지식습득 과정에서 연구자가 어떤 사실을 충분히 이해하지 못했음에도 그 과정을 종결하는 경우이다. 예를 들어 연구자가 충분한 과학적 자료수집과 비판적 논증 과정 없이 연구 기간에 수집된 자료만을 근거로 결론을 내린다면 그것은 불완전하다. 실제로 기존의 어떤 지식도 완전하지 않으며, 지식은 계속해서 변하고 있다. 특히 인간을 연구대상으로 하는 사회과학 연구는 순환적인 성향이 있으므로 그것에 관해 더는 탐구하지 않아도 된다는 성급한 종결은 바람직하지 않다. 하지만 과학적 연구는 그 결과가 언제라도 수정 가능하다는 개방적 성격을 지닌다.

⑧ 신비화

보통의 이론이나 상식으로는 어떤 현상을 이해할 수 없거나 그 이유를 찾을 수 없을 때, 사람은 그것을 단순히 이해할 수 없는 신비한 원인으로 돌리기도 한다. 즉, 사람은 그것을 어떤 방식으로든 이해하려고 종종 신비적인 방법에 의존한다. 신비화는 객관적인 요인들이 무시되고 신비화된 한 두 가지 신념에 의해 사실이 왜곡되거나 축소되는 결과를 가져오게 된다. 예를 들어 어떤 상황에서 자신의 행동을 전혀 이해할 수 없다면, 그 사람은 '무엇에 홀려' 그렇게 되었다고 말한다. 하지만 과학적 연구는 신비적으로 이해하는 방법을 배제한다.

⑨ 꾸며 낸 정보

어떤 사실은 자신의 일반화된 지식과는 너무 어긋난 때도 있다. 이럴 때 사람은 자신의 편견이나 일반화를 유지하기 위해 그 이유를 조작하거나 왜곡할 수도 있다. 하지만 과학적 연구는 객관적으로 해석하며, 긍정적 결과와 부정적 결과도 모두 보고해야 한다.

2. 과학적 연구의 특성

과학은 우리를 둘러싸고 있는 어떤 현상을 이해하는 데 많은 도움을 준다. 일반적으로 과학적 연구의 특성은 다음과 같다(김환준, 2004; 채서일 · 김주영, 2016).

(1) 논리성

과학은 인간의 논리적 사고에 기초한 합리적인 활동이므로 과학적 연구는 논리적(logical)이다. 일반적으로 논리적이란 두 개의 배타적인 상태가 동시에 발생할 수 없으며 말이나 현상 등이 서로 이치에 맞아야 한다는 것이다. 즉, 어떤 현상의 원인과 결과가 있을 때, 결과가 원인보다 시간상으로 앞설 수 없다는 것을 의미한다. 예를 들어 동전을 던질 때 앞면과 뒷면이 동시에 나올 수 없다는 것이나, 불을 피우지도 않았는데 연기가 먼저 날 수 없다는 것과 같다.

(2) 인과성

과학적 연구는 인과성(search for cause)을 추구한다. 모든 현상은 자연적으로 발생하는 것이 아니라 반드시 어떤 원인 때문에 발생한다. 따라서 그 원인은 논리적으로 설명할 수 있어야 하는데, 과학적 연구는 어떤 하나의 요인으로만 특정 현상을 완벽하게 설명할 수 없으므로 확률적 결정론(deterministic)을 포함한다. 즉, 어떤 원인으로 나타날 결과의 가능성을 확률로 표현하는 것이다. 예를 들어 어떤 학생이 사회복지사 1급 국가시험에 합격할 확률을 80%라고 표현하는 것은 그렇지 않을 가능성도 있다는 것을 의미한다.

(3) 일반성

과학적 연구는 일반성(generalization)을 추구한다. 일반성이란 경험을 통해 얻은 구체적인 사실을 근거로 보편적인 원리를 추구하는 것을 말한다. 따라서 과학적 연구는 특정한 사건이나 현상만을 설명하는 것이 아니라 대부분의 유사한 사건이나 현상에 포괄적으로 적용하여 설명할 수 있는 일반적인 논리나 이에 대한 이해를 추구한다. 즉, 각각의 현상을 하나하나 설명하기보다는 여러 현상을 함께 설명할 수 있는 일반적인 원리를 추구한다. 예를 들어 특정 개인인 홍길동이 죽는다는 일회적인 개별 현상을 설명하기보다 모든 사람이 죽는다는 일반적인 사실을 설명한다.

(4) 간결성

과학적 연구는 간결성(parsimonious)을 추구한다. 과학적 연구는 어떤 현상을 이해할 때 최소한의 설명변수만으로 최대한의 설명력을 확보하는 것이다. 가장 바람직한 연구와 그 연구 결과를 얻을 수 있는 연구모형은 소수의 변수나 요인으로 가장 많은 것을 설명할 수 있는 연구이다. 예를 들어 7개의 변수로 90% 정도를 설명하지만, 3개의 변수로 70% 정도를 설명하는 것이 더욱 바람직한 연구모형이 될 수 있다.

(5) 구체성

과학적 연구는 구체성(specific)을 추구한다. 과학적 연구는 특정한 현상을 설명하기 때문에 그것이 적용되는 대상과 범위는 명확히 제한되어야 한다. 따라서 과학적 연구에서 사용하는 개념들은 하나 이상의 다양한 해석이 가능하므로 개념의 조작화를 통해 더욱 정확히 측정해야 한다.

(6) 경험적 검증 가능성

과학적 연구는 경험적으로 검증 가능(verifiable)해야 한다. 즉, 과학적 연구에 따라 형성된 지식은 그 연구 과정이 명확해서 다른 연구자가 같은 방법을 사용한다면, 동일한 결론에 도달할 수 있어야 한다. 이처럼 연구자가 제시한 이론이 현실 세계에서 경험적 자료를 통해 검증될 수 있어야 한다. 과학적 지식은 경험성이 있어야 하는데, 경험적 특성은 측정할 수 있고 관찰할 수 있는 현상으로 한정된다. 따라서 경험적 검증 가능성은 다른 주장을 반증함으로써 본래의 주장을 확고하게 입증할 수 있다.

(7) 상호주관성

과학적 연구는 상호주관성(intersubjective)을 가진다. 상호주관성이란 간주관성이라고도 하는데 자신에게 주관이 있는 것처럼 다른 사람에게도 그 사람 나름의 주관이 있어서 서로 공통적인 것을 인정하는 것을 말한다. 즉, 연구자들이 서로 다른 동기로 조사하더라도 같은 연구 과정과 방법을 적용하면, 연구 결과는 동일해야 한다는 것을 의미한다. 또한 연구자가 반복해서 같은 방법으로 조사를 수행한다면, 동일한 결론에 도달할 수 있어야 한다. 예를 들어 선거에서 여러 정당은 연구 결과가 자기 당에 유리하다는 것을 확인하기 위해 조사를 실시하더라도 연구 설계와 자료를 수집, 분석하는 과정이 객관적이라면 결과는 동일해야 한다.

(8) 수정 가능성

과학적 연구는 수정 가능(open to modification)해야 한다. 과학적 연구에서 추구하는 지식은 절대적인 진리가 아니라 수정 가능한 잠정적인 이론이다. 즉, 지금은 어떤 현상을 가장 잘 설명하는 이론이지만, 실제로 검증 과정에서 현상을 설명하는 변수들이나 이들의 측정값들이 크게 변해서 기존의 이론이 맞지 않을 때 그것을 수정한다. 이처럼 과학적 연구란 현재 상황에 맞게 수정될 수 있으므로 과학은 진리보다는 효용성을 추구한다. 따라서 과학적 연구는 그 효용성의 변화에 따라 수정 가능해야 한다.

3. 과학적 연구의 논리체계

과학적 연구의 논리체계란 과학이 논리적 근거를 마련하기 위해 이론을 전개하는 과정을 말한다. 이론의 형성을 위한 과학적 연구의 논리체계는 연역법과 귀납법이 있다.

1) 연역법

연역법(deductive method)은 전통적인 과학적 연구의 접근방법으로 일반적인 원리나 법칙에서 개별적이고 구체적인 사실이나 원리를 결론으로 끌어내는 추론 방법이다. 즉, 연역법은 어떤 현상을 설명할 수 있는 기존의 이론을 근거로 보편적 사실을 제시한 후에 경험적 관찰을 통해 구체적인 현상을 입증하는 논리체계이다. 실증주의(positivism) 입장에서 이론을 개발할 때 주로 사용하는 방법으로 연구주제를 가설의 형태로 만들어 실증적으로 증명할 수 있는 가정에서 출발한다. 이러한 가설은 경험적으로 관찰할 수 있도록 조작화한 후에 현실에서 가설이 나타나는지를 구체적으로 관찰한다. 관찰을 통해 가설이 뒷받침되면, 가설은 타당한 것으로 증명된다. 데카르트(R. Descartes)의 사상을 바탕으로 구체화한 연역법은 일정한 이론적 전제로부터 가설, 조작화, 관찰, 검증의 과정을 거치는 삼단논법을 논리 전개의 원칙으로 삼는다(김기덕 외, 2017). 예를 들어 홍길동의 죽음을 설명하기 위해 가설과 조작화를 통해 관찰한 결과로 결론을 내려 이를 사실로 인정하는 방법이 연역적 논리체계이다.

그림 1-1 연역적 논리체계

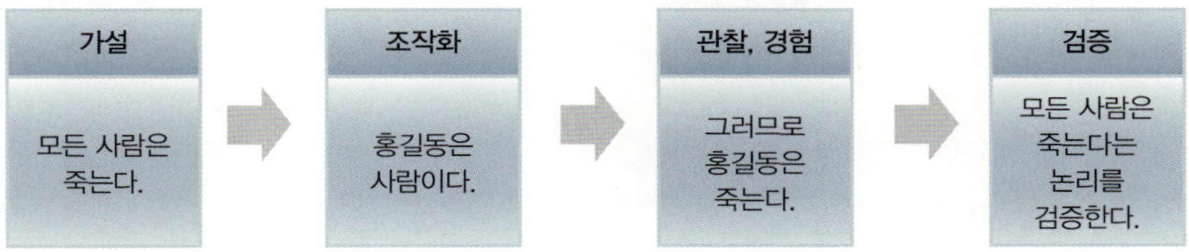

2) 귀납법

귀납법(inductive method)은 개별적인 특수한 사실이나 현상을 관찰한 후에 이들에게 공통으로 적용되는 일반적이고 보편적인 원리나 법칙을 찾거나 이론을 도출하는 논리체계이다. 즉, 경험의 세계에서 관찰된 많은 사실이나 현상에서 공통 유형을 발견하고 객관적인 수준에서 증명하는 것이다. 귀납법의 연구주제는 연구자가 가설을 설정하지 않고 관심 있는 내용을 먼저 관찰하고, 관찰한 결과가 어떤 규칙에 따라 일정한 유형으로 전개되는 것을 발견한다. 일정한 유형이나 규칙성을 객관적인 수준에서 설명하고 임시적인 결론을 내린다. 예를 들어 홍길동의 죽음을 관찰한 후에 자신이 관찰한 다른 많은 사람도 죽는다는 것을 알게 된다. 이후에 연구자는 모든 사람이 죽는다는 잠정적인 결론을 내린다. 이처럼 귀납법은 구체적인 사례들을 직접 경험적으로 관찰하지만, 소수의 제한된 관찰들로부터 발견한 사실을 보편적인 진리로 간주하기에는 한계가 있다. 따라서 귀납법은 경험을 통해 도출된 결과를 다시 경험적 방법으로 검증해야 한다는 모순과 관찰 때문에 항상 측정의 오류가 발생할 수 있다는 것이 문제점이다(이훈영, 2018).

그림 1-2 **귀납적 논리체계**

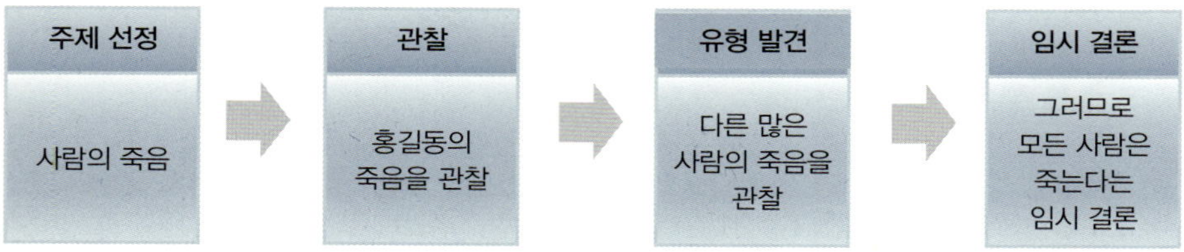

3) 연역법과 귀납법의 관계

연구 과정에서 연역법과 귀납법은 상호 분리된 관계가 아니라 연관된 순환적 관계에 있는 과학적 논리체계이다. 논리적으로는 분석적인 연역법과 경험적인 귀납법으로 구분할 수 있지만, 연구 과정에서 과학적 지식은 [그림 1-3]과 같이 연역적 과정과 귀납적 과정이 각각 독립적으로 발생하는 것이 아니라 순환 과정을 통하여 축적된다. 즉, 귀납적 과정은 개별적 사실의 관찰을 통해 경험적 일반화가 이루어지고, 경험적으로 일반화된 지식은 추상적 이론으로 정립된다. 동시에 추상적 이론은 구체적 현실을 설명할 수 있는가를 가설 검증을 통해 구체적이고 특수한 사실을 추론하는 연역적 과정으로도 도출될 수 있다(김환준, 2004). 이처럼 과학은 어느 곳에서나 출발할 수 있다.

그림 1-3 과학적 이론의 순환과정

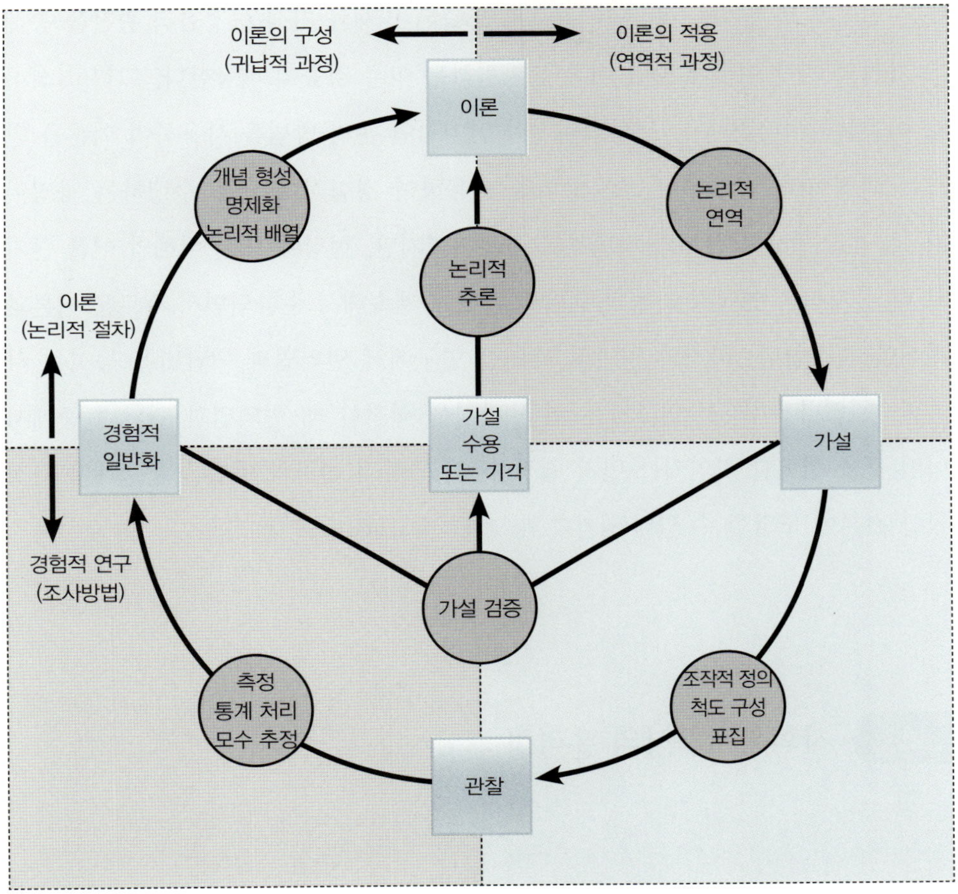

[그림 1-3]에서 사각형으로 표시된 부분은 과학적 지식의 구성요소를, 원으로 표시된 부분은 방법론에 관한 부분이며, 화살표는 정보의 이행과정으로 각각 표시하였다. 또한 좌우로 이등분하여 왼쪽은 개별적 사실의 관찰로부터 그 결과를 이해하고 이를 이론으로 구성하는 귀납적 과정이다. 즉, 관찰된 자료를 기초로 경험적 일반화를 체계화하여 이론을 형성하는 과정에 해당한다. 오른쪽은 무엇을

관찰해야 하는가를 파악하기 위하여 추상적 이론을 적용하여 구체적 현상을 예측하는 연역적 과정이다. 즉, 연역적으로 도출된 명제와 가설을 경험적 관찰을 통해 그 가설의 기각 여부에 따라 이론을 확립하는 이론 검증에 해당한다. 그리고 상하로 이등분하여 상반부는 귀납적이거나 연역적인 논리 방법을 사용하여 이론을 만드는 과정이며, 하반부는 조사방법을 사용하여 경험적 연구를 수행하는 과정이다. 설명을 위해 상반부와 하반부로 구분하였지만, 현상에 대한 이해와 이를 근거로 하는 지식은 연역적 과정과 귀납적 과정이 계속해서 순환되면서 새로운 이론과 지식을 축적한다. 하지만 일반적으로 한 연구에서 연역법과 귀납법을 동시에 사용할 수 없다. 따라서 연구자는 연구 과정을 설정할 때 연역법과 귀납법 중에서 어떤 것을 선택할 것인지를 먼저 결정한 후, 과학적 절차와 방법을 준수해야만 정확한 결론에 도달할 수 있다(김기덕 외, 2017; Wallace, 1971).

4. 사회복지조사의 윤리성

사회복지조사는 인간을 대상으로 연구를 수행하기 때문에 연구자는 윤리 및 도덕적인 규범을 준수하여야 한다. 연구자가 연구에 너무 집중하여 연구 과정에서 준수해야 할 윤리성을 소홀히 한다면, 사회적으로 용납되기 어려운 연구 윤리의 문제가 발생할 수 있다. 특히 실험의 경우 통제와 조작을 시행하므로 더 많은 연구 윤리의 문제가 발생할 수 있다. 연구 윤리의 핵심은 연구대상자에게 위해(harm)를 가하면 안 된다는 것이다. 일반적으로 사회복지조사에서 연구 윤리의 문제가 발생하는 맥락은 크게 연구대상자의 존엄성과 권리를 침해하여 연구를 진행할 때와 연구자가 사회적으로 합의된 과학적 연구방법을 위반하거나 왜곡할 때로 구분할 수 있다. 따라서 연구자는 연구 과정에서 연구대상자의 권리나 사생활 침해 및 부정적 영향이 있는지를 충분히 고려해야 한다. 이러한 맥락에서 사회복지조사 과정에서 지켜야 할 연구 윤리와 연구대상자에게 위해를 가하지 않기 위한 제도적 장치를 살펴보고자 한다(김기덕 외, 2017; 최선희, 2018).

1) 연구주제와 내용

연구자는 자신의 윤리적 가치관을 바탕으로 개인적인 관심과 호기심, 사회환경 등을 충분히 고려해 사회적 윤리에 어긋나지 않은 연구주제와 내용을 선정해야 한다. 즉, 사회복지조사는 개인적인 관심에서 시작되어 자율성이 보장되지만, 대부분 사회적인 의미와 결과가 있는 공적 행위이다. 따라서 모든 연구주제와 내용은 반사회적이거나 연구대상자에게 의도하지 않은 피해나 고통을 주어서는 안 된다. 이처럼 연구주제와 내용이 연구대상자에게 불편이나 고통을 주는 연구는 근본적으로 부당하며 비윤리적이므로 시행해서는 안 된다. 따라서 연구자는 연구대상자들이 연구 과정 동안 어려움이나 불편에 직면하지 않도록 세심한 주의를 기울일 필요가 있다.

2) 연구대상자의 선택

연구주제에 따라 연구대상자를 특정한 사람들로만 선정할 수도 있다. 하지만 일반 사람들을 대상으로 시행하는 연구에서 특정한 사람들만 표본으로 선정하는 것은 연구 결과의 일반화에 어려움이 있을 뿐만 아니라 윤리적으로도 문제가 된다. 또한 연구목적을 달성하기 위해 연구대상자를 수단으로 이용한다면, 인간의 존엄성을 침해할 수 있으므로 사회적인 비난을 받을 수 있다. 따라서 연구자는 가능한 모든 경우의 수를 고려하여 각종 위험 요소로부터 연구대상자를 최대한 보호하는 차원에서 연구를 수행해야 한다.

3) 자발적 참여와 고지된 동의

사람을 대상으로 시행하는 모든 연구는 어떤 형태로든 연구대상자에게 영향을 미칠 수 있다. 그러므로 연구자는 연구대상자로부터 자발적 참여와 고지된 동의를 얻어야 한다. 먼저 자발적 참여란 연구대상자가 연구에 참여하기로 동의한 이후에도 생각과 상황의 변화에 따라 언제든지 어떤 불이익 없이 참여를 철회할 권리가 있다는 것을 의미한다. 이처럼 사회복지조사에서는 사전에 연구대상자에게 알리고 고지된 동의를 얻는 것이 필요하다. 그러나 연구대상자를 자발적으로 참여하는 사람만으로 선정한다면, 연구 결과를 일반화하는 데 문제가 있을 수 있다.

다음으로 고지된 동의(informed consent)란 연구대상자는 연구자로부터 연구목적과 내용 및 절차 등에 대해서 충분한 설명을 듣고 자신의 의지에 따라 연구 참여를 자발적으로 결정하는 것을 말한다. 즉, 「생명윤리 및 안전에 관한 법률」 제16조에 명시된 바와 같이 연구목적, 연구대상자의 참여 기간 · 절차 · 방법, 연구대상자에게 예상되는 위험 및 이득, 개인정보 보호 · 제공에 관한 사항, 연구 참여에 따른 손실에 대한 보상, 동의의 철회에 관한 사항 등이 포함된 서면동의를 받는 절차를 말한다. 이처럼 연구와 관련된 모든 정보를 제공한 후에 연구대상자가 그것을 명확하게 인식하고 있다는 서면동의를 받아야 한다. 특히 환자나 미성년자와 같은 동의 능력이 없는 연구대상자를 대상으로 연구를 수행할 때는 법률대리인이나 보호자에게 연구 참여 서면동의를 받아야 하며, 이들에게 어떤 형태로든 불이익이나 피해가 없도록 연구윤리 기준을 지키도록 노력해야 한다. 하지만 연구 참여 동의를 구하는 과정에서 연구대상자가 연구목적과 내용을 자세히 알게 된다면, 그것에 맞춰서 반응하는 반응성의 문제가 발생할 수도 있으므로 유의해야 한다.

4) 익명성과 비밀보장

연구자의 윤리적 의무는 연구대상자의 익명성과 비밀보장과 같은 사생활 권리를 적극적으로 보장하는 것으로 응답률을 높이는 요인이 되기도 한다. 사생활 권리란 자신을 위해 시간과 상황을 선택하고 자기의 태도, 신념, 행동, 의견을 타인과 어느 정도 공유할 것인가를 결정하는 자유를 말한다(최성재, 2005). 사생활 권리 중에서 먼저 익명성(anonymity)이란 연구대상자가 제공한 정보와 연구대상자를 분리하는 방법으로 연구대상자가 자신의 신분을 밝히지 않고 응답할 수 있도록 하는 것을 의미한다. 익명성을 보장한다는 것은 연구대상자가 누구이며 어떤 의견이나 태도를 보였는지를 알지 못하므로 연구대상자로부터 신뢰성이 높은 정보를 얻을 수 있다. 이러한 연구대상자의 익명성과 어느 정도 연관이 있는 것이 비밀보장이다.

다음으로 사회복지조사에서 비밀보장(confidentiality)이란 자료수집과 처리 과정에서 수집된 정보를 연구자가 개인적으로 공개하거나 다른 목적으로 사용하지 않고, 통계적으로만 처리하여 집합적으로 공개하도록 해야 할 의무를 말한다. 일반적으로 연구대상자의 개인정보와 관련된 자료 분석과 결과 보고는 집단 단위로 하고, 정보에 대한 필요성이 사라지면 관련 자료를 파기하여야 한다. 그러나 비밀보장의 원칙은 다른 사회적 가치나 법률과 상충할 때는 준수하지 못할 수도 있다.

예를 들어 조사 과정에서 아동학대 피해자를 발견하면, 연구자는 아동보호전문기관에 신고하여 적절한 보호조치를 받을 수 있도록 하여야 한다.

5) 연구대상자 속이기

연구대상자에게 연구와 관련된 모든 것을 알리는 것이 윤리적이지만, 상황에 따라 연구자는 자신이 연구자라는 것을 알리지 않거나 알리더라도 다르게 말할 수도 있다. 예를 들어 실험이나 참여관찰 연구에서 연구대상자가 연구목적이나 내용을 알고 있다면, 연구에 참여하는 것을 거부하거나 평소와 다른 행동을 보이는 반응성의 문제가 나타날 수도 있다. 그러나 이럴 때도 연구대상자가 손해를 입을 가능성이 있다면 허용해서는 안 된다. 불가피하게 연구대상자를 속일 수밖에 없었다면, 연구가 끝난 후에 그 이유를 충분히 설명해야 한다. 사후 설명에서는 미리 알려졌을 때 연구 결과에 영향을 미칠 수 있어 알리지 않았던 정보들도 추가로 설명해야 한다. 이때 연구목적이나 결과를 요약하여 연구대상자에게 제공하는 것이 연구자가 지켜야 할 윤리이다.

6) 연구 결과의 분석과 보고

연구자는 수집된 자료를 바탕으로 자료를 분석하는 과정에서 연구목적, 연구문제, 이론적 틀을 바탕으로 합리적인 절차를 준수해야 하며, 연구 결과를 객관적으로 해석해야 한다. 이러한 분석 과정에서 미리 정해 놓은 특정한 결과를 도출하기 위해 고의로 자료를 선별 또는 누락하거나 연구자의 의도와는 다른 결과를 숨기거나 왜곡하지 말고 있는 그대로 보고할 의무가 있다. 하지만 나 이외의 다른 사람은 모른다는 점을 악용하여 허위로 연구 결과를 만들어 내거나 자의적으로 해석하는 위조 행위와 고의로 자료를 왜곡하고 조작하는 변조 행위는 연구자로서의 심각한 비윤리적 행위에 해당하므로 철저히 배제되어야 한다(유기웅 외, 2018). 이와 함께 연구자는 존재하지 않는 자료 또는 연구 결과 등을 허위로 만들어내는 행위인 위조, 연구내용 또는 결과를 왜곡하는 행위인 변조, 적절한 인용 없이 다른 사람의 아이디어, 연구 내용, 연구 결과를 무단으로 사용하는 표절(plagiarism) 등은 비윤리적인 동시에 불법이므로 사회적 비난과 제재를 받을 수 있으므로 주의해야 한다.

5. 윤리성 제고 방안

사회복지 전문직에서도 조사의 윤리성을 준수하기 위해 제도적인 장치를 마련하고 있다. 먼저 한국사회복지사 윤리강령에 사회복지사는 평가나 연구조사를 할 때, 연구참여자의 권리를 보장하기 위해 연구 관련 사항을 충분히 안내하고 자발적인 동의를 얻어야 한다. 또한 사회복지사는 연구 과정에서 얻은 정보를 비밀보장의 원칙에서 다루며, 비밀보장의 한계, 비밀보장을 위한 조치, 조사자료 폐기 등을 연구참여자에게 알려야 한다. 그리고 사회복지사는 평가나 연구조사를 할 때, 연구참여자의 보호와 이익, 존엄성, 자기결정권, 자발적 동의, 비밀보장 등을 고려하며, 「생명윤리 및 안전에 관한 법률」 등 관련 법령과 규정에 따라 연구윤리를 준수해야 한다는 것을 강조하고 있다.

다음으로 연구자가 수행하는 연구가 윤리적인지 아닌지의 판단을 연구자가 아니라 독립된 전문적인 심사단의 평가와 동의를 얻어야 한다. 이런 맥락에서 「생명윤리 및 안전에 관한 법률(생명윤리법)」이 제정되어 시행되고 있다. 이 법에서 규정한 인간대상연구란 사람을 대상으로 물리적으로 개입하거나 의사소통, 대인 접촉 등의 상호작용을 통하여 수행하는 연구 또는 개인을 식별할 수 있는 정보를 이용하는 연구를 말한다(제2조 제1호). 따라서 설문조사나 관찰법 등을 이용한 모든 사회복지조사는 이 법의 적용을 받는다. 또한 이 법에 따라 인간대상연구를 시행하는 기관은 생명윤리 및 안전을 확보하기 위하여 기관생명윤리위원회(Institutional Review Board)를 설치하도록 규정하고 있다(제10조 제1항). 이는 연구자의 연구계획서를 기초로 연구 과정에서 연구윤리의 문제가 발생할 가능성을 평가하기 위하여 대학이나 연구 기관에서 만든 전문 위원회를 말한다.

기관생명윤리위원회는 인간대상연구를 하려는 연구자의 연구계획서를 기초로 연구 과정에서 연구윤리 문제가 없는지를 심의한다. 특히 「생명윤리 및 안전에 관한 법률」에서 연구자는 인간대상연구의 시행 전에 연구대상자로부터 〈표 1-1〉과 같은 사항이 포함된 서면동의(전자문서 포함)를 받아야 한다고 규정하고 있다(제16조 제1항). 동의 능력이 없거나 불완전한 사람으로서 보건복지부령으로 정하는 연구대상자가 참여하는 연구의 경우에는 대리인의 서면동의를 받아야 한다. 이러한 과정을 통해 기관생명윤리위원회는 연구자가 제출한 연구가 윤리적 연구가 되도록 시정명령을 내리거나 특별한 조치를 요구할 수도 있다. 기관생명윤리위원회의 심사를 통과한 경우 사전에 연구참여자에게 연구목적을 밝히지 않을 수 있다.

표 1-1 | 인간대상연구의 동의

1. 인간대상연구의 목적
2. 연구대상자의 참여 기간, 절차 및 방법
3. 연구대상자에게 예상되는 위험 및 이득
4. 개인정보 보호에 관한 사항
5. 연구 참여에 따른 손실에 대한 보상
6. 개인정보 제공에 관한 사항
7. 동의의 철회에 관한 사항
8. 그 밖에 기관위원회가 필요하다고 인정하는 사항

핵심정리

Core Theorem

1. 과학적 조사(연구방법)의 목적

- 기술: 개인이나 사회현상을 기술하는 것
- 설명: 어떤 현상을 인과관계로 설명하기 위한 것
- 예측: 미래 상황을 예측하기 위한 것. 이론의 기초적인 명제로부터 복잡한 명제를 추론하는 것
- 보고: 연구 결과의 요약정리. 연구 결과를 추론이나 결론을 내리지 않고 발표하는 것

2. 일상적인 지식습득 과정의 오류

- 부정확한 관찰: 인간의 감각기관의 한계로 인식대상을 그대로 관찰할 수 없음
- 과도한 일반화: 소수의 사례를 가지고 일반적인 사실로 받아들일 때의 오류
- 선별적 관찰: 자신의 선입관이나 가치에 부합하는 사례가 다른 사례보다 두드러지게 관찰
- 사후 가설 설정: 가설을 사전에 설정한 것이 아니라 관찰 결과에 맞추어 가설 설정
- 비논리적 추론: 도박꾼의 오류로 논리적 근거가 명확하지 않은 추론
- 자기중심적 현상 이해: 연구자가 사물이나 현상을 편의상 자기중심적으로 이해하는 것
- 탐구의 성급한 종결: 어떤 사실을 충분히 이해하지 못했음에도 그 과정을 종결하는 것
- 신비화: 이해할 수 없는 현상을 초자연적 현상이라고 간주하거나 신비한 원인 탓으로 돌리는 것
- 꾸며 낸 정보: 자신의 상식에 맞춰 꾸며낸 정보를 가지고 연구 결과를 조작하는 것

3. 과학적 연구의 특성

- 논리성: 배타적인 상태가 동시에 발생할 수 없으며 과학적 설명은 이치에 맞아야 함
- 인과성: 모든 현상은 반드시 어떤 원인에 의해서 발생하는 확률적 결정론 포함
- 일반성: 각 현상을 하나하나 설명하기보다는 여러 현상을 함께 설명하는 일반적인 원리 추구
- 간결성: 필요한 최소한의 설명변수만을 이용해 최대의 설명력 확보
- 구체성: 개념의 조작화를 통해 개념을 더욱 정확히 정의하고 측정

• 경험적 검증 가능성: 경험적 특성은 측정될 수 있고 관찰할 수 있는 현상으로 한정
• 상호주관성: 다른 주관적 동기라도 연구 과정과 방법이 동일하면 결과도 동일해야 함
• 수정 가능성: 과학이란 절대적인 지식이 아니라 당시의 상황에 맞게 수정될 수 있음

4. 연역법과 귀납법

연역법	귀납법
• 이미 참으로 인정된 보편적 원리를 가지고 현상에 연역시켜 설명하는 방법. 즉, 일반적인 원리나 법칙으로부터 개별적인 사실이나 원리를 추론하는 방법 • 전통적인 과학적 연구의 접근방법, 실증주의, 양적연구 • 「이론 → 가설 → 조작화 → 관찰 → 검증(가설 채택 또는 기각」 • 모든 사람은 죽는다. → A는 사람이다. → 그러므로 A는 죽는다.	• 개별적인 특수한 사실이나 현상을 관찰한 후에 잠정적인 지식, 즉 이론을 도출하는 방법 • 경험세계에서 관찰된 사실들이 공통 유형으로 전개되는 것을 객관적인 수준에서 증명하는 것 • 해석주의, 질적연구 • 「주제선정 → 관찰 → 유형발견 → 임시결론」 • 사람 1은 죽는다 . → 사람 2는 죽는다. → .....사람 999는 죽는다. → 그러므로 모든 사람은 죽는다.

5. 사회조사과정의 연구관리

• 연구주제와 내용은 사회윤리에 어긋나지 않아야 함
• 연구대상자의 사생활, 익명성 및 비밀보장
• 연구대상자의 참여에 대한 자기결정
• 부정확한 연구 결과도 발표
• 연구대상자가 연구내용을 알고 참여하는 고지된 동의
• 연구대상자가 얻을 수 있는 혜택을 사전에 고지
• 연구대상자에게 피해를 끼칠 가능성을 사전에 고지
• 부정적인 결과 보고 및 타인의 연구 결과를 인용 없이 사용하는 표절 규제

사회복지사 1급자격시험 기출문제

01 사회조사과정에서 준수해야 할 연구윤리로 옳지 않은 것은?
① 참여자의 익명성과 비밀을 보장한다.
② 참여자가 원할 때 언제든지 참여를 중단할 수 있음을 사전에 고지한다.
③ 일반적으로 연구의 공익적 가치가 연구윤리보다 우선해야 한다.
④ 참여자가 연구에 참여하여 얻을 수 있는 혜택은 사전에 고지한다.
⑤ 참여자의 연구 참여는 자발적이어야 한다.

02 연구윤리에 부합하는 사회복지조사로 옳은 것은?
① 연구참여자가 평소와 다른 행동을 하지 않도록 연구자의 신분을 숨기고 자료를 수집하였다.
② 연구결과의 확산을 위해 연구참여자의 신분을 다른 연구기관에 동의 없이 공개하였다.
③ 연구결과에 영향을 미치지 않도록 연구참여자에게 일어날 수 있는 이익을 미리 알리지 않았다.
④ 연구 참여여부를 성적평가와 연계하여 연구참여자의 참여동기를 높였다.
⑤ 연구참여자에게 연구과정에서 발생할 수 있는 고통을 미리 알리고 사전 동의를 구하였다.

03 사회복지사가 과학적 조사연구방법을 활용하는 일반적 상황이 아닌 것은?
① 사회복지 전문가로서 실제 조사를 수행할 때
② 지역주민의 복지적 욕구를 파악할 때
③ 새로운 통계적 분석기법을 개발할 때
④ 학술논문에 있는 실천방법들의 효과성을 비교할 때
⑤ 새로운 프로그램의 만족도를 평가할 때

04 사회과학의 연구윤리에 관한 설명으로 옳지 않은 것은?
① 수업시간에 조사하는 설문지도 응답자의 동의와 자발적 참여가 필요하다.
② 연구자는 연구대상자에게 피해를 줘서는 안 된다.
③ 응답자의 익명성과 비밀을 보장해야 한다.
④ 연구의 공익적 가치는 일반적으로 연구윤리보다 우선해야 한다.
⑤ 타인의 연구결과를 인용 없이 사용하는 경우를 표절이라 한다.

05 과학적 방법에 관한 설명으로 옳지 않은 것은?
① 잠정적이지 않은 지식을 추구한다.
② 철학이나 신념보다는 이론에 기반한다.
③ 경험적인 증거에 기반하여 지식을 탐구한다.
④ 현상의 규칙성에 대한 관심이 높다.
⑤ 허위화(falsification)의 가능성에 대해 개방적이어야 한다.

06 사회복지조사의 연구윤리에 관한 설명으로 옳은 것을 모두 고른 것은?

ㄱ. 연구대상을 관찰하기에 앞서 그들의 동의를 구해야 한다.
ㄴ. 연구로부터 얻을 수 있는 사회적 이익이 비용을 초과해야만 한다.
ㄷ. 조사과정에서 드러난 문제점과 실패도 모두 보고해야 한다.
ㄹ. 비밀성이 보장되면 익명성도 보장된다.

① ㄱ ② ㄴ
③ ㄱ, ㄷ ④ ㄱ, ㄷ, ㄹ
⑤ ㄱ, ㄴ, ㄷ, ㄹ

07 지식을 습득하는 과정에서 발생하는 오류에 관한 설명으로 옳은 것은?
① 부정확한 관찰은 규칙성을 전제로 이와 부합되는 특수

한 사례만을 관찰하는 것이다.
② 과도한 일반화는 관찰된 소수의 사건이나 경험을 근거로 현상의 규칙성을 일반화하는 것이다.
③ 선별적 관찰은 관찰자의 자아 특성이 현상을 이해하는 데 영향을 미치는 것이다.
④ 꾸며진 지식은 의식적 활동의 부재로 현상에 대한 정확한 관찰이 이루어지지 않는 것이다.
⑤ 자아개입은 일반화된 관점을 유지하기 위해 스스로 사실이 아닌 정보를 만들어 내는 것이다.

08 연구윤리에 관한 설명으로 옳지 않은 것은?
① 아동 대상 연구에서 보호자에게 연구 참여 동의를 얻어야 한다.
② 연구결과의 분석과 보고단계에서도 연구윤리가 준수되어야 한다.
③ 기관생명윤리위원회의 심사를 통과한 경우 사전에 연구참여자에게 연구목적을 밝히지 않을 수 있다.
④ 사회복지사인 연구자가 연구참여자의 아동학대행위를 알게 되었더라도 비밀보장의 원칙을 준수해야 한다.
⑤ 설문조사 참여자에게 자발적 참여를 보장하는 것은 연구윤리의 기본원칙이다.

09 사회복지사에게 과학적 조사방법론이 필요한 이유를 모두 고른 것은?

ㄱ. 실천현장에서 수행하는 업무에 조사 관련 지식이 필요하다.
ㄴ. 서비스의 질을 높일 수 있는 실천기술 개발을 위해 필요하다.
ㄷ. 지역주민의 욕구조사를 위해 필요하다.
ㄹ. 사회복지사가 제공하는 서비스에 대한 평가를 위해 필요하다.

① ㄱ, ㄴ, ㄷ ② ㄱ, ㄷ
③ ㄴ, ㄹ ④ ㄹ
⑤ ㄱ, ㄴ, ㄷ, ㄹ

10 조사윤리를 준수하기 위한 일반적 활동으로 볼 수 없는 것은?
① 조사 참여자의 익명성을 보장하였다.
② 조사 참여를 통해 받을 혜택을 조사 후에 알려주었다.
③ 정신장애인을 대상으로 한 연구에서 연구대상과 보호자로부터 동의를 구했다.
④ 조사 과정 중 본인이 원하면 언제라도 중단할 수 있음을 알려주었다.
⑤ 연구결과의 활용계획에 대해 알려주었다.

11 사회조사의 윤리적 원칙으로 옳지 않은 것은?
① 윤리적 원칙은 연구결과의 보고에도 적용된다.
② 고지된 동의는 조사자를 보호하기 위해 활용될 수 있다.
③ 연구 참여에 따른 위험과 더불어 혜택도 고지되어야 한다.
④ 조사대상자의 익명성이 유지되어야만 조사내용의 비밀유지가 가능하다.
⑤ 아동 대상 연구에서는 부모 등 후견인에게 고지된 동의를 받아야 한다.

12 과학적 방법에 관한 설명으로 옳은 것은?
① 연역법적 논리의 상대적 우월성을 지지한다.
② 윤리적 실천을 수행할 수 있게 한다.
③ 모든 지식은 잠정적이라는 태도에 기반한다.
④ 연구의 반복을 요구하지 않는다.
⑤ 선별적 관찰에 근거한다.

13 과학적 조사가 필요한 사례에 해당하지 않는 것은?
① 사회복지사의 윤리적 갈등을 해소할 필요가 있을 때
② 결혼이주민 조사시 연구자의 문화적 편견을 검토하고 싶을 때
③ 주민대표자의 응답이 전체 주민의 의견을 대표하는지 알고 싶을 때
④ 정량평가 외에 정성평가를 체계화하고 싶을 때
⑤ 선임사회복지사의 경험적 지식이 타당한지 알고 싶을 때

14 과학적 탐구에서 제기되는 윤리적 문제에 관한 설명으로 옳지 않은 것은?

① 어떠한 경우라도 연구참여자 속이기는 허용되지 않는다.
② 고지된 동의는 조사대상자의 판단능력을 고려하여야 한다.
③ 연구자는 기대했던 연구결과와 다르더라도 그 결과를 사실대로 보고해야 한다.
④ 사회복지조사에서는 비밀유지가 엄격히 지켜질 수 없는 상황이 발생할 수 있다.
⑤ 연구자는 개인정보 유출 등으로 인해 연구참여자에게 피해를 주지 않도록 신중을 기해야 한다.

15 과학적 지식의 특성에 관한 설명으로 옳은 것을 모두 고른 것은?

ㄱ. 경험적으로 검증 가능하여야 한다.
ㄴ. 연구결과는 잠정적이며 수정될 수 있다.
ㄷ. 연구자의 주관적 가치 판단이 연구과정이나 결론에 작용하지 않도록 객관성을 추구한다.
ㄹ. 같은 절차를 다른 대상에 반복적으로 적용하여 같은 결과가 나오는지 검토할 수 있다.

① ㄱ, ㄷ ② ㄴ, ㄹ
③ ㄱ, ㄴ, ㄷ ④ ㄴ, ㄷ, ㄹ
⑤ ㄱ, ㄴ, ㄷ, ㄹ

정답 01 ③ 02 ⑤ 03 ③ 04 ④ 05 ① 06 ③ 07 ② 08 ④ 09 ⑤ 10 ② 11 ④ 12 ③ 13 ① 14 ① 15 ⑤

CHAPTER 02

사회과학의 특성과 접근방법

1. 사회과학의 특성
2. 사회과학과 패러다임
3. 증거기반실천

Chapter 02

사회과학의 특성과 접근방법

학습목표

- 사회과학의 특성을 이해한다.
- 사회과학의 패러다임을 이해한다.
- 증거기반실천의 개념과 단계를 이해한다.

1. 사회과학의 특성

사회과학은 인간과 사회가 연구대상이므로 객관적이고 보편적인 지식을 탐구하고 발견하는 데 어려움이 있다. 먼저 사회현상은 자연현상보다 훨씬 더 복잡하며, 인간은 외부적으로 관찰할 수 있는 측면도 있지만, 내면적인 심리나 정신세계와 같이 직접 관찰할 수 없는 측면들이 있기 때문이다. 또한 이러한 내적 요인들이 외부적으로 나타나는 인간의 행동에 많은 영향을 미치기 때문이다. 다음으로 사회과학의 탐구가 자연과학보다 어려운 이유는 연구자가 제삼자의 관점에서 연구대상을 관찰하는 것이 아니라, 연구자가 속해 있는 인간과 사회가 연구대상이라는 점이다. 연구자는 인간과 사회현상을 인식할 때 자신의 주관과 가치 판단을 완전히 배제하기 어려워서 모든 사람이 동의할 수 있는 객관적인 지식을 도출하는 것이 힘들다. 이처럼 사회과학의 특성 혹은 사회과학 조사의 어려움을 살펴보면 다음과 같다(김환준, 2004).

(1) 인과관계의 복잡성

사회현상은 다양한 원인 때문에 발생한다. 이처럼 사회현상은 다양한 요인들이 복잡하게 얽혀 있기 때문에 이를 체계적으로 정리하여 현상을 간결하면서도 정확하게 설명하는 것이 매우 어렵다.

(2) 확률적 인과관계

자연현상에서 나타나는 인과관계는 비교적 결정적인 관계에 가깝다. 즉, 어떤 원인 때문에 결과가 반드시 발생한다는 것이다. 하지만 사회과학에서 인과관계는 결정적인 것이 아니라 확률적 결정론으로 나타난다. 즉, 어떤 원인이 발생하면 반드시 그 결과가 나타나는 것이 아니라, 그 원인이 없을 때와 비교하면 그 결과가 나타날 확률이 높아진다는 것이다.

(3) 통제와 실험의 어려움

어떤 결과를 초래하는 다양한 원인 중에서 어느 요인이 얼마만큼 영향을 주는지를 정확하게 파악하기 위해서는 통제와 실험이 필요하다. 여기서 통제란 결과에 영향을 미칠 수 있는 다양한 요인 중에서 연구의 관심 대상이 되는 요인을 제외한 다른 조건들을 동일하게 만들어 주는 것을 의미한다.

일반적으로 인간이 다른 사람과의 상호작용 과정에서 발생하는 사회현상은 실험이 불가능하거나 매우 어려운 경우가 보통이다. 사회현상은 실험실에서 이루어질 수 없으므로 결과에 영향을 미칠 수 있는 다른 요인과 조건을 연구자가 완전히 통제하는 것이 불가능해진다.

(4) 연구의 윤리성과 관련된 문제

사회과학에서 실험이 어려운 것은 연구윤리의 문제와도 관련되어 있다. 연구윤리의 문제는 연구 자체의 가능성, 연구문제 및 방법의 선택, 연구 결과의 발표 및 활용 등 조사연구 과정 전반에 걸쳐 고려해야 할 중요한 요소이다.

(5) 측정의 오류

직접 관찰할 수 없는 인간의 내적 측면, 즉 자아의식, 안정감, 만족도 등과 같은 정신적, 심리적 측면들은 측정상의 오류가 많을 수 있다. 일반적으로 측정의 오류는 원래 측정하고자 하는 개념과 실제로 측정하는 것과의 차이가 있거나 일부의 개념만을 측정할 수 있고, 다른 하나는 연구대상의 실제 상태와 측정의 결과가 서로 다르게 나타날 수 있다.

(6) 연구대상의 반응성 문제

연구대상의 반응성(reactivity) 문제를 제기하는 것은 조사연구에 의해서도 연구대상자가 변화될 수 있다는 점을 강조하기 위해서이다. 즉, 자신이 연구대상자임을 인식하면 그에 대해서 반응하게 된다. 설문지에 응답하면서 사실이 아닌 항목에 표시하기도 하고, 실험에서 평소의 행동과는 다른 행동을 할 수도 있으며, 현장연구에서는 자신의 의지와는 다르게 연구자가 원할 것으로 생각하는 방향으로 행동하기도 한다. 이 모든 것은 조사연구에 대한 반응성으로 인해 대상자들의 실제 상태와 연구에서 관찰된 상태가 달라지는 결과를 초래한다.

(7) 연구자의 주관, 가치, 문화적 특성의 개입

자연과학에서는 객관성의 원칙이 비교적 잘 적응되지만, 사회과학에서는 관찰자의 주관적 측면이 실재를 인식하는 데 많은 영향을 미칠 수 있다. 즉, 동일한 현상이라 하더라도 사람들이 그 현상에 대해 어떠한 의미를 부여하느냐에 따라 서로 다르게 인식될 수 있다. 대체로 사회과학은 전적으로 객관적인 것도 아니고 그렇다고 전적으로 주관적인 것도 아니라는 점에서 때로는 상호주관성이라는 용어로 표현되기도 한다.

2. 사회과학과 패러다임

1) 과학철학의 흐름

과학철학이란 과학지식이 무엇인지, 과학지식은 어떤 과정을 통해 생성되는지, 과학의 법칙과 설명은 다른 학문의 법칙이나 설명과 어떻게 다른지 등에 대해 의문을 제기하고 이를 해결하려는 학문으로 볼 수 있다(Losee, 1993). 여기서는 과학철학의 흐름을 포퍼의 반증주의와 쿤의 과학혁명을 중심으로 살펴보고자 한다.

(1) 포퍼의 반증주의

20세기 과학철학은 베이컨(Bacon)에서 시작된 귀납주의와 이를 세련된 형태로 발전시킨 논리실증주의에서 출발하였다. 논리실증주의에서 강조되는 귀납은 다수의 객관적인 관찰을 바탕으로 과학이론에 대한 추론이 이루어지는 것이다. 그러나 관찰은 객관적이기보다는 이론에 의존하는 경우가 많아서 객관적 관찰에 의존하는 귀납에 한계가 존재한다(Ladyman, 2002).

이러한 귀납주의의 한계를 지적하고 이를 극복하기 위해 포퍼(Karl Raimund Popper)는 방법론적인 입장에서 기존의 귀납적 방법을 부정하고, 가설-연역적 방법을 주장하였다. 즉, 과학의 발전은 기존 이론의 정당성을 부정하는 경험적 사실을 관찰함으로써 그 이론이 반증되는 과정을 통해서 달성된다고 주장한다(강신익 외, 2011). 따라서 과학자는 기존 이론을 검증하기보다는 반증할 수 있는 관찰 사실을 발견하기 위해서 노력해야 한다는 그의 주장을 반증주의(falsificationism)라고 한다. 이처럼 포퍼는 어떤 이론이든지 그것이 과학의 범주에 포함되기 위해서는 그 이론을 구성하는 진술들이 반증 가능해야 하고, 반증 가능하지 않은 진술로 구성된 이론은 참다운 과학이론이 아니라고 주장한다.

(2) 쿤의 과학혁명

과학의 역사는 과학법칙이나 이론을 평가하는 기준인 동시에 증거라고 보는 역사주의 과학철학 입장이 등장하였다. 역사주의 과학철학의 대표 학자인 토머스 쿤(Thomas Samuel Kuhn)은 정상과학과 과학혁명의 개념을 바탕으로 패러다임의 전환을 통해 과학사를 설명하였다(강신익 외, 2011). 그는 어느 시대든지 과학이나 역사, 시대정신은 존재하며, 그 시대의 주류 과학을 정상과학(normal science)이라고 하였다. 과학자 대부분은 정상과학의 테두리 내에서 과학 활동을 하는데, 그러한 정상과학은 패러다임으로 존재한다(최선희, 2018). 그러나 패러다임은 시대와 사회에 따라 달라지는데, 과학혁명은 패러다임의 변화를 의미한다. 이처럼 쿤은 과학의 역사를 패러다임의 전환이라는 관점에서 설명한다(Kuhn, 1970). 즉, 쿤은 과학의 진보를 패러다임의 이동과정으로 설명하면서 전-과학(pre-science)→정상과학→위기/혁명→새로운 정상과학→새로운 위기라는 특정한 유형이나 구조가 존재한다고 보았다. 전-과학이란 연구자 간의 공유된 패러다임이 없는 상태로 과학이 성숙하지 않은 단계를 말한다. 정상과학이란 다수의 과학자가 어떤 패러다임의 지배하에서 연구를 진행하는 시기를 말한다. 그러나 쿤은 패러다임의 우열을 비교할 수 있는 객관적 기준은 존재하지 않으며, 새로운 패러다임이 이전의 패러다임보다 더 좋다고 말할 수도 없고, 두 패러다임을 서로 비교할 수도 없다고 주장했다. 이처럼 과학의 변화와 발전은 지식이 축적되는 누적적인 과정이 아니라 혁명적인 과정을 통해 성취된다고 보았다. 즉, 새로운 패러다임이 과학계에서 다수를 차지한다면, 패러다임의 전환, 즉 과학혁명이 일어난다.

2) 사회과학의 패러다임

인간과 사회를 바라보는 근본적 시각을 형성하는 기본적인 틀이나 구조를 패러다임(paradigm)이라고 한다. 패러다임은 특정 시기에 특정 공동체의 구성원들이 공유하고 있는 세계관, 신념, 가치, 기술 등의 총체를 지칭하는 개념으로 한 시기에 여러 개의 패러다임이 공존할 수 있다. 일반적으로 패러다임은 이론, 모델, 범례, 일정한 방식 등 다양한 의미로 사용되지만, 여기서는 인간과 사회가 어떻게 돌아가는가에 대한 근본적 시각, 세계관, 또는 신념체계를 의미하는 것으로 사용하기로 한다. 이러한 패러다임은 사회구조에 대한 근본적 인식과 세계관을 제공함으로써 과학이란 무엇인가를 규정하는 역할을 한다. 과학은 자연과 사회의 법칙을 발견하기에 앞서, 과학도 사회적 산물이며 사회적 규범과 가치에서 벗어날 수 없다. 이처럼 패러다임은 과학의 정의, 과학이 추구하는 목표, 그리고 과학적 방법의 방향과 한계를 제시해 주는 기능을 수행한다. 하지만 패러다임은 과학적 연구 과정을 통해 형성된 이론과는 달리 그것이 참인지의 여부를 경험적으로 검증할 수 없다(김환준, 2004).

이처럼 연구자가 어떤 연구 패러다임을 가졌는지에 따라 그가 연구를 수행하는 연구방법론이 결정된다. 즉, 연구자의 연구 패러다임에 따라 양적 연구와 질적 연구 중에서 어떤 방법을 사용할지가 결정된다. 여기서는 〈표 2-1〉에서와 같이 실증주의, 해석주의, 비판주의, 포스트모더니즘 등으로 구분하여 살펴보고자 한다(김환준, 2004; 유기웅 외, 2018).

(1) 실증주의

실증주의(positivism)는 종교적 믿음과 경험하지 않은 것을 거부하며 사실에 근거하여 경험적으로 관찰할 수 있는 것만을 연구하려는 신념체계이다. 즉, 실증주의는 사회현상에 대한 증거가 없는 설명과 불평등한 사회적 부조리에 대한 비판 없는 수용을 거부하고, 사회현상을 증거 수집과 관찰을 통해 있는 그대로 받아들이고 이해하려는 연구자들의 노력이라고 할 수 있다. 실증주의자들은 사회적 부조리와 불평등의 연구를 통해 그 문제점을 찾아내어 효과적 행위를 시행하는 지식을 발견할 수 있다는 믿음이 있다. 이러한 실증주의는 다양한 사회과학 분야에서 주류를 형성하고 있는데, 가설을 설정하고 이를 검증하려는 다양한 연구물에 근거하고 있다. 하지만 수많은 사회현상을 한정된 수의 경험적 증명만을 강조한다는 것은 한계이다.

실증주의는 합리적 인간관과 객관적 질서가 존재한다는 사회관을 바탕으로 사회에 존재하는 객관적 질서와 규칙성을 발견하려고 노력한다. 즉, 실증주의에서 연구의 목적은 연구대상인 사회현상을 객관적으로 서술하고, 그 원인을 탐구하여 설명하며, 이러한 과정을 통해 사회적 법칙을 발견하며, 이를 토대로 인간의 예측력과 통제력을 향상하는 데 있다. 따라서 연구의 목적은 사회현상에 대한 경험적 관찰을 토대로 시대 및 사회와 관계없이 존재하는 불변의 진리와 법칙 및 모델을 찾아내고, 이를 다시 경험적 관찰을 통해서 끊임없이 재검증하는 것이다.

실증주의는 이론을 사회적으로 존재하는 객관적 실재에 대한 설명으로 규정하면서, 이론은 보편적으로 적용될 수 있어야 하고 시대와 사회에 따라서 변화하지 않는 것이라고 주장한다. 따라서 이론이란 논리적 법칙에 맞고 경험적 사실로 뒷받침되며, 이런 요건을 충족하지 못하는 것은 이론으로서의 가치가 없다. 이론을 뒷받침할 수 있는 경험적 자료를 위해 실증주의는 과학적 표본추출방법으로 대표성 있는 표본을 추출하고, 이를 대상으로 실험이나 설문조사로 자료를 수집하며, 정교한 통계분석기법을 적용하여 자료를 분석하는 등 양적 연구방법을 매우 중시한다. 이론이 참이라는 것을 증명할 수 있는 경험적 자료는 객관적이어야 하며, 다른 연구자에 의해 반복되고 재생될 수 있어야 한다.

(2) 해석주의

해석주의(interpretivism)는 인간의 합리성과 논리적 추론능력, 과학과 기술에 대한 신뢰, 인류의 미래와 진보에 대한 낙관적 태도를 거부한다는 측면에서 실증주의와는 상반된 입장이다. 또한 해석주의가 지향하는 연구방법은 인식의 주관적 특성을 중시한다는 것이 특징이다(유영준, 2014).

해석주의에서 연구의 목적은 의미 있는 사회적 행동(social action)을 행위자의 입장에서 이해하고 서술하는 것이다. 사회적 행동이란 다른 사람의 행동이 가지는 의미와 주관적으로 관련된 인간의 행동을 말한다. 따라서 해석주의는 사회현상에 대해 사람들이 어떻게 인식하는가 하는 주관적 의미를 이해하는 것이 중요하다. 이를 위해 연구대상자의 가치, 감정, 경험, 생각 등 내면의 세계를 탐구하지만, 관찰이 불가능하다. 해석주의에서 연구는 연구주제를 정하고, 자료를 수집하며, 분석하여 해석하고, 논문이나 보고서 등의 형식을 통해 이를 알리는 등 연구의 모든 과정이 사회적 행동이며, 이를 통하여 다른 사람들의 주관과 상호작용함으로써 사회현실을 창조한다. 이러한 주관적 판단은 사람마다 달라서 사회현상에 대한 인식도 사람마다 다를 수 있다. 따라서 사회 현실은 객관적으로 존재하는 것이 아니라 받아들이는 사람의 주관적 인식에 따라 다를 수 있다는 것이 해석주의 입장이다.

해석주의에서 이론이란 어떤 사회집단의 의미 체계가 어떻게 창조되고 유지되는가를 서술한 것이다. 즉, 이론은 인간의 일상생활을 자연스럽게 설명하는 것이므로 연구대상의 내면세계를 더 깊이 이해할수록 좋은 이론이라고 할 수 있다. 또한 사회현상은 다양한 측면이 있고 특정한 인간행동이나 사회 현실도 받아들이는 사람의 주관에 따라서 여러 가지로 이해될 수 있다. 따라서 해석주의는 하나의 절대적 진리나 객관적 이론이 존재하기 어렵다고 본다. 또한 해석주의는 비교적 제한된 수의 표본으로 깊이 있는 이해를 시도하는 현장연구, 참여관찰 등과 같은 질적 연구방법을 주로 활용한다. 이런 방법을 통해 비교적 소수의 연구대상들의 인식 속에 구성한 사회현상이나 삶에 관한 심층적이고 주관적인 이해를 얻고자 한다.

(3) 비판주의

비판주의(critical theory)에서 연구의 목적은 사회구조가 사람들에게 가져다주는 환상을 깨뜨리고 기존의 사회질서와 억압의 구조로부터 사회변화를 추구한다. 따라서 비판주의는 연구 결과를 논문으로 발표하거나 이론을 축적하기보다는 실천과 행동이 더 중요하다고 생각한다.

비판주의는 인간의 인식과 관계없이 사회적 실재가 객관적으로 존재한다는 점에서는 실증주의와 같은 입장이다. 하지만 사회적 규칙성에 대해서는 동의하지 않으며, 사회는 본질에서 갈등으로 가득 차 있다고 생각한다. 또한 비판주의에서 사회적 실재는 사회제도와 사회적 관계 간의 모순, 긴장, 갈등으로 인해 항상 변증법적으로 변한다고 본다. 따라서 사회적 실재를 탐구하기 위해서는 그것이 존재하는 사회적, 정치적, 문화적, 역사적 요인들을 이해하는 것이 필요하다. 또한 비판주의는 인간을 외부의 질서에 적응하는 존재인 동시에 창조적으로 사회질서를 변화시킬 수 있는 잠재력을 가진 존재로 생각한다.

비판주의에서 이론은 진정한 사회적 조건을 폭로하고 더 나은 세상을 위한 길을 사람들에게 알려주는 것으로 보고 있다. 이를 위해서 이론은 사람들의 환상을 깨뜨리고 사회적 조건을 결정하는 내면의 구조적 요인이 무엇인가를 찾아내며, 어떻게 사회변화가 되어야 하는지를 설명하는 역할을 해야 한다. 이런 이론을 구축하기 위해 비판주의는 세상이 어떻게 변화하는 것이 바람직한가에 대한 가치관과 신념을 바탕으로 면밀한 역사비교연구를 중시한다. 즉, 서로 다른 사회적 조건에서 사회가 어떻게 변화하였는가를 주의 깊게 고찰함으로써 사회변화의 원동력이 되는 내적 구조를 이해하려고 노력한다. 또한 비판주의는 연구자와 연구대상은 서로 분리되는 것이 아니며, 이론과 실천을 분리하지 않는다. 즉, 연구 행위는 사회적 불평등의 문제를 해결하는 활동이며, 사회적 실천은 다른 연구로 이어질 수 있다고 본다.

(4) 포스트모더니즘

포스트모더니즘(postmodernism)에서는 근대주의 패러다임에서 강조했던 합리성, 과학적 방법, 진리의 확실성은 현대 사회의 맥락에서는 부적합하다고 가정한다. 따라서 포스트모더니즘에서 진리는 본질에서 내재하여 있는 것이 아니라 특정 사회와 문화 속에서 구성되는 것이므로 객관적 실재와 진리의 보편적 기준을 거부한다.

하나의 패러다임으로 묶을 수 없는 다양한 사상체계로 구성되어 있는 포스트모더니즘에서 연구의 목적은 보편적 진리, 법칙 또는 이론 탐색이 아니라 다양성, 특수성, 우연성을 통한 작은 이야기의 가치를 존중하며, 연구대상자는 연구의 주변부가 아니라 연구의 핵심적 가치로 인정한다. 특히 그동안 연구대상으로 주변부에 있던 장애인, 성소수자, 외국인근로자 등의 숨은 목소리를 찾아내어 그들의 언어로 표현하고자 하는 경향성을 보인다(유혜령, 2011).

포스트모더니즘은 연구자를 불완전한 존재로 보기 때문에 연구자의 주관적 특성이 연구에 미친 영향을 해체할 것을 강조한다. 연구자는 연구대상자가 구성한 의미를 이해하려고 하지만, 이것은 연구자의 주관적 판단이 연구 과정에 포함된 연구자의 이해일 뿐이다. 따라서 포스트모더니즘의 연구에서는 연구자의 주관성과 한계를 숨기지 않고, 이에 대한 반성을 연구 결과에 기록함으로써 독자의 해석과 이해를 도와야 한다(주재홍 · 김영천, 2012). 이러한 포스트모더니즘은 사회에 존재하는 다양성을 드러내는 것을 강조하기 때문에 연구는 단일 이론이나 연구자의 견해가 아니라 연구대상자들의 다양한 관점을 표현하는 것이 가치가 있다고 여긴다. 즉, 분명한 연구 결과를 제시하기보다는 연구대상자 간에 불일치한 의견, 다양한 방식으로 해석이 가능하도록 기술하는 방식 등을 통해 연구 결과가 일회적 사건의 성격이 있음을 드러내려고 노력한다(유혜령, 2011).

표 2-1 | 인식론적 입장에 따른 연구방법의 특성

연구 패러다임	실증주의	해석주의	비판이론	포스트모더니즘
진리 및 현상에 대한 가정	• 진리는 인간의 지각과 별도로 존재 • 진리는 객관적으로 탐구 가능 • 사회를 자연과 동일시	• 진리는 인간의 지각과 연결되어 존재 • 인식의 주관적 특성 중시 • 진리는 연구자의 경험 및 특성에 따라 다르게 구성	• 진리는 사회적 권력관계에 영향을 받음 • 사회적 현상은 이념이나 역사 구조 속에서 파악	• 절대적 진리는 존재하지 않음 • 근대주의에 기반한 진리는 잘못된 개념임
연구목적	• 원리를 통해 사회현상의 예측과 통제 • 사회현상 속 원리(이론) 발견	• 연구대상자의 의미 있는 사회적 행위 이해 • 연구대상자가 동일한 사회현상에 대해 서로 다르게 구성한 의미의 이해 또는 재구성	• 기존 사회질서와 억압의 구조로부터 변화 추구 • 민주적이고 평등한 사회 구성	• 일원성 및 논리성에 기반한 실재의 개념 해체 • 작은 목소리와 다양한 실재의 부각
연구자 역할 및 연구방법	• 연구자의 주관적 견해 최대한 배제 • 양적연구방법인 설문지를 통한 측정, 실험을 통한 조작과 통제의 방법 활용	• 실재에 대한 진리는 연구자와 연구대상자가 함께 구성 • 질적연구방법인 인터뷰, 관찰, 문서수집의 방법 활용	• 질적연구방법으로 수집한 자료에 존재하는 불평등적 실재에 대한 반성과 성찰 • 연구대상자의 적극적 연구 과정 참여 및 연구 현장에 대한 개선 추구	• 지속적 자기비평 및 연구자의 주관성 인식 • 창의적 표현방식을 통한 연구 결과 제시
타당도 개념	• 객관적으로 존재하는 실재를 정확하게 포함한 정도	• 연구가 독자에게 가치 있게 여겨지는 정도	• 사회의 권력관계를 드러낸 정도 / 사회구조 변혁에 영향을 미친 정도	• 다양성, 차이, 타자의 역할을 인정한 정도

3. 증거기반실천

1) 역사적 배경과 기본 전제

증거기반실천이 의료분야에서 EBM(Evidence-Based Medicine)이라는 용어로 시작된 이유는 전문가들이 연구조사 결과를 시의적절하고 체계적으로 활용하지 못하는 상황이 자주 발견되고 전문직의 전통적인 지식보급 수단이었던 저서들에서 많은 오류가 있다는 인식이 증가했기 때문이다(Gambrill, 2006). 이러한 증거기반실천(Evidence-Based Practice)은 사회복지사가 이용 가능한 최선의 증거에 비추어 실천에 관해 결정을 수행해나가는 하나의 과정을 의미한다. 증거기반실천이 사회복지 영역에 등장한 배경에는 기존의 사회복지실천이 과학적이지 못한 방식으로 이루어졌다는 반성과 전문직으로서의 사회복지사의 책무성에 근거하고 있다. 사회복지사는 과학적인 증거에 기반을 두고 자신의 실천을 객관적으로 입증하고 전문직으로서의 정당성을 확보해야 한다. 하지만 사회복지사들은 과학적 증거에 근거하여 실천을 수행하기보다는 동료의 판단, 기관의 전통, 전문가 간의 합의와 권위 등에 크게 의존하는 경향이 지적되었다(Gambrill, 2006). 이러한 반성에서 사회복지실천과 과학적 조사를 긴밀하게 연계하는 노력이 꾸준히 진행된 결과 증거기반실천이 등장한 것이다.

증거기반실천을 수행하는 사회복지사는 권위나 전통에 근거한 실천을 수행하는 것이 아니라 증거와 논리에 의존하여 비판적 사고를 수행한다. 증거와 논리는 조사연구의 수행에서 과학적 방법의 두 가지 특성인 경험적 지지와 논리적 지지에 불과하다. 즉, 실천가는 자신의 사례와 관련된 증거를 찾아내는 타당한 방법을 알고 있어야 하며 연구설계와 연구방법을 충분히 이해하고 활용하여 자신이 발견한 증거의 경험적 타당성과 논리적 타당성을 비판적으로 평가할 수 있어야만 한다. 물론 사회복지사는 사례에 가장 적절한 최선의 증거를 발견하지 못할 수도 있으며 증거기반실천을 수행하였다고 해서 언제나 최선의 결과가 나온다는 보장은 없다. 하지만 과학적 방법에 기초한 증거기반실천을 하게 되면, 다른 방법에 따른 실천보다는 효과적인 실천 결과를 얻을 가능성, 즉 확률이 높아진다는 것을 의미한다.

이러한 증거기반실천을 수행하기 위한 기본 전제는 다음과 같다(공계순 · 서인해, 2006). 먼저 사회복지사는 과학적 실천을 위해 활용할 충분한 증거가 있어야 한다. 다음으로 사회복지사는 자료를 찾고 적용하는 데 필요한 지식과 기술을 함양해야 한다. 마지막으로 사회복지사가 증거기반실천을 수행하도록 실천현장의 환경적 자원과 여건이 마련되어야 한다.

2) 증거기반실천의 정의와 단계

사회복지실천에서 증거기반실천이란 사회복지사가 클라이언트의 문제 해결 과정에서 그 문제에 관한 과학적인 연구 결과를 충분히 검토한 후, 최선의 근거를 바탕으로 클라이언트의 특성과 사회복지사의 전문성을 고려하여 클라이언트의 문제 해결을 위해 개입하고 그 변화를 평가하는 과정을 의미한다(황성동, 2015). 이러한 증거기반실천의 구체적인 단계를 살펴보면 〈표 2-2〉와 같다(공계순 · 서인해, 2006; 황성동, 2015).

표 2-2 | 증거기반실천의 단계

단계	내용
1단계	클라이언트의 문제 해결을 위해 답변 가능한 실천 질문으로 전환한다.
2단계	그 질문에 대한 대답이 되는 최선의 과학적 증거를 최대한 효율적으로 찾는다.
3단계	수집된 과학적 증거를 비판적으로 평가한다.
4단계	과학적 증거에 대해 엄격하게 검토한 결과를 클라이언트에게 적용한다.
5단계	클라이언트에게 적용한 결과를 평가하고 피드백을 수행한다.

(1) 답변 가능한 질문 만들기

1단계에서 사회복지사는 자신이 담당하고 있는 실천 대상에 대해 어떤 정보가 필요한지를 파악하고, 이를 질문으로 만든다. 즉, 클라이언트의 문제 해결을 위해 적절한 실천 질문을 제기한다. 이를 위해 사회복지사는 자신이 가지고 있는 정보를 육하원칙을 활용하여 답변 가능한 질문으로 전환하는 기술이 필요하다. 또한 사회복지사는 미리 특정한 개입방법이나 이론을 염두에 두지 않고 현재 어떤 개입들이 이루어지며 어떤 증거가 있는지에 대해 개방적인 태도를 보여야 한다.

(2) 질문에 답이 되는 최선의 과학적 증거 찾기

2단계에서 사회복지사는 1단계에서 제기한 실천 질문에 대한 대답이 될 수 있는 최선의 과학적 증거를 최대한 효율적으로 수집한다. 사회복지사는 인터넷을 활용하여 개입의 효과성과 방법 및 절차에 대한 다양한 정보와 가장 최근에 연구된 가장 효과적인 개입방법에 관한 자료를 관련 웹사이트를 통해 찾아내기 위해 노력해야 한다.

(3) 수집된 과학적 증거의 비판적 검토

3단계에서 사회복지사는 2단계에서 수집된 과학적 증거를 비판적으로 검토한다. 이 단계에서 사회복지사는 수집된 수많은 정보를 자료의 형태, 내용의 성격과 질 등에 대해서 평가하고, 분석의 결과를 통합한다. 즉, 수집된 과학적 증거들의 출처, 내용, 의미에 대해 종합적인 평가와 판단을 수행한다. 이때 사회복지사가 수집된 증거의 과학적 타당성과 활용도를 면밀하게 평가해야 하는 이유는 엄격하고 체계적인 연구방법을 통해 산출된 결과라도 오류가 있을 수 있으며, 평가를 통해 같은 오류가 반복되는 것을 예방할 수 있기 때문이다. 또한 학술지에 발표된 연구물이라도 연구방법에서 문제가 있다면, 이를 실천에 적용해서는 안 된다(서홍란, 2014).

(4) 실천에 적용하기

4단계에서 사회복지사는 분석한 내용을 통합하여 좋은 실천방법으로서 확인된 것을 실제 상황에 적용해야 한다. 이때 사회복지사는 과학적 증거에 대해 엄격하게 검토한 결과를 사회복지사의 전문성, 클라이언트의 특성과 선호도, 실천 환경 등을 고려하여 클라이언트에게 적용한다.

(5) 실행에 대해 평가하기

5단계에서 사회복지사는 클라이언트에게 적용한 실천의 결과를 평가하고 피드백을 수행한다.

핵심정리

1. 사회과학의 특성

- 인과관계의 복잡성
- 확률적 인과관계
- 통제와 실험의 어려움
- 연구의 윤리성과 관련된 문제
- 측정의 오류
- 연구대상의 반응성 문제
- 연구자의 주관, 가치, 문화적 특성의 개입

2. 과학철학

- 포퍼(Popper)의 반증주의: 과학의 발전은 기존 이론의 정당성을 부정하는 경험적 사실을 관찰함으로써 그 이론의 모순에 대한 계속적인 반증과정을 통해 이루어짐
- 쿤(Kuhn)의 과학 혁명: 과학 혁명은 패러다임의 변화를 의미하며, 과학의 진보는 전-과학→ 정상과학→ 위기/혁명→ 새로운 정상과학→ 새로운 위기라는 특정한 유형이나 구조가 존재, 패러다임의 우열을 비교할 수 있는 객관적 기준은 존재하지 않으며, 과학의 발전과 변화는 지식이 축적되는 누적적인 과정이 아니라 혁명적인 과정을 통해 성취

3. 사회과학의 패러다임

연구 패러다임	실증주의	해석주의	비판이론	포스트모더니즘
진리 및 현상에 대한 가정	• 진리는 인간의 지각과 별도로 존재 • 진리는 객관적으로 탐구 가능 • 사회를 자연과 동일시	• 진리는 인간의 지각과 연결되어 존재 • 인식의 주관적 특성 중시 • 진리는 연구자의 경험 및 특성에 따라 다르게 구성	• 진리는 사회적 권력관계에 영향을 받음 • 사회적 현상은 이념이나 역사 구조 속에서 파악	• 절대적 진리는 존재하지 않음 • 근대주의에 기반한 진리는 잘못된 개념임
연구목적	• 원리를 통해 사회현상의 예측과 통제 • 사회현상 속 원리(이론) 발견	• 연구대상자의 의미 있는 사회적 행위 이해 • 연구대상자가 동일한 사회현상에 대해 서로 다르게 구성한 의미의 이해 또는 재구성	• 기존 사회질서와 억압의 구조로부터 변화 추구 • 민주적이고 평등한 사회 구성	• 일원성 및 논리성에 기반한 실재의 개념 해체 • 작은 목소리와 다양한 실재의 부각
연구자 역할 및 연구방법	• 연구자의 주관적 견해 최대한 배제 • 양적연구방법인 설문지를 통한 측정, 실험을 통한 조작과 통제의 방법 활용	• 실재에 대한 진리는 연구자와 연구대상자가 함께 구성 • 질적연구방법인 인터뷰, 참여관찰, 문서수집의 방법 활용	• 질적연구방법으로 수집한 자료에 존재하는 불평등적 실재에 대한 반성과 성찰 • 연구대상자의 적극적 연구 과정 참여 및 연구 현장에 대한 개선 추구	• 지속적 자기비평 및 연구자의 주관성 인식 • 창의적 표현방식을 통한 연구 결과 제시
타당도 개념	• 객관적으로 존재하는 실재를 정확하게 포함한 정도	• 연구가 독자에게 가치 있게 여겨지는 정도	• 사회의 권력관계를 드러낸 정도/사회구조 변혁에 영향을 미친 정도	• 다양성, 차이, 타자의 역할을 인정한 정도

4. 증거기반실천

- 증거기반실천(Evidence-Based Practice)은 사회복지사가 이용 가능한 최선의 증거에 비추어 실천에 관해 결정을 수행해나가는 하나의 과정 의미

단계	내용
1단계	클라이언트의 문제 해결을 위해 답변 가능한 실천 질문 만들기
2단계	그 질문에 대답이 되는 최선의 과학적 증거를 최대한 효율적으로 찾기
3단계	수집된 과학적 증거를 비판적으로 평가하기
4단계	과학적 증거에 대해 엄격하게 검토한 결과를 클라이언트에게 적용하기
5단계	클라이언트에게 적용한 결과를 평가하고 피드백을 수행하기

사회복지사 1급자격시험 기출문제

01 사회과학의 패러다임에 관한 설명으로 옳지 않은 것은?

① 실증주의는 연구결과를 해석할 때 정치적 가치나 이데올로기의 영향을 적극적으로 고려한다.
② 해석주의는 삶에 관한 심층적이고 주관적인 이해를 얻고자 한다.
③ 비판주의는 사회변화를 목적으로 사회의 본질적이고 구조적 측면의 파악에 주목한다.
④ 후기실증주의는 객관적인 지식에 대한 직접적 확증은 불가능하다고 본다.
⑤ 포스트모더니즘은 객관적 실재와 진리의 보편적 기준을 거부한다.

02 과학철학에 관한 설명으로 옳은 것은?

① 논리적 실증주의에 가장 큰 영향을 미친 사람은 영국의 철학자 흄(D. Hume)이다.
② 상대론적인 입장에서는 경험에 의한 지식의 객관성을 추구한다.
③ 쿤(T. Kuhn)에 의하면 과학은 기존의 이론과 상충하는 현상을 관찰하는 데서 출발하여 기존의 이론에 엄격한 검증을 한다.
④ 반증주의는 누적적인 진보를 부정하면서 역사적 사실들과 더 잘 부합하는 새로운 패러다임을 제시하였다.
⑤ 논리적 경험주의는 과학의 이론들이 확률적으로 검증되는 관찰에 의해서만 정당화될 수 있다고 주장한다.

03 실증주의의 특징과 가장 거리가 먼 것은?

① 이론의 재검증
② 객관적 조사
③ 사회현상의 주관적 의미에 대한 해석
④ 보편적이고 적용가능한 통계적 분석도구
⑤ 연구결과의 일반화

04 사회과학의 특성에 관한 설명으로 옳지 않은 것은?

① 자연과학에 비해 인과관계에 대한 명확한 결론을 내리기 어렵다.
② 끊임없이 변화하는 사회현상을 규명한다.
③ 관찰대상물과 관찰자가 분명히 구분된다.
④ 인간의 행위를 연구대상으로 한다.
⑤ 사회문화적 특성의 영향을 받는다.

05 사회과학과 사회복지학에 관한 설명으로 옳은 것을 모두 고른 것은?

> ㄱ. 사회복지학은 사회문제에 대처하기 위한 학문이다.
> ㄴ. 사회과학은 사회복지의 실천적 지식의 제공 및 이론적 발전에 기여할 수 있다.
> ㄷ. 사회복지학은 응용과학이 아닌 순수 과학에 속한다.
> ㄹ. 사회복지학은 사회과학에 의해 발전된 개념들을 활용할 수 있다.

① ㄴ, ㄷ　② ㄷ, ㄹ
③ ㄱ, ㄴ, ㄷ　④ ㄱ, ㄴ, ㄹ
⑤ ㄱ, ㄷ, ㄹ

06 후기실증주의 과학철학에 관한 설명으로 옳은 것은?

① 실증주의가 주장하는 연역주의에 대한 대안이다.
② 관찰대상이 인간과 무관하게 존재할 수 있다고 본다.
③ 지식의 본질을 잠정적, 확률적으로 본다.
④ 관찰의 이론의존성을 부인한다.
⑤ 과학은 혁명적으로 변화한다고 본다.

07 실증주의에 관한 설명으로 옳지 않은 것은?

① 인간행위를 예측할 수 있는 확률적 법칙을 강조한다.
② 과학과 비과학을 철저히 구분하려 한다.
③ 관찰결과의 일반화 가능성을 강조한다.
④ 연구결과를 잠정적인 지식으로 간주한다.
⑤ 사회적 행동을 행위자의 입장에서 이해하려 한다.

08 사회과학의 패러다임어 관한 설명으로 옳지 않은 것은?

① 비판사회과학적 패러다임은 억압받는 집단의 권한을 강화하는 데에 관심을 둔다.
② 포스트모더니즘적 패러다임은 객관적 실재라는 개념을 신뢰한다.
③ 해석주의적 패러다임은 삶에 대한 주관적 의미에 관해 깊이 있게 탐구한다.
④ 실증주의적 패러다임은 경험적 관찰의 중요성을 강조한다.
⑤ 후기실증주의적 패러다임은 인간의 비합리적 행위도 합리적으로 설명할 수 있다고 본다.

09 쿤(T. Kuhn)의 과학적 패러다임에 관한 설명으로 옳지 않은 것은?

① 현상에 대한 우리의 관점을 조직하는 근본적인 도식을 패러다임이라 한다.
② 과학은 지식의 누적에 의해 점진적으로 진보한다고 본다.
③ 학문 공동체의 사회적 성격이 과학이론 선택에 중요한 역할을 한다.
④ 상이한 과학적 패러다임은 실재의 본질에 대한 다른 입장을 반영한다.
⑤ 기존 패러다임의 위기가 명백해지면 새로운 패러다임으로 전환된다.

10 인식론에 관한 설명으로 옳지 않은 것은?

① 실증주의는 경험적 관찰을 통해 이론을 재검증한다.
② 해석주의는 사회적 행위의 주관적 의미에 대한 이해를 강조한다.
③ 실증주의는 적은 수의 표본으로 결과를 일반화하는 것은 무리라고 주장한다.
④ 해석주의는 주로 언어를 분석 대상으로 활용한다.
⑤ 실증주의는 연구자의 가치나 태도 활용을 강조한다.

11 사회과학 패러다임에 관한 설명으로 옳은 것을 모두 고른 것은?

> ㄱ. 사회과학의 패러다임이 폐기되는 경우는 자연과학의 패러다임에 비해 흔하지 않다.
> ㄴ. 한 시기에 여러 개의 패러다임이 공존할 수 있다.
> ㄷ. 쿤(T. Kuhn)은 패러다임의 변화를 점진적인 것이 아니라 혁신적인 것으로 봤다.
> ㄹ. 일반적으로 패러다임의 우열을 가릴 수 있는 객관적 기준이 존재한다.

① ㄱ, ㄴ, ㄷ　② ㄱ, ㄷ
③ ㄴ, ㄹ　④ ㄹ
⑤ ㄱ, ㄴ, ㄷ, ㄹ

12 과학철학에 관한 설명으로 옳지 않은 것은?

① 쿤(T. Kuhn)은 과학적 혁명에서 패러다임 전환을 제시하였다.
② 쿤(T. Kuhn)은 당대의 지배적 패러다임에서 벗어나지 않는 것을 정상과학이라고 지칭하였다.
③ 포퍼(K. Popper)는 쿤의 과학적 인식에 내재된 문제점을 극복하기 위하여 반증주의를 제시하였다.
④ 포퍼(K. Popper)의 반증주의는 연역법에 의존한다.
⑤ 포퍼(K. Popper)는 이론이란 증명되는 것이 아니라 반증되는 것이라고 하였다.

정답 01① 02⑤ 03③ 04③ 05④ 06③ 07⑤ 08② 09② 10⑤ 11① 12③

CHAPTER 03

사회복지조사의 기본 이해

1. 조사의 유형
2. 조사연구의 과정
3. 분석단위

Chapter 03

사회복지조사의 기본 이해

학습목표

- 조사의 유형을 이해한다.
- 조사연구의 과정을 이해한다.
- 연구의 분석단위를 이해한다.
- 분석단위와 관련된 오류를 이해한다.

1. 조사의 유형

자료수집 방법은 조사의 유형에 따라 다양하다. 조사의 유형은 조사의 성격, 즉 연구목적, 시간적 차원, 연구대상의 범위, 자료수집의 특성에 따라 다음과 같이 다양하게 분류할 수 있다.

1) 연구목적에 의한 분류

(1) 탐색적 연구

탐색적 연구(exploratory research)는 문제의 규정을 목적으로 연구문제의 발견,

변수의 규명, 연구가설의 도출 등 더욱 정확한 조사를 위해 시행한다. 즉, 탐색적 연구는 연구자가 새로운 관심사에 관해서 연구하거나, 연구주제가 잘 알려지지 않은 것이어서 사전지식이 부족하거나 기존의 이론과 조사가 없거나, 연구문제의 형성이나 연구가설의 설정 등 연구의 실행 가능성을 알아보고자 할 때 주로 수행한다. 대체로 탐색적 연구는 이론이나 가설이 제시되는 경우가 거의 없는 연구로서(최성재, 2005) 예비조사(pilot test)로 시행되므로 융통성 있게 운영할 수 있어 수정이 쉽다.

예 기존의 자료가 부족한 일본 후쿠시마 원전 유출이 지역주민들의 삶에 초래한 변화 연구 또는 결혼이주여성의 배우자 사별 경험에 관한 연구를 할 때 사례연구나 일정한 표본을 뽑아서 "사별 이후에 가장 어려운 점이 무엇입니까?"와 같은 연구질문을 통해 조사하는 경우는 탐색적 연구이다.

일반적으로 탐색적 연구에 필요한 정보는 양적 자료보다는 질적 자료에 주로 의존하는 경우가 많다. 이처럼 탐색적 연구는 모집단을 정확히 파악하지 못하므로 확률표집방법을 사용할 수 없어 연구 결과를 일반화하는 데 어려움이 있다(김환준, 2004). 또한 탐색적 연구는 드러나지 않은 현상을 찾는 연구로 대부분 연구문제에 대해 만족할만한 답을 얻을 수 없다는 것이 단점이다. 이러한 탐색적 연구의 종류로는 문헌연구, 전문가 의견조사, 사례연구 등이 있다(이훈영, 2018; 채서일 · 김주영, 2016).

① 문헌연구

문헌연구(literature review)는 연구주제와 관련된 지식이 부족할 때 해당 연구와 관련된 기존의 문헌을 조사하는 것이다. 일반적으로 연구주제와 관련된 문제의 규명과 연구가설의 설정을 위한 가장 경제적이고 신속한 방법이 문헌연구이다. 이러한 문헌연구는 다양한 분야에서 이미 조사된 이차 자료를 활용하여 연구주제와 관련된 연구문제의 해결에 유용한 부분들을 연구한다.

② 전문가 의견조사

전문가 의견조사(expert survey)는 제시된 연구문제에 관하여 전문적인 견해와 경험이 있는 전문가들을 대상으로 자료를 수집하는 방법이다. 이 방법은 주로 문헌연구를 보완하는 방법으로 사용되며, 전문가들의 일치된 견해나 문제의 해결방법을 찾기보다는 연구문제의 성격을 더 명확하게 이해하기 위해 시행한다. 이처럼 전문가 의견조사는 관련 변수 간의 관계에 대한 전문가들의 의견을 참고하여 새로운 아이디어를 찾거나 연구문제의 해결 과정에서 조언을 듣기 위해 시행한다.

③ 사례연구

사례연구(case study)는 연구문제나 현재 조사의 상황과 유사한 이전의 구체적인 사례를 심층적으로 분석함으로써 연구문제의 해결을 위해 간접적인 경험과 논리적인 유추를 하는 데 도움을 얻는 방법이다. 사례연구는 특례분석이라고도 하는데, 소수 사례를 세부적으로 검토하는 연구이므로 연구문제와 관련된 변수 간의 관계를 명확히 규명하는 데 효과적이다. 하지만 사례연구에서 사용하는 사례의 신뢰성과 대표성을 확보할 수 없으므로 연구 결과를 일반화하는 것이 어렵다. 또한 사후적인 조사방법이므로 그 결과는 결정적인 것이 아니라 시사적인 의미만 있으므로 사례연구 이후에는 더욱 정교한 후속 조사가 시행되어야 한다.

(2) 기술적 연구

기술적 연구(descriptive research)는 연구대상의 상황, 사건, 현상에 관해 정확하게 기술하거나 묘사하는 것이 목적이다. 즉, 어떤 사건이나 현상의 크기, 비율, 수준 등에 대한 단순 통계적인 자료를 수집하여 문제에 대한 답을 구한다. 기술적 연구는 지역주민이나 사회복지관 이용자를 대상으로 시행하는 실태조사나 욕구조사와 같은 설문조사가 대표적인 형태이다. 이러한 기술적 연구의 종류로는 특정 개인이나 상황, 집단이나 지역 등의 특성에 대해 정확하게 기술하는 연구조사, 어떤 사건의 발생빈도나 비율 등을 파악하는 연구조사, 미래의 일정 시점의 구체적인 관련 상황을 예측하기 위한 연구조사, 둘 이상의 변수 간의 상호관계 정도를 파악하는 연구조사 등이 해당한다.

기술적 연구에서 가장 중요하게 고려할 사항은 정확성이다. 기술적 연구는 현상을 계량적으로 기술하여 정확성을 확보함으로써 수집된 증거의 신뢰성을 극대화할 수 있는 연구설계가 필요하다. 이러한 측면에서 중요한 과제는 타당도와 신뢰도가 높은 측정도구를 사용하고, 모집단을 대표할 수 있는 표본을 추출하여 조사하는 것이다. 기술적 연구에서 연구자는 관찰해야 할 변수가 무엇인지를 알아야 하며, 이를 토대로 수집해야 할 자료가 어떤 것인지도 정확하게 규정할 수 있어야 한다(남궁근, 2017).

예 지역주민의 사회복지관 이용 정도나 만족도 등에 대한 실태조사나 욕구조사, 지난해 발생한 데이트폭력 사건의 빈도와 유형, 사회복지협의회가 매년 시행하는 사회복지기관 통계조사, 범죄율, 폭력율, 자원봉사 참여율, 이혼율 등과 같은 정보를 확보하기 위해서 시행하는 조사는 기술적 연구이다.

(3) 설명적 연구

설명적 연구(explanatory research)는 변수 간의 인과관계를 설명하기 위해서 시행된다. 설명이란 '왜'라는 질문에 대답하는 것으로 변수 간의 인과관계에 대한 설명은 과학적 이론의 최종적인 목적이다. 따라서 설명적 연구는 탐색적 연구와 기술적 연구를 통해 알려진 기존 지식이 있어야 가능하다. 즉, 어떤 도시는 다른 도시들보다 자원봉사 참여율이 높은가와 같은 것으로 어떤 사실과 사실 간의 관계를 파악하여 인과관계를 규명하거나, 이런 결과를 근거로 미래의 사실을 예측하기 위한 것이다. 따라서 연구자는 이미 연구대상자에 대한 주요 변수들의 크기, 분포, 상호관계에 대해 상당히 알고 있는 상태란 것을 의미한다.

이러한 설명을 위해 연구자는 두 변수의 관련성이 크고(공동 변화), 한 변수가 다른 변수보다 시간상으로 앞서며(시간적 선행), 그리고 제3의 변수가 그 관계에 영향을 미치지 않는다는 것(외생변수 통제)을 밝힐 수 있어야 한다. 이처럼 설명적 연구는 인과관계의 개념을 내포하지만, 이를 분명히 규명하는 것은 매우 어렵다. 따라서 사회과학 연구에서 인과관계의 개념보다는 "어떤 요인들이 어떤 결과에 영향을 미친다."라는 말과 같이 함축적으로 표현하는 것이 일반적이며, 단정적인 결론보다는 통계적 유의성에 의한 확률적 결과를 제시하는 방식으로 표현한다.

예 결혼만족도의 영향 요인은 무엇인가, 아동학대의 원인은 무엇인가, 스트레스는 소진의 원인인가 등과 같이 요인을 식별하거나, 특정 변수가 요인이 되는지를 확인하는 것은 설명적 연구이다.

표 3-1 | 탐색적, 기술적, 설명적 연구의 목적

구분	탐색적 연구	기술적 연구	설명적 연구
특징	• 기초적 사실, 배경 및 관심사에 친숙 • 향후 연구수행을 위한 연구문제의 형성 • 새로운 아이디어와 가설 설정 • 연구의 실행 가능성 검토 • 미래의 자료 측정기법 개발 및 소재 파악	• 상세하고 매우 정확한 그림 제공 • 과거 자료와 모순되는 새로운 자료를 찾음 • 일련의 범주 개발 또는 유형 분류 • 진행단계의 순서를 분명하게 밝힘 • 인과적 과정 및 메커니즘의 기록 • 상황의 배경 또는 맥락 보고 • 변수 간의 상관관계 확인	• 이론적 예측 또는 원칙의 검증 • 이론의 설명을 정교화하고 풍부하게 함 • 이론을 새로운 이슈와 주제로 확장 • 설명 또는 예측을 입증하거나 반박 • 이슈 또는 주제를 일반 이론과 연계 • 몇 가지 대립적 설명 중 최선의 설명을 결정

2) 연구의 시간적 차원에 의한 분류

(1) 횡단연구

횡단연구(cross-sectional study)는 특정 시점에서 다수의 분석단위에 대한 자료를 한 번만 수집하는 연구인데, 이를 통해 그 현상의 단면을 분석하거나 집단 간의 차이를 조사하는 방법이다. 이처럼 횡단연구는 특정 시점에서 나타난 연구대상자의 현재 상태를 주의 깊게 관찰하거나 다른 특성이 있는 집단 간의 차이를 측정하므로 정태적인 성격을 지닌다. 대체로 횡단연구는 연구대상이 지리적으로 널리 분포되어 있거나, 연구대상자의 수가 많거나, 많은 변수에 관한 자료를 수집할 필요성이 있을 때 주로 이용한다(남궁근, 2017).

횡단연구는 특정한 현상이나 요인의 탐색, 기술, 설명을 위한 연구조사로 종단연구와 비교하여 상대적으로 자료수집이 쉽고, 시간이나 비용이 적게 든다. 그러나 횡단연구는 일회성으로 시행되므로 시간의 흐름에 따라 나타나는 변화를 관찰할 수 없다는 것이 단점이다.

예 인구센서스, 여론조사, 지역주민 욕구조사, 학교폭력 실태조사 등은 횡단연구에 해당한다.

(2) 종단연구

종단연구(longitudinal study)는 동일한 현상과 분석단위에 대해 일정한 시간 간격을 두고 적어도 두 번 이상 반복해서 측정하여 각 기간의 변화를 수집하는 시계열(time series) 조사이다. 이처럼 종단연구는 시간의 흐름에 따른 연구대상이나 상황의 변화를 반복 측정하여 분석하는 연구방법으로 일정 기간에 걸쳐 발생하는 변화와 그 차이의 발생 요인을 파악하므로 동태적인 성격을 지닌다.

종단연구는 횡단연구보다 장기간에 걸쳐 연구대상이나 상황의 변화에 관해 더 정확한 정보를 수집할 수 있고, 변수 간의 인과관계를 분석할 수 있다는 것이 장점이다. 그러나 횡단연구와 비교해서 연구대상자의 탈락, 시간과 비용이 많이 드는 것이 단점이다. 일반적으로 오랜 시간에 걸쳐 소수의 연구대상자를 관찰하는 질적 연구는 그 특성상 종단연구에 해당한다(이봉재, 2016). 이러한 종단연구의 유형으로는 경향 연구, 동류집단 연구, 패널 연구 등이 있다.

① 경향 연구

경향 연구(trend study)는 동일한 현상과 특정 연구대상에서 발생하는 변화를 일정한 시차를 두고 여러 번 측정하여 얻은 시계열 자료의 결과를 비교하는 것이다. 추세 연구라고도 하는 경향 연구는 조사 시점마다 조사내용은 같지만, 연구대상자의 모집단과 표본은 다르다는 점에서 같은 표본을 전제로 하는 패널 연구와는 다르다. 경향 연구는 과거의 경향을 분석함으로써 미래의 상태를 예측하는 데 주로 활용된다. 이처럼 경향 연구는 시간의 흐름에 따라 서로 다른 사람들의 특성이 어떻게 변화하는가를 분석하는 연구이다(김환준, 2004).

예 대학 신입생을 대상으로 매년 장래 희망 직업에 대한 조사 결과를 비교하여 선호하는 직업의 변화 경향을 파악하는 것은 경향 연구이다.

② 동류집단 연구

동류집단 연구(cohort study)는 비슷한 시기에 태어나 특정한 경험을 공유한 모집단 중에서 표본을 선정하여 시간의 흐름에 따라 조사내용에서 어떤 변화가 있는지를 비교하는 것이다. 동류집단 연구는 동시경험집단 연구, 동년배 연구라고도 하는데, 시간의 흐름에 따라 특정 경험을 같이하는 사람들이 가지는 특성들의 변화에 대해 두 번 이상의 다른 시기에 걸쳐서 살펴보는 조사방법이다. 여기서 동류집단인 코호트(cohort)란 특정한 시기에 태어났거나 같은 시점에서 특정한 사건을 비슷한 방법으로 경험한 연령 집단으로 한국전쟁 세대, 베이비부머 세대, 386세대로 불리는 집단이 해당한다.

예 베이비부머(Baby-boomers) 세대를 대상으로 은퇴 이후의 삶에 대한 만족도의 변화를 연구하기 위해 5년마다 300명씩 표본을 선정하여 그 결과를 비교하는 것은 동류집단 연구이다.

동류집단 연구의 표본은 그들이 속한 모집단을 대표하므로 동류집단의 변화를 파악할 수 있지만, 특정 개인의 변화는 파악할 수 없다. 이러한 동류집단 연구는 조사 시점마다 연구대상자의 모집단과 조사내용은 같지만, 연구대상자의 표본은 다르므로 측정된 집단의 변화에 관한 내용은 패널 연구보다 정확성이 떨어진다고 할 수 있다(정대연, 1996).

③ 패널 연구

패널 연구(panel study)는 선정한 연구대상자를 대상으로 같은 주제에 대해 시간 간격을 두고 반복해서 조사를 시행한 결과를 비교하는 것이다. 즉, 패널 연구는 연구목적에 부합하는 패널인 연구대상자를 계속해서 조사하는 방법으로 동일한 연구대상자의 전체적인 변화와 그 변화의 원인과 내부적인 역동성을 분석하는 데 적합하다.

> 예 기초연금의 노인 빈곤 감소 효과를 알아보기 위해 동일한 노인을 표본으로 매년 조사하거나 특정한 해에 사회복지학과를 졸업한 학생 중 일부를 표본으로 정해서 매년 혹은 2년마다 취업상태를 계속해서 조사하는 것은 패널 연구이다.

이처럼 패널 연구는 동일한 연구대상자들의 변화 요인인 독립변수의 노출 전후 상태를 반복해서 관찰할 수 있어서 다른 종단연구들보다 더 정확하고 상세한 정보를 제공한다. 또한 조사 때마다 새로운 질문 문항을 추가할 수 있다는 것이 장점이다. 그러나 연구대상자들의 추적과 관리에 시간과 비용이 많이 든다는 것과 모집단과 표본이 동일하므로 조사 과정에서 연구대상자인 패널의 상실로 변화를 확인하는 것이 어려울 수도 있다. 이처럼 연구대상자인 패널의 탈락률이 높아지면, 패널의 대표성 문제 때문에 조사의 의미가 없어지므로 패널의 유지가 정확한 조사의 필요조건이 된다(채서일 · 김주영, 2016). 또한 패널 연구는 조사와 관련된 반응성의 문제와 연구대상자의 성숙 효과와 검사 효과가 나타날 수도 있다. 특히 조사에 참여한 경험 때문에 연구대상자가 현재 조사의 응답에 영향을 미치는 패널 조건화(panel conditioning) 현상, 즉 이전의 검사를 기억하여 의식적으로 일관성을 유지하기 위해 동일하게 응답함으로써 연구 결과의 정확성이 낮아질 수 있다(Frankfort-Nachmias & Nachmias, 2000)는 것이 단점이다.

표 3-2 | 종단연구 유형 간의 비교

유형	연구대상자 연령			연구대상자 동일 여부	모집단 동일 여부
	2020년	2025년	2030년		
경향 연구	20세	20세	20세	×	×
동류집단 연구	20세	25세	30세	×	○
패널 연구	20세	25세	30세	○	○

3) 연구대상의 범위에 의한 분류

(1) 전수조사

전수조사(complete enumeration)란 연구대상자의 모집단 전체를 대상으로 조사하는 연구이다. 전수조사는 시간과 비용이 많이 소요되므로 필요한 경우를 제외하고는 거의 시행되지 않는다.

(2) 표본조사

표본조사(sampling study)란 전수조사가 어려운 경우 연구대상자의 모집단 중에서 표본을 추출하여 조사하는 연구이다. 표본조사는 모집단을 대표하는 표본을 확보하는 것이 매우 중요하다.

4) 자료수집의 특성에 의한 분류

(1) 양적 연구

양적 연구(quantitative research)는 실증주의 패러다임에 따라 비교적 많은 수의 연구대상자로부터 수치화된 자료를 수집하여 분석하는 조사연구로 대부분 연역법을 활용한다. 양적 연구는 수적 자료의 통계적 분석을 통해 연구대상자의 특성, 집단 간의 차이, 변수 간의 관계 등에 관한 중요한 사실을 발견하거나 추론한다. 일반적으로 양적 연구는 구체적 자료수집방법에 따라 다음과 같이 구분할 수 있다(김환준, 2004).

① 실험연구

실험연구는 인과관계를 밝히기 위한 설명적 연구이다. 실험연구는 연구대상자를 무작위 할당으로 실험집단과 통제집단을 구분하고, 실험집단에만 독립변수를 조작한 후에 독립변수의 영향을 받을 것으로 예측되는 종속변수를 관찰하는 과정을 거친다.

② 설문조사

설문조사(survey)는 대규모 사회조사에서 가장 널리 사용되는 방법이다. 모집단을 대표할 수 있는 표본을 대상으로 연구대상자가 설문지를 작성하거나 면접자가 연구대상자와 면접하여 정보를 기록하는 방식으로 자료를 수집한다.

③ **내용분석**

내용분석(content analysis)은 사람을 연구대상으로 하는 것이 아니라 사람이 만든 서적, 그림, 사진, 신문 기사, 영화, 음악 등 인간의 역사적인 기록물인 이차 자료의 내용을 분석하는 방법이다.

④ **이차 자료 분석**

이차 자료 분석(secondary data analysis)은 연구자가 직접 자료를 수집하거나 원자료를 직접 분석하지 않고 기존에 정리된 통계자료를 이용하는 방법이다.

(2) 질적 연구

질적 연구(qualitative research)는 해석주의나 비판주의 패러다임에 따라 비교적 소수의 연구대상자를 집중적으로 깊이 있게 연구하는 조사연구로 대부분 귀납법을 활용한다. 예를 들어 연구자가 가출청소년의 청소년쉼터 적응에 관한 연구나 미혼모의 자녀 양육에 관한 연구를 하려면, 질적 연구를 수행하게 된다. 일반적으로 질적 연구는 심층면접과 참여관찰 등의 방법을 활용하여 정보를 수집한다.

2. 조사연구의 과정

지식을 생산하기 위한 과학적 조사연구의 과정은 일반적인 과정과 절차에 따라 체계적으로 수행된다. 이러한 조사연구의 과정은 [그림 3-1]과 같이 일반적으로 연구문제의 선정, 문헌연구, 가설 설정, 연구설계, 자료의 수집, 자료의 분석 및 해석, 조사보고서 작성 순으로 이루어진다.

그림 3-1 조사연구의 과정

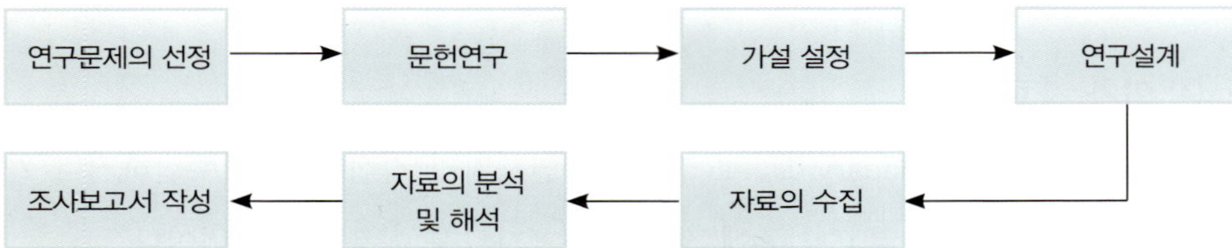

1) 연구문제의 선정

조사연구 과정의 첫 단계는 무엇을 연구할 것인가를 정하는 것이다. 즉, 어떤 필요성에 따라 무엇을 연구할 것인지에 대한 문제의 제기에서 시작된다. 연구문제의 성격에 따라 연구 결과가 좌우되기 때문에 적절한 문제의 제기가 필요하다. 문제의 제기는 전체적인 조사연구의 방향을 설정하는 단계로서 무엇을 조사해야 하는지를 명확히 하는 단계이다. 따라서 연구문제를 선정하는 것은 연구의 성격을 규정하는 핵심적인 작업이다. 일반적으로 연구문제는 연구자의 개인적인 경험이나 관심, 타인과의 상호작용, 기존 문헌, 실천 현장의 경험 등을 통해 시작되며, 구체적인 질문의 형태로 설정할 필요가 있다.

> 예 "대학생들의 다문화수용성의 수준에 영향을 미치는 요인은 무엇인가?", "노인의 주관적 건강상태는 삶의 만족도에 어떤 영향을 미치는가?", "성인기 발달장애 자녀 어머니의 돌봄 부담감은 어떠한가?" 등이 연구문제의 예이다.

일반적으로 연구문제는 선행연구 결과들을 통해 내용을 충분히 파악하기 어려운 경우, 선행연구 결과들이 서로 일치하지 않는 경우, 특정한 사회현상이 기존의 이론으로 설명하기 어려운 경우 등을 고려하여 선정하는 것이 중요하다. 이러한 연구문제를 진술할 때는 명확하며 간결해야 한다. 연구문제의 중요성과 의의를 설명함으로써 연구문제의 선택 이유를 합리화해야 하며, 문제의 적절성을 제시하여야 한다. 특히 사회복지 분야에서 연구자는 우리 사회에 새롭게 등장하거나 심각한 사회문제이지만, 아직 구체적인 대안이나 해결방안이 부족한 문제 영역을 선택하여 연구문제를 선정할 필요가 있다(유영준, 2014). 이때 연구자는 이론적으로 또는 실용적으로 연구 가치가 있고, 실행할 수 있는 참신한 연구문제를 구체적으로 선정하여야 하며, 연구 질문을 통해 연구의 필요성과 연구목적을 구체화해야 한다.

2) 문헌연구

문헌연구란 연구의 진행에 필요한 연구모형에 대해 연구자가 이론적 근거와 선행연구 결과들을 근거로 제시함으로써 연구할만한 가치가 있다는 것을 제시하는 과정이다. 예를 들어 대학생들의 다문화수용성에 관한 연구를 한다면, 이와 관련된 선행연구의 고찰을 위해 정기간행물, 책, 학위논문, 연구기관 보고서 및 간행물, 기타 자료들을 찾거나 연구문제와 관련된 분야를 연구하는 학자나 다른 전문가들로부터 도움을 받을 수 있다. 이처럼 문헌연구는 연구자가 연구문제와 관련된 선행연구 결과들을 이해함으로써 연구문제에 대한 충분한 지식을 갖추는 과정이다.

문헌연구에서 연구자는 선행연구 결과들을 정리할 때 〈표 3-3〉을 참조하여 정리하는 것이 바람직하다(이균희, 2014). 이러한 문헌연구를 통해 연구자가 동일한 연구를 반복하지 않음으로써 시간과 비용을 줄일 수 있다. 특히 선행연구가 없는 연구문제의 경우, 개념적으로 관련된 연구를 찾아 문헌연구를 진행하는 것이 필요하다. 이런 과정에서 문헌연구는 연구문제와 개념을 더 구체화하고, 연구자가 연구문제를 기존의 지식과 연구에 연결하여 이론적 기초와 가설 설정 및 연구문제에 대한 조사방법을 제시할 수 있다.

표 3-3 | 선행연구의 정리를 위한 점검표

① 논문에 대한 인용을 자세히 기록한다.
② 논문에서 사용한 연구문제와 가설을 기록한다.
③ 연구대상자에 대한 특징과 표본 수를 기록한다.
④ 측정방법이나 측정도구를 간략히 기술한다.
⑤ 연구 진행 절차에 관해 기술한다.
⑥ 연구문제와 가설 검증의 결과는 어떤 결론에 도달했는지를 정리한다.
⑦ 연구 결과에 대한 논의에서 중요한 내용을 기록한다.
⑧ 비판적인 입장에서 논문을 평가하고 기록한다.

3) 가설 설정

연구자는 모든 연구에서 가설을 설정하지 않지만, 연구문제가 설정되면 그와 관련된 가설을 설정하는 것이 바람직하다. 가설은 선정된 연구문제를 실증적으로 검증할 수 있도록 구체화하는 과정이다. 이러한 가설은 연구대상자와 자료수집, 검증방법의 선정에서 구체적인 방향을 제시한다. 탐색적 연구나 기술적 연구는 가설을 설정할 수 없거나 설정할 필요가 없는 경우가 많다. 반면에 설명적 연구는 변수 간의 관계를 규명하는 것이므로 가설을 설정하는 것이 바람직하거나 필요하다.

연구자는 연구문제와 관련된 문헌들을 통해 선행연구에서 밝혀진 사실이나 이론을 검토하는 과정에서 얻은 지식을 토대로 가설을 설정한다. 예를 들어 문헌연구에서 대학생의 다문화수용성에 관한 선행연구의 고찰을 통해 "대학생들의 전공에 따라 다문화수용성의 수준이 다를 것이다."라는 가설을 설정할 수 있다. 이처럼 가설은 검증되지 않은 둘 이상의 변수 간의 인과관계를 검증 가능한 형태로 서술해 놓은 문장이다. 따라서 가설은 가능한 단순한 것이 좋으며, 그 뜻이 분명해야 하고, 연구자의 편견이나 가치관이 배제되어야 한다. 또한 가설은 어떤 상황에서 적용될 수 있는지를 밝힐 수 있게 구체적이어야 하며, 인과관계가 구체적으로 표현된 연구 질문으로 독립변수와 종속변수를 포함해야 한다.

4) 연구설계

연구설계는 연구문제의 해결이나 가설 검증을 위해 자료를 수집하고 분석하는 전반적인 연구 과정에 필요한 절차와 규칙을 마련하는 모형이다. 이 단계에서 연구자는 변수에 대한 조작적 정의, 연구대상자 선정, 표본추출방법 결정, 자료수집방법 결정, 측정도구의 신뢰도와 타당도를 검증하여야 한다.

개념의 조작적 정의란 추상적 성격의 개념을 구체적이고 경험적으로 측정할 수 있도록 정의한 것이다. 예를 들어 학교생활 적응이라는 개념을 측정하기 위해서 그 의미에 내포된 내용을 분석하여 학습활동, 학교규칙, 교우관계, 교사와의 관계 등 네 가지 내용을 포함하는 것으로 정의하는 것이다. 또한 연구대상자를 선정할 때는 그들이 연구문제에 적합한지를 기초로 결정해야 한다. 일반적으로 연구대상자는 사람이나 사람과 관련된 사회적 가공물이다. 따라서 개인이나 집단의 정보 노출, 사생활 침해, 조사에 자발적 참여 및 고지된 동의 여부 등의 문제가 발생할 수 있으므로 이러한 문제를 어떻게 해결할 것인가를 반드시 고려해야 한다(최성재,

2005). 또한 자료분석방법도 자료가 수집된 후에 결정하는 것이 아니라 연구설계에서 고려하여야 한다.

5) 자료의 수집

연구설계를 기초로 면접, 실험, 관찰, 설문지 등 여러 가지 방법을 통해 수집된 자료는 양적 또는 질적 형태로 구성된다. 자료는 연구자가 직접 수집한 일차 자료와 다른 연구자나 주체에 의해서 이미 수집된 자료나 다른 연구에서 수집된 기존 자료는 이차 자료로 구분된다. 일반적으로 일차 자료의 수집은 두 가지 방법으로 구분된다. 먼저 직접적인 방법은 연구대상자에게 직접 질문하는 방법으로 면접, 전화, 우편, 인터넷 등을 이용한다. 다음으로 간접적인 방법은 관찰, 내용분석 등의 방법이 있다. 이러한 방법 중에서 자료수집방법을 결정한 다음, 설문지를 작성하게 된다. 설문지는 연구대상자와 자료수집방법을 고려하여 작성한다.

자료수집방법이 정해지면, 구체적인 연구대상자를 선정해야 한다. 연구대상자의 선정 방법은 모집단 전체를 조사하는 전수조사와 그중에서 일부분인 표본을 조사하는 표본조사가 있다. 두 가지 중에서 어느 방법을 선택할지는 조사에 필요한 시간과 비용, 조사 결과에서 얻는 정보의 정확성 등을 고려해 결정한다. 대체로 표본조사를 시행할 때, 표본의 선정은 조사 내용과 지역적인 범위, 연구대상자의 특성 등에 따라서 달라진다. 설문지가 완성되면 의미 있는 분석 결과를 얻기 위해 자료수집 과정이 진행된다. 이를 위해 유능한 조사원을 모집하고 철저한 교육을 통해 조사 과정에서 발생할 수 있는 오류를 최소화하는 것이 중요하다(채서일 · 김주영, 2016).

6) 자료의 분석 및 해석

연구설계에 따라 수집된 자료는 요약, 분류 또는 조직화를 해야 한다. 즉, 수집된 자료는 빠진 부분이 없는지, 잘못된 기록이 없는지 등을 검토하여 정리하는데, 이를 자료의 편집이라고 한다. 이 과정에서 조사연구의 객관성을 저해할 수 있는 연구자의 의도가 개입하지 않도록 하는 것이 중요하다. 편집된 자료는 부호화 과정을 통해 자료의 성격에 맞는 통계분석기법을 적용하여 분석한다. 자료의 분석이란 조사, 실험, 관찰 등의 방법으로 수집된 자료, 즉 원자료(raw data)를 연구목적에 맞도록 적절한 통계분석기법으로 분석한 결과를 통해 연구문제나 가설과 관련된 의미를 찾는 과정이다. 이처럼 자료의 분석은 연구목적과 자료의 수집을 위해 사용한 표본추출방법, 자료수집방법 등을 고려해 적합한 통계분석기법을 선택한다. 일반적으로 수집된 자료의 성격에 따라 사용할 수 있는 통계분석기법이 달라지기 때문에 자료의 수집 전에 통계분석기법을 정하고 자료를 수집해야 한다.

수집된 자료를 분석한 후에는 그 결과에 대한 의미 있는 해석을 해야 한다. 동일한 과정을 통해 얻은 분석 결과도 연구자의 통계분석기법에 대한 이해의 차이나 분석 관점에 따라 달라질 수 있으므로 연구자는 통계분석기법과 사회과학 전반에 대한 명확한 이해가 필요하다(채서일 · 김주영, 2016). 이를 근거로 연구자는 연구문제에 관한 조사연구의 결론을 내린다. 즉, 자료의 분석 결과가 어떤 의미가 있는지를 연구자가 판단하는 과정이다. 이런 과정에서 연구자의 주관이나 편견이 개입될 수 있으므로 유의해야 한다.

7) 조사보고서 작성

조사연구 과정의 마지막 단계는 조사보고서를 작성하는 것이다. 이처럼 조사보고서 작성은 연구 결과를 객관적으로 증명하고 경험적으로 일반화하기 위해 일정한 형식으로 기술하여 타인에게 전달하는 것이다. 조사보고서는 그것을 읽을 사람들이 충분히 이해할 수 있도록 작성되는 것이 중요하다. 즉, 연구목적에 따라 혹은 연구 결과를 누구와 공유할 것인가에 따라 조사보고서의 깊이와 형식에 차이가 있을 수 있다. 일반인 대상의 조사보고서는 이해하기 쉽게 작성해야 하지만, 전문가 대상은 핵심적 내용을 중심으로 전문적으로 표현하여야 한다. 연구자가 발견한 사실을 조사보고서에 모두 포함하는 것이 아니라 선별적으로 선택한다.

조사보고서를 작성할 때 연구자는 연구주제와 직접적인 관련이 없는 내용은 제외하고, 잘 알려진 사실에 대해서는 많은 설명을 하지 않도록 유의해야 한다. 조사보고서는 체계성, 명료성, 간결성, 정확성, 논리성 등의 성격을 지녀야 한다. 일반적으로 조사보고서의 내용으로는 연구문제와 가설, 연구설계, 연구 결과, 결과에 대한 논의 및 후속 연구의 제안, 참고문헌, 부록 등이 포함된다.

3. 분석단위

1) 분석단위의 개념

분석단위(units of analysis)란 연구자가 연구 결과를 분석할 때 활용하는 연구대상을 말한다. 즉, 분석단위란 그 단위의 속성을 집계하여 더 큰 집단의 특성을 기술하거나 어떤 추상적인 현상을 설명하기 위해 가장 먼저 기술되어야 하는 단위로서 연구문제의 선정과 밀접한 관련이 있다. 이처럼 분석단위는 연구자가 서술하거나 설명하려는 초점의 대상이나 요소이며, 연구자는 연구의 결론을 분석단위인 연구대상에 적용하고자 한다.

2) 분석단위의 유형

일반적으로 사회과학 연구의 분석단위는 개인, 집단, 조직, 사회적 상호작용, 사회적 가공물 등 여러 수준에서 선택될 수 있다.

① 개인

가장 일반적인 연구대상으로서 개인은 클라이언트의 개인적 특성이나 심리사회적 특성, 지역사회 욕구조사에서 분석단위이다. 분석단위로서 개인 대상의 연구는 일반적으로 특정한 유형 또는 집단구성원들의 행동에 관한 기술과 분석을 통해 사회집단과의 상호작용을 기술하고 설명하는 경향이 있다. 예를 들어 학력 수준에 따른 복지 의식의 차이를 연구할 때, 분석단위는 개인이다. 이처럼 분석단위가 개인일 때, 기술적 연구의 목적은 개인의 총합인 모집단의 특성을 서술하는 것이다. 반면에 설명적 연구의 목적은 모집단 내에서 발생하는 변수 간의 역동적 관계를 발견하는 것이다.

② 집단

하나의 개체인 집단의 특징에 관해 관심을 보일 때 분석단위는 집단으로 가족, 부부, 동아리, 동창회 등을 들 수 있다. 가장 자주 사용되는 분석단위로서 가족은 가족을 구성하는 다양한 특성(예: 가족 유형, 수입 정도, 가족 수, 주거 형태 등)이나 역동성(예: 가족관계, 갈등 등) 등을 연구할 때 사용되는 단위다. 분석단위인 집단은 부부, 가족, 동아리 등 집단구성원을 분석단위로 하면 미시조사가 되고, 집단이면 거시조사가 된다. 이처럼 집단구성원을 분석단위로 하는 것과 집단을 분석단위로 하는 것 간에는 큰 차이가 있다. 예를 들어 가정 밖 청소년의 연구에서 가정 밖 청소년을 연구하려면 가정 밖 청소년 집단의 개인이 분석단위이지만, 가정 밖 청소년 집단 간의 차이를 연구하려면 가정 밖 청소년 집단이 분석단위가 된다.

③ 조직

연구자가 공식적인 사회조직의 특성을 연구할 때 분석단위는 조직이다. 분석단위로서 조직은 사회복지기관, 학교, 교회, 기업, 시민단체 등을 들 수 있다. 예를 들어 사회복지기관을 연구할 때 이용자 수, 종사자 수, 프로그램 수, 예산, 서비스 만족도 등의 특성과 관련한 산출물을 조직의 분석단위로 사용할 수 있다. 이러한 자료를 토대로 연구자는 사회복지기관 간의 효율성을 비교할 수도 있다.

④ 사회적 상호작용

개인 간의 사회적 상호작용을 연구할 때 분석단위는 사회적 상호작용이다. 분석단위로서 사회적 상호작용은 전화통화, 교통사고, 소송, 논쟁, 이메일 교환, 댓글 달기 등을 들 수 있다. 예를 들어 남북정상회담과 같은 특정한 사회적 이슈에 대한 여론의 변화과정을 분석하려면 뉴스 기사의 댓글 달기가 사회적 상호작용의 분석단위가 된다.

⑤ 사회적 가공물

분석단위로서 사회적 가공물(social artifacts)이란 사회적 존재가 만든 산출물이나 행위의 결과를 의미한다. 인간의 생각과 행위의 산출물은 책, 시, 그림, 노래,

사진, 일기, 신문 기사, 예술품, 건물 등이 해당한다. 사회적 가공물의 분석단위는 주로 내용분석에서 사용된다. 예를 들어 국민연금이나 건강보험에 관한 주요 신문의 사설 논조 변화를 살펴볼 때, 분석단위는 신문의 사설이 된다.

3) 분석단위 선정과 해석의 오류

연구문제에서 분석단위를 잘못 고려한다면, 전혀 다른 분석단위를 근거로 결론에 도달하는 오류를 범할 수 있다. 일반적으로 분석단위의 잘못된 선정으로 자료분석의 결과를 추론하고 해석할 때 발생할 수 있는 오류는 다음과 같다.

① 생태학적 오류

생태학적 오류(ecological fallacy)는 분석단위인 집단이나 집합체를 통해 얻은 연구 결과를 그 분석단위에 속한 개인에게 동일하게 적용할 때 발생하는 추론상의 잘못을 말한다. 여기서 생태학적이란 개인보다 큰 단위인 집단이나 사회체계를 고려한다는 것이다. 이에 따라 생태학적 오류는 더 큰 수준의 분석단위에서 얻은 결과를 기준으로 그보다 더 낮은 수준의 분석단위 특성에 대해 추론할 때 발생하는 오류이다.

> 예 17개 시 · 도를 조사하여 대학 졸업 이상의 인구비율이 높은 지역이 낮은 지역보다 중위 소득이 더 높다는 결과를 알게 되었다. 이를 통해 학력 수준이 높은 사람이 낮은 사람보다 소득수준이 높다는 결론에 도달하였다. 다른 예로는 외국인 근로자의 비율이 높은 지역에서 범죄율이 높다는 결과를 얻었다. 이를 통해 외국인 근로자의 범죄가 증가하고 있다는 결론을 내렸다. 이것은 지역이나 집단에 대한 자료를 개인적 수준에서 해석하였으므로 생태학적 오류를 범한 것으로 볼 수 있다.

② 개인주의적 오류

개인주의적 오류(individualistic fallacy)는 분석단위인 개인을 통해 얻은 연구 결과를 그 개인이 속한 집단의 특성에 동일하게 적용할 때 발생하는 추론상의 잘못을 말한다. 즉, 개인적 특성의 정보를 통해 그 개인이 속한 집단이나 사회의 특성으로 과도하게 해석할 때 발생하는 오류이다. 이러한 개인주의적 오류는 생태학적 오류와 반대로 더 낮은 수준의 분석단위 특성에서 얻은 결과를 기초로 그보다 더 높은 수준의 분석단위 특성에 대해 추론할 때 발생하는 오류이다.

> 예 어떤 여성이 시장에 당선이 되었다고 해서 모든 여성이 시장이 될 수 있다고 주장한다면, 개인주의적 오류에 해당한다. 전체 시장 중에서 몇 명이 여성인지 그리고 그녀가 선거 활동을 어떻게 했는지도 살펴보아야 한다. 정확한 숫자와 수요 공급의 원리를 계산하여 집단의 성공률을 함께 계산해야 한다.

③ 환원주의 오류

환원주의 오류(reductionism fallacy)란 어떤 사회현상이나 인간의 사회적 행위를 특정한 개념적 틀로만 제한하거나 설명하려는 태도를 말한다. 즉, 환원주의 오류는 어떤 사회현상의 원인으로 생각되는 개념이나 변수의 종류를 엄격히 제한함으로써 잘못을 범하는 오류이다. 이러한 환원주의 오류는 특정한 사회현상을 전체적으로 이해하기보다는 단순화를 강조하기 때문에 유의할 필요가 있다.

> 예 복지친화적 가치에 동의하는 사람들의 비율을 복지체계의 발전정도를 나타내는 지표로 사용할 때 환원주의 오류와 관련이 있다. 다른 예로는 실업의 원인은 다양한 측면이 있지만, 정부 정책의 관점에만 한정해서 단순하게 설명할 때 환원주의 오류에 빠질 수 있다.

핵심정리

Core Theorem

1. 연구목적에 의한 분류

탐색적 연구	기술적 연구	설명적 연구
• 예비조사로 시행되며 융통성 있게 운영될 수 있고 수정이 가능 • 연구문제에 대한 사전지식이 부족할 때 사용 • 문헌연구, 전문가 의견조사, 사례연구(특례분석) 등이 있음 예) 노인가족 동반자살 현상에 관한 연구 – 신문기사 분석을 통해	• 어떤 모집단의 특성을 드러내기 위한 것으로 현상을 정확하게 기술하거나 묘사하는 것이 목적 • 횡단연구와 종단연구로 구분 • 기술적 연구에서 고려사항은 정확성 예) 청소년가출 실태조사, 사회복지관 욕구조사 등	• 사실의 인과관계를 규명하거나 미래의 사실에 대해 미리 예측하는 조사 • 설명 또는 예측을 입증하거나 반박 예) A가 B에 미치는 영향에 대한 연구 – 청소년 가출에 영향을 미치는 요인 연구

2. 연구의 시간적 차원에 의한 분류

횡단연구	• 특정 시점에서 다수의 분석단위에 대한 자료를 한 번만 수집하여 그 현상의 단면을 분석하거나 집단 간의 차이를 조사하는 방법 • 정태적인 성격으로 주로 표본조사 실시 • 표본의 크기가 커야 하며, 어떤 현상의 진행과정이나 변화는 측정 불가능함 예) 여론조사, 지역주민 욕구조사, 일회성 설문조사 등

<table>
<tr><td rowspan="4">종단연구</td><td colspan="2">• 동일한 현상과 분석단위에 대해 일정한 시간 간격을 두고 두 번 이상 반복해서 측정하여 각 기간의 변화를 수집하는 시계열 조사
• 동태적인 성격으로 시간과 비용이 많이 드는 것이 단점
예) 경향(추세)연구, 동류집단연구, 패널연구</td></tr>
<tr><td>경향 연구</td><td>• 동일한 현상과 특정 연구대상에서 발생하는 변화를 일정한 시차를 두고 여러 번 측정하여 얻은 시계열 자료 결과를 비교하는 것(해당 시점에서 해당 조건을 만족하는 사람들을 조사)
예) 대학 신입생을 대상으로 매년 장래 희망 직업에 대한 조사 결과를 비교하여 선호하는 직업의 변화 경향을 파악하는 것</td></tr>
<tr><td>동류집단 연구</td><td>• 비슷한 시기에 태어나 특정 경험을 공유한 모집단 중에서 표본을 선정하여 시간의 흐름에 따라 조사내용에서 변화가 있는지를 비교(동일 조건을 만족하는 집단의 사람들을 매번 새로 표집하여 조사)
예) 베이비부머(Baby-boomers) 세대를 대상으로 은퇴 이후의 삶에 대한 만족도의 변화를 연구하기 위해 5년마다 300명씩 표본을 선정하여 그 결과를 비교하는 것</td></tr>
<tr><td>패널연구</td><td>• 동일한 주제에 동일 대상을 시간 간격을 두고 반복해서 조사 결과를 비교하는 것
예) 기초연금의 노인 빈곤 감소 효과를 알아보기 위해 동일한 노인을 표본으로 매년 조사하는 것</td></tr>
</table>

3. 연구대상 범위에 의한 분류

전수조사	• 연구대상자의 모집단 전체를 대상으로 조사하는 연구 • 표본오차는 없으나 비표본오차가 크므로 조사 과정을 적절히 통제하지 못할 경우 표본조사와 비교하여 정확성이 낮아짐
표본조사	• 연구대상 전체 중 일부분을 표본으로 추출하여 조사하는 연구 • 표본오차가 있으나 비표본오차가 전수조사보다 작으므로 표본오차를 줄일 수 있는 표본추출을 수행할 경우 전수조사보다 더 정확한 자료를 얻을 수 있음

4. 자료수집의 특성에 의한 분류

<table>
<tr><td rowspan="5">양적연구</td><td colspan="2">• 실증주의 패러다임에 따라 비교적 많은 연구대상자로부터 수치화된 자료를 수집하여 분석하는 조사연구
• 연역법 활용
예) 실험연구, 설문조사, 내용분석, 이차 자료 분석 등</td></tr>
<tr><td>실험연구</td><td>• 인과관계를 밝히기 위한 설명적 연구</td></tr>
<tr><td>설문조사</td><td>• 대규모 사회조사에서 널리 사용되는 방법</td></tr>
<tr><td>내용분석</td><td>• 사람이 만든 서적, 그림, 사진 등 인간의 역사적인 기록물인 이차 자료의 내용을 분석하는 방법</td></tr>
<tr><td>이차 자료 분석</td><td>• 연구자가 직접 자료를 수집하지 않고 기존의 자료를 이용하는 방법</td></tr>
<tr><td>질적연구</td><td colspan="2">• 해석주의나 비판주의 패러다임에 따라 비교적 소수의 연구대상자를 집중적으로 깊이 있게 연구하는 조사연구
• 귀납법 활용, 심층면접과 참여관찰 활용</td></tr>
</table>

5. 분석단위

• 분석단위란 연구자가 연구 결과를 분석할 때 활용하는 연구대상

개인	• 가장 일반적인 연구대상으로 개인적 특성이나 욕구조사의 분석단위 예) 여자는 남자보다 TV를 더 많이 본다.
집단	• 가족(부부), 동아리, 시, 도, 국가 등 예) 20대 부부와 50대 부부간에는 결혼만족도에 차이가 있다.
조직	• 공식적인 사회조직의 특성을 연구할 때 분석단위로 사회복지기관, 학교, 교회, 기업, 시민단체 등 예) 사회복지관별로 서비스 수준에 차이가 있다 혹은 대학별로 취업률에 차이가 있다.
사회적 상호작용	• 개인 간의 상호작용을 연구할 때 분석단위로 전화통화, 교통사고, 소송, 논쟁, 이메일 교환, 댓글 달기 등 예) 남북정상회담과 관련된 뉴스 기사의 댓글 달기

사회적 가공물	• 사회적 존재가 만든 산출물이나 행위의 결과인 책, 시, 그림, 노래, 신문기사 등으로 주로 내용분석에서 사용 예) 건강보험에 관한 신문사설 비교

6. 분석단위 선정과 해석의 오류

생태학적 오류	• 분석단위인 집단을 통해 얻은 연구 결과를 그 집단에 속한 개인에게 동일하게 적용할 때 발생하는 추론상의 오류 예) 국가별 국교에 따른 자살률을 비교했더니 가톨릭 국가보다 개신교 국가의 자살률이 높다는 연구 결과를 얻은 후 카톨릭교도보다 개신교도들이 자살을 더 많이 한다고 추론하는 것
개인주의적 오류	• 분석단위인 개인을 대상으로 얻은 연구 결과를 그 개인이 속한 집단에 적용할 때 발생하는 오류 예) A기관 직원들의 경제수준이 B기관 직원들의 경제수준보다 높다는 연구 결과에 기초해 A기관이 B기관보다 돈이 많다고 추론하는 것
환원주의 오류	• 어떤 특정한 사회현상의 원인으로 생각되는 개념이나 변수의 종류를 엄격하게 제한함으로써 잘못을 범하는 오류, 즉 넓은 범위의 인간의 사회적 행위를 지나치게 한정된 변수로 귀착 예) 실업의 원인은 다양한 측면이 있지만, 정부 정책의 관점에만 한정해서 단순하게 설명할 때

7. 조사연구의 과정

• 연구문제 선정 → 문헌연구→ 가설 구성 → 연구설계 → 자료수집 → 자료분석 및 해석 → 조사보고서 작성

사회복지사 1급자격시험 기출문제

01 종단연구(longitudinal study)에 관한 설명으로 옳은 것은?
① 베이비붐세대를 시간변화에 따라 연구하는 것은 추이연구(trend study)이다.
② 일정기간 센서스 자료를 비교하여 전국 인구의 성장을 추적하는 것은 동류집단연구(cohort study)이다.
③ 매번 동일한 집단을 관찰하는 연구는 패널연구(panel study)이다.
④ 시간에 따른 변화를 가장 정확하게 알려주는 것은 동류집단연구(cohort study)이다.
⑤ 일반 모집단의 변화를 시간변화에 따라 연구하는 것은 동류집단연구(cohort study)이다.

02 사회조사의 목적에 관한 설명으로 옳지 않은 것은?
① 지난해 발생한 데이트폭력 사건의 빈도와 유형을 자세히 보고하는 것은 기술적 연구이다.
② 외상후스트레스로 퇴역한 군인을 위한 서비스 개발의 가능성을 파악하기 위한 초기면접은 설명적 연구이다.
③ 사회복지협의회가 매년 실시하는 사회복지기관 통계조사는 기술적 연구이다.
④ 지방도시에 비해 대도시의 아동학대비율이 높은 이유를 보고하는 것은 설명적 연구이다.
⑤ 지역사회대상 설문조사를 통해 사회복지서비스의 만족도를 조사하는 것은 기술적 연구이다.

03 사회복지조사에 관한 설명으로 옳은 것을 모두 고른 것은?

ㄱ. 사회복지 관련 이론 개발에 사용된다.
ㄴ. 여론조사나 인구센서스 조사는 전형적인 탐색목적의 조사연구이다.
ㄷ. 연구의 전 과정에서 결정주의적 성향을 지양해야 한다.
ㄹ. 조사범위에 따라 횡단연구와 종단연구로 나뉘어진다.

① ㄱ, ㄷ　② ㄴ, ㄹ
③ ㄱ, ㄴ, ㄷ　④ ㄴ, ㄷ, ㄹ
⑤ ㄱ, ㄴ, ㄷ, ㄹ

04 다음에서 설명하는 조사 유형에 해당하는 것은?

– 둘 이상의 시점에서 조사가 이루어진다.
– 동일대상 반복측정을 원칙으로 하지 않는다.

① 추세연구, 횡단연구
② 패널연구, 추세연구
③ 횡단연구, 동년배(cohort)연구
④ 추세연구, 동년배연구
⑤ 패널연구, 동년배연구

05 17개 시 · 도의 69개 사회복지기관에서 근무하는 사회복지사 396명을 대상으로 근무기관의 규모별 직무만족도를 설문조사할 때 독립변수와 종속변수의 관찰단위를 순서대로 옳게 짝지은 것은?
① 개인 – 개인　② 기관 – 개인
③ 지역사회 – 개인　④ 지역사회 – 기관
⑤ 개인 – 지역사회

06 다음에서 설문조사 결과를 해석할 때 유의해야 할 사항을 모두 고른 것은?

ㄱ. 표집방법이 확률표집인가 비확률표집인가?
ㄴ. 표본의 크기는 모집단을 대표하기에 적절한가?
ㄷ. 설문조사는 언제 이루어졌는가?
ㄹ. 측정도구가 신뢰할 만한 것인가?

① ㄱ, ㄴ　② ㄷ, ㄹ
③ ㄱ, ㄴ, ㄷ　④ ㄱ, ㄴ, ㄹ
⑤ ㄱ, ㄴ, ㄷ, ㄹ

07 사회복지조사를 위한 수행단계로 옳은 것은?

① 문제설정→가설설정→조사설계→자료수집→자료분석→보고서작성
② 문제설정→가설설정→자료수집→자료분석→조사설계 →보고서작성
③ 가설설정→문제설정→자료수집→조사설계→자료분석→보고서작성
④ 가설설정→문제설정→자료수집→자료분석→조사설계→보고서작성
⑤ 가설설정→문제설정→조사설계→자료수집→자료분석→보고서작성

08 ( )에 알맞은 조사유형을 모두 나열한 것은?

> 일정한 시간간격을 두고 연구대상을 표본추출하여 반복적으로 조사하는 방법에는 ( ), ( ), 동년배 조사 등이 있다.

① 패널조사, 경향조사 ② 패널조사, 문헌조사
③ 전수조사, 경향조사 ④ 전수조사, 표본조사
⑤ 문헌조사, 전문가조사

09 조사설계(research design)에 반드시 포함되어야 할 내용이 아닌 것은?

① 구체적인 자료수집 방법
② 모집단 및 표집방법
③ 자료분석 절차와 방법
④ 연구문제의 의의와 조사의 필요성
⑤ 주요변수의 개념정의와 측정방법

10 다음 연구 상황에 유용한 조사유형은?

> 일본 후쿠시마 원전 유출이 지역주민들의 삶에 초래한 변화를 연구하고자 하였으나 관련 연구나 선행 자료가 상당히 부족함을 발견하였다.

① 평가적 연구 ② 기술적 연구
③ 설명적 연구 ④ 탐색적 연구
⑤ 척도개발 연구

11 종단연구(longitudinal study)에 관한 설명으로 옳지 않은 것은?

① 시간흐름에 따른 조사 대상의 변화를 측정하는 연구이다.
② 일정기간 변화에 대해 가장 포괄적 자료를 제공하는 것은 동년배집단연구(cohort study)이다.
③ 조사대상의 추적과 관리 때문에 가장 많은 비용이 드는 것은 패널연구(panel study)이다.
④ 일정 주기별 인구변화에 대한 조사는 경향연구(trend study)이다.
⑤ 동년배집단연구는 언제나 동일한 대상을 조사하는 것은 아니다.

12 조사연구 과정의 일부분이다. 이를 올바르게 나열한 것은?

> ㄱ. '대학생들의 전공에 따라 다문화수용성이 다를 것이다'라는 가설설정
> ㄴ. 표본을 추출하여 자료수집
> ㄷ. 대학생들의 다문화수용성에 관한 선행연구 고찰
> ㄹ. 구조화된 설문지 작성

① ㄱ → ㄴ → ㄷ → ㄹ ② ㄱ → ㄷ → ㄴ → ㄹ
③ ㄱ → ㄷ → ㄹ → ㄴ ④ ㄷ → ㄱ → ㄴ → ㄹ
⑤ ㄷ → ㄱ → ㄹ → ㄴ

13 패널조사에 관한 설명으로 옳지 않은 것은?

① 동일 대상을 반복 조사하는 것이다.
② 패널조건화(panel conditioning) 현상으로 연구결과의 정확성이 높아질 수 있다.
③ 조사대상자의 추적과 관리의 비용이 많이 든다.
④ 독립변수의 시간적 우선성을 확보할 수 있어 내적 타당도를 높일 수 있다.
⑤ 조사대상자의 상실로 변화를 확인하기 어려울 수 있다.

14 다음에서 설명하는 조사는?

> 기초연금의 노인 빈곤 감소효과를 알아보기 위해 동일한 노인을 표본으로 10년간 매년 조사한다.

① 전수조사 ② 추세조사
③ 패널조사 ④ 탐색적 조사
⑤ 횡단적 조사

15 다음에서 설명하는 오류는?

> 17개 시 · 도를 조사하여 대학 졸업 이상의 인구비율이 높은 지역이 낮은 지역에 비해 중위 소득이 더 높음을 알게 되었다. 이를 통해 학력수준이 높은 사람이 낮은 사람에 비해 소득수준이 높다는 결론에 도달했다.

① 무작위 오류 ② 체계적 오류
③ 환원주의 오류 ④ 생태학적 오류
⑤ 개체주의적 오류

16 조사연구과정의 일부이다. 이를 순서대로 나열한 것은?

> ㄱ. '아동학대는 청소년비행을 유발할 것이다'로 가설 설정
> ㄴ. 할당표집으로 대상자를 선정하여 자료수집
> ㄷ. 아동학대로 관심주제 선정
> ㄹ. 구조화된 설문지 작성

① ㄱ - ㄴ - ㄷ - ㄹ ② ㄱ - ㄷ - ㄴ - ㄹ
③ ㄱ - ㄷ - ㄹ - ㄴ ④ ㄷ - ㄱ - ㄹ - ㄴ
⑤ ㄷ - ㄹ - ㄱ - ㄴ

17 사회조사의 유형에 관한 설명으로 옳은 것은?

① 횡단연구는 탐색, 기술, 설명의 목적을 갖는다.
② 동년배(cohort)조사는 특정 하위모집단의 변화를 관찰하기 위해 매번 동일대상을 선정한다.
③ 종단연구는 장기간에 걸쳐 조사하는 연구로 질적연구로는 이루어지지 않는다.
④ 패널(panel)연구는 새로운 경향을 확인하기 위해 해마다 다른 표본을 선정한다.
⑤ 추이(trend)조사는 패널연구보다 개인의 변화에 대해 더 명확한 자료를 제공한다.

18 사회조사의 유형에 관한 설명으로 옳은 것을 모두 고른 것은?

> ㄱ. 탐색, 기술, 설명적 조사는 조사의 목적에 따른 구분이다.
> ㄴ. 패널조사와 동년배집단(chort)조사는 동일대상인에 대한 반복측정을 원칙으로 한다.
> ㄷ. 2차자료 분석연구는 비관여적 연구방법에 해당한다.
> ㄹ. 탐색적 조사도 명확한 연구가설과 구체적 조사계획이 사전에 수립되어야 한다.

① ㄱ, ㄴ, ㄷ ② ㄱ, ㄷ
③ ㄴ, ㄹ ④ ㄹ
⑤ ㄱ, ㄴ, ㄷ, ㄹ

19 조사연구의 과정에 관한 설명으로 옳지 않은 것은?

① 연구문제의 발견 및 설정은 조사에서 핵심적인 부분이다.
② 가설은 연구문제와 그 이론에 따라 구성되는 것이 바람직하다.
③ 연구문제설정은 가설설정과 조사설계의 전 단계이다.
④ 연구문제설정에서 비용, 시간, 윤리성 등이 고려되어야 한다.
⑤ 조사연구과정은 자료의 분석으로 마무리된다.

20 다음에서 설명하는 조사유형을 바르게 짝지은 것은?

> ㄱ. 동일한 표본을 대상으로 시간을 달리하여 추적 관찰하는 연구
> ㄴ. 일정 연령이나 일정 연령 범위 내 사람들의 집단이 조사대상인 종단연구

① ㄱ: 경향조사, ㄴ: 코호트(cohort)조사
② ㄱ: 경향조사, ㄴ: 패널조사
③ ㄱ: 코호트(cohort)조사 , ㄴ: 경향조사
④ ㄱ: 패널조사, ㄴ: 경향조사
⑤ ㄱ: 패널조사, ㄴ: 코호트(cohort)조사

21 분석단위에 관한 설명으로 옳은 것을 모두 고른 것은?

> ㄱ. 이혼, 폭력, 범죄 등과 같은 분석단위는 사회적 가공물(social artifacts)에 해당한다.
> ㄴ. 생태학적 오류는 집단에 대한 조사를 기초로 하여 개인을 분석단위로 주장하는 오류이다.
> ㄷ. 환원주의는 특정 분석단위 또는 변수가 다른 분석단위 또는 변수에 비해 관련성이 높다고 설명하는 경향이 있다.

① ㄴ　　② ㄱ, ㄴ
③ ㄱ, ㄷ　　④ ㄴ, ㄷ
⑤ ㄱ, ㄴ, ㄷ

정답 01③ 02② 03① 04④ 05① 06⑤ 07① 08① 09④ 10④ 11② 12⑤ 13② 14③ 15④ 16 ④ 17 ① 18 ② 19⑤ 20⑤ 21 ⑤

CHAPTER 04

연구주제의 선정과 조사연구

1. 연구주제의 선정
2. 연구문제
3. 가설
4. 변수

Chapter 04

연구주제의 선정과 조사연구

학습목표

- 연구문제를 이해한다.
- 가설의 특성과 종류를 이해한다.
- 변수의 종류를 이해한다.

1. 연구주제의 선정

일반적으로 모든 연구에서 연구자는 선행연구와 연계하여 연구주제를 선정한다. 연구주제란 연구자가 탐색하고자 하는 넓은 의미의 연구문제를 말한다. 연구주제의 선정 과정을 통해 연구문제의 제기와 연구의 필요성이 확립된다. 연구를 수행하기 위해서 연구자는 다음과 같은 질문에 대한 설득력 있는 답을 제시할 수 있어야 한다. 즉, 선정한 연구주제에 대해 연구자는 "연구하려는 이유가 무엇인가?", "기존에 연구된 것은 없는가?", "이론적 근거는 무엇인가?", "연구자는 연구할 능력은 있는가?" 등이다.

일반적으로 연구주제를 선정할 때 중요한 조건은 연구자가 평소 관심 있는 주제, 학문적으로 논쟁거리가 되는 연구문제, 독창성 등을 갖추는 것이다. 선정한 연구주제가 이러한 모든 조건을 충족한다면 가장 이상적이지만, 조건 중에서 어느 한 가지 요소라도 충족된다면 연구의 의의는 있다고 볼 수 있다.

2. 연구문제

연구주제가 선정되면, 연구자는 이를 구체적인 연구문제로 진술하여야 한다. 연구문제(research question)란 일련의 사회현상 간의 관계에 대해 둘 이상의 변수 간에 어떤 관계가 있는지를 질문 형식으로 제기하는 의문형 문장을 말한다. 즉, 연구문제란 연구자가 연구를 시작하는 동기를 요약해서 보여주는 의문문이다. 모든 연구는 연구문제에 대한 연구자의 인식에서 비롯되는데, 연구문제가 적절하고 합당해야 타당한 해답을 찾을 수 있기 때문이다. 따라서 모든 연구 과정은 연구자가 제기한 연구문제와 밀접한 관련이 있다. 이러한 연구문제의 해결 방안이나 필요한 지식을 얻음으로써 연구는 마무리된다.

1) 연구문제의 원천

연구자의 중요한 과업은 선정한 연구주제에서 연구문제를 결정하는 것이다. 사회복지 연구에서 연구문제의 중요한 조건은 사회복지실천 현장이나 사회복지정책의 결정에 중요한 함의를 제공하는 것이다. 연구자가 제기한 연구문제는 사회복지실천 현장에서 사회복지사의 개입 영역과 해결 가능한 대안을 찾는 데 기여할 수 있다. 일반적으로 연구자는 사회현상에 대한 충분한 지식이 축적되어 있지 못할 때 연구문제를 제기한다. 연구문제가 도출되는 구체적인 원천을 살펴보면 다음과 같다.

첫째, 선행연구 결과들로는 연구자가 알고자 하는 사항을 정확하게 모르는 경우이다. 연구문제를 제기하는 가장 확실한 방법은 그 문제에 대한 연구자의 지식상태를 정확히 진단하는 것이다. 예를 들어 "학교폭력의 원인은 무엇인가?", "클라이언트의 대인관계 향상에 도움이 되는 방법은 어떤 것인가?" 등에 관한 정확한 선행연구 결과가 없다면, 이 분야에 관한 연구가 필요하다는 것을 알 수 있다. 따라서 이를 근거로 이 분야에 대한 연구문제를 제기할 수 있다. 이처럼 연구자가 알고자 하는 어떤 현상에 관하여 선행연구가 부족하여 적절한 해답을 얻을 수 없을 때 문제를 인식하게 된다.

둘째, 선행연구 결과들이 상호 모순되는 경우이다. 연구자가 어떤 주제에 관심을 두고 연구하다가 유사한 혹은 동일한 연구문제와 관련된 선행연구 결과들이 상호 모순된다는 것을 기초로 연구문제를 제기할 수 있다. 즉, 선행연구 결과들이 불일치할 때 정확한 인과관계를 확인하려는 연구가 필요하다. 이를 위해 개념 정의, 변수의 조작화, 연구설계, 자료수집 및 분석 과정 등을 개선하거나 외생변수 등을 통제할 필요가 있다. 이처럼 특정 연구주제에 관한 선행연구 결과들이 불일치할 때 정확한 인과관계를 정립할 연구가 필요하다.

셋째, 관찰된 사회현상을 기존의 이론으로는 설명할 수 없는 경우이다. 새롭게 발견된 사실이나 관찰된 사회현상이 기존의 이론이나 지식체계와 연결되지 않을 때 연구문제를 제기할 수 있다. 이럴 때는 후속 연구를 통해 기존의 이론이나 지식체계와 연결할 수 있는 정보를 획득하여야 한다.

2) 연구문제의 선정

과학적 연구 수행의 첫 단계로서 연구문제의 선정은 매우 신중하게 결정해야 한다. 연구문제의 선정이란 연구의 방향과 범위 및 한계 등을 정하는 것이다. 따라서 연구자는 적절한 연구문제의 선정을 위해서 연구문제와 관련된 분야에 대해 폭넓게 인식해야 한다. 일반적으로 연구에서 연구문제를 선정할 때 연구자는 다음과 같은 사항을 고려해야 한다(채서일 · 김주영, 2016).

첫째, 연구문제는 얼마나 중요한 문제인지를 확인해야 한다. 즉, 연구자는 연구할만한 가치가 있는 주제를 선정해야 한다. 연구문제가 이론적으로 학문의 발전에 가치가 있는지, 실용적으로 가치가 있는지, 연구방법론에서 가치가 있는지 등을 고려해야 한다.

둘째, 연구문제는 구체적이고 깊이 있는 주제에 초점을 두어야 한다. 구체적이라는 의미는 연구 범위를 가능한 한 좁힌다는 뜻이다. 연구자는 하나의 연구에서 모든 의문을 해결할 수는 없으므로 연구 범위의 적절성을 고려해야 한다.

셋째, 연구문제는 해결 가능성이 있어야 한다. 연구자는 선정한 연구문제를 현실적으로 수행할 능력이 있는지와 자료수집의 가능성과 분석방법의 적절성 등을 충분히 고려해야 한다. 경험적으로 검증할 수 없거나 추상적인 연구문제는 해결 가능성이 없으므로 과학적 연구에서 다룰 수 없기 때문이다.

넷째, 연구문제는 새롭게 연구할 수 있는 주제이어야 한다. 즉, 연구자가 연구문제를 선정할 때는 기존의 연구문제를 넘어서는 새로운 그 무엇이 존재하는 독창성이 필요하다. 연구자는 선행연구를 중심으로 다양한 연구문제를 검토하여 비슷하거나 똑같은 연구를 반복할 필요는 없다.

3) 연구문제의 서술기준

연구문제를 어떤 방식으로 서술해야 한다는 명확한 기준은 없지만, 연구문제를 서술할 때 다음과 같은 사항을 주의할 필요가 있다(이훈영, 2018).

첫째, 연구문제는 선행연구의 결과와 이론을 근거로 설정하여야 한다. 연구목적이 관련 이론이나 선행연구에 기초하여 설정되는 것처럼, 구체적인 연구문제도 선행연구의 이론을 기초로 설정하여야 한다.

둘째, 연구문제는 둘 이상의 변수 간의 관계를 의문문의 형태로 표현해야 한다. 예를 들어 "사회복지사의 보수교육과 사회복지서비스의 질은 어떤 관계가 있는가?"와 같이 연구문제는 둘 이상의 변수 간의 관계를 의문문의 형태로 서술해야 한다.

셋째, 연구문제는 경험적으로 검증할 수 있어야 한다. 이를 위해서 연구문제에서 서술된 개념 간의 관계는 어떤 형태로든 측정할 수 있도록 조작화된 변수로 서술되어야 한다. 이처럼 서술된 개념 간의 관계가 경험적으로 검증할 수 없다면, 그것은 과학적인 연구문제가 될 수 없다.

넷째, 연구문제는 사람의 가치관이나 윤리적인 것에 관한 내용을 다루어서는 안 된다. 즉, 가치관이나 윤리적인 것과 관련된 내용은 주관적이어서 연구자마다 서로 다르게 해석할 수 있기 때문이다.

3. 가설

1) 가설의 개념

가설(hypothesis)이란 검증되지 않은 둘 이상의 변수 간의 관계를 경험적으로 검증 가능한 형태로 서술해 놓은 잠정적인 진술이다. 변수 간의 관계를 검증한다는 의미는 독립변수와 종속변수 간에 정적 또는 부적 관계가 있음을 검증하는 것이다. 즉, 가설은 진실 여부가 확인되지 않은 결론에 대한 가정적인 진술로 "~한다면, ~한다."라는 서술문의 문장으로 구성된다. 이러한 가설은 이론에서 도출된 진술로서, 가설 검증을 통해 이론을 발전시킨다. 이처럼 가설은 하나의 사실과 다른 사실과의 관계를 잠정적으로 제시한 것을 검증함으로써 연구자가 제기한 연구문제의 해결에 도움을 준다. 예를 들어 "사회복지사가 담당하는 사례관리대상자 수와 서비스 만족도 간에는 관계가 있는가?"라는 연구문제를 설정하였다. 이런 연구문제를 가설로 제시하면 "사회복지사가 담당하는 사례관리대상자 수가 많을수록, 대상자들의 서비스 만족도는 낮아질 것이다."라고 설정할 수 있다. 여기서 독립변수는 사례관리대상자 수이며, 종속변수는 서비스 만족도이다. 이처럼 사례관리대상자 수가 많아진다는 조건과 제공되는 서비스에 대한 대상자들의 만족도가 낮아진다는 조건이 결합하여 가설을 구성한다.

2) 가설의 특성

가설이란 둘 이상의 변수 간의 관계를 검증 가능한 형태로 서술해 놓은 하나의 문장으로서 과학적 조사로 검증이 가능한 사실을 말한다. 따라서 가설은 이론 형성에서 매우 중요한 역할을 한다. 일반적으로 가설은 다음과 같은 특성이 있다(채서일 · 김주영, 2016).

첫째, 가설은 연구문제를 해결할 수 있어야 한다. 가설의 목적은 연구문제의 해결이므로 가설이 참이라고 밝혀지면 연구문제가 해결된다. 그러나 가설이 거짓으로 밝혀지면 연구문제를 해결할 수 없는 경우가 많다.

둘째, 가설은 둘 이상의 변수 간의 관계로 기술해야 한다. 연구문제는 주로 어떤 사건이 중심이지만, 가설은 이러한 사건을 숫자로 표시할 수 있는 변수의 형태로 바꾸어야 한다. 예를 들어 "여성의 노동참여율이 높을수록 출산율은 낮을 것이다."라는 가설은 여성의 노동참여율과 출산율이라는 두 변수 간의 관계를 나타낸 것이다.

셋째, 가설은 경험적으로 검증 가능할 수 있도록 구체적으로 서술해야 한다. 경험적으로 검증 가능하다는 의미는 가설의 채택이나 기각이 실험이나 관찰로 확증할 수 있다는 것이다. 이처럼 경험적으로 검증 가능한 가설에 포함된 변수들은 직접 관찰하거나 측정할 수 있도록 조작적 정의를 해야 한다. 예를 들어 "많이 배운 사람은 부유한 사람이다."라는 가설에서 많이 배운 것과 부유하다는 것은 사건이므로 잘못된 가설의 형태이다. 이것을 경험적으로 검증할 수 있는 변수 간의 관계로 서술하면 "교육수준이 높은 사람일수록 소득수준도 높을 것이다."라는 가설이 된다. 여기서 교육수준과 소득수준은 숫자를 부여할 수 있는 변수가 된다. 이처럼 추상적인 사건을 측정 가능한 변수로 바꾸는 과정을 개념의 조작적 정의라고 한다.

넷째, 가설은 이론적인 준거를 지녀야 한다. 즉, 가설은 분명한 이론적인 준거틀에 기초하여 구성되므로 가설은 이론과 논리적으로 연관되어야 한다. 가설은 이론으로부터 도출되지만, 이론을 개발하는 도구가 되기도 한다.

다섯째, 가설은 가치중립적이어야 한다. 즉, 가설을 구성할 때 연구자의 가치,

편견 그리고 주관적인 견해가 개입되지 않도록 주의해야 한다. 따라서 가설을 서술할 때 '…해야 한다.', '…은 좋다, 나쁘다.', '…은 옳다, 그르다.' 등과 같은 가치판단의 용법을 사용하지 않아야 한다(김영종, 2007).

여섯째, 너무 당연한 관계는 가설로 설정할 수 없다. 즉, 경험적으로 검증할 필요가 없는 것은 가설로 적합하지 않다.

3) 가설의 종류

모든 조사연구에서 가설이 필요한 것은 아니다. 가설을 설정하는 것은 대부분 이론의 검증과 프로그램이나 개입의 효과를 검증하기 위한 조사연구이다. 일반적으로 욕구조사, 실태조사, 질적 연구에서는 가설을 설정하지 않는다. 일반적으로 가설의 종류는 연구가설과 영가설이 있다.

① 연구가설

연구가설(research hypothesis, H_1)은 연구자가 연구문제에 대한 잠정적인 해답의 형태로 표현한 진술문을 말한다. 즉, 연구가설은 사회현상에 관한 이론 혹은 연구모형으로부터 도출되어 연구자가 실증 분석을 통해 참으로 증명되기를 기대하는 가설이다. 일반적으로 연구가설은 '차이가 있다.', '관계가 있다.', '영향을 미친다.'라는 주장을 담고 있다. 따라서 "무엇이 증가하면 다른 무엇이 증가하거나 감소한다."와 같이 변화에 대한 +와 -의 방향성이 있는 가설이 있다. 예를 들어 학생의 스트레스 수준과 학교 생활만족도의 연구에서 연구가설은 "학생의 스트레스 수준이 높을수록 학교 생활만족도는 낮을 것이다."라고 설정할 수 있다. 반면에 차이의 유무를 나타내는 가설은 "무엇이 변하면 다른 무엇도 변한다."라는 방향성은 없고 단지 차이가 있다는 것을 서술한다. 예를 들어 청소년의 게임중독에 관한 연구에서 연구가설은 "성별에 따라 청소년의 게임중독 수준에 차이가 있을 것이다."라고 설정할 수 있는데, 이는 방향성이 없는 가설이다.

② 영가설

영가설(null hypothesis, H_0)은 연구가설에 대한 논리적 대안으로 귀무가설이라고도 하는데, 연구가설을 통계적으로 검증하여 그것을 부정하거나 기각하기 위해 설정한다. 즉, 연구자가 거짓으로 증명되기를 기대하는 가설로 가설 검증에서 필요하다. 따라서 영가설은 변수 간의 관계가 우연임을 말하는 가설로 독립변수가 종속변수에 영향을 미치지 않는다고 가정한다. 즉, '차이가 없다.', '관계가 없다.', '영향이 없다.'라는 내용의 주장으로 프로그램이나 개입의 효과가 우연(표집 오차)에 의한 것이거나 무작위 오차 때문에 발생하였다고 진술하는 가설이다. 예를 들어 영가설은 "두 개 모집단의 평균 간에 차이가 없을 것이다."라는 형태이다. 이런 가설을 기호로 표시하면 $\mu_1 = \mu_2$이다. 이처럼 영가설은 연구가설에 대한 반증가설로 사용되는데, 연구가설은 가설에 어긋나는 사례가 하나라도 발견될 경우 성립할 수 없으므로 영가설의 기각 여부를 통해 연구가설을 검증하고자 한다. 이러한 이유로 연구자는 영가설을 기각하고 논리적으로 대립하는 연구가설을 채택함으로써 연구목적을 달성하려고 한다.

4. 변수

1) 변수의 의미

어떤 이론을 검증하려는 연구에서 가설을 설정할 때, 그 가설에는 개념이 존재한다. 개념(concept)은 특정 대상의 속성을 추상화하여 이론 세계에서 의미를 부여한 것이다. 예를 들어 “A는 B에 영향을 미친다(A → B).”라는 이론을 검증하는 가설에서 A와 B라는 개념을 파악할 수 있는 질문 문항이 필요하다. 사람마다 질문 문항에 대한 답이 다르므로 A와 B를 변수라고 한다. 즉, 변수(variable)란 고정된 것이 아니라 변하는 수로서 한 개념이 둘 이상의 서로 다른 값인 속성을 가진다. 이러한 변수를 구성하는 속성(attribute)은 사람이나 사물을 기술하는 특성이나 성질을 말한다. 예를 들어 성(gender)이라는 개념에 대한 변수로서 성별은 남성과 여성의 속성을 가진 집단으로 구분되며, 각 집단에 ① 혹은 ②라는 값을 부여할 수 있으므로 변수가 될 수 있다. 이처럼 변수는 조작적으로 정의된 개념을 경험적으로 측정할 수 있도록 대상을 구체화한다.

상수(constant)란 변수의 상대되는 용어로 연구대상자에 따라 언제나 일정한 크기의 고정된 수를 말하며, 수치로 표현된 속성은 하나이다. 예를 들어 성(gender)이라는 개념에 대한 변수로서 성별은 남성과 여성의 속성을 가진 집단이지만, 여대에서 여성만을 대상으로 조사한다면 성별은 변수가 아니라 상수가 된다. 모든 연구대상자가 여성이므로 성별에서 다른 값을 가질 수 없다. 이처럼 개념은 그 자체를 직접 측정할 수는 없지만, 조작적 정의에 따라 관찰 가능한 상태가 되면 변수가 된다. 따라서 변수는 특정 대상의 속성을 나타낸다는 의미에서 개념과 같지만, 경험적 세계의 속성을 나타낸다는 점에서 개념과 구분된다(강종수, 2019). 연구조사에서 모든 질문 문항이나 개념은 변수라는 용어로 사용된다.

일반적으로 변수는 부여된 수치의 속성이 연속성의 유무에 따라서 연속변수와 불연속변수로 구분된다(Smith, 1988). 연속변수(continuous variable)란 인접한 두 수 중간에 무한한 개수의 값(어떤 값)이라도 가질 수 있는 변수를 말한다. 즉, 길이나 시간처럼 계속 연결되어 있어서 이웃하는 값 사이에 크거나 작은 값을 구분하여 별개로 나눌 수 없다. 이처럼 연속변수는 최소의 단위가 없는 변수로 시계나 자와 같은 도구를 사용하여 측정한다. 예를 들어 나이와 사회경제적 지위와 같은 등간수준과 비율수준은 연속변수이다. 반면에 불연속변수(discrete variable)는 속성의 차이를 연속적인 수량 체계 대신 질적 차이를 지닌 값으로 표현하는 변수로 이산변수라고도 한다. 즉, 최소의 단위가 있어서 이웃하는 값 사이에 다른 어떤 값도 존재하지 않으며, 점수의 크기가 서로 비교될 수 있는 성질도 아니다(김영석 외, 2017). 예를 들어 오늘 하루 교통사고 사망자 수를 변수 ×명이라고 할 때, 사망자 수는 한 명, 두 명 등으로 셀 수 있다. 다른 예로 성별을 ① 남자와 ② 여자로 측정하였다면, ①과 ②의 값 사이에는 어떤 수도 존재하지 않으며, ①과 ②의 수치 비교도 무의미하다. 단순히 ①과 ②는 분류의 의미만을 지닌다. 이처럼 명목수준과 서열수준은 불연속변수로 속성을 구분하거나 분류할 수 있는 변수를 말한다.

2) 변수의 종류

(1) 독립변수

독립변수(independent variable)는 관찰하려는 현상의 원인이 되는 변수를 말한다. 독립변수는 원인변수 또는 설명변수라고도 하는데, 시간상으로 먼저 발생하는 속성을 지닌 변수로 다른 변수에 영향을 주는 변수이다. 즉, 종속변수의 결과를 예측하거나 차이를 설명하기 위해서 사용되는 변수로 모든 형태의 척도(명목, 서열, 등간, 비율)가 활용될 수 있다. 예를 들어 "중학생의 학업성적이 낮을수록 학교생활적응 수준은 낮을 것이다."라는 가설에서 독립변수는 중학생의 학업성적이다.

그림 4-1 독립변수와 종속변수의 관계

(2) 종속변수

종속변수(dependent variable)는 원인이 되는 독립변수에 의해 설명되거나 영향을 받은 결과로 변화하는 변수를 말한다. 즉, 독립변수에 의존하지만, 독립변수에 영향을 미칠 수 없는 변수로 주로 분석대상이 된다. 예를 들어 "중학생의 학업성적이 낮을수록 학교생활적응 수준은 낮을 것이다."라는 가설에서 종속변수인 학교생활적응 수준은 독립변수인 학업성적에 의해 영향을 받는다. 일반적으로 독립변수는 X, 종속변수는 Y로 표기하며, 그 관계는 독립변수(X) → 종속변수(Y)로 표현된다.

(3) 매개변수

매개변수(mediating variable)는 원인과 결과 사이에 영향을 매개하는 변수로서 독립변수와 종속변수 간의 관계를 분석할 때 유용하다. 즉, 독립변수와 종속변수의 중간에 위치하면서 독립변수의 종속변수인 동시에 종속변수의 독립변수가 된다. 그 관계는 독립변수(X) → 매개변수(Me) → 종속변수(Y)로 표현된다. 이처럼 독립변수(X)의 변화가 매개변수(Me)의 변화를 초래하며, 변화된 매개변수(Me)가 종속변수(Y)의 변화를 초래한다는 뜻이다. 즉, 독립변수의 결과인 매개변수는 변화 가능해야 하며, 매개변수의 결과인 종속변수도 변화 가능해야 한다. 따라서 독립변수는 종속변수에 직접 영향을 미칠 수도 있지만, 매개변수를 통해 종속변수에 간접적으로 영향을 미친다.

그림 4-2 매개변수의 의미

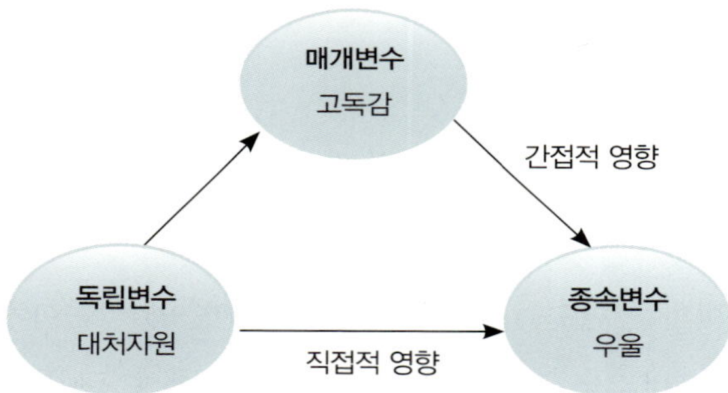

[그림 4-2]에서와 같이 대처자원이 취약할수록 고독감이 증가하고, 증가한 고독감은 우울과 같은 심리적 고통을 유발한다는 것이다. 이때 대처자원은 독립변수이고, 고독감은 매개변수이며, 우울은 종속변수가 된다. 즉, 고독감은 대처자원과 심리적 고통인 우울의 관계를 매개하는 변수로 볼 수 있다(손의성, 2013). 이처럼 독립변수가 매개변수를 통해 종속변수에 영향을 미칠 때 매개효과가 있다고 한다. 특히 독립변수가 종속변수에 미치는 영향을 매개변수가 완전히 매개한다면, 이는 독립변수가 아니라 매개변수에 초점을 두고 개입 전략을 수립해야 함을 의미한다. 예를 들어 노인들의 대처자원과 심리적 고통인 우울 간의 관계를 고독감이

완전히 매개하는 것으로 나타났다고 하자. 이럴 때 사회복지사는 노인의 심리적 고통인 우울을 완화하거나 해결하기 위해서는 대처자원이 아니라 고독감에 초점을 두고 개입 전략을 수립해야 한다.

이런 매개변수의 특징은 독립변수가 없으면 존재하지 않으며 종속변수와 관련성이 있어야 한다. 또한 매개변수가 2개 이상인 연구모형도 가능하며, 모든 측정 수준의 변수가 매개변수로 사용될 수 있다. 이처럼 매개변수는 독립변수와 종속변수 사이에서 영향을 주고받기 때문에 매개변수를 고려하지 않으면, 독립변수와 종속변수 간의 관계를 명확히 밝힐 수 없고 왜곡된 해석을 할 수 있다.

(4) 조절변수

조절변수(moderating variable)란 독립변수와 종속변수의 관계 방향이나 강도에 영향을 미치는 변수를 말한다(Baron & Kenny, 1986). 즉, 독립변수와 종속변수 사이에 위치하면서 조절변수의 증가와 감소에 따라 독립변수와 종속변수 간의 인과관계가 변화된다는 특징이 있다. 이처럼 독립변수와 종속변수의 인과관계는 조절변수의 수준에 따라 달라지는데, 이런 이유로 독립변수가 조절변수와 상호작용해서 종속변수에 영향을 미친다고 말한다.

[그림 4-3]에서와 같이 "청소년이 받은 전문가의 사회적 지지는 외상 경험이 정신건강에 미치는 부정적 영향을 완화해 줄 것이다."라는 가설이 있다고 하자. 여기서 외상 경험(독립변수)이 정신건강(종속변수)에 미치는 부정적 영향을 전문가의 사회적 지지(조절변수)가 조절한다고 볼 수 있다. 이는 청소년의 외상 경험과 정신건강의 관계는 전문가의 사회적 지지 수준에 따라 달라짐을 의미한다. 반면에 전문가의 사회적 지지를 적게 받는다고 지각하는 청소년일수록, 외상 경험이 정신건강에 미치는 부정적 영향이 많다. 따라서 청소년의 외상 경험과 전문가의 사회

적 지지가 상호작용해서 부정적인 정신건강에 영향을 미친다. 이럴 때 청소년의 외상 경험이 정신건강에 미치는 부정적인 영향을 전문가의 사회적 지지가 완충한다고 해석할 수 있다.

그림 4-3 조절변수의 의미

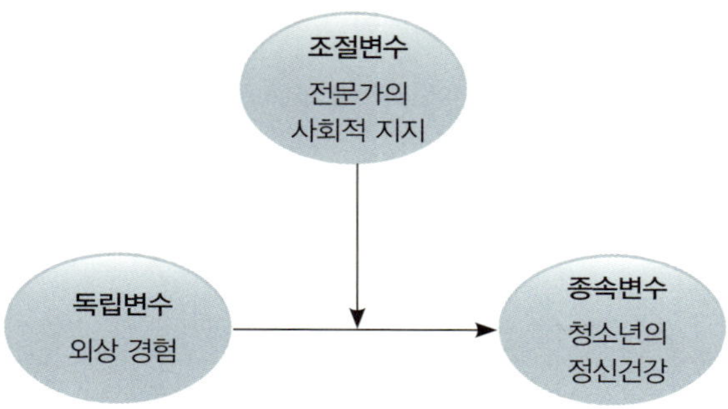

또한 "가정폭력이 피해여성의 우울증에 미치는 영향은 여성이 맺고 있는 사회적 네트워크의 수준에 따라 다를 것이다."라는 가설이 있다고 하자. 여기서 가정폭력(독립변수)이 피해여성의 우울증(종속변수)에 미치는 영향력을 여성이 맺고 있는 사회적 네트워크 수준(조절변수)이 조절한다고 볼 수 있다. 이처럼 조절변수는 독립변수의 영향을 받는 것이 아니라 독립변수가 종속변수에 미치는 영향을 변별적으로 조절하는 역할을 수행한다. 한편, 조절변수와 매개변수는 독립변수와 종속변수 사이에 위치한다는 점에서는 유사하다. 하지만 조절변수는 독립변수가 없어도 존재할 수 있지만, 매개변수는 독립변수가 없으면 존재하지 않는다는 점에서 차이가 있다.

(5) 선행변수

선행변수(antecedent variable)는 인과관계에서 독립변수 앞에서 독립변수에 영향을 미치는 변수다. 선행변수는 독립변수보다도 앞에 있기 때문에 선행변수의 통제 여부와 무관하게 독립변수와 종속변수 간의 관계는 사라지지 않는다. 하지만 독립변수를 통제하면, 선행변수와 종속변수 간의 관계는 사라지게 된다.

(6) 외생변수

외생변수(extraneous variable)는 관찰된 독립변수와 종속변수 간에 인과관계가 없지만, 두 변수 간의 인과관계가 있는 것처럼 이해하도록 만들 수 있는 제3의 변수를 말한다. 즉, 외생변수란 연구대상이 되는 현상과 관련된 독립변수와 종속변수 이외의 변수로서 독립변수와 종속변수 모두에 영향을 미치는 변수를 말한다. 예를 들어 환자의 의료서비스와 평균수명 간의 관계를 가정하고 조사를 시행하였다. 하지만 조사 결과에서 두 변수 간의 인과관계가 없는 것으로 나타났다면, 두 변수 모두에 영향을 미치는 질병의 경중이라는 외생변수가 존재할 수 있다. 즉, 심각한 질병의 환자일수록 의료서비스를 더 많이 이용할 가능성이 있지만, 평균수명은 줄어들 수 있다. 이때 외생변수인 질병의 경중을 통제하면, 독립변수인 의료서비스와 종속변수인 평균수명 간의 가식적 관계가 나타날 것이다.

다른 예로는 또래관계증진 프로그램이 결혼이민자 가정 자녀들의 자아정체감에 미치는 영향을 평가하였다. 이때 종속변수인 자아정체감의 차이를 유발할 수 있는 외생변수인 부모의 사회경제적 지위를 통제하지 않으면, 또래관계증진 프로그램과 자아정체감의 관계가 잘못 설명되어 자아정체감의 차이가 나타날 수 있다. 이처럼 연구모형에서 고려하지 않은 변수인 외생변수를 통제하면, 독립변수와 종속변수 간의 인과관계는 없어진다. 따라서 독립변수와 종속변수 간의 인과관계를 파악하려면, 외생변수의 영향을 체계적으로 예방 또는 제거하여야 한다. 이처럼 독립변수와 종속변수 간의 인과관계를 확인하기 위해 외생변수의 영향을 통제할 때, 이 외생변수를 통제변수라고 한다. 외생변수는 실제 자료의 통계분석에서 사용되지 않고, 통계분석에서 사용되는 것은 통제변수이다(김기덕 외, 2017).

그림 4-4 외생변수의 의미

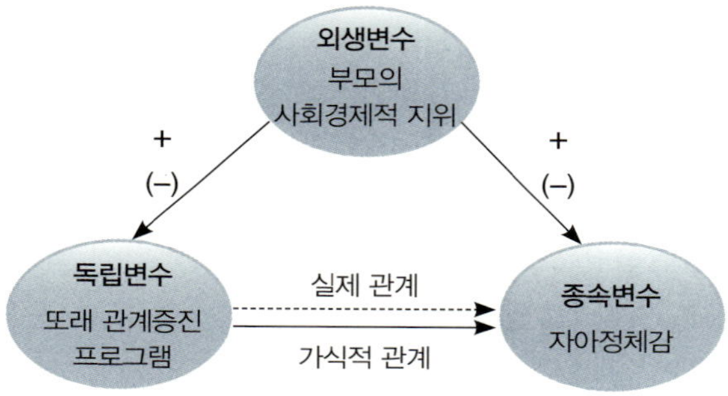

(7) 억압변수

억압변수(suppressor variable)는 독립변수와 종속변수 간에 인과관계가 존재하지만, 없는 것처럼 보이게 하는 가식적 영 관계(spurious zero relationship)의 원인이 되는 변수이다. 이처럼 억압변수는 하나의 변수에 대해서는 정적(+) 관계가 있고, 다른 변수와는 부적(–) 관계를 보일 때 나타난다. 따라서 두 변수 간의 관계는 억압변수를 통제할 때 확인할 수 있다. 예를 들어 의료기관 방문 횟수와 건강 수준 간의 인과관계를 가정하고 조사를 시행하였다. 조사 결과에서 인과관계가 나타나지 않았다면, 억압변수인 연령이 이들 사이를 억제할 수 있다. 즉, 연령이 많을수록 건강 수준은 낮고(부적 관계), 의료기관 방문 횟수는 늘어나는(정적 관계) 경향이 있다. 이때 억압변수인 연령을 통제하면, 즉 연령대별로 의료기관 방문 횟수와 건강 수준 간의 관계를 조사하면, 의료기관 방문 횟수와 건강 수준 간에 인과관계가 나타날 것이다.

그림 4-5 억압변수의 의미

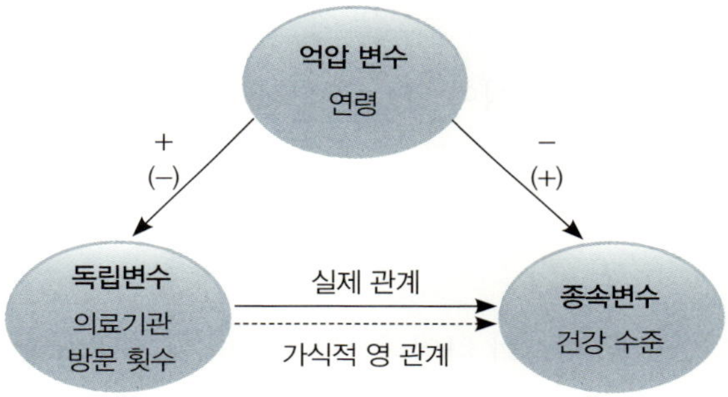

(8) 통제변수

통제변수(control variable)는 독립변수와 종속변수 간의 인과관계를 좀 더 정확히 파악하기 위해 두 변수 간의 관계에 영향을 미칠 수 있는 매개변수, 조절변수, 외생변수, 억압변수 등 제3의 변수 중 연구설계에서 연구자가 통제하려는 변수를 말한다. 즉, 통제변수란 독립변수와 종속변수의 인과관계에 영향을 주는 제3의 변수 중 연구설계에서 연구자가 통제하려는 변수를 말한다. 이처럼 경험적인 연구에서 통제변수는 독립변수와 종속변수 간의 인과관계가 가식적 관계 혹은 허위관계(spurious relation)인지를 검증하는 데 사용된다. 관련 변수들의 영향력을 통제한 후에도 설정된 독립변수와 종속변수 간의 인과관계가 있다면, 그 인과관계는 가식적 관계가 아니다. 이것은 관찰된 관계가 우연히 또는 독립변수와 종속변수에 영향을 미치는 다른 어떤 현상에 의해 생겨나지 않았음을 의미한다. 예를 들어 한 연구에서 부모의 학력이 자녀의 대학 진학률에 영향을 주는 것으로 나타났다.

그러나 부모의 재산이 비슷한 조사대상자에 한정하여 다시 분석한 결과, 부모의 학력과 자녀의 대학 진학률 사이에는 통계적으로 유의미한 관계가 없는 것으로 나타났다. 만일 부모의 학력과 자녀의 대학 진학률의 관계에서 부모의 재산을 고려하지 않으면, 가식적 관계를 사실인 것처럼 받아들이게 된다. 이러한 가식적 관계를 받아들이는 오류를 줄이기 위해 부모의 재산을 통제변수로 사용한다. 통제변수의 사용은 관찰된 관계가 우연성이 아니라 실제라는 확신을 높여준다.

3) 변수 간의 관계

가설이나 이론은 단순히 개념의 나열이 아니라 변수 간의 관계를 의미한다. 즉, 연구에서 관계는 둘 이상의 현상 또는 변수 간의 어떤 관련성이 있음을 의미한다. 관계를 설정하는 것은 어떤 현상이나 사실에 관해 과학적인 설명과 예측을 할 때 가장 기본적인 단계이다. 일반적으로 연구에서 변수 간의 관계는 독립변수와 종속변수 간의 관계를 말하며, 연구자는 변수 간의 관계를 제대로 파악하고 이해해야만 개념적 틀을 구축할 수 있다.

(1) 관계의 방향

변수 간의 관계 방향은 정적 관계와 부적 관계가 있다. 먼저 정적 관계 또는 긍정적 관계(positive relationship)란 두 변수가 같은 방향으로 변한다. 즉, 비례 관계로 한 변수의 값이 증가하면 다른 변수의 값도 같은 방향으로 증가하거나 아니면 한 변수의 값이 감소하면 다른 변수의 값도 같은 방향으로 감소하는 관계이다(최성재, 2005). 예를 들어 "청소년의 자아존중감이 높을수록 생활만족도는 높아질 것이다."라는 가설에서 독립변수인 자아존중감과 종속변수인 생활만족도 간의 관계는 정적 관계이다. 정적 관계는 (+)의 의미로 (+)를 표시하지 않고 통계 수치만 기록한다.

부적 관계 또는 부정적 관계(negative relationship)는 두 변수의 값이 각각 정반대 방향으로 변한다. 즉, 반비례 관계로 한 변수의 값이 증가하면 다른 변수의 값은 반대의 방향으로 감소하며, 한 변수의 값이 감소하면 다른 변수의 값은 증가하는 관계이다. 예를 들어 "청소년의 우울감이 높을수록 생활만족도는 낮아질 것이다."라는 가설에서 변수 간의 관계는 부적 관계이다. 부적 관계는 통계 수치 앞에 (−)를 표시한다. 여기서 주의할 점은 부호가 (+)일 때, 두 변수의 변화 방향은 같다. 그러나 (−)일 때, 두 변수의 변화 방향은 다르다. 또한 (+)가 (−)보다 관계의 정도가 강하거나 약한 것을 의미하는 것은 아니다.

(2) 관계의 크기

관계의 크기는 관계의 방향이 정적이든 부적이든 상관없이 한 변수의 값이 변함에 따라 다른 변수의 값이 얼마나 같이 변하는가 하는 것이다. 관계의 크기가 가장 큰 것은 완전관계(perfect relation)인 1로 독립변수의 값이 완전히 종속변수의 값을 결정한다. 반대로 가장 크기가 작은 것은 무관계(zero relation)인 0으로 변수 간에 어떤 관계도 없다는 것이다(김진숙, 2011). 따라서 양적 연구에서 변수 간의 관계 크기는 완전관계(1)와 무관계(0) 사이의 값으로 표시한다. 이처럼 관계의 크기는 한 변수의 변화에 따라 변할 수 있는 다른 변수의 변화 크기를 예측하고자 할 때 중요한 역할을 한다.

(3) 관계의 유형

변수 간의 관계는 그 속성에 따라 상관관계와 인과관계의 유형으로 분류할 수 있다. 먼저 상관관계(correlation)는 둘 이상의 변수들이 서로 같이 변하는 관계로 독립변수와 종속변수가 없는 것이 특징이다. 즉, 상관관계란 두 변수 간의 관계에서 어떤 변수도 다른 변수의 원인이 아닌 대칭적 관계이다. 이러한 대칭적 관계(symmetric relation)는 두 변수 간의 상관관계를 확인할 수 있지만, 인과관계는 알 수 없을 때를 말한다. 따라서 상관관계는 인과관계를 담보하지는 않는다. 이러한 변수 X와 Y 간의 대칭적 관계를 기호로 표현하면, X ↔ Y와 같이 양방향의 화살표로 표시한다(남궁근, 2017). 상관관계와 관련된 분석에서 두 변수 간의 관련성 정도와 방향을 수치로 간단히 표현한 것을 상관계수(r)라고 부른다. 일반적으로 상관계수 값의 범위는 $-1 \leq r \leq 1$이다.

인과관계(causality)는 원인이 되는 독립변수가 결과인 종속변수에 일방적으로 영향을 미치는 관계를 말한다. 즉, 독립변수의 변화가 종속변수의 변화를 유발하는 비대칭적 관계이다. 이러한 비대칭적 관계(asymmetric relation)란 두 변수 간의 관계에서 독립변수와 종속변수를 확인할 수 있다. 즉, X가 변하면 Y도 변하지만, 그 반대는 성립하지 않는 관계이다. 독립변수(X)와 종속변수(Y) 간의 비대칭적 관계를 기호로 표현하면, X → Y와 같이 한쪽 방향의 화살표로 표시한다(남궁근, 2017).

그림 4-6 대칭적 관계

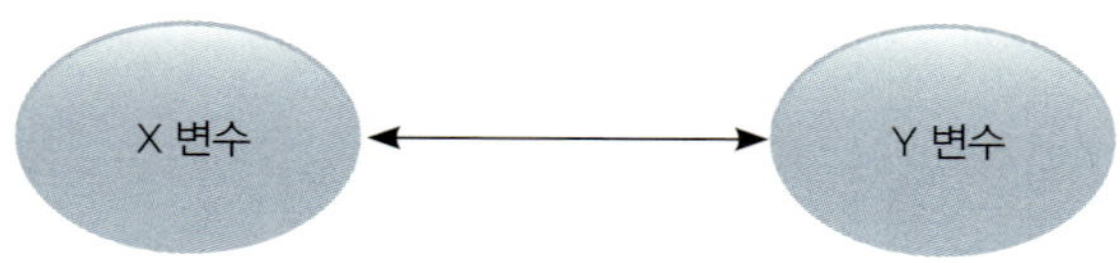

그림 4-7 비대칭적 관계

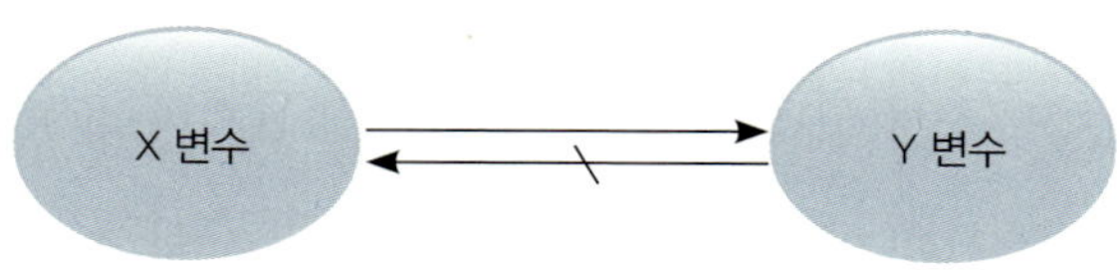

핵심정리

Core Theorem

1. 연구문제의 원천

- 기존의 지식이 미비한 경우
- 선행연구 결과들이 상호 모순되는 경우
- 새로운 현상에 대해 기존의 이론으로는 설명할 수 없는 경우

2. 연구문제의 서술조건

- 연구문제는 선행연구의 결과와 이론을 근거로 설정
- 연구문제는 둘 이상의 변수 간의 관계를 의문문의 형태로 서술
- 연구문제는 경험적으로 검증할 수 있어야 함
- 연구문제는 사람의 가치관이나 윤리적인 것에 관한 내용을 다룰 수는 없음

3. 가설(hypothesis)

- 검증되지 않은 둘 이상의 변수 간의 관계를 경험적으로 검증 가능한 형태로 서술해 놓은 잠정적인 진술

특성	• 연구문제의 해결성 • 둘 이상의 변수 간의 관계로 기술 • 경험적으로 검증 가능성 • 이론적인 준거틀 지님 • 가설은 가치중립적이어야 함 • 너무 당연한 관계는 가설로 설정할 수 없음
종류	• 연구가설은 연구문제에 대한 잠정적인 해답의 형태로 표현한 진술문, 즉 'A와 B는 관계가 있다'는 형식의 문장으로 기술, 반드시 통계검증이 가능한 형태의 문장으로 구성 • 영가설(귀무가설)은 연구가설과 논리적으로 반대의 입장을 취하는 진술문, 즉 'A와 B는 관계가 없다'는 형식의 문장으로 기술

4. 변수

- 상수(constant): 변수의 상대되는 용어로 연구대상자에 따라 언제나 일정한 크기의 고정된 수
- 변수(variable): 변하는 수로서 한 개념이 둘 이상의 서로 다른 값인 속성을 가짐

  예) '실업의 결정요인에 관한 연구–고용지원센터 이용자를 중심으로'의 제목의 연구에서 종속변수는 실업, 분석 단위는 개인, 즉 고용지원센터 이용자

종류	독립변수	• 다른 변수의 발생에 원인이 된다고 가정되는 변수(원인변수)
	종속변수	• 독립변수의 영향을 받아 일정한 결과를 나타내는 변수(결과변수)
	매개변수	• 독립변수와 종속변수의 중간에 위치하면서 독립변수의 결과인 동시에 종속변수의 원인이 되는 변수
	조절변수	• 독립변수와 종속변수 간의 관계의 크기를 조절(증가 또는 감소)하는 역할을 하여 상호작용 효과가 나타나게 하는 변수
	선행변수	• 독립변수 앞에서 독립변수에 영향을 미치는 변수
	외생변수	• 독립변수와 종속변수 간에 인과관계가 없지만, 두 변수 간의 인과관계가 있는 것처럼 이해하도록 만들 수 있는 제3의 변수로서 독립변수와 종속변수 모두에 영향을 미침
	억압변수	• 독립변수와 종속변수 간에 인과관계가 존재하지만, 인과관계가 없는 것처럼 보이게 하는 제3의 변수로서 한 변수에는 정적 관계이며 다른 변수와는 부적 관계
	통제변수	• 독립변수와 종속변수 간의 인과관계에 영향을 미치는 제3의 변수(매개변수, 조절변수, 외생변수, 억압변수 등) 중 연구자가 통제하려는 변수

5. 변수 간의 관계 유형

- 상관관계(correlation): 둘 이상의 변수들이 서로 같이 변하는 관계로 어떤 변수도 다른 변수의 원인이 아닌 대칭적 관계
- 인과관계(causality): 원인이 되는 독립변수가 결과인 종속변수에 일방적으로 영향을 미치는 비대칭적 관계

사회복지사 1급자격시험 기출문제

01 영가설에 관한 설명으로 옳은 것을 모두 고른 것은?

ㄱ. 연구가설에 대한 반증가설이 영가설이다.
ㄴ. 영가설은 변수 간에 관계가 없음을 뜻한다.
ㄷ. 대안가설을 검증하여 채택하는 가설이다.
ㄹ. 변수 간의 관계가 우연이 아님을 증명한다.

① ㄱ, ㄴ ② ㄱ, ㄹ
③ ㄴ, ㄷ ④ ㄱ, ㄷ, ㄹ
⑤ ㄴ, ㄷ, ㄹ

02 다음 사례에서 부모의 재산은 어떤 변수인가?

한 연구에서 부모의 학력이 자녀의 대학 진학률에 영향을 미치는 것으로 나타났다. 그러나 부모의 재산이 비슷한 조사대상에 한정하여 다시 분석해 본 결과, 부모의 학력과 자녀의 대학 진학률 사이에는 통계적으로 유의미한 관계가 없는 것으로 나타났다.

① 독립변수 ② 종속변수
③ 조절변수 ④ 억제변수
⑤ 통제변수

03 다음 ( )에 알맞은 내용으로 옳은 것은?

- 독립변수 앞에서 독립변수에 영향을 주는 변수를 (ㄱ)라고 한다.
- 독립변수의 결과인 동시에 종속변수의 원인이 되는 변수를 (ㄴ)라고 한다.
- 다른 변수에 의존하지만 다른 변수에 영향을 미칠 수 없는 변수를 (ㄷ)라고 한다.
- 독립변수와 종속변수 모두에 영향을 미치는 제3의 변수를 (ㄹ)라고 한다.

① ㄱ: 외생변수, ㄴ: 더미변수, ㄷ: 종속변수, ㄹ: 조절변수
② ㄱ: 외생변수, ㄴ: 매개변수, ㄷ: 종속변수, ㄹ: 더미변수
③ ㄱ: 선행변수, ㄴ: 조절변수, ㄷ: 종속변수, ㄹ: 외생변수
④ ㄱ: 선행변수, ㄴ: 매개변수, ㄷ: 외생변수, ㄹ: 조절변수
⑤ ㄱ: 선행변수, ㄴ: 매개변수, ㄷ: 종속변수, ㄹ: 외생변수

04 영가설(null hypothesis)에 관한 설명으로 옳은 것은?

① 변수 간의 관계가 존재한다는 가설이다.
② 변수 간 관계없음이 검증된 가설이다.
③ 조사자가 검증하고자 하는 가설이다.
④ 영가설에 대한 반증가설이 연구가설이다.
⑤ 변수 간 관계가 우연임을 말하는 가설이다.

05 가정폭력이 피해 여성의 우울증에 미치는 영향은 여성이 맺고 있는 사회적 네트워크의 수준에 따라 달라진다는 연구 결과가 발표되었다. 이 연구에서 존재하지 않는 변수는?

① 독립변수 ② 매개변수
③ 종속변수 ④ 조절변수
⑤ 내생변수

06 가설에 관한 설명으로 옳은 것을 모두 고른 것은?

ㄱ. 이론적 배경을 가져야 한다.
ㄴ. 변수 간 관계를 가장한 문장이다.
ㄷ. 가설 구성을 통해 연구문제가 도출된다.
ㄹ. 창의적 해석이 가능하도록 개방적으로 구성되어야 한다.

① ㄱ, ㄴ ② ㄱ, ㄷ
③ ㄱ, ㄴ, ㄹ ④ ㄴ, ㄷ, ㄹ
⑤ ㄱ, ㄴ, ㄷ, ㄹ

07 다음 연구주제를 검증하기 위하여 변수를 구성할 때 변수명(측정 방법), 해당 변수의 종류와 분석가능한 통계수치의 연결이 옳은 것은?

학업중단 청소년의 아르바이트 경험이 삶의 만족에 미치는 영향은 또래집단의 지지정도에 따라 차이가 있을 것이다.

① 아르바이트 경험(유무) – 독립변수, 산술평균
② 아르바이트 경험(종류) – 독립변수, 최빈값
③ 아르바이트 경험(개월 수) – 조절변수, 중간값
④ 또래집단의 지지(5점 척도) – 독립변수, 산술평균
⑤ 삶의 만족(5점 척도) – 매개변수, 산술평균

08 '사회복지사의 근무지역에 따른 직업만족도 차이의 연구'라는 논문의 제목에서 알 수 없는 것은?

① 독립변수 ② 종속변수
③ 통제변수 ④ 분석단위
⑤ 독립변수의 측정수준

09 경험적으로 검증할 수 있는 가설의 예로 옳은 것은?

① 불평등은 모든 사회에서 나타날 것이다.
② 대한민국에서 65세 이상인 노인이 전체 인구의 14 % 이상이다.
③ 다양성이 존중되는 사회가 그렇지 않은 사회보다 더 바람직하다.
④ 여성의 노동참여율이 높을수록 출산율은 낮을 것이다.
⑤ 모든 행위는 비용과 보상에 의해 결정된다.

10 또래관계증진 프로그램이 결혼이민자 가정 자녀들의 자아정체감에 미치는 영향을 평가하는 연구를 실시하고자 한다. 이때 자아정체감의 차이를 불러올 수 있는 부모의 사회경제적 지위는 다음 중 무엇에 해당하는가?

① 산출변수 ② 외생변수
③ 투입변수 ④ 종속변수
⑤ 전환변수

11 변수에 관한 설명으로 옳지 않은 것은?

① 직접 관찰할 수 있는 것들만 측정한 것이다.
② 경험적으로 측정할 수 있는 개념이다.
③ 조작적 정의의 결과물이다.
④ 두 개 이상의 속성을 가져야만 한다.
⑤ 연속형 또는 비연속형으로 측정될 수 있다.

12 변수와 가설에 관한 설명으로 옳은 것을 모두 고른 것은?

ㄱ. 가설은 검증이 가능해야 한다. ㄴ. 가설은 변수 간의 관계를 가정하는 문장이다. ㄷ. 모든 변수는 개념이 아니지만 모든 개념은 변수다. ㄹ. 영가설은 독립변수가 종속변수에 영향을 미치지 않는다고 가정한다.

① ㄱ, ㄴ ② ㄱ, ㄹ
③ ㄱ, ㄴ, ㄹ ④ ㄴ, ㄷ, ㄹ
⑤ ㄱ, ㄴ, ㄷ, ㄹ

13 사회복지 조사의 연구문제에 관한 설명으로 옳은 것을 모두 고른 것은?

ㄱ. 연구문제는 연구자의 관심이나 의문의 대상을 포함한다. ㄴ. 잠정적 결과를 예측하는 연구문제를 제시할 수 있다. ㄷ. 모든 사회복지 조사는 연구문제가 있다. ㄹ. 문제형성 과정에 다른 연구자의 참여가 가능하다. ㅁ. 연구문제가 변수 간의 관계를 예측할 필요는 없다.

① ㄱ, ㅁ ② ㄴ, ㄹ
③ ㄱ, ㄹ, ㅁ ④ ㄱ, ㄴ, ㄷ, ㅁ
⑤ ㄱ, ㄴ, ㄷ, ㄹ, ㅁ

14 다음 연구에 관한 설명으로 옳지 않은 것은?

> 17개 시 · 도에서 2010년부터 2015년까지 매년 수집한 자료를 이용하여 '청년실업률이 범죄율에 미치는 영향과 추세'를 분석하였다.

① 독립변수는 청년실업률이다.
② 종속변수는 비율척도이다.
③ 분석단위는 개인이다.
④ 양적인 자료를 분석한 연구이다.
⑤ 종단연구이다.

15 가설에 관한 설명으로 옳지 않은 것은?

① 가설이란 둘 이상의 변수 간의 관계를 예측하는 진술이다.
② 영가설은 독립변수가 종속변수에 영향을 미치지 않는다고 가정한다.
③ 연구가설은 이론으로부터 도출된다.
④ 가설은 경험적으로 검증할 수 있어야 한다.
⑤ 가설은 방향성을 가져야 한다.

16 매개변수에 관한 설명으로 옳지 않은 것은?

① 독립변수에 선행한다.
② 종속변수와 관련성이 있어야 한다.
③ 독립변수와 종속변수 간 관계를 분석할 때 유용하다.
④ 매개변수가 2개 이상인 연구모형이 가능하다.
⑤ 모든 측정수준(명목, 서열, 등간, 비율)의 변수가 매개변수로 사용될 수 있다.

17 연구문제(research question)의 서술에 관한 설명으로 옳은 것은?

① 주로 평서문 형태로 서술되어야 한다.
② 다루는 범위가 넓게 서술되어야 한다.
③ 연구결과의 함의에 맞추어 서술되어야 한다.
④ 연구의 관심이나 의문의 대상이 서술되어야 한다.
⑤ 정(+)의 관계로 서술되어야 한다.

18 개입의 효과를 평가하는 연구에서 '두 개 모집단의 평균 간에 차이가 없을 것이다'라는 영가설에 관한 설명으로 옳지 않은 것은?

① 위의 가설을 기호로 표시하면 $\mu 1 = \mu 2$이다.
② 가설검증에서 필요한 가설이다.
③ 연구자가 참으로 증명되기를 기대하는 가설이다.
④ 개입의 효과가 우연(표본추출오차)에 의해서 발생하였다고 진술하는 가설이다.
⑤ 연구가설을 반증하기 위해 사용되는 가설이다.

19 다음 가설에서 ㄱ ~ ㄷ이 의미하는 변수의 종류를 바르게 짝지은 것은?

> 청소년이 제공받은 전문가 지지(ㄱ)는 외상경험(ㄴ)이 정신건강(ㄷ)에 미치는 부정적 영향을 완화시켜 줄 것이다.

① ㄱ: 독립변수, ㄴ: 매개변수, ㄷ: 조절변수
② ㄱ: 조절변수, ㄴ: 독립변수, ㄷ: 종속변수
③ ㄱ: 독립변수, ㄴ: 종속변수, ㄷ: 통제변수
④ ㄱ: 통제변수, ㄴ: 종속변수, ㄷ: 매개변수
⑤ ㄱ: 매개변수, ㄴ: 독립변수, ㄷ: 종속변수

20 양적연구의 가설에 관한 설명으로 옳지 않은 것은?

① 변수 간 관계를 검증 가능한 형태로 서술한 문장이다.
② 가설은 연구문제 해결에 도움을 줄 수 있다.
③ 영(null)가설은 독립변수가 종속변수에 영향을 미치지 않는다고 설정한다.
④ 하나의 가설에 변수가 많을수록 가설 검증에 유리하다.
⑤ 탐색적 조사는 가설을 설정할 필요가 없다.

21 독립변수와 종속변수의 관계를 명확히 밝히기 위해 실제 자료의 통계분석에서 사용하는 변수를 모두 고른 것은?

> ㄱ. 조절변수　　ㄴ. 통제변수
> ㄷ. 매개변수　　ㄹ. 외생변수

① ㄱ, ㄴ, ㄷ　　② ㄱ, ㄷ
③ ㄴ, ㄹ　　④ ㄹ
⑤ ㄱ, ㄴ, ㄷ, ㄹ

22 다음 가설에서 ㄱ ~ ㄷ이 의미하는 것을 바르게 짝지은 것은?

> 연령(ㄱ)의 많고 적음에 따라서 지역사회응집력(ㄴ)에 거주기간(ㄷ)이 미치는 영향력은 다를 것이다.

① ㄱ: 조절변수 ㄴ: 독립변수 ㄷ: 종속변수
② ㄱ: 독립변수 ㄴ: 종속변수 ㄷ: 매개변수
③ ㄱ: 조절변수 ㄴ: 종속변수 ㄷ: 독립변수
④ ㄱ: 독립변수 ㄴ: 매개변수 ㄷ: 종속변수
⑤ ㄱ: 매개변수 ㄴ: 종속변수 ㄷ: 독립변수

23 조절변수를 활용한 가설에 해당하는 것은?
① 소득은 삶의 만족드에 영향을 미친다.
② 소득이 삶의 만족도에 미치는 영향은 성별에 따라 다르다.
③ 소득과 삶의 만족도는 밀접한 관계가 있다.
④ 소득은 의료접근성을 통하여 삶의 만족도에 영향을 미친다.
⑤ 비슷한 소득일 때 거주지역에 따라 삶의 만족도는 차이가 난다.

24 변수에 관한 설명으로 옳지 않은 것은?
① 매개변수는 독립변수의 영향을 받아 종속변수에 영향을 미치는 변수이다.
② 통제변수는 독립변수와 종속변수의 관계에 영향을 줄 수 있기 때문에 통제 대상이 되는 변수이다.
③ 독립변수는 결과변수이고 종속변수는 설명변수이다.
④ 조절변수는 독립변수와 종속변수 간의 관계의 강도에 영향을 미칠 수 있다.
⑤ 변수 간의 관계는 그 속성에 따라 직선이 아닌 곡선의 형태로도 나타날 수 있다.

25 영가설과 연구가설에 관한 설명으로 옳은 것은?
① 연구가설은 연구의 개념적 틀 혹은 연구모형으로부터 도출될 수 있다.
② 연구가설은 그 자체를 직접 검증할 수 있다.
③ 영가설은 연구가설의 검정 결과에 따라 채택되거나 기각된다.
④ 연구가설은 수집된 자료에서 나타난 차이나 관계가 표본추출에서 오는 우연에 의한 것으로 진술된다.
⑤ 연구가설은 영가설에 대한 반증의 목적으로 설정된다.

정답 01 ① 02 ⑤ 03 ⑤ 04 ⑤ 05 ② 06 ① 07 ② 08 ③ 09 ④ 10 ② 11 ① 12 ③ 13 ⑤ 14 ③ 15 ⑤ 16 ① 17 ④ 18 ③ 19 ② 20 ④ 21 ① 22 ③ 23 ② 24 ③ 25 ①

CHAPTER 05

측정과 척도

1. 측정의 의의
2. 개념화와 조작화
3. 측정수준
4. 척도

Chapter 05

측정과 척도

학습목표

- 측정의 개념과 기능을 이해한다.
- 개념화와 조작화를 이해한다.
- 측정수준을 이해한다.
- 척도의 유형을 이해한다.

1. 측정의 의의

1) 측정의 개념

측정(measurement)이란 추상적 · 이론적 세계와 경험적 세계를 연결하는 수단, 즉 이론을 구성하는 개념이나 변수를 현실 세계에서 관찰 가능한 자료와 연결하는 과정이다. 즉, 측정이란 사람, 사물, 사건 등과 같은 측정대상이 아니라 측정대상의 속성에 대해 일정한 규칙에 따라 수나 상징과 같은 숫자를 부여하는 과정이다. 예를 들어 어떤 사람의 몸무게를 측정하려면 그 사람의 몸무게라는 속성에 숫자를 부여한다. 이처럼 측정은 수적인 자료를 수집하고 분석하는 양적 연구와 더 관련이 있다. 질적 연구도 현상이나 대상에 대해 체계적으로 관찰하고 조사하지만, 양적으로 자료를 수집하지 않는다. 대신에 질적 연구는 직접 관찰하거나 자료를 있는 그대로 대하면서 그것이 의미하는 것과 연관된 상황과 환경을 고려하여 파악하고 해석한다. 따라서 질적 연구에서도 부분적이기는 하지만, 질적 속성을 양적 속성으로 전환하여 통계적 분석을 활용하기도 한다.

2) 측정의 기능

측정대상의 속성에 일정한 규칙에 따라 숫자를 부여하는 과정인 측정은 가설 검증에서 매우 중요한 역할을 담당한다. 이러한 측정의 기능은 다음과 같다.

① 일치 및 조화의 기능

측정의 규칙은 이론적 모델을 현실 세계와 연결하는 것이다. 즉, 추상적인 개념과 경험적인 현실 세계를 연결하는 데 사용되는 규칙과 절차를 제시해준다.

② 객관화 및 표준화의 기능

측정은 관찰대상이나 현상에 대한 객관화 및 표준화를 통해 과학적인 관찰과 표준화된 측정을 가능하게 한다. 이처럼 개념에 대한 측정이 없다면 경험적인 검증이 어려울 뿐만 아니라 이론을 일반화하기도 어렵다.

③ 계량화의 기능

사건이나 현상을 세분화시키고 통계적 분석에 활용할 수 있는 정보를 제공한다. 숫자는 통계적 분석에 활용될 수 있도록 자료를 수치로 옮겨주고 변수를 계량화해준다.

④ 반복과 의사소통 기능

측정은 연구 결과를 다른 사람들이 반복하고 그 결과를 확인하거나 반증할 수 있도록 해준다. 또한 측정은 연구 결과를 다른 사람에게 정확히 전달하는 의사소통의 기능을 수행한다.

2. 개념화와 조작화

1) 개념화와 개념적 정의

개념(concept)이란 어떤 현상이나 대상의 의미나 공통된 속성을 단어, 용어, 상징으로 표현한 추상적인 것을 말한다. 대체로 사람들의 생각은 단어나 언어로 형성되어 있으므로 단어나 언어는 본질에서 개념적이다. 우리는 이러한 개념을 통해 세상을 이해한다. 이러한 개념은 시간과 공간에 따라 달라지므로 개념은 명확성(명확한 경계), 범위(개념의 추상화 감소), 체계적 의미(이론에 근거) 등의 조건을 갖추어야 한다. 따라서 우리가 조사하려는 추상적인 개념이 무엇을 의미하는지 정확하게 구체화하는 과정을 개념화(conceptualization)라고 부른다(김진숙, 2011). 개념화 과정을 통해 개념의 명칭과 의미가 규정된다.

개념적 정의(conceptual definition)란 연구에서 사용되는 주요 개념을 더 명확하고 정확하게 표현하기 위하여 다른 개념을 사용하여 정의하는 것으로 사전적 정의라고도 한다. 즉, 개념적 정의란 측정하고자 하는 속성을 명확히 하는 것으로 연구대상이 되는 사람이나 사물의 속성, 사회현상 등의 변수를 개념적으로 정의하는 것이다. 예를 들어 이기심을 측정하고자 할 때 이기심에 대한 개념적 정의를 잘못하면, 성취 욕구를 이기심으로 측정하는 문제가 발생할 수 있다. 이기심과 성취 욕구는 서로 다른 개념이므로 조작적 정의 이전에 연구모형에 사용될 각 개념에 대한 정확한 개념적 정의가 필요하다(이훈영, 2018). [그림 5-1]에서와 같이 개념적 정의는 조작적 정의를 위한 전 단계이며, 조작적 정의가 잘못될 수도 있는 가능성을 최소화하는 데 필요하다.

그림 5-1 측정의 과정

2) 조작화와 조작적 정의

개념화 과정의 연장으로 조작화(operationalization)는 변수를 측정하게 될 구체적인 경험적 과정을 명료하게 하는 것이다. 조작화를 통해 추상적인 개념을 경험 세계에서 직접 측정할 수 있도록 표현한 조작적 정의는 개념에 대한 측정의 문제와 관련이 있다. 즉, 조작적 정의(operational definition)란 연구주제의 추상적인 개념들을 경험 세계에서 경험적 · 실증적으로 직접 측정할 수 있도록 양적으로 조작한 것이다. 따라서 조작적 정의란 측정에 앞서 변수의 개념적 정의의 의미를 최대한 관찰할 수 있도록 구체적인 형태로 표현하는 과정으로 측정의 타당성과 관련이 있다. 예를 들어 A 학점의 조작적 정의는 그 과목의 모든 평가지표를 합산한 점수가 90점 이상으로 규정할 수 있다. 다른 예로는 가정환경과 청소년의 학교생활적응 연구에서 “부모-자녀 간의 의사소통이 좋을수록 청소년의 학교생활적응 수준은 높을 것이다.”라는 가설을 설정했다. 이때 독립변수인 부모-자녀 간의 의사소통과 종속변수인 학교생활적응은 직접 측정하기가 어려운 추상적인 개념이다. 따라서 독립변수인 '부모–자녀 간의 의사소통은 주당 부모–자녀 간의 대화 시간'으로, 종속변수인 학교생활적응은 학교에 대한 흥미, 성적과 학업에 대한 태도, 학교 규범 준수 등의 영역을 합산한 점수로 조작적 정의를 할 수 있다.

이처럼 조작적 정의는 사회조사를 위해 추상적인 사물 또는 현상을 객관적이고 경험적으로 관찰 가능한 형태로 기술한 것이다. 특히 양적 연구를 수행하는 연구자는 자신의 연구문제를 측정 가능한 지수로 대체하는 작업을 수행한 이후 측정한다. 반면에 질적 연구에서는 연구하려는 개념에 대한 조작적 정의를 수행할 필요가 없다. 따라서 조작적 정의는 양적 연구에서 연구자가 설정한 주요 개념을 측정할 수 있는 도구를 직접 만드는 과정이나 기존 척도의 타당도를 확보할 때 중요한 근거가 된다(유영준, 2014). 이처럼 개념적 정의와 조작적 정의는 측정도구를 개발할 때 매우 중요한데, 측정하려는 개념을 정확하게 조사하는 과정으로 조사의 타당도와 신뢰도와 관련이 있기 때문이다. 따라서 조사의 타당도와 신뢰도를 확보하기 위해서는 개념적 정의와 조작적 정의가 제대로 이루어져야 한다.

3. 측정수준

측정이란 측정대상의 속성에 대해 일정한 규칙에 따라 숫자를 부여하는 과정이다. 이때 일정한 규칙은 측정수준과 측정에서 사용되는 척도의 성격을 규정해 준다. 측정수준(level of measurement)은 측정대상의 속성을 측정하는 방식으로 대상에 부여된 숫자의 의미를 해석하는 데 사용된다. 측정수준은 사람, 사물, 사건 등 측정대상의 속성에 따라 다르며, 일반적으로 명목수준, 서열수준, 등간수준, 비율수준 등 네 가지 위계적 범주로 구분된다.

1) 명목수준

명목수준(nominal level)은 측정대상의 속성을 단순히 확인하거나 포괄적인 범주로 분류할 목적으로 응답 범주에 숫자를 부여하는 척도를 말한다. 명목수준의 응답 범주에 부여된 숫자는 양적인 것이 아니라 질적인 것으로 수적인 의미는 없다. 즉, 측정대상에 부여된 숫자는 연구자가 자료의 수집과 분석에 편리하도록 단순히 분류할 목적으로 사용한다. 명목수준은 가장 적은 양의 정보를 제공하는데, 사칙연산이 불가능할 뿐만 아니라 자료의 값을 바꾸어도 상관없다. 예를 들어 성별에 관한 질문에서 남자는 ①, 여자는 ②의 숫자를 부여하였다. 이때 사용한 숫자 ①과 ②는 수량적 의미가 없으며, 관찰대상을 구분하기 위하여 사용된 단순한 기호에 불과하다. 따라서 남자는 ②, 여자는 ①의 숫자를 부여하여도 된다.

> 예 성별, 직업 종류, 종교, 혼인상태, 취미, 장애유형, 거주지역, 자원봉사 경험 여부 등은 명목수준이다.

이러한 분류 과정에서 지켜야 할 원칙은 다음과 같다(남궁근, 2017). 첫째, 분류 범주는 모든 대상을 포괄해야(exhaustive) 한다. 즉, 모든 분류 대상이 포함될 수 있도록 가능한 범주를 전부 포함해야 한다. 둘째, 분류 범주는 상호 배타적(mutually exclusive)이어야 한다. 즉, 하나의 대상은 하나의 범주에만 속하도록 분류 범주를 설정해야 한다. 예를 들어 성별을 남성과 여성으로 나눈다면, 둘 사이에 중복되는 부분은 없어야 한다. 셋째, 분류 범주는 실질적 적절성(substantive relevance)이 있어야 한다. 즉, 분류 기준은 연구문제의 성격에 따라야 한다. 이 원칙은 분류 범주의 구분이 연구문제의 현실과 가능한 일치하여야 한다는 것을 강조한다. 넷째, 분류 체계는 일관성(consistency)이 있어야 한다. 즉, 각 범주는 하나의 분류 기준에 따라 구성되어야 하며, 이를 위반하면 중복되는 범주가 나타날 수 있기 때문이다.

한편, 명목수준으로 측정된 변수를 회귀분석의 독립변수로 사용할 때 명목수준으로 측정된 변수를 더미변수(dummy variable)로 변환하여 회귀분석에 포함할 필요가 있다. 더미변수란 0 또는 1의 값만을 가지는 변수를 말한다.

2) 서열수준

서열수준(ordinal level)은 측정대상이 지닌 속성의 크기를 측정하여 그 순서대로 대상을 분류할 뿐만 아니라 분류된 속성 간의 순위를 정할 수 있다. 즉, 측정대상을 특정한 속성으로 판단하여 측정대상 간에 크고 작음이나 높고 낮음 등의 순위를 부여하는 것이다. 따라서 서열수준은 서열 간의 차이는 측정하지 않고 대상들의 순서에 관한 정보만을 측정하는 리커트식 척도가 여기에 해당한다. 예를 들어 어떤 서비스에 대한 만족도의 응답 범주는 '① 매우 불만족, ② 약간 불만족, ③ 보통, ④ 약간 만족, ⑤ 매우 만족' 등으로 구성될 수 있다. 이때 사용한 숫자 ①은 ②보다, ②는 ③보다 선호도가 낮다는 순서와 서로 구분하는 정보도 있지만, 둘 간의 차이가 얼마인지는 구체적으로 알 수 없다. 서열수준은 정확하게 정량화하기 어려운 사람들의 태도, 선호도, 사회계층 등의 측정에 주로 이용된다.

예 선호도, 학업석차, 교육수준, 사회계층, 중요도 순위, 생활만족도 등은 서열수준이다.

3) 등간수준

등간수준(interval level)은 각 범주의 순서를 정할 뿐만 아니라 그 간격이 동일하도록 하위 범주를 구분할 수 있다. 이처럼 등간수준의 응답 범주에 붙여진 속성 간의 거리는 의미뿐만 아니라 간격이 동일하다. 즉, 속성에 대하여 동일한 간격으로 순위를 부여하는 측정방법으로 1과 2의 차이는 9와 10의 차이와 같다. 이처럼 등간수준은 간격이 동일하지만, 절댓값 0이 없으므로 비율의 개념을 적용할 수 없다. 즉, 0에 대한 의미는 임의적이고 상대적인 의미로 설정되어 변수의 값이 전혀 없는 것이 아니라 가장 작은 것이라 속성의 절대적 크기는 측정할 수 없다. 따라서 사칙계산 중에서 덧셈과 뺄셈의 계산은 가능하지만, 절댓값 0이 존재하지 않으므로 비율수준처럼 곱셈과 나눗셈의 계산은 불가능하다. 예를 들어 최고 기온이 어제는 섭씨 15도이고 오늘은 30도였다면, 어제와 오늘 최고 기온의 차이는 15도라고 말할 수 있다. 하지만 등간수준은 절댓값 0이 존재하지 않기 때문에 30도는 15도보다 두 배가 더 뜨겁다고 말할 수는 없다. 섭씨 0도는 열이 전혀 없는 상태가 아니라 영하와 영상을 구분하는 지점 온도를 의미한다. 이러한 등간수준은 온도, 지능지수, 물가지수 등의 측정에 이용된다.

예 일상생활에서 접하는 온도, 지능지수(IQ), 수능성적, 물가지수, 생산성 지수, 인성검사(MMPI) 점수 등은 등간수준이다.

4) 비율수준

비율수준(ratio level)은 응답 범주 간의 간격이 동일할 뿐만 아니라 측정하려는 속성이 전혀 존재하지 않는 상태인 절댓값 0(absolute zero)이 존재한다. 따라서 비율수준의 숫자는 속성의 실제량과 같으므로 각 수치에 대해서 모든 사칙계산(+, −, ×, ÷)이 가능하다. 예를 들어 연령, 키, 몸무게, 소득 등은 '~배' 많다 혹은 적다고 표현할 수 있다. 소득이 0으로 측정되었다면 수입이 전혀 없음을 의미하며, 1만 원과 2만 원의 차이는 100만 원과 101만 원의 차이와 같다. 이처럼 비율수준으로 얻어진 측정값은 연구대상의 구분과 분류 및 순위를 정할 수 있으며, 차이의 비교와 비율에 대한 분석도 가능하다. 따라서 비율수준은 가장 많은 정보를 포함하기 때문에 명목수준, 서열수준, 등간수준으로 변환이 가능하다. 이러한 비율수준은 연령, 소득, 교육연수, 서비스 횟수 등의 측정에 많이 이용된다.

> **예** 연령, 키, 몸무게, 소득, 자녀 수, 거주 기간, 교육연수, 근무 경력, 출생률, 투표율, 서비스 횟수 등은 비율수준이다.

5) 측정수준의 비교

측정수준의 차이를 비교한 결과는 〈표 5-1〉과 같다. 가장 높은 측정수준인 비율수준부터 등간수준, 서열수준, 명목수준 등의 순으로 자료가 담고 있는 정보의 양이 줄어들며, 덜 정밀한 분석방법을 적용할 수 있다. 따라서 연구자는 연구목적에 적합한 측정수준을 선택해야 하지만, 연구목적이 분명하지 않을 때는 가능한 높은 측정수준으로 선택하는 것이 좋다. 높은 측정수준은 더 낮은 측정수준의 형태로 변환할 수 있지만, 낮은 측정수준은 더 높은 측정수준으로 변환할 수 없기 때문이다. 예를 들어 연구자는 비율수준을 명목수준으로 변환할 수 있지만, 낮은 측정수준인 명목수준을 더 높은 측정수준인 비율수준으로 변환할 수는 없다. 이처럼 측정수준을 구분하는 이유는 측정대상의 개념 또는 변수의 특성을 이해하는 데 도움이 되며, 측정수준에 따라 자료분석방법에 적용되는 통계기법이 달라지기 때문이다.

표 5-1 | 측정수준 간의 비교

특성 \ 측정	명목수준	서열수준	등간수준	비율수준
분류	O	O	O	O
순위	×	O	O	O
동일 간격	×	×	O	O
절대 영점	×	×	×	O
비교방법	확인, 분류	순위 비교	상대적 크기 비교	절대적 크기 비교
수학적 계산	=	=, 〈, 〉	=, 〈, 〉, +, −	=, 〈, 〉,+, −,×,÷
평균의 측정	최빈값	중앙값	산술평균	기하평균
예	성별, 종교, 결혼 유무, 직업유형 등	사회계층, 학교성적 석차, 선호도 등	IQ, 온도, 주가지수, 수능성적 등	나이, 소득, 가격, 서비스 수혜기간 등

4. 척도

지수(index)는 의미가 다양하고 복합적인 개념을 계량화하기 위해 개발된 여러 개의 지표(indicator)를 하나로 묶어서 단일수치로 표현한 것이다. 예를 들어 소비자물가지수, 지능지수, 사회경제적 지위 등은 지수에 해당한다.

반면에 척도(scale)는 측정과정에서 사용되는 측정도구로서 일정한 규칙에 따라 측정대상에 적용할 수 있는 일련의 문항들로 구성된 질문 체계이다. 즉, 척도는 어떤 개념을 파악하기 위해 논리적으로 또는 경험적으로 서로 연관된 여러 개의 문항과 응답 범주가 결합한 질문 체계이다. 따라서 하나의 문항이나 지표로는 측정하기 어려운 복합적인 개념을 측정할 수 있다. 또한 척도에 의한 양적인 측정치를 제공하여 통계적인 활용을 쉽게 한다.

1) 리커트 척도

리커트 척도(Likert scale)는 척도 개발자인 리커트(Rensis Likert)의 이름에서 유래된 것으로 응답자의 신념이나 태도를 측정하는 데 주로 사용된다. 리커트 척도에서 응답자는 여러 개의 질문 문항을 읽고, 연구자가 설정한 범주에 동의 정도의 결과를 단순 합산하여 사용하므로 총합평정척도(summated rating scale)라고 한다. 총합평정에서 총합은 전체를 합한다는 의미이고, 평정은 평가한다는 의미로 평가한 각 항목의 점수를 합한다는 뜻이다. 총합평정척도의 기본 가정은 각 문항에 같은 점수를 부여하고 응답 항목 간의 거리는 동일하며(Cournoyer & Klein, 2000), 각 문항과 모든 문항을 합한 것 간에는 높은 상관관계가 있어야 한다는 것이다.

리커트 척도는 찬성이나 반대의 상대적인 강도를 판단할 뿐만 아니라 질문 구성이 다른 여러 문항의 상대적인 강도를 파악할 수 있다. 일반적으로 리커트 척도는 개인의 태도나 성향의 강도를 측정하는 데 유용한 방법으로 척도의 구성은 한 문항이 아니라 여러 문항의 단순 합산을 통해 서열성을 산출하는 서열척도이다. 리커트 척도는 3점, 4점, 5점, 7점 등 다양한 방식으로 구성되지만, 보편적으로 5점 척도(매우 반대, 반대, 중립, 찬성, 매우 찬성)가 가장 빈번하게 사용된다. 〈표 5-2〉는 자아존중감을 측정하기 위해 리커트 척도를 활용한 사례로 각 문항의 점수를 합산한 전체 점수가 높을수록 자아존중감 수준이 높음을 의미한다.

표 5-2 | 리커트 척도의 예

다음 문항들은 "내가 나 자신을 어떻게 생각하는가?"에 대한 질문입니다. 각 문항을 읽고 당신의 생각을 잘 나타내주는 칸에 √표를 해주시기 바랍니다.

문항	매우 그렇지 않다	그렇지 않다	그렇다	매우 그렇다
1. 나는 다른 사람처럼 가치 있는 사람이라고 생각한다.	①	②	③	④
2. 나는 좋은 성품을 가졌다고 생각한다.	①	②	③	④
3. 나는 다른 사람들만큼 일을 잘 할 수 있다.	①	②	③	④
:				
9. 나에 대해 긍정적인 태도를 보인다.	①	②	③	④
10. 나에 대해 대체로 만족한다.	①	②	③	④

사회과학 조사에서 리커트 척도가 가장 많이 활용되지만, 리커트 척도의 모습만을 띠는 질문들로 리커트 척도를 구성하는 경우가 더욱더 일반적이다. 외형만 리커트 척도의 모습을 띠는 측정도구를 리커트형 척도(Likert-type scale)라고 부르기도 한다. 이러한 리커트 척도는 제작과 자료 처리가 쉽고, 서열수준이지만 통계

분석 시 등간수준으로 간주한 분석이 가능하다. 또한 응답자가 이해하기 쉬운 특징 때문에 주로 우편조사, 전화조사, 면접조사 등 다양한 분야에서 사용된다. 하지만 문장이 긴 여러 문항으로 구성될 때, 응답자가 모든 문장을 읽고 이해해야 한다는 부담이 있다(이군희, 2014). 또한 문항의 총점을 사용하므로 각 문항에 대한 응답자의 태도를 충분히 반영하지 못하는 것이 단점이다.

2) 거트만 척도

거트만(Louis Guttman)이 개발한 거트만 척도(Guttman scale)는 어떤 개념의 문항에 동의한 응답자가 그 문항보다는 약한 다른 문항들에도 동의할 것이라는 가정에 따라 각 문항은 연속선상에 배열될 수 있다는 생각에 근거한다(Wimmer & Dominick, 1994). 즉, 어떤 문제에 대하여 대부분 사람이 쉽게 받아들일 수 있는 문항부터 시작해서 소수의 사람만이 받아들일 수 있는 문항까지를 순서대로 배열함으로써 개인의 태도를 측정한다. 이처럼 거트만 척도는 각 문항이 일정한 기준에 의해 오직 하나의 이론적 개념만을 측정하는 단일 차원적(unidimensional)으로 일관성 있게 미리 서열을 이루고 있는 것이 특징이다.

거트만 척도는 특정 문항에 동의한 연구대상자는 그것보다 동의하기 쉬운 다른 모든 문항에 당연히 동의한다는 것을 의미하므로 대표적인 누적척도(cumulative scale)이다. 여기서 누적(cumulative)이라는 의미는 계단을 건너뛰지 않고 한 계단씩 차례대로 밟고 올라가는 것과 같다. 즉, 강한 태도의 문항에 긍정적 대답을 표명한 응답자는 약한 태도의 문항에서도 긍정적이라는 논리를 적용하여 문항을 배열한 것이다. 따라서 거트만 척도는 특정 문항에 긍정적으로 대답한 응답자는 부정적으로 대답한 응답자보다 더 높은 점수를 받게 되며, 이 점수는 긍정적-부정적 태도 척도 사이에서 개인의 위치를 나타낸다(김영석 외, 2017). 거트만 척도는 개인 혹은 집단 간의 인식 차이를 확인하는 데 유용하지만, 단일 차원적으로 구성된 문항들을 찾기가 어려워서 사회복지실천 현장에서 거의 적용되지 않는다.

거트만 척도의 대표적인 예로는 보가더스(Emory Borgadus)의 사회적 거리 척도(Social distance scale)가 있다. 이 척도는 인종이나 사회계층에 대한 사회적 거리를 측정하기 위한 척도로 다섯 개에서 일곱 개의 진술문으로 구성된다. 이 척도는 주로 한 집단이 다른 대상이나 집단에 대하여 얼마나 사회적 거리감을 느끼는지를 측정할 때 사용한다(남궁근, 2017).

〈표 5-3〉은 북한이탈주민에 대한 사회적 거리감을 측정하는 문항으로 일정한 서열이 있다. 다음 문항으로 내려갈수록 북한이탈주민에 대해 더 높은 친밀감을 의미한다. 따라서 3번 문항에서 '예'라고 응답하면, 낮은 수준의 친밀감을 의미하는 1번과 2번 문항에 '예'라고 응답한 것으로 처리된다. 그러나 4번 문항에 '아니오'로 응답하면, 5번 문항은 응답할 필요가 없다. 이처럼 여러 개의 문항을 사용하지만, 마치 한 개의 문항을 사용하는 것과 같다.

표 5-3 | 거트만 척도의 예

북한이탈주민에 대한 인식조사

다음 사항에 대해 찬성하면 '예', 반대하면 '아니오' 칸에 ✓표를 해주시기 바랍니다.

문항	예	아니오
1. 북한이탈주민을 우리나라 방문객으로 허락할 의향이 있는가?		
2. 북한이탈주민을 우리나라 국민으로 허락할 의향이 있는가?		
3. 북한이탈주민을 우리 학교 학생으로 허락할 의향이 있는가?		
4. 북한이탈주민을 절친한 친구로 허락할 의향이 있는가?		
5. 북한이탈주민과 결혼하여 내 가족으로 허락할 의향이 있는가?		

3) 의미분화 척도

의미분화 척도(semantic differential scale)란 어떤 대상이나 낱말이 개인에게 주는 의미를 측정하는 방법으로 상반되는 의미가 있는 한 쌍의 형용사를 수평선 양극단에 배치한 후 그사이에 정도를 표시할 수 있는 일곱 개의 칸을 만들어 평가를 통해 응답을 얻는다. 주로 어떤 사물, 사람, 사건 등에 대한 개인의 의견이나 태도를 묻는 형식으로 사용되는 척도로 어의차별 척도라고도 한다. 의미분화 척도는 오스굿(Osgood, 1957)이 제안한 방법으로 다차원적 개념을 측정하는 데 유용할 뿐만 아니라 특정 대상에 대해 어떤 생각을 하는가를 탐색적으로 알아볼 목적으로 주로 사용된다. 여기서 다차원적 개념이란 그 개념을 이해하려면 그것과 관련된 다른 그리고 여러 개념을 통해서 이해해야 한다는 뜻이다. 예를 들어 공적으로 믿을 수 있는 정도라는 공신력(credibility) 개념은 지식을 갖춘 정도인 전문성과 진실을 말하는 정도인 신뢰성이라는 하위차원을 통해 이해할 수 있다. 전문성이 있거나 혹은 신뢰성이 높을 때 공신력이 있다고 말할 수 있으므로 공신력은 전문성과 신뢰성이라는 하위차원으로 구성된 다차원적 개념이다(강길호, 2017).

의미분화 척도는 양극단 형용사 어디에도 속하지 않는 임의의 영점이 있으며, 척도상의 각 지점 간의 간격이 동일한 등간척도다. 의미분화 척도는 〈표 5-4〉에서와 같이 일반적으로 가장 긍정적인 응답에는 7점을 주고 가장 부정적인 응답에는 1점을 준다. 이처럼 각각 측정된 차원에서 관련된 모든 문항의 응답을 합산하거나 평균을 통해서 점수를 낸다. 의미분화 척도는 질문 대신에 한 쌍의 대립하는 형용사들을 이용하기 때문에 측정도구를 만들기가 비교적 쉽다는 것과 사용하기에 간편하다는 것이 장점이다.

표 5-4 | 의미분화 척도의 예

사회복지사에 대한 인식

당신은 '사회복지사'에 대해 어떤 느낌이 있습니까?

항목	7	6	5	4	3	2	1	항목
이타적인								이기적인
예의바른								무례한
다정다감함								냉정함
헌신하는								욕심만 차리는
사랑하는								미워하는
밝은								어두운

4) 서스톤 척도

서스톤 척도(Thurstone scale)는 어떤 개념을 측정하기 위해 가능한 많은 설명을 문장으로 만든 후에 평가자들이 가장 많이 동의하는 문장들을 이용해 척도를 구성한다. 많은 평가자가 일치하지 않는 문항은 제외하고, 어떤 사실에 대해 가장 긍정적인 태도와 가장 부정적인 태도를 보이는 양극단을 등간으로 구분하여 여기에 수치를 부여한 방식으로 대체로 11점 척도로 구성한다. 문항 평가자들을 통해 사전평가를 시행한 결과를 분석한 후에 각 문항에는 응답 범주가 없는 대신에 중앙값을 가중치로 부여하여 그 문항에 상응하는 찬반 태도의 강약 정도를 나타낸다(강종수, 2019; 최선희, 2018). 이러한 서스톤 척도는 각 문항 간의 거리가 일정하다고 가정하므로 유사등간법이라고 하는데, 태도의 차이와 변화 정도의 비교가 가능하다.

예 A연구소가 정치적 보수성을 판단할 수 있는 문항들의 상대적인 강도를 11개의 점수로 평가자들에게 분류하게 한다. 다음 단계로 평가자들 간에 불일치도가 높은 문항들을 제외하고, 각 문항이 평가자들로부터 받은 점수의 중앙값을 가중치로 하여 정치적 보수척도를 구성한다.

서스톤 척도의 장점은 등간척도이며, 리커트 척도보다 문항에 응답하기가 쉽다는 것이다. 리커트 척도는 각 문항에 어느 정도 찬성하는지 또는 다른 특성이 어느 정도인지를 생각해서 응답하지만, 서스톤 척도는 찬성하는 문항만 표시하면 된다(최성재, 2005). 서스톤 척도의 단점은 척도의 개발 과정이 복잡하며, 척도 치의 평균이나 중앙값이 개인의 태도 점수가 되므로 태도 유형이 다르더라도 같은 점수가 나올 수 있다. 또한 사전 평가자의 태도가 항목의 선정 과정에 개입하여 측정값에 영향을 미칠 수 있다. 끝으로 시간이 지나면 변수의 지표들인 질문 문항의 의미가 변할 수 있으므로 서스톤 척도는 시기별로 갱신해야 한다(김영석 외, 2017). 이처럼 서스톤 척도는 평정자에 따라 문항 점수가 다를 수 있고, 같은 점수라도 선택한 문항 수와 종류에서 차이가 있으며, 척도 개발이 복잡하여 시간과 비용이 많이 들어 실제 조사에서는 거의 사용하지 않는다.

핵심정리

1. 조작적 정의

- 문제에 포함된 추상적인 개념과 변수들에 대한 구체적이고 명확하며 경험적으로 측정 가능하도록 개념을 정의하는 것으로 개념적 정의를 벗어나지 않는 범위에서 재정의
- 관련 척도를 탐색 후 선정하며, 조작화 과정의 최종 산물은 수량화하는 것으로 양적 연구에서 주로 사용

  예) 본 연구에서 신앙심이란 교회 주일예배 참석 횟수로 조작적 정의를 하고자 함

2. 측정수준

- 측정(measurement): 추상적 · 이론적 세계와 경험적 세계를 연결하는 수단, 즉 측정대상의 속성에 대해 일정한 규칙에 따라 숫자를 부여하는 과정
- 명목수준: 측정대상의 속성을 단순히 확인하거나 포괄적인 범주로 분류할 목적으로 응답 범주에 숫자를 부여한 척도
- 서열수준: 측정대상을 특정한 속성으로 판단하여 측정대상 간에 크고 작음이나 높고 낮음 등의 순위를 부여한 척도
- 등간수준: 각 범주의 순서를 정할 뿐만 아니라 그 간격이 동일하도록 하위범주를 구분할 수 있는 척도
- 비율수준: 응답 범주 간의 간격이 동일할 뿐만 아니라 측정하려는 속성이 전혀 존재하지 않는 상태인 절댓값 0이 존재하는 척도

특성 \ 측정	명목수준	서열수준	등간수준	비율수준
분류	O	O	O	O
순위	×	O	O	O
동일 간격	×	×	O	O
절대 영점	×	×	×	O

비교방법	확인, 분류	순위 비교	상대적 크기 비교	절대적 크기 비교
수학적 계산	=	=, 〈, 〉	=, 〈, 〉, +, −	=, 〈, 〉, +,−, ×, ÷
평균의 측정	최빈값	중앙값	산술평균	기하평균
예	성별, 종교, 결혼 유무, 직업유형 등	사회계층, 학교성적 석차, 선호도 등	IQ, 온도, 주가지수, 수능성적 등	나이, 소득, 가격, 서비스 수혜기간 등

3. 척도

- 척도(scale): 측정과정에서 사용되는 측정도구로서 일정한 규칙에 따라 측정대상에 적용할 수 있는 일련의 문항들로 구성된 질문체계
- 리커트 척도(Likert scale): 응답자의 신념이나 태도를 측정하는 데 주로 사용되며, 응답자는 여러 개의 질문 문항을 읽고, 연구자가 설정한 범주에 동의 정도를 응답한 결과를 단순 합산하여 사용하는 총합평정척도
- 거트만 척도(Guttman scale): 어떤 문제에 대하여 대부분 사람이 쉽게 받아들일 수 있는 문항부터 시작해서 소수의 사람만이 받아들일 수 있는 문항까지를 순서대로 배열함으로써 개인의 태도 측정
- 보가더스(Borgadus)의 사회적 거리 척도(Social distance scale): 거트만 척도의 대표적인 예로 인종이나 사회계층에 대한 사회적 거리를 측정하기 위한 척도로 다섯 개에서 일곱 개의 진술문으로 구성
- 의미분화 척도(semantic differential scale): 어떤 대상이나 낱말이 개인에게 주는 의미를 측정하는 방법으로 상반되는 의미가 있는 한 쌍의 형용사를 수평선 양극단에 배치한 후 그 사이에 정도를 표시할 수 있는 칸을 만들어 평가를 통해 응답을 얻는 어의차별 척도
- 서스톤 척도(Thurstone scale): 어떤 개념을 측정하기 위해 가능한 많은 설명을 문장으로 만든 후에 평가자들이 가장 많이 동의하는 문장들을 이용해 척도를 구성하며, 어떤 사실에 대해 가장 긍정적인 태도와 가장 부정적인 태도를 보이는 양극단을 등간으로 구분하여 여기에 수치를 부여한 방식으로 대체로 11점 척도로 구성

사회복지사 1급자격시험 기출문제

01 다음 연구과제의 변수들을 측정할 때 ㄱ~ㄹ의 척도유형을 바르게 짝지은 것은?

> 장애인의 성별(ㄱ)과 임금수준의 관계를 정확하게 파악하기 위해서는 장애유형(ㄴ), 거주지역(ㄷ), 직업종류(ㄹ)와 같은 변수들의 영향력을 적절히 통제해야 한다.

① ㄱ: 명목, ㄴ: 명목, ㄷ: 명목, ㄹ: 명목
② ㄱ: 명목, ㄴ: 서열, ㄷ: 서열, ㄹ: 명목
③ ㄱ: 명목, ㄴ: 서열, ㄷ: 명목, ㄹ: 비율
④ ㄱ: 명목, ㄴ: 등간, ㄷ: 명목, ㄹ: 명목
⑤ ㄱ: 명목, ㄴ: 등간, ㄷ: 서열, ㄹ: 비율

02 변수의 조작적 정의에 관한 설명으로 옳은 것을 모두 고른 것은?

> ㄱ. 개념적 정의를 실제로 관찰할 수 있는 수준으로 전환하는 것이다.
> ㄴ. 조작적 정의를 하면 개념의 의미가 다양하고 풍부해진다.
> ㄷ. 조작적 정의를 통해 개념이 더욱 추상화된다.
> ㄹ. 조작적 정의가 없이도 가설 검증이 가능하다.

① ㄱ　② ㄱ, ㄴ
③ ㄴ, ㄷ　④ ㄱ, ㄴ, ㄷ
⑤ ㄱ, ㄷ, ㄹ

03 척도에 관한 설명으로 옳은 것은?
① 리커트(Likert)척도는 개별문항의 중요도를 차등화한다.
② 보가더스(Bogardus)의 사회적 거리척도는 누적척도이다.
③ 평정(rating)척도는 문항의 적절성 평가가 용이하다.
④ 거트만(Guttman)척도는 다차원적 내용을 분석할 때 사용된다.
⑤ 의미차별(semantic differential)척도는 느낌이나 감정을 나타내는 한 쌍의 유사한 형용사를 사용한다.

04 측정수준이 서로 다른 변수로 묶인 것은?
① 연령, 백신 접종률　② 학년, 이수과목의 수
③ 섭씨(℃), 화씨(℉)　④ 강우량, 산불발생 건 수
⑤ 거주지역, 혈액형

05 척도 유형에 관한 설명으로 옳지 않은 것은?
① 리커트척도(Likert scale)는 문항 간 내적 일관성이 중요하다.
② 거트만척도(Guttman scale)는 누적 척도이다.
③ 서스톤척도(Thurstone scale)의 장점은 개발의 용이성이다.
④ 보가더스척도(Borgadus scale)는 사회집단 간의 심리적 거리감을 측정하는 데 적절하다.
⑤ 의미분화척도(semantic differential scale)의 문항은 한 쌍의 대조되는 형용사를 사용한다.

06 측정에 관한 설명으로 옳지 않은 것은?
① 측정은 연구대상에 대해 일정한 규칙에 따라 숫자나 기호를 부여하는 과정이다.
② 지표는 개념 속에 내재된 속성들이 표출되어 나타난 결과를 말한다.
③ 측정의 체계적 오류는 타당도와 관련이 없다.
④ 리커트척도는 각 항목의 단순합산을 통해 서열성을 산출한다.
⑤ 조작적 정의는 실질적으로 측정하게 되는 연구대상의 세부적 속성이다.

07 측정에 관한 설명으로 옳지 않은 것은?

① 일정한 규칙에 따라 측정대상에 값을 부여하는 과정이다.
② 이론적 모델과 사건이나 현상을 연결하는 방법이다.
③ 사건이나 현상을 세분화하고 통계적 분석에 활용할 수 있는 정보를 제공한다.
④ 측정도구의 신뢰도를 높이기 위해서는 설문문항 수가 적을수록 좋다.
⑤ 측정의 수준에 따라 명목, 서열, 등간, 비율의 4가지 유형으로 분류한다.

08 척도에 관한 설명으로 옳은 것을 모두 고른 것은?

> ㄱ. 명목척도는 응답범주의 서열이 없는 척도이다.
> ㄴ. 비율척도의 대표적인 유형은 리커트 척도이다.
> ㄷ. 비율척도는 절대 0점이 존재하는 척도이다.
> ㄹ. 서열척도는 변수의 속성에 따라 일정한 범주로 분류한다.

① ㄱ, ㄴ　　② ㄴ, ㄹ
③ ㄷ, ㄹ　　④ ㄱ, ㄴ, ㄷ
⑤ ㄱ, ㄷ, ㄹ

09 다음이 설명하는 척도로 옳은 것은?

> －사회복지사에 대해 느끼는 감정에 대해 해당 점수에 체크하시오.
>
> 1점 2점 3점 4점 5점 6점 7점
> 1. 친절한 ├─┼─┼─┼─┼─┼─┤ 불친절한
> 2. 행복한 ├─┼─┼─┼─┼─┼─┤ 불행한

① 리커트척도(Likert scale)
② 거트만척도(Guttman scale)
③ 보가더스척도(Borgadus scale)
④ 어의적 분화척도(Semantic differential scale)
⑤ 써스톤척도(Thurstone scale)

10 다음 변수의 측정수준을 고려하여 변수의 유형을 순서대로 나열한 것은?

> – 장애 유형 – 정신장애, 지체장애 등
> – 장애 등록 후 기간 – 개월 수
> – 장애 등록 연령 – 나이
> – 장애인의 건강 정도 – 상, 중, 하

① 비율변수, 비율변수, 서열변수, 명목변수
② 명목변수, 비율변수, 비율변수, 서열변수
③ 명목변수, 등간변수, 명목변수, 서열변수
④ 등간변수, 비율변수, 서열변수, 비율변수
⑤ 명목변수, 비율변수, 비율변수, 명목변수

11 다음은 무엇에 관한 설명인가?

> A연구소가 정치적 보수성을 판단할 수 있는 문항들의 상대적인 강도를 11개의 점수로 평가자들에게 분류하게 한다. 다음 단계로 평가자들 간에 불일치도가 높은 항목들을 제외하고, 각 문항이 평가자들로부터 받은 점수의 중위수를 가중치로 하여 정치적 보수성 척도를 구성한다.

① 거트만(Guttman)척도
② 서스톤(Thurstone)척도
③ 리커트(Likert)척도
④ 보가더스(Borgadus)척도
⑤ 의미차이(sematic differential)척도

12 측정의 4등급 – 사례 – 가능한 통계분석의 연결이 옳지 않은 것은?

① 명목등급 – 베이비붐세대 여부 – 백분율
② 서열등급 – 학점(A, B, C....) – 최빈치
③ 등간등급 – 온도(℃) – 중위수
④ 비율등급 – 시험점수(0~100점) – 산술평균
⑤ 명목등급 – 성별, 현재 흡연여부 – 교차분석

13 표본추출과정을 올바르게 나열한 것은?

ㄱ. 모집단 확정	ㄴ. 표본크기 결정
ㄷ. 표본추출	ㄹ. 표본추출방법 결정
ㅁ. 표집틀 선정	

① ㄱ → ㄹ → ㅁ → ㄷ → ㄴ
② ㄱ → ㅁ → ㄹ → ㄴ → ㄷ
③ ㄴ → ㅁ → ㄱ → ㄹ → ㄷ
④ ㄹ → ㄱ → ㅁ → ㄷ → ㄴ
⑤ ㅁ → ㄱ → ㄹ → ㄴ → ㄷ

14 척도 수준(level of measurement)에 관한 설명으로 옳은 것은?

① 연령은 모든 척도 수준으로 분석이 가능하다.
② 표준화된 지능검사점수는 비율척도이다.
③ 소득을 비율척도로 질문하면 다른 척도 수준으로 질문할 때보다 응답률이 높은 편이다.
④ 등간척도는 절대영점이 있다.
⑤ 서열척도는 비율척도로 변환이 가능하다.

15 측정에 관한 설명으로 옳지 않은 것은?

① 개념의 구체화 과정에서 포괄성의 원칙을 지켜야 한다.
② 개념의 경험화 과정에서 변수를 구성하는 속성 간의 구분이 분명해야 한다.
③ 신뢰도가 높은 측정을 위해서는 문항 간 내적 일관성을 가져야 한다.
④ 측정은 개념의 현상적 구조와 경험적 측정값들이 일치될수록 정확해진다.
⑤ 개념화가 조작화에 비해 경험적 차원에서의 구체화 정도가 높다.

16 변수의 측정 종류가 바르게 짝지어진 것은?

ㄱ. 사회복지사의 근무지역 동(洞)
ㄴ. 사회복지사가 이수한 보수교육 시간(분)
ㄷ. 사회복지사의 근무기관 평가등급 점수(A, B, C, D)

① ㄱ: 명목측정, ㄴ: 서열측정, ㄷ: 비율측정
② ㄱ: 비율측정, ㄴ: 서열측정, ㄷ: 명목측정
③ ㄱ: 서열측정, ㄴ: 비율측정, ㄷ: 서열측정
④ ㄱ: 명목측정, ㄴ: 비율측정, ㄷ: 서열측정
⑤ ㄱ: 서열측정, ㄴ: 명목측정, ㄷ: 비율측정

17 다음 조합된 단어들과 동일한 논리적 구성을 가진 것은?

개념화 : 개념 : 명제

① 이론화 : 개념 : 가설
② 이론화 : 가설 : 개념
③ 조작화 : 변수 : 가설
④ 조작화 : 가설 : 변수
⑤ 조작화 : 개념 : 가설

18 변수의 측정수준에 관한 설명으로 옳은 것은?

① 성별은 이산적 특성을 가진 서열척도이다.
② 인종과 종교는 등간척도이다.
③ 석차로 평가된 성적은 등간척도이다.
④ 5점 척도로 측정된 서비스만족도는 비율척도이다.
⑤ IQ와 온도는 등간척도이다.

19 한 연구에서 사용된 "소득(단위: 원)" 변수에 관한 설명으로 옳지 않은 것은?

① 1만원과 2만원의 차이는 400만원과 401만원의 차이와 동일하다.
② 0원은 실제적 의미가 있는 절대영점이다.
③ 표준편차를 계산할 수 없다.
④ 사칙연산이 가능하다.
⑤ 명목척도로 변환할 수 있다.

20 노인 우울에 관하여 연구할 때 조작적 정의(operational definition) 단계에 해당하는 것은?

① 사전(dictionary)을 참고하여 우울을 명확히 정의한다.
② 노인의 우울에 대한 기존 연구 결과를 정리한다.
③ 우울관련 척도를 탐색 후 선정한다.
④ 우울한 노인과 그렇지 않은 노인의 차이에 대해 조사한다.
⑤ 우울한 노인의 현황을 파악한다.

21 척도에 관한 설명으로 옳지 않은 것은?

① 보가더스의 사회적 거리척도는 누적척도의 한 종류이다.
② 의미분화(semantic differential)척도는 한 쌍의 반대가 되는 형용사를 사용한다.
③ 리커트척도의 각 문항은 등간척도이다.
④ 거트만척도는 각 문항을 서열적으로 구성한다.
⑤ 서스톤척도를 개발하는 과정은 리커트척도와 비교하여 많은 시간과 노력이 요구된다.

22 척도의 종류가 각각 바르게 짝지어진 것은?

ㄱ. 교육수준 – 중졸 이하, 고졸, 대졸 이상
ㄴ. 교육연수 – 정규교육을 받은 기간(년)
ㄷ. 출신 고등학교 지역

① ㄱ: 명목척도, ㄴ: 서열척도, ㄷ: 등간척도
② ㄱ: 등간척도, ㄴ: 서열척도, ㄷ: 비율척도
③ ㄱ: 등간척도, ㄴ: 비율척도, ㄷ: 명목척도
④ ㄱ: 서열척도, ㄴ: 등간척도, ㄷ: 명목척도
⑤ ㄱ: 서열척도, ㄴ: 비율척도, ㄷ: 명목척도

23 척도의 종류가 올바르게 짝지어진 것은?

ㄱ. 종교–기독교, 불교, 천주교, 기타
ㄴ. 교육연수–정규 학교 교육을 받은 기간(년)
ㄷ. 학점–A, B, C, D, F

① ㄱ: 명목척도, ㄴ: 서열척도, ㄷ: 비율척도
② ㄱ: 명목척도, ㄴ: 비율척도, ㄷ: 서열척도
③ ㄱ: 비율척도, ㄴ: 등간척도, ㄷ: 서열척도
④ ㄱ: 서열척도, ㄴ: 등간척도, ㄷ: 비율척도
⑤ ㄱ: 서열척도, ㄴ: 비율척도, ㄷ: 명목척도

24 측정의 수준이 서로 다른 변수로 묶인 것은?

① 대학 전공, 아르바이트 경험 유무
② 복지비 지출 증가율, 월평균 소득(만 원)
③ 온도(℃), 지능지수(IQ)
④ 생활수준(상, 중, 하), 혈액형
⑤ 성별, 현재 흡연 여부

25 측정에 관한 설명으로 옳지 않은 것은?

① 측정은 연구대상의 속성에 대하여 일정한 규칙에 따라 숫자나 기호를 부여하는 과정이다.
② 사회과학에서는 개념을 측정하기 위해 특질 자체를 측정하기보다는 특질을 나타내는 지표를 사용하여 간접적으로 측정하는 경우가 많다.
③ 보가더스(Borgadus)의 사회적 거리척도는 등간척도의 한 종류이다.
④ 리커트(Likert) 척도는 각 문항의 점수를 합산하여 전체적인 경향이나 특성을 측정하는 방법이다.
⑤ 측정항목의 수를 많게 하면 신뢰도가 높아지는 경향이 있다.

정답 01 ① 02 ① 03 ② 04 ② 05 ③ 06 ③ 07 ④ 08 ⑤ 09 ④ 10 ② 11 ② 12 ④ 13 ② 14 ① 15 ⑤ 16 ④ 17 ③ 18 ⑤ 19 ③ 10 ③ 21 ③ 22 ⑤ 23 ② 24 ④ 25 ⑤

CHAPTER 06

측정도구의 신뢰도와 타당도

1. 신뢰도
2. 타당도
3. 신뢰도와 타당도의 관계
4. 측정오차

Chapter 06

측정도구의 신뢰도와 타당도

학습목표

- 신뢰도의 검사방법과 신뢰도 향상 방안을 이해한다.
- 타당도의 검사방법과 타당도 향상 방안을 이해한다.
- 신뢰도와 타당도의 관계를 이해한다.
- 측정오차를 이해한다.

과학적 연구에서 가장 기본적인 것은 관심 대상이 되는 것을 얼마나 정확하게 측정할 수 있느냐는 것이다. 이러한 측정이 중요한 것은 과학적 연구에서 추상적인 개념을 측정 과정을 통해 구체적으로 설명할 수 있기 때문이다. 따라서 측정 과정에서 측정도구의 신뢰도와 타당도가 얼마나 높은지를 확인할 필요가 있다. 예를 들어 체중계라는 측정도구는 측정하려는 몸무게를 정확히 측정하는 타당도뿐간 아니라 동일한 연구대상자를 대상으로 측정 때마다 비슷한 결과를 얻는 신뢰도도 높아야 한다. 하지만 측정도구의 신뢰도가 높다고 하더라도 타당도를 확보한 것은 아니다. 여기서 똑같은 결과가 아니라 비슷한 결과를 얻어야 하는 이유는 측정 대상이 사람이기 때문이다. 사람은 항상 변하는 존재이므로 현재 만족하더라도 다음에도 동일한 수준으로 만족하지는 않기 때문이다. 이처럼 측정도구의 적합성을 검증하는 두 가지 기준은 신뢰도와 타당도이다. 이러한 신뢰도와 타당도의 개념은 존재의 개념이 아니라 정도의 개념이라는 점에 주의해야 한다. 따라서 "신뢰도나 타당도가 있다 혹은 없다."라는 표현보다는 "신뢰도나 타당도가 높다 혹은 낮다."라는 표현이 더 정확하다.

1. 신뢰도

1) 신뢰도의 개념

신뢰도(reliability)는 측정도구를 같은 조건에서 동일한 연구대상자에게 시간의 흐름에 따라 반복해서 적용했을 때 매번 비슷하거나 일관성 있는 측정 결과를 얻는 정도를 말한다. 즉, 신뢰도란 측정도구가 측정하려는 것을 얼마나 안정적으로 일관성 있게 측정할 수 있는 정도를 의미한다. 이러한 신뢰도는 측정 결과의 안정성, 일관성, 예측 가능성 등이 내포된 개념으로 측정의 비체계적 오차와 관련이 있다. 측정의 비체계적 오차는 무작위 오차라고도 하는데, 표본에 속한 연구대상자들의 응답 상황이나 자신의 상태에 따라 일관성 없이 응답할 때 발생한다. 따라서 측정의 비체계적 오차를 줄일수록 측정도구의 신뢰도는 높아진다.

예 아동양육시설 아동의 발달 상태를 조사하기 위해 체중계를 이용하여 몸무게를 측정할 때마다 항상 2.5kg이 높게 측정된다면, 측정도구인 체중계의 신뢰도는 높지만 타당도는 낮다고 볼 수 있다.

2) 신뢰도 검사방법의 종류

일반적으로 측정도구의 신뢰도를 검사하는 방법으로는 [그림 6-1]에서와 같이 검사-재검사법, 복수양식법, 내적 일관성법, 관찰자 간 신뢰도 등이 있다.

그림 6-1 신뢰도 검사방법의 종류

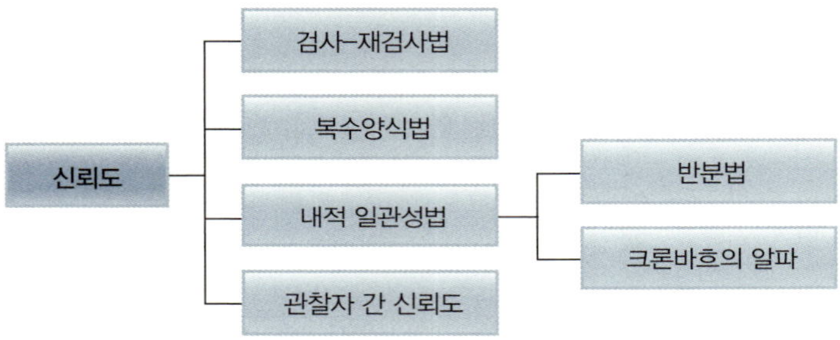

(1) 검사-재검사법

검사-재검사법(test-retest method)은 동일한 연구대상자들에게 동일한 측정도구를 일정한 시간 간격으로 두 번 시행한 측정값 간의 상관관계에 의하여 신뢰도를 측정하는 방법이다. 이때 두 측정값 간의 상관관계가 높으면, 측정도구의 신뢰도가 높다고 평가한다. 이 방법은 측정도구가 일정한 시간 간격을 두고 어느 정도의 안정성을 보이는가를 평가하는 것으로 측정 결과의 일관성을 나타내는 지표이다.

검사-재검사법의 장점은 적용이 매우 간편하다는 것과 측정도구 자체를 직접 비교할 수 있다는 것이다. 그러나 단점으로는 일정한 시간 간격을 두고 동일한 연구대상자들에게 두 번 측정한다는 것이 현실적으로 어렵다. 또한 반복 측정으로 인해 연구대상자의 검사 효과가 나타날 가능성이 있고, 시간 간격이 너무 길면 성숙 효과와 외부 사건과 같은 외생변수가 작용할 수 있다. 따라서 연구자는 검사-재검사법에 따른 신뢰도 계수를 제시할 때는 측정의 시간 간격을 언급해야 한다.

그림 6-2 검사-재검사법

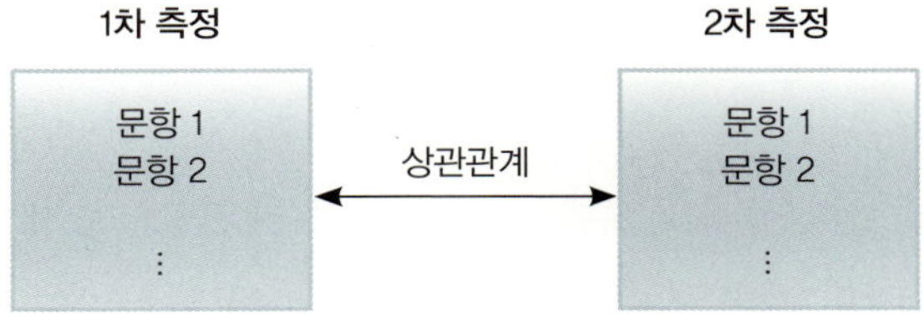

(2) 복수양식법

복수양식법(parallel form method)은 동일한 연구대상자들에게 문항의 표현은 다르지만, 같은 개념을 측정하는 유사한 두 가지 측정도구를 시행한 측정값 간의 상관관계를 비교하여 신뢰도를 검증하는 방법이다. 대안법이라고도 하는 복수양식법은 검사-재검사법에서 발생하는 검사 효과를 예방할 수 있고, 성숙 효과와 외부 사건과 같은 외생변수의 문제를 예방하는 데 유용하다. 하지만 같은 개념을 측정할 두 개의 측정도구가 필요할 뿐만 아니라 그들이 얼마만큼 유사한 것인지를 객관적으로 평가할 방법이 없다는 점에서 잘 사용하지 않는다.

그림 6-3 복수양식법

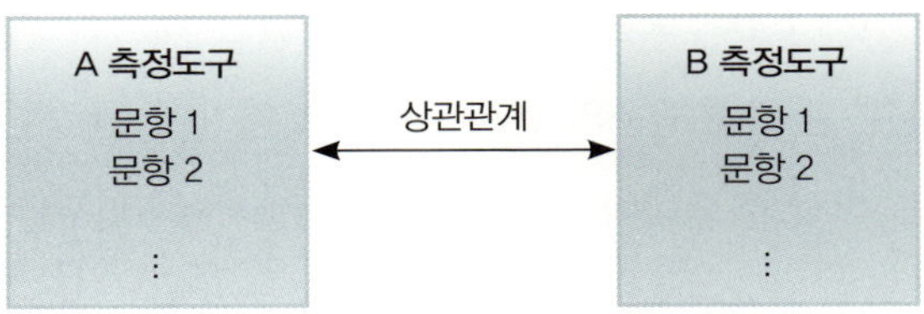

(3) 내적 일관성법

내적 일관성법(internal consistency method)은 어떤 개념을 측정하기 위해 다수의 문항으로 구성된 측정도구가 그것을 얼마나 잘 측정하는지를 나타내는 지표로 측정문항이 가질 수 있는 모든 조합의 상관관계를 비교하여 신뢰도를 평가하는 방법이다. 즉, 측정도구의 모든 문항이 동일한 개념을 측정하는 것이라면, 각 문항 간의 상관관계는 높으리라는 것이 원칙이다. 이런 원칙에 따라 각 문항 간의 상관관계가 높은 것부터 선택하거나 혹은 낮은 문항을 제외함으로써 측정도구의 신뢰도를 높이는 방법이다. 내적 일관성법은 가장 일반적인 신뢰도 평가방법으로 반분법과 크론바흐의 알파 등이 여기에 해당한다.

① 반분법

반분법(split-half method)은 다수의 문항으로 구성된 측정도구를 무작위로 절반을 나누어 각각 독립된 두 개의 측정도구로 보고, 동일한 연구대상자들이 응답한 후에 그 측정값 간의 상관관계를 비교하여 신뢰도를 검증하는 방법이다. 이처럼 두 값의 상관관계를 측정할 때 스피어만-브라운(Spearman-Brown) 공식을 활용하기도 한다. 예를 들어 학교 적응유연성 척도의 신뢰도를 측정하기 위해 22개의 질문 문항을 무작위로 각각 11개 문항을 추출한 다음 연구대상자들의 응답을 받는다. 각 집단에 속한 11개 응답의 평균값 간의 상관관계가 높을수록 학교 적응유연성 척도의 신뢰도는 높은 것으로 판단한다.

반분법 적용의 전제조건으로는 측정도구가 동일한 개념을 측정한다는 것이 증명되어야 하며, 양분된 측정도구의 문항 수는 그 자체가 완전한 측정도구가 되려면 적어도 여덟 개 이상은 되어야 한다는 것이다(채서일 · 김주영, 2016). 이처럼 반분법은 문항의 동질성을 의미하는 내적 일관성을 강조하는 방법으로 동시에 측정할 수 있으므로 검사-재검사법의 단점을 보완할 수 있다. 또한 서로 다른 측정 시점 때문에 파생되는 외생변수의 영향과 동일한 연구대상자들의 속성을 한 번만 측정함으로써 검사 효과를 배제할 수 있다(김진숙, 2011). 하지만 측정도구의 문항을 어떻게 절반으로 나누느냐에 따라 상관관계가 달라질 수 있다는 것과 각 문항의 신뢰도를 파악할 수 없다는 것, 즉 어떤 개별 문항이 측정도구의 신뢰도를 낮추는 문항인지를 정확히 확인할 수 없다는 것이 단점이다.

그림 6-4 반분법

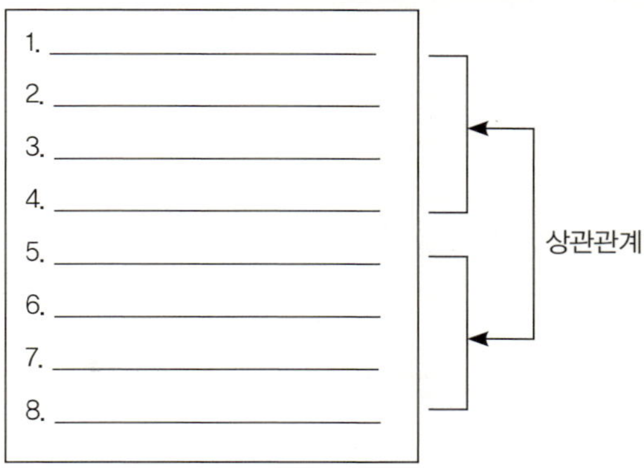

② 크론바흐의 알파

내적 일관성법을 이용한 신뢰도 추정방법 중에서 가장 일반적인 방법은 크론바흐의 알파(Cronbach's α)이다. 크론바흐의 알파는 반분법을 전체 문항으로 확대한 방법으로 각 문항 간의 모든 상관관계를 계산하고, 이를 평균한 값을 구하는 방법이다. 즉, 어떤 개념을 측정하는 전체 문항을 둘씩 짝을 짓고 각 짝 간의 상관관계를 구한 후에 이를 평균하는 방법으로 서로 다른 문항들이 얼마나 잘 보완하여 전체적으로 그 개념을 잘 측정하는지를 나타낸다. 크론바흐의 알파값은 0에서 1 사이의 값을 가지며, 전체 문항 간의 상관관계의 평균값이 높을수록 그리고 전체 문항 수가 많아질수록 1에 가까워지기 때문에 신뢰도가 높다고 인정된다. 일반적으로 Cronbach α는 .70 이상일 때 척도의 내적 일관성 신뢰도를 갖추었다고 판단한다(Hair et al., 2006). SPSS 통계 프로그램의 신뢰도 검사는 내적 일관성 신뢰도를 통해 크론바흐의 알파를 산출한다. 또한 각 문항과 전체 값과의 상관계수를 통해 신뢰도 계수(Cronbach's α)를 계산해 주므로 사전조사를 통해 신뢰도가 낮은 문항을 제외해 측정도구의 신뢰도를 어느 정도까지 높일 수 있다.

그림 6-5 크론바흐의 알파

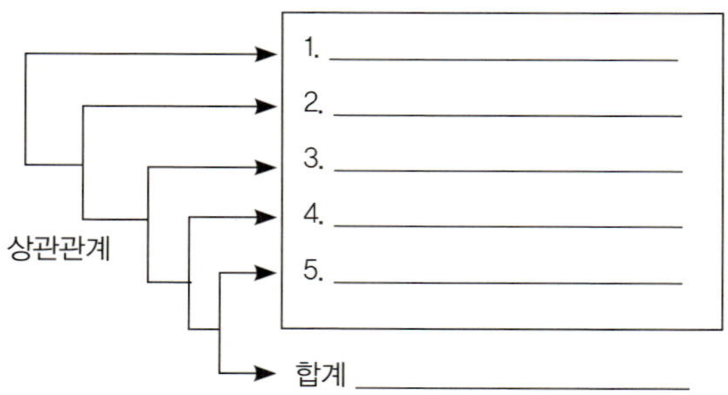

(4) 관찰자 간 신뢰도

측정도구의 신뢰도는 표준화된 측정도구를 사용하는 것이 일반적이지만, 관찰자가 연구대상자의 행동을 직접 관찰하는 것도 있다. 즉, 관찰자 간 신뢰도(inter-observer reliability)는 두 명 이상의 관찰자가 관찰 내용을 숙지한 후에 관찰하여 각 관찰자의 관찰 결과가 얼마나 유사한지 혹은 상관관계가 높은지를 알아보는 것이다. 따라서 관찰자 간 신뢰도가 높다는 것은 여러 관찰자가 부여한 점수들의 일치도가 높다는 것을 의미한다. 이처럼 관찰자 간 신뢰도는 두 명 이상의 관찰자가 독립적인 평정을 수행할 수 있거나, 설문지를 이용한 조사보다는 관찰 결과에 따른 측정의 신뢰도를 추정할 때 자주 사용된다(황성동, 2015).

3) 신뢰도 향상 방안

신뢰도는 측정의 비체계적 오차와 관련이 있으므로 비체계적 오차의 발생 가능성을 줄이는 것이 신뢰도를 높이는 방법이다. 즉, 측정의 비체계적 오차는 측정도구, 측정대상, 측정상황 등의 측면에서 모두 발생할 수 있다. 일반적으로 사용 가능한 측정도구의 신뢰도 향상 방안은 다음과 같다(이훈영, 2018; 채서일 · 김주영, 2016).

첫째, 측정도구의 문항 내용은 분명하고 명확해야 한다. 측정도구의 문항 내용이 모호하다면, 연구대상자는 그 의미를 정확히 이해하지 못한 채 임의로 해석할 수 있다. 즉, 모든 연구대상자가 측정도구의 문항 내용을 같은 의미로 해석할 수 있도록 명확하게 작성해야 하며, 추상적이거나 전문적인 용어는 사용해서는 안 된다.

둘째, 측정도구의 문항 수를 늘리고, 선택 범위도 넓혀야 한다. 일반적으로 측정도구의 문항 수가 많거나 선택 범위가 넓을수록 측정값의 평균치는 측정하려는 속성의 실제값에 더욱 가까워지기 때문에 신뢰도는 높아진다. 그러나 측정도구의 문항 수를 늘린다고 해서 신뢰도가 무조건 높아지는 것은 아니며, 문항들의 내적 일관성을 유지하는 것이 중요하다.

셋째, 자료수집 과정에서 연구자는 면접 방식과 태도에서 일관성이 있어야 한다. 즉, 자료수집 과정에서 연구자가 측정의 일관성을 유지하지 못하면, 연구대상자들은 같은 문항에 대해서도 서로 다른 반응을 보이는 비체계적 오차가 발생할 수 있다. 따라서 연구자는 면접원을 대상으로 자료수집 과정에 대한 사전교육을 철저하게 시행해야 한다.

넷째, 연구대상자가 관심이 없거나 알지 못하는 내용은 측정도구에 포함해서는 안 된다. 일반적으로 연구대상자는 관심이 없거나 잘 모르는 내용에 대해서 불성실하게 답변할 가능성이 크다. 따라서 연구대상자가 알고 있는 내용만 측정도구에 포함해야 신뢰도를 높일 수 있다.

다섯째, 측정도구에서 중요한 문항은 유사한 두 개의 문항으로 시행한다. 유사한 두 개의 문항을 배치하여 응답의 신뢰도를 파악한다면, 연구대상자가 일관성 있게 응답하는지를 확인할 수 있다.

여섯째, 신뢰도가 검증된 측정도구를 사용하거나 측정도구의 사전검사(pre-test)를 시행한다. 선행연구에서 신뢰도가 높다고 검증된 표준화된 측정도구를 이용하는 것이 바람직하며, 사전검사를 시행하는 것이 신뢰도를 높일 수 있다.

2. 타당도

1) 타당도의 개념

타당도(validity)란 측정하려는 개념이나 속성을 측정도구가 얼마나 정확하게 측정하였는가를 나타내는 지표이다. 즉, 타당도는 측정의 개념적 오류를 평가한 것으로 측정하려는 개념의 실제값과 측정값 간의 일치 정도를 의미한다. 예를 들어 우울을 측정하는 측정도구의 결과는 당연히 우울 수준이어야 한다. 하지만 우울이 아니라 다른 개념인 공격성을 측정하였다면, 그 측정값은 아무런 의미가 없다.

이처럼 타당도는 측정도구의 체계적 오차와 관련이 있다. 측정의 체계적 오차는 측정하려는 개념의 정확성과 밀접한 관련이 있는데, 측정이 정해진 기준이나 목표에 더 근접할수록 정확도는 높아진다. 따라서 측정도구를 사용하기 전에 타당도를 검증하는 과정은 필요하며, 측정의 체계적 오차를 줄일수록 측정도구의 타당도는 높아질 것이다.

2) 타당도의 종류

타당도의 종류는 학자마다 다르게 분류하고 있다. 여기서는 [그림 6-6]에서와 같이 가장 보편적으로 사용되는 내용타당도, 기준타당도, 구성타당도 등을 살펴보고자 한다.

그림 6-6 타당도의 종류

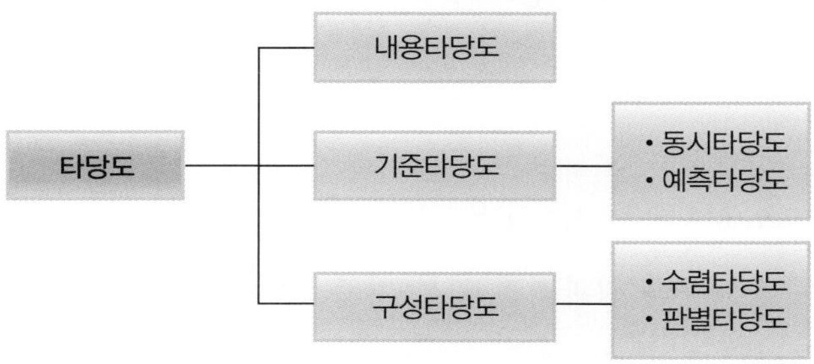

(1) 내용타당도

내용타당도(content validity)는 측정도구가 측정하려는 개념의 영역을 얼마나 포괄적으로 잘 대표하는 정도를 전문가가 주관적으로 판단하는 방법이다. 이처럼 내용타당도는 전문가의 주관적 판단에 근거하므로 객관적 자료를 사용하지도 않고 특정한 수치로 제시하지 않기 때문에 통계적 검증의 어려움이 있다. 예를 들어 사회복지조사론 시험에서 양적 연구와 관련된 문제만 출제되었다면, 이 시험은 내용타당도가 낮다고 볼 수 있다. 질적 연구를 포함한 사회복지조사론의 전반적인 내용을 포함한 시험 문항이어야 사회복지조사론의 실력을 측정하는 측정도구라고 할 수 있다. 다른 예로는 사회복지사 1급 국가시험 출제를 위해 대학교수들이 출제하고 현직 사회복지사들이 검토하여 부적절한 문제를 제외하는 절차를 거치는 과정도 결국 내용타당도를 높이기 위한 것이다.

내용타당도는 측정도구의 타당도를 쉽고 빠르게 확인할 수 있지만, 통계적 검증이 아니라 관련 분야 전문가의 주관적인 판단에 의존한다. 즉, 측정도구의 내용타당도는 측정하려는 속성과 문항 간의 상관관계를 파악할 수 없으므로 통계적 검증이 어렵다. 또한 전문가마다 의견의 차이가 있을 수 있으므로 내용타당도의 검증 결과는 달라질 수 있다는 것이 단점이다(배규한 · 이기재, 2015). 따라서 측정도구가 내용타당도를 갖추기 위해서는 기존의 문헌과 이론을 충분히 검토해 그 개념을 대표하는 내용으로 척도를 구성하여야 한다.

(2) 기준타당도

기준타당도(criterion validity)는 내용타당도보다 높은 수준의 타당도 검증방법으로 평가대상인 측정도구와 객관적인 외부 기준 간의 경험적으로 관련되는 정도를 의미한다. 즉, 타당도가 경험적으로 입증된 기존의 측정도구와 평가 대상인 측정도구로 측정한 결과 간의 상관관계가 높을 때 기준타당도가 확보되었다고 할 수 있다(최성재, 2005). 예를 들어 A사회복지관에서 사회복지사 공개채용 시험의 타당도를 평가하려는 계획을 세운 다음, 입사 시험성적과 그 사회복지사의 채용된 후 근무성적을 비교하여 타당도를 평가하는 것이다. 그러나 측정도구의 기준타당도를 평가하려면 객관적인 외부 기준의 설정이 어려울 뿐만 아니라 측정에 큰 비용이 소요되므로 현실적으로 적용하는 것이 어렵다(남궁근, 2017). 이러한 기준타당도의 종류는 측정도구의 외부 기준이 현재의 기준이 되는 동시타당도와 미래의 시점에 발생하는 기준인 예측타당도가 있다.

① 동시타당도

동시타당도(concurrent validity)는 평가 대상인 측정도구와 외부 기준인 검증된 측정도구를 동일한 연구대상자에게 동시에 시행한 결과 간의 상관관계를 분석하여 타당도를 확인한다. 이때 두 측정도구의 결과 간에 상관관계가 높으면 동시타당도를 확보할 수 있지만, 상관관계가 낮으면 동시타당도는 낮다고 할 수 있다. 예를 들어 최근에 개발된 불안척도를 사용하여 불안으로 치료 중인 집단과 일반인 집단의 불안 수준을 측정하였다. 측정 결과 치료집단의 평균이 일반인 집단의 평균보다 통계적으로 유의미하게 높아 불안척도는 두 집단을 잘 구별하였다면 동시타당도가 높은 것으로 평가할 수 있다. 이처럼 동시타당도는 기존의 측정도구를 사용하는 것이 불편하거나 시간이나 비용이 많이 들 때, 그 측정도구를 개선할 목적으로 사용한다. 이러한 동시타당도의 장점은 조사에서 사용된 측정도구의 타당도를 계량화하여 객관적인 정보를 제공할 수 있다는 것이다(배규한 · 이기재, 2015).

> 예 새로 개발된 주관적인 행복감 A 측정도구(10개 문항)의 측정 결과와 이미 타당도가 경험적으로 검증되어 사용되는 주관적인 행복감 B 측정도구(15개 문항)의 측정 결과를 비교하였다. 측정 결과 두 측정도구의 상관관계가 높은 것으로 나타났다면, 주관적인 행복감 A 측정도구는 동시타당도가 높다고 할 수 있다.

② 예측타당도

예측타당도(predictive validity)는 평가 대상인 측정도구의 측정 결과가 미래 시점의 기준을 얼마나 정확하게 예측하는가에 관한 내용이다. 예측타당도의 확인 방법은 먼저 연구대상자에게 평가 대상인 측정도구를 이용하여 조사를 시행한다. 다음으로 일정 기간이 지난 후에 평가 대상인 측정도구에서 측정했던 연구대상자의 행위를 측정한다. 마지막으로 처음의 측정값과 이후의 측정값 간의 상관관계를 통하여 추정한다(배규한 · 이기재, 2015). 그 결과로 평가 대상인 측정도구가 미래 시점에 발생하는 기준과 유의미한 상관관계가 있을 때 예측타당도는 높다고 할 수 있다. 이처럼 예측타당도는 상관관계로 추정할 수 있으므로 계량화되는 특징이 있다.

> 예 대학수학능력시험에서 높은 점수를 받은 고등학생이 대학 입학 2년 동안 높은 학점을 받았다면, 대학수학능력점수와 대학 입학 후의 학점 간에는 상관관계가 높은 것으로 볼 수 있다. 따라서 대학수학능력시험은 대학생들의 학점을 타당하게 예측하므로, 대학 입학의 평가기준으로 예측타당도가 높은 측정도구라고 평가할 수 있다.

(3) 구성타당도

구성타당도(construct validity)는 가장 높은 수준의 타당도 검증방법으로 연구자가 측정하려는 개념과 측정도구를 구성하는 문항 간의 밀접한 관련이 있는지의 정도를 나타낸다. 구성타당도는 개념타당도라고도 하는데, 측정하려는 개념이 검증된 기존의 이론적 틀 속에서 다른 개념들과 논리적으로 적절한 관련성이 있는 정도를 검증하는 방법이다. 이처럼 이론적 틀 속에서 잘 구성된 측정도구라면, 문항 간의 상관관계가 높을 뿐만 아니라 하위 문항과 전체 문항을 합산한 결과와의 상관관계도 높을 것이다.

구성타당도의 종류로는 수렴타당도와 판별타당도가 있다. 먼저 수렴타당도는 평가 대상인 측정도구와 이론적으로 관련 있는 개념을 측정하는 측정도구 간의 상관관계가 높을 때 확보된다. 반면에 판별타당도는 평가 대상인 측정도구와 이론적으로 관련 없는 개념을 측정하는 측정도구 간의 상관관계가 낮을 때 확보된다. 일반적으로 구성타당도는 요인분석을 통해 검증할 수 있다. 요인분석(factor analysis)이란 상관관계가 높은 문항들을 하나의 요인으로 묶는 통계방식으로 요인 간에는 어느 정도 상호 독립성을 유지하는 방법이다. 요인분석을 통해 문항들의 단일 차원성과 문항들이 하위척도로 존재하는 것을 확인하는 것은 수렴타당도이다. 또한 각 문항의 상대적 영향력을 비교하여 적절한 문항으로 묶이지 않는 문항은 해당 요인과는 관계가 없는 것으로 간주하여 제외하거나 수정하는 것은 판별타당도에 해당한다. 이러한 수렴타당도와 판별타당도는 서로 독립된 것이 아니라 보완적으로 상호작용하므로 이런 타당도들이 모두 높아야 구성타당도가 높다고 볼 수 있다(Rubin, 2008).

① 수렴타당도

수렴타당도(convergent validity)란 같거나 이론적으로 관련 있는 개념을 측정하기 위해 서로 다른 측정도구로 측정한 측정값 간의 상관관계가 높다는 것을 의미한다. 즉, 수렴타당도는 동일한 개념을 측정하는 서로 다른 측정도구를 사용하더라도 그 측정값들은 하나의 차원으로 수렴한다는 원리에 기초하고 있다(남궁근, 2017). 이 원리를 이용하여 측정값들이 일치할수록 측정도구의 수렴타당도는 높다고 할 수 있다.

예 사회복지관의 직원 선발 기준은 주관식 시험과 사회복지 관련 주제에 대한 집단토론 점수를 합산한 것이라고 하자. 이때 두 가지 측정도구의 측정값 간의 상관관계가 높게 나왔다면, 수렴타당도는 높다고 할 수 있다.

② 판별타당도

판별타당도(discriminant validity)란 이론적으로 관련 없는 개념을 측정하기 위해 서로 다른 측정도구로 측정한 측정값 간의 상관관계가 낮다는 것을 의미한다. 즉, 서로 다른 개념을 측정하는 각각의 측정도구로 측정한 측정값 간의 상관관계가 낮다면, 그 측정도구는 판별타당도가 높다고 할 수 있다.

예 충동성과 자존감은 이론적으로 서로 관련 없는 개념이다. 충동성과 자존감의 측정도구로 측정한 측정값 간의 상관관계가 낮다면, 판별타당도는 높다고 할 수 있다. 다른 예로 연구자는 새로 개발한 우울척도 A의 타당도를 확인하기 위하여 자아존중감 척도 B와의 상관계수를 산출한 결과, A와 B의 상관관계가 매우 낮은 것을 확인한 것은 판별타당도가 높다고 할 수 있다.

3. 신뢰도와 타당도의 관계

신뢰도는 타당도를 확보하기 위한 기본적인 전제 조건으로 신뢰도는 타당도의 필요조건이지만 충분조건은 아니다. 어떤 측정도구의 신뢰도가 높아도 타당도는 낮을 수 있음을 의미한다. 즉, 하나의 측정도구로 반복해서 측정하여 비슷한 결과를 얻을 수 있지만, 그 결과가 반드시 그 구성개념의 정의와 일치한다고 볼 수는 없다. 예를 들어 연구대상자들이 거짓말을 계속하면 결과는 거의 똑같아서 신뢰도는 높지만, 타당도는 낮을 수 있다. 또한 어떤 측정도구의 타당도가 높다면, 그 측정도구의 신뢰도는 높을 가능성이 크다. 그러나 어떤 측정도구의 신뢰도가 높다고 하더라도 반드시 타당도가 높은 것은 아니다. 이처럼 신뢰도와 타당도의 관계는 비대칭적 관계이므로 사용하는 측정도구로 의미 있는 결과를 얻으려면 타당도와 신뢰도 모두 높아야 한다.

[그림 6-7]은 신뢰도와 타당도의 관계를 설명한 것으로 점으로 표시된 것은 측정도구의 문항을 의미하고, 정중앙은 연구자가 측정하려는 측정내용을 의미한다. 타당도와 관련된 개념인 체계적 오차는 어떤 대상을 측정해도 항상 같은 크기와 방향으로 발생하는 오차를 말한다. 체계적 오차가 발생하는 이유는 측정도구나 측정방법의 타당도가 부족하기 때문이다. [그림 6-7]에서도 표적의 원점에 정확히 맞지 않는 총탄의 경우, 타당도가 부족한 측정도구로 볼 수 있다. 특등 사수라도 성능이나 상태가 나쁜 총을 사용한다면, 그 결과는 표적의 원점에서 멀리 벗어날 수밖에 없다.

그림 6-7 신뢰도와 타당도의 관계

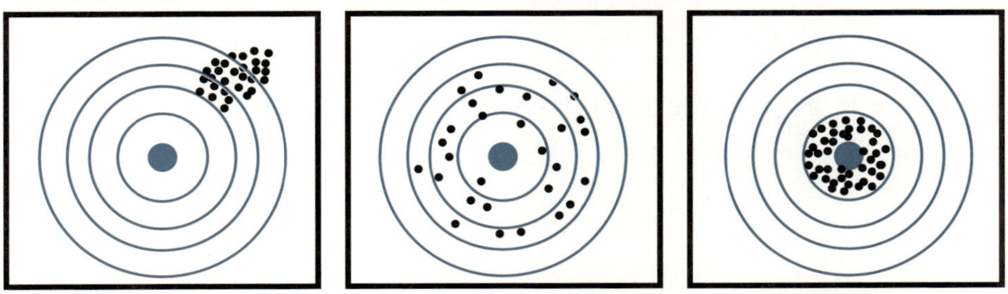

ⓐ 높은 신뢰도, 낮은 타당도 ⓑ 낮은 신뢰도, 낮은 타당도 ⓒ 높은 신뢰도, 높은 타당도

반면에 신뢰도와 관련된 개념인 비체계적 오차는 측정자의 상태나 감정의 변화, 능력 등의 차이에서 발생하는 무작위적 오차를 말한다. 즉, 측정도구와 관계없이 측정 상황에 따라 발생할 수 있는 오차이다. [그림 6-7]에서 사수의 능력과 관련하여 그를 얼마나 믿을 수 있는가, 즉 사수의 신뢰도와 관련된 내용이다. 특등 사수라면 여러 번 사격한 결과는 매우 비슷하게 나타날 것이다(이훈영, 2018). 여러 번 사격한 결과, 신뢰도가 높다는 것은 그 결과의 일관성이 있다는 것이므로 탄흔이 좁은 범위에 집중된 ⓐ와 ⓒ의 경우이다. 반면에 타당도가 높다는 것은 탄흔이 표적 중심부 주위에 모여 있는지의 정도로 평가할 수 있으므로 타당도가 높은 경우는 ⓒ이다.

이러한 신뢰도와 타당도의 관계는 서로 분리된 것이 아니라 연계되어 있는데, 신뢰도와 타당도의 관계를 살펴보면 다음과 같다(채서일 · 김주영, 2016). 첫째, 신뢰도와 타당도는 항상 정적(+) 관계를 갖는 것은 아니다. 즉, 측정도구의 신뢰도가 높다고 하더라도 타당도가 반드시 높은 것은 아니다. 그 이유는 비체계적 오차가 없더라도 체계적 오차는 있을 수 있기 때문이다. 둘째, 측정도구의 신뢰도가 낮으면, 타당도는 말할 수 없다. 즉, 신뢰도는 타당도의 기본적인 전제 조건이기 때문이다. 셋째, 타당도가 높은 측정도구는 일반적으로 신뢰도가 높은 경향이 있다. 넷째, 측정도구의 타당도가 낮더라도 신뢰도가 반드시 낮은 것은 아니다. 즉, 측정도구의 타당도가 낮더라도 신뢰도는 높은 때도 있다.

4. 측정오차

측정이란 연구대상의 속성에 측정도구를 적용하여 숫자를 부여한 것이다. 그러나 측정하려는 속성 또는 실제 값을 항상 정확하게 측정할 수 없으므로 측정오차가 발생한다. 측정오차(measurement error)는 측정오류라고도 하는데, 측정대상의 참값과 측정도구를 통해 측정한 결과인 측정값 간의 불일치 정도 또는 그 차이를 의미한다(김광웅, 1989). 즉, 측정오차란 관찰할 수 없는 개념과 관찰할 수 있는 변수 간의 차이를 의미한다. 이러한 측정오차는 연구의 타당도를 낮추기 때문에 측정의 다각화를 통해 측정오차를 줄여 객관성을 높여야 한다. 과학적 연구는 검증 과정에서 개념을 변수로 바꿔야 하므로 측정자, 측정대상, 측정상황, 측정방법, 측정도구 등에 의해 측정오차가 항상 발생한다. 따라서 과학적 연구의 수행에서 중요한 과제는 측정오차를 줄이는 것이다. 이러한 측정오차는 크게 측정 과정에서 발생하는 체계적 오차와 비체계적 오차로 구분할 수 있다.

1) 체계적 오차

체계적 오차(systematic error)는 측정 과정에서 조사 체계의 문제로 인해 측정대상에 영향을 미침으로써 그 오차가 항상 일정한 방향으로 나타난다. 즉, 체계적 오차는 자료수집방법이나 과정에서 발생하는 어떤 유형화된 오차로 항상 일정하게 또는 한쪽으로 편향(bias)되어 나타나 측정 결과가 실제값보다 모두 높아지거나 모두 낮아지는 경향을 보인다(채서일 · 김주영, 2016). 이러한 체계적 오차는 타당도와 관련이 있는데, 체계적 오차가 작다면 그 측정도구의 타당도는 높다고 볼 수 있다. 따라서 체계적 오차를 줄이기 위해서 연구자는 개념화와 조작화 과정을 통해 타당도가 검증된 표준화된 측정도구를 사용하여야 한다. 일반적으로 발생하는 체계적 오차의 유형은 다음과 같다.

① 인구사회학적 · 사회경제적 특성으로 인한 오차

성별, 학력, 소득, 종교, 직업 등과 같이 인구사회학적 또는 사회경제적 특성으로 인해 일정 방향으로 오차가 나타나는 경향을 말한다.

② 측정하려는 개념이 태도인지 행동인지 모호함으로 인한 오차

태도를 측정하면서 실제로는 행동을 예측한다거나, 행동을 측정하면서 태도를 예측할 때 체계적 오차가 발생할 수 있다. 예를 들어 자원봉사에 참여할 의사가 있는지를 묻는 것은 자원봉사에 대한 태도를 묻는 것이지만, 실제 자원봉사에 참여하는지를 관찰한다면 행동을 조사하는 것이다.

③ 편향에 따른 오차

자료수집 과정에서 편향(bias)이 개입될 때 다음과 같은 체계적 오차가 발생할 수 있다(황성동, 2015).

첫째, 고정반응(response set)은 설문지에서 일정한 유형의 질문 문항들이 계속될 때, 응답자는 극단적인 값이 아니라 중간값을 선택하는 경향을 말한다. 또한 앞의 질문 문항들에 응답한 값을 다음 문항에서도 계속해서 동일한 응답을 하는 경우이다. 이처럼 응답자가 고정반응을 보이는 이유는 각 질문 문항을 깊게 생각하지 않거나, 내용에 상관없이 진술 대부분이나 전부에 동의 혹은 동의하지 않는 태도 때문이다.

둘째, 사회적 바람직성의 편향(social desirability bias)은 응답자가 연구자의 의도나 사회의 가치 기준에 부합하는 것에 응답하려는 경향을 말한다. 예를 들어, '귀하는 소득에 비해 과도하게 신용카드를 사용하고 계십니까?'라는 질문이다. 이 질문은 익명의 연구임에도 불구하고, 자기 보고식 설문에 응답할 때 응답자는 자신이 사회적으로 바람직한 사람으로 보이기 위해서 솔직한 생각이나 속마음보다는 사회적으로 인정받을 수 있는 방향으로 응답할 가능성이 크다.

셋째, 문화적 차이의 편향(cultural gap bias)은 측정 과정에서 문화적 차이가 개입하여 발생하는 체계적 오차를 말한다. 예를 들어 미국에서 개발된 측정도구를 한국에서 번역하여 그대로 사용하거나, 성인에 대한 우울증 측정도구를 청소년들에게 그대로 적용할 때 명백한 오류가 발생할 것이다.

2) 비체계적 오차

비체계적 오차(random error)는 측정자, 측정대상자, 측정 상황, 측정도구 등에 일관성 없이 영향을 미치는 오차로 무작위 오차라고도 부른다. 즉, 비체계적 오차는 오차가 발생하는 과정에서 일정한 유형이 존재하지 않는 경우로 조사체계와는 상관없이 우연히 발생하는 오차이다. 비체계적 오차는 측정의 신뢰도와 관련이 있으며, 측정 과정에서 우연히, 일시적인 사정 때문에 일관성 없이 발생한다. 일반적으로 비체계적 오차는 다음과 같은 원인으로 발생할 수 있다.

첫째, 측정 시점에서 연구자의 건강, 기분, 관심사 등과 같은 신체적 · 정신적 상태가 변화해 측정 결과를 왜곡할 수 있다.

둘째, 측정 시점에서 연구대상자의 기분, 기억, 피로도, 건강상태 등과 같은 신체적 · 정신적 상태가 변화해 측정 결과를 왜곡할 수 있다.

셋째, 측정 상황이나 환경이 매우 산만하거나 조용한 것, 측정 시간, 조명 등과 같이 측정이 이루어지는 환경적 요인에 영향을 받아 측정 결과를 왜곡할 수 있다.

넷째, 연구대상자가 측정도구에 여러 번 노출되어 익숙해지는 것과 같이 측정 도구와 연구대상자 간의 상호작용에 따라 측정 결과가 영향을 받을 수 있다.

다섯째, 연구자와 연구대상자 간의 상호작용으로 측정 결과가 영향을 받을 수 있다. 즉, 연구자의 신분이나 친절한 정도와 같은 요소가 연구대상자의 응답에 영향을 주어 측정 결과를 왜곡할 수 있다.

여섯째, 측정 자료의 분류와 처리 과정에서 오차가 발생해 측정 결과를 왜곡할 수 있다.

핵심정리

1. 신뢰도(reliability)

- 측정도구가 측정하고자 하는 현상을 얼마나 안정적이고 일관성 있게 측정하는가에 대한 정도
- 측정된 결과의 안정성, 일관성, 예측 가능성 등이 내포된 개념으로 비체계적 오차와 관련

2. 신뢰도 평가방법

<table>
<tr><td colspan="2">검사-재검사법</td><td>• 같은 측정도구로 같은 대상에게 일정한 간격을 두고 반복 측정하여 그 측정값들을 서로 비교하는 것
• 장점은 간편하고 측정도구 자체를 직접 비교 가능한 것
• 단점은 외생변수 등의 영향으로 대상의 속성이 변화될 가능성, 검사효과</td></tr>
<tr><td colspan="2">복수양식법</td><td>• 서로 비슷한 두 개의 측정도구 간의 상관관계를 조사하여 상관관계가 높으면 신뢰도가 높음을 의미하며 대안법이라고도 함
• 장점은 검사-재검사법의 검사효과와 외생변수의 문제를 예방할 수 있음
• 단점은 두 개의 동등한 측정도구를 개발하는 것이 어려움</td></tr>
<tr><td rowspan="2">내적
일관성법</td><td>반분법</td><td>• 척도의 문항수를 두 개(10개를 5개씩)로 나누어 동일 대상자에게 동시에 측정한 후 측정값 간의 상관관계를 비교하는 것
• 장점은 검사-재검사법 보완, 외생변수 영향 배제, 주시험효과의 배제
• 단점은 반으로 나눈 각 측정문항을 완전히 동등하게 만드는 어려움이 있음</td></tr>
<tr><td>크론바흐의
알파</td><td>• 반분법을 전체 문항으로 확대한 방법으로 각 문항 간의 모든 상관관계를 계산하여 평균값을 구하여 신뢰도 측정
• 단일한 신뢰도 계수를 산출할 수 있고, 신뢰도를 저해하는 문항을 제거하면 신뢰도는 향상되며, 문항의 수가 증가할수록 신뢰도 계수는 증가</td></tr>
</table>

관찰자 간 신뢰도	• 두 명 이상의 관찰자가 동일한 내용을 측정할 경우 그 결과가 동일하거나 유사하게 나왔거나 각 결과의 상관관계가 매우 높을 때 신뢰도가 확보

3. 신뢰도 향상 방안

- 측정도구의 문항 내용은 분명하고 명확해야 함
- 측정도구의 문항 수를 늘리고, 선택 범위도 넓혀야 함
- 자료수집 과정에서 연구자는 면접 방식과 태도에서 일관성 유지
- 연구대상자가 관심이 없거나 알지 못하는 내용은 포함해서는 안 됨
- 측정도구에서 중요한 문항은 유사한 두 개의 문항으로 시행
- 신뢰도가 검증된 측정도구를 사용하거나 사전검사 시행

4. 타당도(validity)

- 측정하려는 개념이나 속성을 측정도구가 얼마나 정확하게 측정하였는가를 나타내는 지표
- 측정의 정확성과 관련된 개념으로 측정도구의 체계적 오차와 관련

5. 타당도의 종류

<table>
<tr><td>내용타당도</td><td colspan="2">• 측정도구가 측정하려는 개념의 영역을 얼마나 포괄적으로 잘 대표하는 정도를 전문가가 주관적으로 판단하는 방법
예) 사회복지사 1급 출제를 위해 대학교수들이 출제하고 현직 사회복지사들이 검토하여 부적절한 문제를 제외하는 절차를 거치는 과정</td></tr>
<tr><td rowspan="3">기준타당도</td><td colspan="2">• 공인된 기존의 측정도구와 평가 대상인 측정도구로 측정한 결과 간의 상관관계가 높을 때 기준타당도가 확보됨</td></tr>
<tr><td>동시타당도</td><td>• 평가 대상인 측정도구와 외부 기준인 검증된 측정도구를 동일한 연구대상자에게 시행한 결과 간의 상관관계를 분석하여 확인</td></tr>
<tr><td>예측타당도</td><td>• 평가 대상인 측정도구의 결과가 미래 시점의 기준을 얼마나 정확하게 예측하는지에 따라 측정도구의 타당도를 평가하는 방법</td></tr>
</table>

구성타당도	• 가장 높은 수준의 타당도 검증방법으로 측정하려는 개념이 전반적인 이론적 틀 속에서 다른 개념들과 논리적으로 적절한 관련성이 있는 정도를 검증하는 방법으로, 요인분석을 통해 검증할 수 있음	
	수렴타당도	• 같거나 이론적으로 관련 있는 개념을 측정하기 위해 서로 다른 측정도구로 측정한 측정값 간의 상관관계가 높다는 것을 의미
	판별타당도	• 이론적으로 관련 없는 개념을 측정하기 위해 서로 다른 측정도구로 측정한 측정값 간의 상관관계가 낮다는 것을 의미

6. 신뢰도와 타당도의 관계

- 신뢰도와 타당도는 항상 정적(+) 관계를 갖는 것은 아니다.
- 신뢰도가 낮으면 타당도는 말할 수 없다. 즉, 신뢰도는 타당도의 기본적인 전제 조건이다.
- 타당도가 높다면 일반적으로 신뢰도가 높다고 볼 수 있다.
- 신뢰도가 낮으면 항상 타당도도 낮지만, 반드시 그 역이 성립하는 것은 아니다.

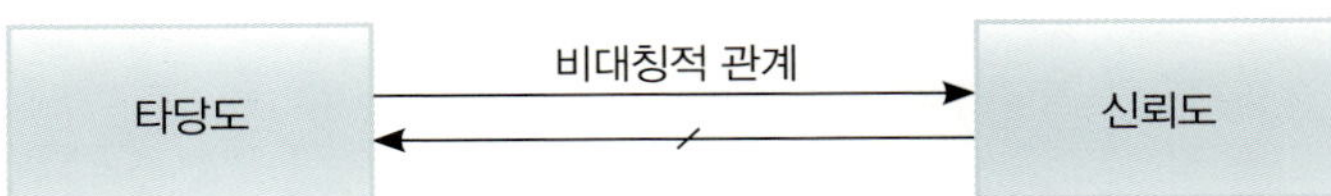

7. 측정오차

- 측정오차는 측정대상의 참값과 측정도구를 통해 측정한 결과인 측정값 간의 불일치 정도 또는 그 차이를 의미
- 체계적 오차와 비체계적 오차로 구분

체계적 오차	• 측정 과정에서 조사체계의 문제로 인해 측정대상에 영향을 미침으로써 그 오차가 항상 일정한 방향으로 나타나는 오차 • 타당도와 관련이 있음 • 인구사회학적 · 사회경제적 특성으로 인한 오차, 측정하려는 개념이 태도인지 행동인지 모호함으로 인한 오차, 편향에 따른 오차(고정반응, 사회적 바람직성, 문화적 차이의 편향) 등이 있음

비체계적 오차	• 일관성 없이 영향을 미치는 오차로 무작위 오차라고도 함 • 측정자로 인한 오차, 측정대상자로 인한 오차, 측정상황으로 인한 오차, 측정도구로 인한 오차, 연구자와 연구대상자 간의 상호작용으로 인한 오차, 측정 자료의 분류와 처리 과정에서의 오차 등이 있음

사회복지사 1급자격시험 기출문제

01 측정의 오류에 관한 설명으로 옳지 않은 것은?

① 연구자의 의도가 포함된 질문은 체계적 오류를 발생시킨다.
② 사회적으로 바람직한 응답은 체계적 오류를 발생시킨다.
③ 측정의 오류는 연구의 타당도를 낮춘다.
④ 타당도가 낮은 척도의 사용은 무작위 오류를 발생시킨다.
⑤ 측정의 다각화는 측정의 오류를 줄여 객관성을 높인다.

02 타당도에 관한 설명으로 옳은 것을 모두 고른 것은?

> ㄱ. 특정 개념에 포함되어 있는 의미를 포괄하는 정도는 내용타당도(content validity)이다.
> ㄴ. 개발된 측정도구의 측정값을 현재 사용되고 있는 측정도구와 비교하는 것은 동시타당도(concurrent validity)이다.
> ㄷ. 예측타당도(predict validity)의 하위타당도는 기준관련타당도(criterion-related validity)와 동시타당도이다.
> ㄹ. 측정하려는 개념이 포함된 이론체계 안에서 다른 변수와 관련된 방식에 기초한 타당도는 구성타당도(construct validity)이다.

① ㄱ, ㄴ ② ㄴ, ㄷ
③ ㄷ, ㄹ ④ ㄱ, ㄴ, ㄹ
⑤ ㄱ, ㄴ, ㄷ, ㄹ

03 신뢰도를 측정하는 방법으로 옳지 않은 것은?

① 동일한 상황에서 동일한 측정도구로 동일한 대상을 다시 측정하는 방법
② 측정도구를 반으로 나누어 두 개의 독립된 척도로 구성한 후 동일한 대상을 측정하는 방법
③ 상관관계가 높은 문항들을 범주화하여 하위요인을 구성하는 방법
④ 동질성이 있는 두 개의 측정도구를 동일한 대상에게 측정하는 방법
⑤ 전체 척도와 척도의 개별항목이 얼마나 상호연관성이 있는지 분석하는 방법

04 척도의 타당도를 평가하는 기준이 아닌 것은?

① 하나의 개념을 측정하는 개별 항목 간의 일관성
② 이론적으로 관련성이 없는 두 개념을 측정한 두 척도 간의 상관관계
③ 어떤 척도와 기준이 되는 척도 간의 상관관계
④ 개념 안에 포함된 포괄적인 의미를 척도가 포함하는 정도
⑤ 개별 항목들이 연구자가 의도한 개념을 구성하는 요인으로 모이는 정도

05 신뢰도를 높이는 방법에 관한 설명으로 옳은 것은?

① 측정 항목 수를 가능한 한 줄여야 한다.
② 유사한 질문을 2회 이상 하지 않는다.
③ 측정자에게 측정도구에 대한 교육을 사후에 실시한다.
④ 측정자들이 측정방식을 대상자에 맞게 유연하게 바꾸어야 한다.
⑤ 조사대상자가 알지 못하는 내용에 대해서는 측정하지 않는 것이 좋다.

06 신뢰도에 관한 설명으로 옳은 것을 모두 고른 것은?

ㄱ. 재검사법, 반분법은 신뢰도를 평가하는 방법이다. ㄴ. 신뢰도는 타당도의 필요충분조건이다. ㄷ. 측정할 때마다 실제보다 5g 더 높게 측정되는 저울은 신뢰도가 있다.

① ㄱ ② ㄴ
③ ㄱ, ㄴ ④ ㄱ, ㄷ
⑤ ㄱ, ㄴ, ㄷ

07 다음 사례에서 측정하고자 하는 타당도로 옳은 것은?

연구자는 새로 개발한 우울척도 A의 타당도를 확인하기 위하여 자아존중감 척도 B와의 상관계수를 산출하였다. 그 결과 A와 B의 상관관계가 매우 낮은 것을 확인하였다.

① 동시타당도(concurrent validity)
② 판별타당도(discriminant validity)
③ 내용타당도(content validity)
④ 수렴타당도(convergent validity)
⑤ 예측타당도(predictive validity)

08 신뢰도를 측정하는 방법으로 옳은 것을 모두 고른 것은?

ㄱ. 재검사법	ㄴ. 대안법
ㄷ. 반분법	ㄹ. 내적일관성분석법

① ㄴ ② ㄱ, ㄷ
③ ㄴ, ㄹ ④ ㄱ, ㄷ, ㄹ
⑤ ㄱ, ㄴ, ㄷ, ㄹ

09 측정의 신뢰도와 타당도에 관한 설명으로 옳은 것은?

① 신뢰도는 일관성으로 표현될 수 있는 개념이다.
② 측정도구의 문항 수가 적을수록 신뢰도는 높아진다.
③ 검사-재검사 방법은 타당도를 측정하는 방법이다.
④ 편향(bias)은 측정의 비체계적 오류와 관련된다.
⑤ 측정도구의 신뢰도가 높아지면 타당도도 높아진다.

10 다음에서 설명하고 있는 타당도는?

측정되는 개념이 속한 이론 체계 내에서 다른 개념들과 논리적으로 어느 정도 관련성을 갖고 있는 지를 경험적으로 검증하는 가장 수준이 높은 타당도

① 액면타당도(face validity)
② 기준타당도(criterion validity)
③ 동시타당도(concurrent validity)
④ 구성타당도(construct validity)
⑤ 예측타당도(predictive validity)

11 측정 시 나타날 수 있는 체계적 오류에 관한 설명으로 옳지 않은 것은?

① 코딩 왜곡은 체계적 오류를 발생시킨다.
② 익명의 응답은 체계적 오류를 최소화한다.
③ 편견 없는 단어는 체계적 오류를 최소화한다.
④ 척도구성 과정의 실수는 체계적 오류를 발생시킨다.
⑤ 비관여적 관찰은 체계적 오류를 최소화한다.

12 측정도구의 신뢰도에 관한 설명으로 옳은 것은?

① 일관성 또는 안정성으로 표현될 수 있는 개념이다.
② 측정도구가 의도하는 개념의 실질적 의미를 반영하는 정도와 관련이 있다.
③ 검사-재검사 신뢰도는 가장 널리 사용되는 신뢰도 유형이다.
④ 사회적 바람직성 편향은 신뢰도를 낮추는 주요 요인이다.
⑤ 특정 개념을 측정하는 문항수가 많을수록 신뢰도는 낮아진다.

13 다음에서 설명하는 타당도 유형은?

최근에 개발된 불안척도를 사용하여 불안으로 치료중인 집단과 일반인 집단의 불안수준을 측정하였다. 측정 결과 치료지반의 평균이 일반인 집단의 평균보다 통계적으로 유의미하게 높아 불안척도는 두 집단을 잘 구별하였다.

① 액면(face)타당도 ② 내용(content)타당도

③ 기준(criterion)타당도　④ 이해(nomological)타당도
⑤ 수렴(convergent)타당도

14 신뢰도와 타당도에 관한 설명으로 옳은 것은?
① 측정할 때마다 항상 30분 빠르게 측정되는 시계는 신뢰도가 높은 것이다.
② 측정도구의 신뢰도가 높으면 타당도도 높아진다.
③ 측정도구를 동일 응답자에게 반복 적용했을 때 일관된 결과가 나오면 타당도가 높은 것이다.
④ 동일한 변수를 측정할 때 신뢰도를 높이기 위해서는 관련 문항 수를 줄인다.
⑤ 타당도를 검사하기 위해 복수양식법을 활용한다.

15 측정 항목들이 적절한 내용을 담고 있는가에 대해 이론에 비추어 경험적으로 검증해 보는 것과 관련된 것을 모두 고른 것은?

ㄱ. 체계적 오류	ㄴ. 무작위적 오류
ㄷ. 신뢰도	ㄹ. 타당도
ㅁ. 이분절(split-half)기법	ㅂ. 구성타당도

① ㄱ, ㄹ　② ㄱ, ㄷ, ㅁ
③ ㄱ, ㄹ, ㅂ　④ ㄴ, ㄷ, ㅁ
⑤ ㄱ, ㄹ, ㅁ, ㅂ

16 A시설 어린이들의 발달 상태를 조사하기 위해 체중계를 이용하여 몸무게를 측정했는데 항상 2.5kg이 더 무겁게 측정되었다. 이 측정에 관한 설명으로 옳은 것은?
① 타당도는 높지만 신뢰도는 낮다.
② 신뢰도는 높지만 타당도는 낮다.
③ 신뢰도도 높고 타당도도 높다.
④ 신뢰도도 낮고 타당도도 낮다.
⑤ 신뢰도나 타당도를 평가할 수 없다.

17 다음에서 사용한 타당도는?

> 새로 개발된 주관적인 행복감 측정도구를 사용하여 측정한 결과와 이미 검증되고 널리 사용되고 있는 주관적인 행복감 측정도구의 결과를 비교하여 타당도를 확인한다.

① 내용(content)타당도
② 동시(concurrent)타당도
③ 예측(predictive)타당도
④ 요인(factor)타당도
⑤ 판별(discriminant)타당도

18 측정의 오류에 관한 설명으로 옳은 것은?
① 편향에 의해 체계적 오류가 발생한다.
② 무작위 오류는 측정의 타당도를 저해한다.
③ 체계적 오류는 측정의 신뢰도를 저해한다.
④ 표준화된 측정도구를 사용하더라도 체계적 오류를 줄일 수 없다.
⑤ 측정자, 측정 대상자 등에 일관성이 없어 생기는 오류를 체계적 오류라 한다.

19 측정의 무작위 오류(random error)에 관한 설명으로 옳은 것은?
① 응답자가 자신에 대한 이미지를 좋게 만들기 위해 응답할 때 발생한다.
② 타당도를 낮추는 주요 원인이다.
③ 설문문항이 지나치게 많을 경우 발생하기 쉽다.
④ 연구자가 응답자에게 유도성 질문을 할 때 발생한다.
⑤ 일정한 양태와 일관성을 갖는 오류이다.

20 다음 사례에 기술된 '표준화된 척도'의 타당도 평가방법은?

> 사회복지사가 클라이언트 100명의 약물남용 정도를 두 가지 방법으로 측정하였다. 첫째, 약물남용으로 인해 상담이나 치료를 받은 경험이 있는지를 질문하였고, 둘째, 표준화된 척도로 약물남용 정도를 측정하였다. 측정 결과, 상담이나 치료 경험이 있는 집단의 척도 평균 점수가 그렇지 않은 집단의 점수보다 통계적으로 유의미하게 높았다. (단, 척도의 점수가 높을수록 약물남용 정도가 심하다고 해석한다.)

① 기준타당도　② 수렴타당도
③ 판별타당도　④ 개념구성(construct)타당도
⑤ 액면타당도

21 내적 일관성 신뢰도에 관한 설명으로 옳지 않은 것은?
① 반분법은 내적 일관성 신뢰도를 평가하는 방법이다.
② 척도 내 문항 간 상관관계를 분석하여 평가한다.
③ 가장 일반적인 신뢰도 평가방법이다.
④ 크론바 알파(Cronbach's alpha)를 사용하여 나타낼 수 있다.
⑤ 동등한 것으로 추정되는 2개의 측정도구를 사용하여 평가하는 방법이 최근 추세이다.

22 총 20문항의 척도를 10문항씩 두 조합으로 나눈 후, 평균점수 간 상관관계를 보고 측정의 일관성을 확인하였다. 이에 관한 설명으로 옳지 않은 것은?
① 신뢰도 측정방법 중 하나다.
② 일관성 확인을 위해 두 번 조사해야 하는 불편함이 없다.
③ 20문항이 동일 개념을 측정해야 적용할 수 있다.
④ 문항을 어떻게 두 조합으로 나누는지에 따라 상관관계가 달라진다.
⑤ 상관관계가 낮을 경우 어떤 문항을 제거할지 알 수 있다.

23 내적 일관성 방법에 근거하여 신회도를 측정하는 방법으로 옳은 것을 모두 고른 것은?

ㄱ. 검사-재검사법	ㄴ. 조사자 간 신뢰도
ㄷ. 알파계수	ㄹ. 대안법

① ㄱ ② ㄷ
③ ㄴ, ㄷ ④ ㄱ, ㄷ, ㄹ
⑤ ㄴ, ㄷ, ㄹ

24 신뢰도와 타당도에 관한 설명으로 옳은 것은?
① 타당도가 있다면 어느 정도 신뢰가 있다고 볼 수 있다.
② 신뢰도가 높을 경우 타당도도 높다고 할 수 있다.
③ 요인분석법은 신뢰도를 측정하는 방법이다.
④ 신뢰도는 측정하려고 의도된 개념을 얼마나 정확하게 측정하는가를 나타내는 것이다.
⑤ 주어진 척도가 측정하고자 하는 내용을 담고 있다고 일련의 전문가가 판단할 때 판별타당도가 있다고 한다.

정답 01 ④ 02 ④ 03 ③ 04 ① 05 ⑤ 06 ④ 07 ② 08 ⑤ 09 ① 10 ④ 11 ① 12 ① 13 ③ 14 ① 15 ③ 16 ② 17 ② 18 ① 19 ③ 20 ① 21 ⑤ 22 ⑤ 23 ② 24 ①

CHAPTER 07

인과관계 추론과 연구설계

1. 인과관계의 조건
2. 실험설계의 특징
3. 실험설계의 타당도
4. 실험설계의 타당도 향상 방안
5. 실험설계의 유형

Chapter 07

인과관계 추론과 연구설계

학습목표

– 인과관계 추론의 조건을 이해한다.
– 실험설계의 특징을 이해한다.
– 실험설계의 내적 타당도 저해요인과 이에 대한 통제방법을 이해한다.
– 실험설계의 외적 타당도 저해요인을 이해한다.
– 실험설계의 유형을 이해한다.

1. 인과관계의 조건

인과관계는 한 개념이 원인이 되고 다른 개념은 결과가 되는 비대칭적 관계를 말한다. 이처럼 원인과 결과 간의 인과관계를 추론하기 위해서는 다음과 같은 기본적인 세 가지 조건을 충족하여야 한다(김영종, 2007). 즉, 공변성, 시간적 우선성, 외생변수의 통제 등의 조건들이 충족되지 않으면 가식적 관계가 존재할 수 있다. 따라서 인과관계 추론의 모든 조건이 충족되지 않으면, 인과관계인지 혹은 관계가 없지만, 관계가 있는 것처럼 보이는 것인지 파악하기가 어렵다. 일반적으로 사회과학의 인과관계는 결정론적이 아니라 확률적으로 표현된다. 사회과학 연구가 개방체계에서 진행되며, 독립변수와 종속변수 모두에 영향을 미칠 수 있는 외생변수가 존재하기 때문이다. 이처럼 다양한 외생변수들의 영향을 통제할 수 없어서 인과관계는 확률적으로 표현할 수밖에 없다. 이러한 인과관계 추론의 세 가진 조건을 살펴보면 다음과 같다.

1) 공변성

공변성(covariation)은 원인으로 추정되는 변수와 결과로 추정되는 변수가 동시에 존재하며, 두 변수는 상호 연관성을 가지고 함께 변하는 것을 말한다. 즉, 두 변수 간의 공변성을 확인하려면 한 변수가 변할 때 다른 변수의 변화도 관찰되어야 한다. 그러나 한 변수가 변할 때 다른 변수도 변하는 공변성만으로는 두 변수 간의 인과관계를 입증할 수 없다. 따라서 이 조건은 원인의 변화와 결과의 변화는 서로 같이 변화하거나 혹은 상관관계가 있다는 것을 의미하므로 인과관계가 성립되기 위한 필요조건이지 충분조건은 아니다.

2) 시간적 우선성

시간적 우선성(temporal precedence)은 원인으로 추정되는 변수가 결과로 추정되는 변수보다 시간상으로 먼저 발생하거나 변화하여야 한다는 것이다. 하나의 현상이 다른 현상의 원인이 된다면, 원인이 되는 현상이 먼저 발생하고 그 결과에 해당하는 다른 현상은 그다음에 발생해야 한다는 것이다. 즉, 두 변수가 차례로 변화가 발생하여야 한다는 것이다. 그러므로 어떤 변수가 시간상으로 먼저 변화한 후, 다른 변수가 변한다는 시간적 우선성을 확인하여야 한다. 그러나 단순히 두 현상 간의 시간적 우선성만으로 인과관계가 있다고 판단할 수는 없다.

3) 외생변수의 통제

외생변수의 통제란 두 변수 간의 공변성 관계가 제3의 변수인 외생변수에 의해 유발되는지를 확인하고, 이를 통제하는 것으로 비허위성(non-spurious)이라고도 한다. 즉, 인과관계를 확인하기 위해서는 종속변수에 영향을 미칠 수 있는 외생변수의 영향을 통제한 상태에서 독립변수와 종속변수 간의 공변성과 시간적 우선성을 확인할 수 있어야 한다. 이처럼 종속변수의 변화가 외생변수 때문이 아니라 독립변수의 영향으로 이루어졌다는 것을 확인하는 것은 내적 타당도를 확보하는 일이다. 만약 인과관계에 영향을 미치는 독립변수 이외의 외생변수가 존재한다면, 원인과 결과의 관계를 허위관계(spurious relationship) 혹은 가식적 관계라고 부른다. 즉, 허위관계란 제3의 변수인 외생변수가 존재할 때 연구자가 주장하는 원인과 결과의 인과관계는 더는 사실이 아니라는 것을 의미한다.

2. 실험설계의 특징

1) 실험설계의 개념

실험설계(experimental design)란 사회현상 중에서 연구목적에 필요한 변수 간의 인과관계를 관찰하여 분석하는 방법이다. 즉, 실험 상황을 엄격하게 통제한 상태에서 인위적으로 독립변수를 조작하는 실험 처치(experimental treatment)를 통해 그것이 종속변수에 미치는 효과를 측정, 관찰, 분석하는 방법이다. 실험설계에서 조작은 독립변수를 다양한 조건으로 제시한 후에 종속변수의 변화를 관찰함으로써 독립변수와 종속변수 간의 인과관계를 검증하는 것을 말한다. 이처럼 실험설계의 목적은 실증적 자료를 통해 연구의 객관성을 최대한 확보하여 독립변수와 종속변수 간의 인과관계를 명확히 밝힘으로써 내적 타당도를 확보하는 데 있다(김영석 외, 2017). 일반적으로 사회복지실천 현장에서 실험은 프로그램이나 개입을 통해 이루어지는데, 사회복지실천의 책무성을 확보하기 위해서는 프로그램이나 개입의 효과성을 검증해야 한다. 예를 들어 무료급식 서비스를 받은 노인의 변화를 분석하여 무료급식 서비스의 효과성을 검증할 때 가장 적합한 연구방법이 실험설계이다.

2) 실험설계의 기본조건

실험설계는 변수 간의 인과관계를 규명하기 위해 주로 사용하는 방법이다. 일반적으로 실험설계는 다음과 같은 기본조건을 통해 내적 타당도 저해요인들을 상당 부분 통제할 때(이훈영, 2018; 채서일 · 김주영, 2016), 종속변수의 변화는 독립변수 때문에 발생했음을 확신할 수 있다.

① 무작위 할당

모집단에서 연구대상자를 무작위로 할당하는 이유는 연구자의 편견 없이 실험집단과 통제집단에 배정될 확률이 동일하기 때문이다. 즉, 무작위 할당을 통해 두 집단 간의 동질성을 확보함으로써 실험의 내적 타당도가 높아질 수 있다. 예를 들어 주사위를 던져서 짝수가 나오면 실험집단에, 홀수가 나오면 통제집단에 배정하는 것이 무작위 할당이다. 이처럼 무작위 할당을 통해 모집단을 대표할 수 있는 표본이 선정되면, 내적 타당도 저해요인에 해당하는 외생변수가 통제된 실험 결과를 모집단 전체로 일반화할 수 있다.

② 독립변수의 조작

독립변수의 조작이란 현상의 원인이 되는 독립변수를 실험자가 인위적으로 조작함으로써 결과 값인 종속변수에 어떤 변화가 있는지를 파악하기 위한 것을 말한다. 즉, 실험설계에서 실험집단에만 개입하는 것을 독립변수의 조작 혹은 실험 처치(experimental treatment)라고 한다. 예를 들어 자원봉사 교육 프로그램이 청소년의 공동체의식에 어떤 영향을 미치는지를 알아보기 위해 학생들을 무작위 할당으로 실험집단과 통제집단에 배정하였다. 실험집단에는 교육 프로그램을 시행하고, 통제집단에는 시행하지 않을 때, 교육 프로그램은 독립변수의 조작이 된다. 이처럼 독립변수의 조작은 시간적 우선성을 입증하기 위한 것이다.

③ 외생변수의 통제

외생변수란 독립변수 이외에 종속변수에 영향을 미칠 수 있는 모든 변수를 말한다. 따라서 독립변수 이외의 제3의 변수인 외생변수를 통제하거나 제거하지 못하면, 독립변수와 종속변수 간의 인과관계를 정확히 파악하는 데 문제가 발생한다. 즉, 종속변수의 변화가 외생변수 때문이라면, 인과관계를 왜곡할 수 있어서 외생변수의 영향을 체계적으로 방지 또는 제거하는 것을 외생변수의 통제라고 한다.

④ 종속변수의 비교

종속변수의 비교란 독립변수의 영향을 알아보기 위해 실험집단과 통제집단 간의 종속변수 변화를 비교하거나 실험 전후의 검사 결과를 통해서 종속변수의 차이를 확인하는 것을 말한다. 이러한 종속변수의 비교는 독립변수와 종속변수 간의 공동 변화를 살펴보는 데 필요하다.

3) 실험설계의 기호

〈표 7-1〉은 실험설계에서 사용되는 표준화된 기호들이다. 실험설계에서 사용되는 기호에서 R은 무작위 할당을 의미한다. O는 종속변수의 측정값을 의미하며, X는 실험대상자를 실험 처치, 즉 실험변수에 노출한 것을 의미한다. 이러한 기호 외에도 실험설계에서는 다음과 같은 규칙이 적용된다. 첫째, 왼쪽에서 오른쪽의 진행은 시간 순서이다. 둘째, 같은 행에 속한 기호는 같은 집단의 의미가 있다. 셋째, 같은 열에 있는 기호는 같은 시점을 의미한다.

표 7-1 | 실험설계에서 사용되는 기호

부호	의미
R : 무작위 할당(Random Assignment)	연구대상자를 실험집단과 통제집단에 무작위로 할당하여 외생변수를 통제했다는 의미
EG : 실험집단(Experimental Group)	독립변수에 의한 실험 처치가 이루어지는 집단
CG : 통제집단(Control Group)	실험 처치가 이루어지지 않고 실험집단과 비교되는 집단

NG : 비동질적 통제집단 또는 비교집단 (Non-equivalent Control Group or Comparison Group)	무작위 할당이 이루어지지 않아 실험집단과 동질적이 아닌 집단으로서 실험집단과 비교되는 집단
X : 실험 처치(Treatment)	연구대상자를 독립변수에 노출(eXpose) 혹은 실험 처치를 나타내는 변수
O : 관찰 또는 측정값(Observation)	종속변수에 대한 측정값. 측정이 여러 번일 경우 첨자를 사용하여 종속변수의 반복된 측정을 구분
E : 실험효과(Effect)	독립변수에 의한 종속변수의 변화의 크기

연구자는 [그림 7-1]과 같이 무작위 표집과 무작위 할당을 함께 사용할 수 있다. 먼저 무작위 표집을 통해 연구대상을 확정한 다음(예 1,000명 중에서 50명의 표본 추출), 이들 연구대상에 대하여 무작위 할당을 통하여 실험집단(25명)과 통제집단(25명)으로 배정할 수 있다.

그림 7-1 무작위 표집과 무작위 할당

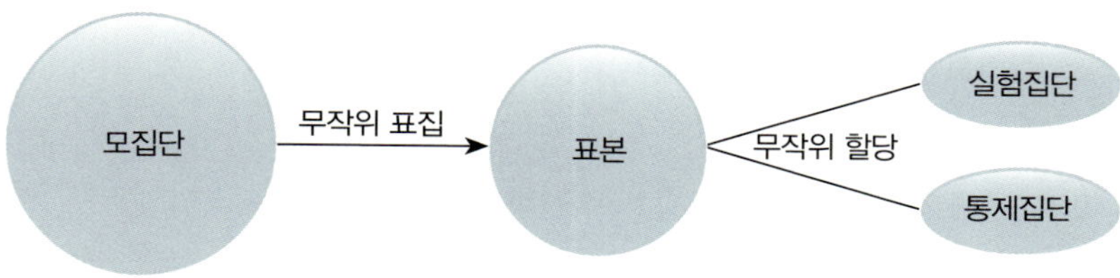

① 무작위 표집

무작위 표집(random sampling)은 대규모 모집단의 구성요소가 표본으로 선정될 가능성이 동일한 조건에서 소규모의 표본을 선정하는 과정이다. 즉, 무작위 표집은 모집단의 목록인 표집틀로부터 확률표집방법으로 모집단을 대표할 수 있도록 연구대상자를 추출함으로써 연구 결과의 외적 타당도를 확보하는 방법이다.

② 무작위 할당

무작위 할당(random assignment or randomization)은 실험집단과 통제집단의 동등성을 확보함으로써 내적 타당도를 확보하는 방법이다. 예를 들어 어떤 연구에 참여하기를 원하는 자원자를 모집하여 실험집단을 확보하였다면, 그 표본은 대표성이 낮아서 연구 결과의 내적 타당도는 낮아진다. 그러나 이러한 자원자들을 실험집단과 통제집단에 무작위 할당 후에, 실험을 시행한 연구 결과의 내적 타당도는 높아진다. 즉, 무작위 할당은 동등한 성격의 두 집단으로 연구대상자들을 분류하는 과정이다.

3. 실험설계의 타당도

실험설계의 타당도란 실험연구를 통하여 개입이나 프로그램의 효과를 정확하게 밝히는 정도를 의미한다. 즉, 연구자가 주어진 실험설계를 통해 해당 가설이나 연구 문제를 얼마나 타당하고 정확하게 분석할 수 있는가 하는 개념이다. 예를 들어, 집단프로그램의 효과를 검증하기 위하여 집단프로그램 시행 전후의 검사를 비교한 결과, 자아존중감이 향상되었다면 그것이 집단프로그램만의 효과로 볼 수 있느냐는 것이다. 집단프로그램 이외의 다른 요인 때문인지를 살펴보고, 최종적으로 집단프로그램의 효과라고 확신하는 정도를 실험설계의 타당도라고 한다. 따라서 실험설계의 타당도인 내적 타당도와 외적 타당도를 확보하는 것은 매우 중요하다.

1) 내적 타당도

(1) 내적 타당도의 개념

내적 타당도(internal validity)란 어떤 연구에서 독립변수 때문에 종속변수의 변화가 발생하였다고 확신하는 정도를 의미한다. 즉, 연구 과정에서 모든 외생변수의 영향을 잘 통제하여 독립변수 때문에 종속변수의 변화가 발생했다는 인과관계에 대한 확신의 정도를 말한다(Campbell & Stanley, 1963). 따라서 내적 타당도가 높다는 것은 인과관계에 대한 경험적 검증 능력이 강하다는 것을 의미한다. 즉, 공변성, 시간적 우선성, 외생변수의 통제 등의 인과관계 추론의 세 가지 조건이 충족되는 실험설계라는 뜻이다. 반대로 내적 타당도가 낮다는 것은 독립변수 이외의 외생변수 존재로 인과관계에 대한 경험적 검증 능력이 약하다는 것을 의미한다(김영종, 2007).

일반적으로 사회복지실천 현장에서 실험은 사람을 대상으로 시행하므로 연구대상자는 실험 처치인 프로그램이나 개입 이외에 일상생활에서 다양한 외생변수의 영향을 받을 수 있다. 따라서 그 결과가 독립변수인 실험 처치 때문인지 혹은 다른 외생변수 때문인지를 구별하기가 쉽지 않다. 그러므로 내적 타당도의 확보를 위해서는 독립변수 이외의 대안적 설명인 외생변수를 완전히 배제해야 한다. 이처럼 내적 타당도의 확보 여부는 실험설계의 기본조건을 충족하면서 내적 타당도의 저해요인을 얼마나 잘 통제했는지에 따라 결정된다.

(2) 내적 타당도 저해요인

내적 타당도 저해요인은 독립변수 이외의 외생변수가 실험 결과인 종속변수의 변화에 영향을 주어서 변수 간의 인과관계 추론을 어렵게 만든다. 실험설계에서 연구자의 중요한 과업은 외생변수인 내적 타당도 저해요인을 철저히 통제하는 것이다. 실험설계에서 내적 타당도가 낮다면, 인과관계 추론에 따른 결과를 확신할 수 없다. 그러므로 내적 타당도가 높은 실험설계를 갖추려면, 다음과 같은 내적 타당도 저해요인들을 철저하게 통제하여야 한다(Campbell & Stanley, 1963).

① 성숙 효과

성숙 효과(maturation effect)는 연구 과정 동안 독립변수인 실험 처치 때문이 아니라 단순히 시간이 지나서 연구대상자의 개인적 특성이 자연스럽게 변화하여 종속변수에 영향을 미치는 것을 말한다. 즉, 시간의 흐름에 따른 연구대상자의 태도나 생각 혹은 행위에 영향을 미치는 개인적 특성의 변화가 독립변수인 실험 처치의 효과인 것처럼 나타나는 경우이다.

> 예 노인요양센터의 프로그램 효과성을 파악한 결과, 1년 전과 비교해서 현재 입소 노인들의 건강상태 변화가 유의미하지 않다고 해서 프로그램의 효과성이 없다고 단정할 수는 없다. 시간의 흐름에 따른 자연적인 발달상의 변화인 성숙 효과(노인의 노화나 퇴행 현상)를 고려한다면, 프로그램은 오히려 효과성이 있었다고 볼 수 있다.

이처럼 연구 과정 동안 연구대상자의 개인적 특성의 변화나 경험 때문에 나타날 수 있는 성숙 효과는 종속변수에 영향을 미칠 가능성이 크다. 그러므로 연구자는 독립변수인 실험 처치로 어떤 변화가 있는지를 상세히 탐색한 후, 성숙 효과를 고려하여 종속변수를 파악하는 것이 필요하다. 하지만 표본에서 연구대상자를 실험집단과 통제집단에 무작위로 할당하면, 성숙 효과는 두 집단에서 동일하게 나타나기 때문에 통제할 수 있다. 따라서 성숙 효과는 상쇄되어 계산에 포함되지 않기 때문에 실험집단과 통제집단의 사후검사 값 간의 차이로 독립변수의 효과를 추정할 수 있다(남궁근, 2017).

② 외부 사건

외부 사건은 역사(history) 요인이라고도 하는데, 연구 과정 동안 연구자의 의도와는 관계없이 발생한 우연적 사건이 종속변수인 연구대상자의 태도나 행위의 변화에 영향을 미치는 것을 말한다. 즉, 외부 사건은 사전검사와 사후검사 사이에 발생하는 통제 불가능한 사건으로서 개인적인 것과 사회적인 사건까지 다양할 뿐만 아니라 연구 기간이 길수록 발생할 가능성이 커진다. 이처럼 외부 사건은 독립변수의 개입 전후에 다른 원인이 발생하였다고 의심할 때 언급될 수 있다.

예 노인복지관에서 노인 여가활동 프로그램의 효과성을 검증하려고 한다. 이를 위해 프로그램 시행 전후를 비교한 결과 참여 노인들의 생활만족도가 향상되었다면, 이것을 근거로 프로그램이 효과적이라는 것을 입증한다. 하지만 프로그램 과정 동안 후원단체의 지원으로 제주도 단체여행과 같은 외부 사건이 있었다면, 이것과 노인들의 생활만족도는 관련이 있을 수 있다. 따라서 이런 외부 사건이 노인들의 생활만족도 향상에 영향을 미치지 못했음을 입증해야 한다.

③ 검사 효과

검사 효과(testing effect)는 프로그램 시행 전후에 동일한 측정도구의 반복적인 사용이 실험 처치에 영향을 미치는 효과를 말한다. 즉, 독립변수의 개입 여부와 관계없이 연구대상자가 동일한 측정도구의 반복으로 인한 학습 효과 때문에 사전검사가 사후검사의 반응에 영향을 미치는 현상으로 시험 효과라고도 한다. 동일한 측정도구로 두 번 이상 측정할 때, 연구대상자는 두 번째 측정에서 측정도구에 더욱더 익숙해지면서 종속변수의 변화된 결과를 독립변수 때문이라고 잘못 파악할 수 있다.

예 단일집단 사전사후검사설계를 통해 청소년의 자아존중감 향상을 목적으로 집단프로그램의 효과성을 파악하였다. 이때 연구대상자들은 독립변수인 집단프로그램과는 관계없이 종속변수인 자아존중감의 사전검사 경험 때문에 사후검사가 영향을 받을 수 있다.

④ 도구 효과

도구 효과(instrumentation effect)란 연구 과정에서 검사 효과를 제거하기 위해 사전검사와 사후검사 때 서로 다른 측정도구를 사용하여 실험 처치의 효과를 왜곡하는 것을 말한다. 예를 들어 집단프로그램의 자아존중감 향상 효과를 측정하기 위해 사전검사와 사후검사에서 서로 다른 자아존중감 척도를 사용하여 결과의 차이가 있다면, 그것이 집단프로그램의 효과인지 아니면 측정도구의 변화 때문인지를 구분하기가 어렵다. 이처럼 도구 효과는 사전검사와 사후검사에서 시행되는 측정도구의 변화로 발생하지만, 검사 효과는 동일한 측정도구로 시행했을 때 나타나는 내적 타당도 저해요인이다. 이러한 도구 효과는 서로 다른 측정도구의 차이뿐만 아니라 사전검사와 사후검사의 연구자가 다르거나 측정 상황이 다를 때도 발생할 수 있다.

> 예 집단프로그램의 자아존중감 향상 효과성을 측정하기 위해 사전검사에는 Coopersmith의 자아존중감 척도를, 사후검사에서는 Rosenberg 자아존중감 척도를 사용했다고 하자. 그 결과 종속변수인 자아존중감 점수에서 차이가 있다면, 실험 처치인 집단프로그램 때문인지 측정도구의 변화 때문인지를 구분하는 것이 어렵다.

⑤ 연구대상자의 선정 편향

연구대상자의 선정 편향(selection bias)은 연구대상자를 실험집단과 통제집단에 할당할 때 종속변수에 영향을 미칠 수 있는 요인이 어느 한 집단으로 편향되어서 차이가 나타나는 내적 타당도 저해요인이다. 즉, 연구대상자를 무작위로 할당하지 못해서 처음부터 두 집단의 최초 상태가 서로 달라서 독립변수인 실험 처치의 효과가 왜곡해서 나타나는 영향을 뜻한다. 이처럼 실험집단과 통제집단의 동질성을 확보하지 못해서 종속변수에 영향을 미치는 요인이 어느 한 집단에 편향되는 연구대상자의 선정 편향은 실험 과정과 관계없이 발생하는 내적 타당도 저해요인 중에서 유일한 외적 요인이다.

> 예 아동보호전문기관에서 아동학대 예방을 위한 부모교육의 효과성 검증을 위해 교육 참여를 희망하는 부모를 대상으로 교육을 시행하였다. 교육 종료 후 1년 동안 교육을 받은 부모집단과 받지 않은 부모집단 간에 아동학대 관련 지표들에서 차이가 나타났다. 하지만 이것은 부모교육의 효과라기보다는 연구대상자의 선정 편향, 즉 부모교육에 참여를 원하는 부모들만 부모교육에 참여했기 때문으로 볼 수 있다.

특히 실험집단을 자원하는 사람들로만 구성하면 자기선택(self-selection)이 된다. 이럴 때 연구대상자는 이미 자신이 연구대상자임을 알고 종속변수의 변화를 위해 의식적으로 노력할 수 있다. 그 결과로 나타난 종속변수의 변화는 독립변수인 실험 처치 때문인지 아니면 자기선택으로 구성된 연구대상자의 의식적 노력 때문인지를 판단하기가 어렵다(최성재, 2005).

⑥ 통계적 회귀

통계적 회귀(statistical regression)란 사전검사에서 아주 높거나 아주 낮은 극단적인 측정값을 지닌 연구대상자가 사후검사에서 독립변수의 효과와 관계없이 종속변수의 평균값으로 수렴하여 처음과 같은 극단적인 측정값을 보일 확률이 줄어드는 현상을 말한다. 즉, 최고치와 최저치의 점수는 더는 올라가거나 내려갈 수 없어서 평균값으로 수렴하는 경향 때문이다(남궁근, 2017). 예를 들어 우울 감소 프로그램에 참여한 7명의 노인 중에서 3명의 노인이 사전 검사에서 우울 점수가 매우 높게 나왔다. 우울 감소 프로그램을 시행한 후 동일한 측정도구로 사후검사를 시행한 결과, 이들의 우울 점수가 낮아졌다. 이처럼 사전검사에서 측정한 종속변수가 매우 높은 상태라면, 사후검사 결과는 독립변수인 실험 처치의 영향을 정확히 반영하지 못할 수 있다. 따라서 극단적인 측정값을 보이는 연구대상자를 선정하면, 통계적 회귀의 문제가 발생할 수 있어서 이들을 연구대상자로 선정하지 않도록 주의해야 한다.

예 8명의 청소년을 대상으로 자아 성장 집단프로그램의 시행 전에 자기효능감 검사를 시행한 결과, 점수가 매우 낮은 2명의 구성원이 포함되었다. 프로그램 종결 후에 시행한 사후검사에서 사전보다 자기효능감 점수가 향상되었다. 이처럼 자기효능감 점수가 향상된 이유는 독립변수인 프로그램의 효과 때문인지 아니면 평균으로 수렴하는 경향 때문인지를 판별하기가 어렵다.

⑦ 연구대상자의 상실

연구대상자의 상실(experimental mortality)이란 연구 과정 동안 실험집단 또는 통제집단에 속한 일부 연구대상자가 다양한 이유로 중도에 탈락함으로써 사전검사와 사후검사 간의 결과에서 차이를 보이는 현상을 말한다. 즉, 연구 도중에 연구대상자가 이사, 질병, 사고, 성원 간의 갈등 등 다양한 이유로 연구 과정에서 탈락하면, 남아 있는 연구대상자는 처음의 연구대상자와 다른 특성을 보일 수 있다. 이처럼 각 연구대상자의 특성을 배제하거나 표본의 수가 다른 상태에서 실험 처치 전후의 검사 결과를 비교하는 연구대상자의 상실은 독립변수의 효과를 왜곡할 수 있다.

예 8명의 가출청소년을 대상으로 대인관계 향상 집단프로그램을 시행하였다. 대인관계 변화 척도로 사전검사를 시행하였고, 집단프로그램 도중에 2명의 가출청소년이 가정으로 돌아갔다. 집단프로그램 종결 후에 나머지 6명을 대상으로 시행한 사전점수와 사후점수를 비교한다면 차이를 보일 수 있다. 이처럼 연구 도중에 연구대상자의 탈락으로 표본의 수가 줄어들면서 사전점수와 사후점수 간의 차이가 나타날 수도 있고, 집단역동성의 영향 때문에 사후점수에 영향을 미칠 수도 있다.

⑧ 인과관계 방향의 모호성

인과관계 방향의 모호성(ambiguity about the direction of causal influence)이란 독립변수와 종속변수의 관계에서 종종 시간적 순서의 모호성 때문에 어떤 변수가 원인인지 불확실해서 인과관계의 방향을 결정하기가 어려운 것을 말한다. 이처럼 인과적 시간 순서가 모호한 연구설계는 인과관계의 입증이 어렵다.

예 사회복지관 관장의 지도력과 사회복지사의 업무 만족도의 관계를 조사하였다. 그 결과 관장의 지도력이 사회복지사의 높은 업무 만족도를 초래했는지 아니면 사회복지사의 높은 업무 만족도가 관장의 지도력을 자율적으로 되도록 했는지가 모호할 때, 이를 인과관계 방향의 모호성이라고 한다.

⑨ 실험 처치의 확산 또는 모방 효과

실험 처치의 확산 또는 모방 효과(diffusion effect or imitation effect of treatments)란 실험집단의 효과가 통제집단으로 확산하여 실험 처치의 효과를 정확하게 확인하는 것이 어렵게 되는 것을 말한다. 실험 처치의 효과를 측정하려면 실험집단과 통제집단 간의 교류와 상호작용이 없어야 한다. 하지만 실험집단과 통제집단 성원들은 교류와 상호작용을 통해 프로그램이나 개입의 내용이 전달되어 효과가 확산할 수도 있다. 따라서 연구자는 실험집단과 통제집단 성원 간의 상호작용이 이루어지지 않도록 실험설계를 해야 한다.

예 A 사회복지관에서 색다른 스트레스 대처 프로그램을 개발하여 몇 년 동안 시행한 후 B 사회복지관의 다른 프로그램에 참여한 대상자들과 스트레스 수준을 비교한 결과 유의미한 차이가 나타나지 않았다. 이럴 때 B 사회복지관이 그 프로그램을 모방하거나 변형하여 시행함으로써 두 집단 간의 차이가 없을 가능성이 크다.

2) 외적 타당도

(1) 외적 타당도의 개념

외적 타당도(external validity)란 특정 집단을 대상으로 시행한 연구 결과를 연구대상자의 모집단이나 다른 대상 혹은 다른 상황으로 확대하여 해석하거나 일반화할 수 있는 정도를 말한다(Cook & Campbell, 1979). 예를 들어 서울과 대전의 노인복지관에서 동일한 집단프로그램을 시행한 결과의 효과성이 다르다면, 그것은 외적 타당도에 문제가 있는 것이다. 이처럼 어떤 집단에 시행한 프로그램이나 개입이 효과가 있더라도, 다른 집단에 적용하면 비슷한 효과가 나타나지 않는 경우는 외적 타당도가 낮은 것으로 볼 수 있다. 따라서 다른 사람이나 상황에 적용하거나 일반화할 수 없으므로 해당 연구의 표본에서만 타당하다는 점에서(Wimmer & Dominick, 1994) 분석 결과를 해석할 때 주의해야 한다.

(2) 외적 타당도 저해요인

외적 타당도 저해요인을 확인하려면 먼저 인과관계의 내적 타당도가 확보되어야 한다. 내적 타당도가 확보되지 않은 상태에서 외적 타당도를 논의할 수는 없다. 이처럼 외적 타당도는 연구 결과의 일반화와 관련이 있는데, 실험 결과를 다른 집단에 적용할 수 없게 만드는 외적 타당도 저해요인을 살펴보면 다음과 같다(김기덕 외, 2017; Monette et al., 2011).

① 대표성 없는 표본

일반적으로 표본조사는 모집단에서 무작위 표집으로 추출된 대표성 있는 표본을 대상으로 시행해야 한다. 하지만 표본을 무작위 표집으로 추출한다는 것이 현실적으로 불가능한 경우가 많다. 예를 들어 자발적 참여자만을 대상으로 연구표본을 구성한다면, 대표성 없는 표본일 가능성이 크다. 이처럼 표본이 모집단을 대표하지 못하고 특정 부류의 사람들로 구성되면, 연구 결과를 모집단에 일반화할 수 없다. 따라서 표집에서 모집단을 대표할 수 있는 표본을 선정했는지가 외적 타당도에 직접 영향을 미치는 중요한 요인이다.

② 연구 상황

연구는 현실을 근거로 사실을 발견하거나 가설을 검증하는 작업이므로 자료 수집은 현실과 가장 유사한 연구 상황에서 진행되어야 한다. 하지만 연구 환경이나 절차 등은 현실과 다를 수 있어서 연구 결과는 현실에서 일어나는 사실과 다를 수 있다. 따라서 특정한 연구 상황에서 시행한 연구 결과를 모집단이나 다른 사람들에게 적용하거나 일반화하는 데는 한계가 있다.

③ 연구대상자의 반응성

연구대상자가 연구에 참여하고 있다고 인식하는 것은 자신의 행동과 프로그램에 반응하는 방식에 영향을 줄 수 있다. 이처럼 연구대상자가 자신이 연구대상임을 인식하기 때문에 평소와는 다른 행동과 반응을 보임으로써 연구 결과에 영향을 주는 현상을 호손 효과(Hawthorne effect)라고 한다. 일반적으로 연구에 참여하고 있다고 인식하는 연구대상자는 연구자에게 상당히 협력적이고 반응적인 태도를 보이는 경향이 있다. 이런 상황에서 보이는 연구대상자의 반응과 행동은 자연스러운 상태가 아니므로 연구 결과를 다른 대상이나 상황까지 일반화하는 것이 어렵다. 이를 예방하기 위해서는 연구 참여 사실을 연구대상자가 알지 못하도록 하는 것이 필요하지만, 이는 사회복지연구의 윤리적 기준에 어긋난다(김환준, 2004). 따라서 연구대상자의 반응성 효과, 즉 호손 효과를 통제하여 연구 결과의 정확성을 높이기 위해서는 통제집단을 설정하여 연구 결과의 사실 여부를 파악할 필요가 있다.

④ 플라세보 효과

호손 효과가 연구에 미치는 영향을 배제하기 위해 의학 분야에서 제안한 방법으로 플라세보 효과(placebo effect)가 있다. 플라세보 효과는 실제로 실험 처치나 개입이 없었지만, 연구대상자는 그것이 있었다고 생각하는 그 자체만으로 나타나는 유사한 효과를 말한다. 위약(僞藥) 효과라고도 하는데, 연구대상자가 스스로 연구에 반응하기 때문에 나타나는 연구대상자의 반응성 효과로 볼 수 있다. 예를 들어 약물 검사에서 가짜 알약을 먹은 집단이 진짜 알약을 먹은 집단에서 나타나는 효과들을 부분적으로 보이는 것과 같다. 이처럼 플라세보 효과로 인해 실험조사의 결과가 자연적인 상황에서는 나타나지 않을 가능성이 있다.

⑤ 다중 개입 효과

다중 개입 효과(multiple-treatment interference)란 연구대상자가 다른 프로그램에 참여하고 있거나 두 개 이상의 프로그램을 연속해서 참여함으로써 개입 결과의 원인을 발견하기가 어려운 것을 말한다. 예를 들어 세 가지 프로그램으로 구성된 개입에서 연구대상자는 세 번째 프로그램 제공 후에 긍정적인 결과가 나타났다고 가정하자. 이때 세 번째 프로그램만이 효과적인지, 앞에서 제공한 다른 두 개 프로그램의 효과 때문인지, 세 가지 프로그램이 제공된 순서의 효과인지를 분별하는 것이 어려워서 연구 결과의 일반화 문제가 발생하게 된다.

4. 실험설계의 타당도 향상 방안

1) 내적 타당도 향상 방안

실험설계에서 가장 중요한 것은 내적 타당도 저해요인, 즉 외생변수가 종속변수에 영향을 미칠 모든 가능성을 파악하여 그 영향을 철저하게 통제하거나 제거할 방안을 모색하는 것이다. 내적 타당도 저해요인인 외생변수를 통제하려는 방안을 살펴보면 다음과 같다(이훈영, 2018).

(1) 무작위 할당

무작위 할당(random assignment)은 연구대상자를 실험 처치나 개입 상황에 균등하게 노출하기 위한 절차, 즉 모든 연구대상자가 실험집단과 통제집단에 뽑힐 확률을 동일하게 만드는 것이다. 내적 타당도를 저해하는 외생변수를 통제하는 가장 좋은 방법은 무작위 할당을 통해 표본의 동질성을 향상하는 것이다. 연구대상자를 무작위로 할당하여 연구자는 변수 간의 인과관계를 분명히 파악할 수 있다.

그러나 연구자는 모집단으로부터 연구대상자를 무작위 할당으로 실험집단과 통제집단에 배정함으로써 동질집단이라고 가정하지만, 실제로 그 집단은 서로 다를 수도 있다. 따라서 두 집단 간에 유의미한 차이가 있을 확률은 낮지만, 연구자는 통계적 검증을 통해 무작위 할당의 효과가 확인된다는 사실을 제시할 필요가 있다(김영석 외, 2017).

(2) 제거

제거(elimination)란 독립변수 이외에 종속변수에 영향을 미칠 수 있는 다른 외생변수의 개입을 차단하는 것이다. 예를 들어 특정한 경험이 실험에 영향을 미칠 수 있을 때, 그런 경험의 대상자를 제외하거나 그런 경험의 대상자만을 표본으로 선정함으로써 그 경험의 효과를 제거하는 방법이다. 하지만 제거는 개방체계를 전제로 하는 사회과학에서는 거의 불가능한 방법이다.

(3) 배합

배합(matching)은 외생변수로 작용할 수 있는 요인을 알고 있을 때, 그 외생변수가 실험집단과 통제집단에 균등하게 영향을 미칠 수 있도록 두 집단을 동일하게 선정하는 것이다. 배합은 균형화라고도 하는데, 독립변수인 실험 처치를 제외하고 실험집단과 통제집단의 모든 속성을 동일하게 만드는 방법이다. 예를 들어 사회복지사협회에서 회보 발송 여부에 따라 회비 납부율에 차이가 있는지를 알아보기 위해 전체 회원을 성별과 연령으로 구성된 할당행렬의 각 칸에 배치하고, 절반에게는 회보를 보내고 나머지 절반은 회보를 보내지 않았다.

(4) 상쇄

상쇄(counter balancing)는 외생변수의 강도가 동일하지 않은 상황일 때 서로 다른 실험을 시행함으로써 외생변수의 영향을 제거하는 것을 말한다. 예를 들어 두 가지 프로그램에 대한 학생들의 선호도를 조사하고자 한다. 이때 두 가지 프로그램의 제시 순서에 따라 선호도의 차이가 발생한다면, 프로그램의 제시 순서를 바꾸어서 재조사를 시행하여 외생변수를 통제하는 것이 상쇄이다.

(5) 통계적 통제

통계적 통제(statistical control)란 통계 분석기법을 사용하여 외생변수를 통제하는 것으로 일종의 사후 통제 방법이다. 실험설계에서 통제를 시도하는 것이 아니라 통계 분석기법을 통해 외생변수를 배제하는 방법이다(김영종, 2007). 즉, 통제변수를 독립변수로 간주하여 실험설계에 포함해 실험을 시행한 후 결과분석에서 통계적으로 그 영향을 통제하거나 공분산분석(ANCOVA)에서 통제변수를 통제한 상태에서 집단 평균을 비교할 수 있다.

2) 외적 타당도 향상 방안

외적 타당도의 향상 방안으로는 먼저 표본의 대표성을 향상하는 것이 가장 좋다. 표본의 대표성이란 선정된 연구대상자가 모집단 전체를 얼마나 잘 대표하느냐의 정도를 말한다. 따라서 표본의 대표성을 확보하기 위해서는 확률표집방법인 무작위 표집을 통해 표본을 선정해야 한다. 만약 비확률표집방법을 사용한다면, 모집단의 대표성을 보장할 수 없게 되어 외적 타당도가 낮은 연구 결과를 얻게 된다. 다음으로 외적 타당도를 향상하는 방안으로는 표본 크기를 크게 하거나 연구를 반복해서 시행함으로써 연구 결과를 축적하는 것이다.

5. 실험설계의 유형

실험설계(experimental design)란 독립변수의 조작으로 발생할 수 있는 변수 간의 인과관계를 규명하기 위한 것으로 연구대상자의 무작위 할당, 독립변수의 조작, 외생변수의 통제, 종속변수의 비교 등의 기본조건을 갖춘 설계이다. 일반적으로 실험설계의 기본조건을 제대로 갖추고 있는지에 따라 실험설계, 유사실험설계, 전실험설계로 구분할 수 있다(황성동, 2015; Royse, 2011).

1) 실험설계

실험설계는 연구대상자의 무작위 할당, 독립변수의 조작, 외생변수의 통제, 종속변수의 비교 등 실험설계의 기본조건을 모두 갖추고 있어서 내적 타당도 저해요인을 최대한으로 통제할 수 있는 가장 이상적인 연구설계이다. 즉, 실험설계는 순수실험설계(true experimental design)라고도 하는데, 인과관계를 확인하기 위해 내적 타당도 저해요인을 엄격하게 통제한 상태에서 독립변수의 조작으로 나타나는 종속변수의 변화를 관찰하는 방법이다(채서일 · 김주영, 2016). 실험설계는 무작위 할당으로 연구대상자의 선정 편향을 통제하며, 통제집단을 통해 성숙 효과, 외부 사건, 검사 효과, 도구 효과, 통계적 회귀 등의 내적 타당도 저해요인을 통제할 수 있다. 이처럼 실험설계의 장점은 내적 타당도 저해요인의 통제를 통해 내적 타당도를 높이는 것이다. 하지만 사회복지실천 현장에서는 윤리적인 측면 때문에 연구대상자의 무작위 할당과 독립변수의 조작에 의한 실험설계의 적용이 현실적으로 불가능한 측면이 있다(황성동, 2015). 이러한 실험설계의 유형에는 통제집단 사전사후검사설계, 통제집단 사후검사설계, 솔로몬 4집단설계, 요인설계 등이 있다.

(1) 통제집단 사전사후검사설계

통제집단 사전사후검사설계(pretest-posttest control group design)는 모집단에

서 연구대상자를 무작위 할당(R)을 통해 실험집단과 통제집단으로 구성한 후, 종속변수와 관련하여 두 집단의 수준을 사전검사로 측정한다. 실험집단에만 독립변수인 실험 처치(X)를 시행한 후에 두 집단의 수준을 사후검사로 측정한다. 그리고 두 집단 간의 사전검사와 사후검사의 차이를 비교하여 실험 처치의 효과성에 대한 경험적 준거로 삼는다. 통제집단 사전사후검사설계는 인과관계를 추정하는 가장 전형적인 방법으로 고전적 실험설계라고도 한다.

R	O_1	X	O_2
R	O_3		O_4

독립변수인 실험 처치의 효과는 실험집단 결과변수 값의 차이($O_2—O_1$)가 통제집단 결과변수 값의 차이($O_4—O_3$)보다 통계적으로 유의미하게 클 경우를 의미한다. 여기서 통제집단의 사후와 사전검사 간의 차이는 시간의 흐름에 따른 성숙 효과나 다른 외생변수 때문에 발생하는 효과로 간주한다. 여기서 전제는 무작위 할당으로 추출된 두 집단은 외생변수의 영향이 동일하기 때문에 순수한 실험 효과를 측정할 수 있다는 것이다. 예를 들어 사회복지관에서 대학생 자원봉사자를 무작위 할당으로 두 집단으로 구성한 후에 두 집단 모두 사전검사를 시행한다. 실험집단에만 자원봉사교육 프로그램을 시행한 다음 두 집단 모두 사후검사를 측정하여 사전과 사후검사 결과 차이를 비교한다. 이때 통제집단보다 실험집단의 결과 차이가 더 높게 나왔다면, 그것은 독립변수인 자원봉사교육 프로그램 때문으로 해석할 수 있다.

통제집단 사전사후검사설계는 독립변수인 실험 처치 전에 실험집단과 통제집단의 상태가 같은지의 여부와 변화 정도를 분석함으로써 인과관계를 파악하기 위한 가장 보편적인 방법이다. 이러한 통제집단 사전사후검사설계는 내적 타당도 저해 요인인 성숙 효과, 외부 사건, 통계적 회귀 등을 통제할 수 있다. 하지만 검사 효과, 연구대상자의 탈락, 실험 처치의 확산이나 모방 효과 등은 통제할 수 없는 것이 단점이다(남궁근, 2017).

(2) 통제집단 사후검사설계

통제집단 사후검사설계(posttest-only control group design)는 통제집단 사전사후검사설계에서 사전검사를 시행하지 않은 형태이다. 즉, 연구대상자를 무작위 할당을 통해 실험집단과 통제집단으로 구성한 후, 두 집단 모두 사전검사는 시행하지 않는다. 실험집단에만 독립변수인 실험 처치(X)를 시행한 후에 두 집단의 수준을 사후검사로 측정한다. 그리고 두 집단 간의 사후검사 차이(O_1—O_2)를 비교하여 독립변수인 실험 처치의 효과를 경험적 준거로 삼는다. 그 결과의 차이가 클수록 종속변수에 대한 독립변수의 효과가 있다고 결론을 내릴 수 있다. 예를 들어 장애인복지관을 이용하는 50명의 장애아동을 무작위 할당으로 25명씩 두 집단으로 구성한 후에 실험집단에만 실험 처치인 사회적응 프로그램을 5주간 시행한 다음 두 집단 모두 사후검사로 사회적응도를 측정하여 그 결과를 비교하는 것이다. 이때 통제집단보다 실험집단의 사회적응도 점수가 더 높게 나왔다면, 그것은 독립변수인 사회적응 프로그램 때문으로 해석할 수 있다.

R	X	O_1
R		O_2

이 실험설계는 통제집단 사전사후검사설계와 비교해서 사전검사를 시행하지 않

기 때문에 검사 효과의 영향을 통제할 수 있다. 또한 성숙 효과, 외부 사건, 통계적 회귀 요인 등의 내적 타당도 저해요인을 배제할 수 있다. 하지만 사전검사를 시행하지 않아서 두 집단의 최초 상태가 같다고 보장할 수 없는 연구대상자의 선정 편향, 연구대상자의 탈락, 실험 처치의 확산이나 모방 효과 등을 통제하지 못하는 단점이 있다. 이런 단점에도 실제 사회복지실천 현장에서는 사전검사의 측정이 어려운 경우가 많고, 상대적으로 적은 수의 실험대상으로도 실험할 수 있으며, 집단 간의 격리도 쉽게 할 수 있다는 등의 장점 때문에 널리 활용되고 있는 실험설계이다(이훈영, 2018).

(3) 솔로몬 4집단설계

솔로몬 4집단설계(Solomon four-group design)는 통제집단 사전사후검사설계와 통제집단 사후검사설계를 혼합한 유형으로 모든 외생변수의 통제가 가능한 실험설계이다. 통제집단 사전사후검사설계와 통제집단 사후검사설계는 실험설계 유형이지만, 검사 효과와 연구대상자의 선정 편향을 통제하지 못한다는 단점 때문에 독립변수인 실험 처치의 효과를 정확하게 검증하기 위해 두 실험설계를 통합한 것이 솔로몬 4집단설계이다. 즉, 연구대상자를 무작위 할당으로 실험집단과 통제집단으로 구분한 후, 사전검사와 사후검사를 시행한 실험집단과 통제집단, 사후검사만 시행한 실험집단과 통제집단 등 네 개의 집단을 비교하는 형태이다.

R	O_1	X	O_2
R	O_3		O_4
R		X	O_5
R			O_6

솔로몬 4집단설계의 가장 큰 장점은 다른 실험설계 유형에서 불가능한 내적 타당도 저해요인의 대부분을 통제할 수 있다는 것이다. 즉, 사전검사와 사후검사를 시행하면서도 사전검사의 영향을 통제하고자 할 때 사용하는 실험설계로 각종 외생변수의 영향을 거의 완벽하게 통제할 수 있다. 이처럼 솔로몬 4집단설계는 인과관계를 가장 잘 설명해 주는 이상적인 실험설계 형태이다. 하지만 현실적으로 네 개의 집단을 무작위 할당으로 선정하는 데 어려움이 있고, 네 개의 다른 집단을 구성하고 유지하는데 시간과 비용이 많이 드는 것이 단점이다. 따라서 실제 상황에서는 거의 적용하지 않는다.

(4) 요인설계

요인설계(factorial design)는 "A와 B에 의해 C는 영향을 받을 것이다."라는 가설과 같이 독립변수가 두 개 이상일 때 적용되는 실험설계이다. 여기서 요인이란 독립변수 또는 실험변수를 말한다. 〈표 7-2〉에서와 같이 요인설계는 하나의 종속변수에 대한 둘 이상의 독립변수의 효과, 즉 종속변수에 대한 각 독립변수의 주 효과와 종속변수에 대한 둘 이상의 독립변수 간의 상호작용 효과를 교차분석을 통해 확인한다. 그러므로 요인설계는 어떤 실험변수가 더욱 효과가 있는지 혹은 두 변수 간의 상호작용 효과가 더욱 큰지를 쉽게 파악할 수 있다.

이러한 요인설계의 진행 절차는 다음과 같다(남궁근, 2017). 먼저 독립변수의 속성에 따라 할당행렬(quota matrix)을 만든다. 둘째, 연구대상자를 무작위 할당으로 실험집단과 통제집단에 배정한다. 셋째, 할당행렬상의 범주의 특성에 맞게 각각의 실험집단에 대해 해당하는 실험 처치를 시행한다. 넷째, 두 프로그램 모두에 불참하는 집단은 통제집단으로 선정한다. 다섯째, 실험 처치 후 사후검사를 통해 각 집단 간의 종속변수 변화를 파악하고 비교한다. 여섯째, 가설을 검증한다. 예를 들어 "봉사활동과 집단활동은 노인의 생활만족도에 영향을 미칠 것이다."라는 가설 검정에서 독립변수는 봉사활동과 집단활동이 된다. 〈표 7-2〉에서와 같이 실험집단을 무작위 할당으로 A집단(봉사활동 참여, 집단활동 참여), B집단(봉사활동 미참여, 집단활동 참여), C집단(봉사활동 참여, 집단활동 미참여) 등 세 개로 설정하고, D집단(봉사활동 미참여, 집단활동 미참여)은 통제집단으로 구분하여 노인의 생활만족도를 비교하는 것이 요인설계이다.

표 7-2 | **요인설계**

구분		봉사활동	
		참여	미참여
집단활동	참여	A	B
	미참여	C	D

이처럼 요인설계는 두 개 이상의 독립변수 분류 항목의 결합 형태에 따라 실험집단을 무작위 할당으로 배정하고, 각 집단의 특성에 맞는 실험 처치를 시행한 후에 각 집단의 종속변수 특성을 비교하는 것이다. 요인설계에서는 통제집단을 설정하지 않는 것이 일반적이지만, 비교를 위해서 통제집단을 설정하기도 한다(최성재, 2005). 요인설계는 분산분석(ANOVA)의 통계적 기법을 활용하며, 두 개 이상의 독립변수가 상호작용하면서 종속변수에 미치는 영향을 파악할 수 있다. 여기서 상호작용이란 하나의 독립변수가 종속변수에 미치는 영향은 다른 독립변수의 값에 따라 달라지는 것을 말한다. 즉, 주 효과(main effect)와 상호작용 효과(interaction effect)를 동시에 확인할 수 있어서 집단비교 결과의 일반화 가능성이 커지게 되면서 외적 타당도를 높일 수 있다는 것이 장점이다. 하지만 요인설계는

고려해야 할 독립변수의 수가 많을 경우, 시간과 비용 측면에서 비효율적이며 인력이 많이 필요한 것이 단점이다(남궁근, 2017). 예를 들어 독립변수가 3개인 경우, 무작위 할당으로 총 8개의 집단을 구성하여 각 집단에 맞는 실험 처치를 해야 한다.

2) 유사실험설계

유사실험설계(quasi-experimental design)는 독립변수인 실험 처치는 있지만, 연구대상자를 무작위 할당으로 실험집단과 통제집단에 배정하지 못할 때 사용한다. 즉, 유사실험설계는 실제 상황에서 실험설계의 기본조건을 모두 갖출 수 없어서 연구자가 대안적인 방법을 통해 통제집단을 설정한다. 실제로 연구대상자의 무작위 할당을 통해 연구 결과의 내적 타당도를 확보해야 하지만, 사회복지실천 현장에서는 현실적인 어려움 때문에 무작위 할당이 불가능하거나 비윤리적인 경우가 있다. 따라서 유사실험설계는 실험설계의 대안으로 주로 사회복지 프로그램과 정책을 평가하는 데 널리 사용된다. 유사실험설계는 연구대상자를 무작위 할당을 통해 실험집단과 통제집단으로 배정하지 않기 때문에 통제집단보다는 비교집단(comparison group)이라는 용어를 사용하기도 한다(김기덕 외, 2017).

유사실험설계의 장점은 실생활과 같은 상황에서 이루어지므로 다른 상황으로 일반화 가능성이 크다. 따라서 이론 검증과 현실의 문제 해결에 유용하며, 복잡한 심리사회적 영향과 과정 변화 연구에 적절하다. 하지만 사회복지실천 현장에서는 연구대상자의 무작위 할당이 어려워 엄격한 통제집단을 활용할 수 없을 뿐만 아니라 외생변수의 통제가 어려워서 내적 타당도는 낮다는 것이 단점이다. 이처럼 실험설계와 비교해서 유사실험설계는 현실성이 있어서 외적 타당도는 높지만, 내적 타당도가 낮아서 인과관계의 규명에는 한계가 있다(채서일 · 김주영, 2016). 유사실험설계의 유형에는 비동일 통제집단설계, 단순 시계열설계, 다중 시계열설계, 반복실험설계 등이 있다.

(1) 비동일 통제집단설계

비동일 통제집단설계(nonequivalent control group design)는 통제집단이 있다는 점에서 실험설계의 통제집단 사전사후검사설계와 유사하지만, 무작위 할당으로 실험집단과 통제집단을 구성하지 않는 것이 다르다. 비동일 통제집단설계는 무작위 할당 없이 연구자가 임의로 선정한 실험집단과 통제집단에 사전검사를 시행하고, 실험집단에만 독립변수인 실험 처치(X)를 시행한 후에 두 집단 모두 사후검사를 시행하여 두 집단 간의 사전검사와 사후검사의 차이를 비교하는 것이다. 즉, 비동일 통제집단설계는 통제집단을 무작위 할당으로 구성하기 어려울 때, 실험집단과 매우 유사한 성격을 보이는 통제집단을 임의로 선정하여 두 집단을 비교하는 방식이다.

O_1	X	O_2
O_3		O_4

비동일 통제집단설계는 현실적으로 실험설계를 수행하기 어려운 사회복지실천 현장에서 가장 많이 활용된다. 특히 시험적으로 프로그램을 시행하거나 기존 프로그램의 효과성을 평가할 때 주로 이용된다. 내적 타당도 저해요인인 성숙 효과와 외부 사건 등은 통제할 수 있지만, 실험집단과 통제집단을 무작위 할당으로 배정하지 않았기 때문에 두 집단의 초기 상태가 다를 가능성이 크다. 따라서 독립변

수인 실험 처치 후 발생한 두 집단 간의 차이가 실험 처치 때문인지 아니면 처음부터 집단 간의 차이 때문인지를 정확히 구분하기 어렵다. 또한 내적 타당도의 저해요인인 검사 효과, 통계적 회귀, 연구대상자의 탈락, 연구대상자의 선정 편향, 실험 처치의 확산이나 모방 등을 통제하지 못하는 것이 단점이다.

예 학교폭력 예방 프로그램의 효과를 평가하기 위해 OO시 소재 중학교 중에서 학교와 학생들의 특성이 유사한 A학교와 B학교를 선정하였다. 두 학교 학생들을 대상으로 사전검사를 시행한 다음 A학교에서 학교폭력 예방 프로그램을 시행한 후, 다시 한번 두 학교 학생들을 대상으로 사후검사를 시행하였다면 비동일 통제집단설계이다.

(2) 단순 시계열설계

단순 시계열설계(simple time-series design)는 연구대상자를 실험집단과 통제집단으로 배정할 수 없을 때 사용하는 일종의 반복 측정설계로 실험 처치 전후의 여러 시점에서 어떤 변화가 있는지를 관찰한다. 즉, 단순 시계열설계는 동일한 연구대상자를 패널로 유지하면서 독립변수인 실험 처치(X)의 전후에 일정한 간격을 두고 종속변수인 사전검사와 사후검사를 같은 횟수로 반복해서 측정한다. 이러한 반복 측정이 통제집단의 역할을 수행한다고 볼 수 있다. 사전검사와 사후검사를 비교한 결과에서 유의미한 차이가 있다면, 이는 독립변수의 영향으로 보는 것이다. 이러한 단순 시계열설계는 독립변수인 실험 처치 전후에 동일한 간격과 횟수의 측정이 필요하며, 안정된 기초선 확보를 위해서는 최소 3회 이상의 관찰을 통하여 실험 처치 이전에 종속변수의 일상적인 상태를 파악하여야 한다(황성동, 2015).

$$O_1 \quad O_2 \quad O_3 \quad O_4 \quad X \quad O_5 \quad O_6 \quad O_7 \quad O_8$$

단순 시계열설계는 독립변수인 실험 처치 전후에 종속변수인 사전검사와 사후검사를 여러 번 동일하게 반복 측정한 평균값을 비교한다. 따라서 종속변수를 비교적 안정되고 정확하게 측정할 수 있다는 것과 종속변수의 변화를 추적 · 비교할 수 있다는 것이 장점이다. 그러나 검사 효과, 외부사건, 사전검사와 개입의 상호작용 효과 등과 같은 내적 타당도 저해요인을 통제하지 못할 가능성이 크다는 것이 단점이다.

(3) 다중 시계열설계

다중 시계열설계(multiple time-series design)는 사전검사와 사후검사를 여러 번 반복해서 측정하는 비동일 통제집단설계의 확대형으로 복수 시계열설계라고도 한다. 즉, 비슷한 특성이 있는 두 집단을 실험집단과 통제집단으로 구성하고, 실험집단은 시계열조사와 같이 독립변수인 실험 처치 전후에 세 번 이상씩 관찰한다. 통제집단은 독립변수의 개입 없이 실험집단의 측정 시기에 맞춰 계속 관찰하여 종속변수의 변화 상태를 비교하는 것이다(최성재, 2005). 실험 처치의 결과는 실험집단과 통제집단의 사전검사와 사후검사 값 간의 평균 차이를 비교하여 판단하게 된다. 이때 실험집단에만 종속변수의 변화가 있다면, 독립변수인 실험 처치 때문으로 평가할 수 있다.

$$O_1 \quad O_2 \quad O_3 \quad O_4 \quad X \quad O_5 \quad O_6 \quad O_7 \quad O_8$$
$$O_9 \quad O_{10} \quad O_{11} \quad O_{12} \qquad O_{13} \quad O_{14} \quad O_{15} \quad O_{16}$$

다중 시계열설계는 통제집단이 있어서 성숙 효과와 외부 사건 등의 내적 타당도 저해요인을 통제할 수 있다. 하지만 검사 효과, 연구대상자의 탈락, 실험 처치의 확산 또는 모방 등을 차단하기 어렵고, 무작위 할당이 이루어지지 않아 실험집단과 통제집단이 처음부터 서로 다를 가능성이 크기 때문에 내적 타당도는 낮아질 수 있다. 이러한 다중 시계열설계는 실제 상황에서 적용하기가 어려워서 거의 사용되지 않는다.

(4) 반복실험설계

반복실험설계(repeated trials design)는 동일한 연구대상자에 대해 일정 기간을 두고 독립변수인 실험 처치를 반복해서 적용한 후, 사전사후 측정결과인 종속변수를 비교함으로써 독립변수의 효과를 측정하는 유사실험설계방법이다. 그 결과 O_1과 O_2의 차이, O_3와 O_4의 차이가 같은 방향일 때 독립변수인 실험 처치의 효과가 있다고 판단한다. 주로 연구대상자를 실험집단과 통제집단으로 배정할 수 없고, 독립변수인 실험 처치 효과가 일시적이거나 변화할 가능성이 있을 때 사용할 수 있다(이훈영, 2018).

O_1 X O_2 O_3 X O_4

3) 전실험설계

전실험설계(pre-experimental design)는 연구대상자를 무작위 할당을 하지 않고, 통제집단이 없거나 있더라도 동질성이 거의 없고, 엄격한 실험적 통제가 불가능하여 실험설계의 조건을 충족하지 못한 상태이므로 원시실험설계라고도 한다.

이처럼 외생변수의 통제가 거의 이루어지지 못해서 인과관계나 상관관계를 규명하는 것이 어려워 엄밀하게 말해서 실험설계는 아니다. 따라서 내적 타당도와 외적 타당도의 저해요인을 거의 통제할 수 없으므로 가설 검증보다는 연구문제의 도출을 위해 시험적으로 시행하는 탐색적 조사의 성격이 강하다(채서일, 2011). 이러한 전실험설계의 유형으로는 1회 사례연구, 단일집단 사전사후검사설계, 비동일집단 사후검사설계 등이 있다.

(1) 1회 사례연구

1회 사례연구(one-shot case study)는 임의로 선정한 실험집단에 실험 처치(X)를 하고, 사후검사(O_1)만 시행하여 실험 효과를 측정하는 설계로 단일집단 사후검사설계라고도 한다. 즉, 실험 처치 이전의 독립변수의 상태를 측정하지 않고 사후검사만 시행하여서 비교 기준이 없으므로 상관관계도 입증하지 못한다. 따라서 종속변수인 사후검사 결과가 독립변수 때문인지를 평가할 수 없어서 연구자의 주관적인 판단에 따라 실험 처치가 효과적이었는지를 평가한다. 또한 통제집단이 없으며 연구대상자의 무작위 할당이 이루어지지 않아서 모든 내적 타당도 저해요인을 통제하지 못한다. 즉, 내적 타당도 저해요인인 성숙 효과, 외부 사건, 통계적 회귀, 연구대상자의 선정 편향, 연구대상자의 탈락, 인과관계 방향의 모호성 등을 통제하지 못해서 그 결과를 일반화하는 데 어려움이 있다(채서일, 2011). 하지만 사전검사가 필요 없는 탐색적 목적의 연구에 유용하게 사용될 수 있다.

X	O_1

(2) 단일집단 사전사후검사설계

단일집단 사전사후검사설계(one-group pretest-posttest design)는 단일집단을 대상으로 사전검사(O_1)를 시행하고 독립변수인 실험 처치(X) 후에 사후검사(O_2)를 시행하여 두 검사 결과의 차이로 독립변수의 효과를 측정하는 방법이다. 이 설계는 1회 사례연구보다 개선된 것으로 시간적 우선성과 비교 기준이 있다는 점에서 종속변수인 실험 결과($O_2 - O_1$)가 독립변수인 실험 처치(X) 때문인지를 추정하는 데 필요한 최소한의 조건을 충족하고 있다. 하지만 통제집단이 없고 무작위 할당을 하지 못해서 성숙 효과, 외부 사건, 검사 효과, 통계적 회귀, 도구 요인, 연구대상자의 선정 편향, 연구대상자의 탈락 등의 내적 타당도 저해요인을 통제하지 못하는 단점이 있다. 그렇지만 이 설계는 사회복지실천 현장에서 통제집단을 확보하기 어려울 때 프로그램의 효과성을 확인하는 수단으로 사용할 수 있다.

O_1	X	O_2

(3) 비동일집단 사후검사설계

비동일집단 사후검사설계(posttest only nonequivalent group design)는 무작위 할당을 하지 않은 두 집단 중에서 실험집단에만 독립변수인 실험 처치(X) 후에 두 집단 모두 사후검사를 시행하여 그 결과 차이로 실험 처치의 효과를 측정하는 방법이다. 예를 들어 심리상담 프로그램이 시설입소노인의 정서적 안정감에 미치는 영향을 알아보기 위해 사전조사 없이 A요양원의 노인들을 대상으로 프로그램을 실시하였다. 프로그램 종료 후, 인구사회학적 배경이 유사한 B요양원 노인들을 비교집단으로 하여 두 집단의 정서적 안정감을 측정하였다. 이러한 비동일집단 사후검사설계는 상관관계 연구와 유사한 성격을 띠며, 1회 사례연구보다는 진전된 형태로 정태적 집단비교설계(static-group comparison design)라고도 부른다. 그러나 무작위 할당으로 연구대상자를 실험집단과 통제집단에 배정한 것이 아니므로 두 집단의 동질성을 보장하지 못한다. 따라서 두 집단 간의 차이가 있더라도 그 결과가 독립변수인 실험 처치 때문인지 아니면 처음부터 다른 특성의 영향 때문인지를 설명할 수 없다. 또한 외부 사건, 연구대상자의 선정 편향, 연구대상자의 탈락 등의 내적 타당도 저해요인을 통제하지 못해서 실험 처치의 효과를 검증하기는 어렵다. 이러한 단점에도 불구하고 비동일집단 사후검사설계는 실험의 간결성, 시간과 조사비용의 절감 등의 이유로 사회복지실천 현장에서 활용되기도 한다.

X	O_1
	O_2

핵심정리

1. 인과관계 추론의 기준

- 공변성: 원인변수와 결과변수가 동시에 존재하며, 두 변수는 상호 연관성을 가지고 함께 변하는 것
- 시간적 우선성: 원인으로 추정되는 변수가 결과로 추정되는 변수보다 시간상으로 먼저 발생해야 함
- 외생변수의 통제: 두 변수 간의 공변성 관계가 제3의 변수인 외생변수에 의해 유발되는지를 확인하고 이를 통제하는 것으로 비허위성이라고도 함

2. 실험설계

- 실험설계(experimental design): 실험 상황을 엄격하게 통제한 상태에서 인위적으로 독립변수를 조작하는 실험 처치를 통해 그것이 종속변수에 미치는 효과를 측정, 관찰, 분석하는 방법으로 독립변수가 종속변수의 원인이 되는 것을 확인
- 독립변수와 종속변수 간의 인과관계를 검증하는 것이 목적
- 실험설계의 기본조건

무작위 할당	• 실험대상을 실험집단과 통제집단에 무작위 할당하여 두 집단 간의 동질성을 확보하여 실험의 내적 타당도를 높임
독립변수의 조작	• 현상의 원인이 되는 독립변수를 실험자가 인위적으로 조작함으로써 종속변수에 어떤 변화가 있는지를 파악하기 위한 것
외생변수의 통제	• 종속변수의 변화가 외생변수 때문이라면, 인과관계를 왜곡할 수 있어서 외생변수의 영향을 체계적으로 방지 또는 제거하는 것
종속변수의 비교	• 실험집단과 통제집단 간의 종속변수 변화를 비교하거나 실험 전후의 검사 결과 통해서 종속변수의 차이를 확인하는 것

3. 내적 타당도

- 내적 타당도(internal validity): 어떤 연구에서 독립변수 때문에 종속변수의 변화가 발생하였다고 확신하는 정도, 즉 인과관계에 대한 확신의 정도
- 인과관계의 추론의 세 가지 조건이 충족되면, 내적 타당도는 높다고 할 수 있음
- 내적 타당도 저해요인: 독립변수 이외의 외생변수가 종속변수의 변화에 영향을 미치는 요인

성숙 효과	• 연구 과정 동안 독립변수 때문이 아니라 단순히 시간이 지나서 연구대상자의 개인적 특성이 자연스럽게 변화하여 종속변수에 영향을 미치는 것
외부 사건(역사 요인)	• 연구 과정 동안 연구자의 의도와는 관계없이 발생한 우연적 사건이 종속변수인 연구대상자의 태도나 행위의 변화에 영향을 미치는 것
검사 효과	• 프로그램 시행 전후에 동일한 측정도구의 반복적인 사용이 실험 처치에 영향을 미치는 효과
도구 효과	• 연구 과정에서 검사 효과를 제거하기 위해 사전검사와 사후검사 때 서로 다른 측정도구를 사용하여 실험 처치의 효과를 왜곡하는것
연구대상자의 선정 편향	• 연구대상자를 무작위 할당하지 못해서 처음부터 두 집단의 최초 상태가 서로 달라서 독립변수의 효과가 왜곡해서 나타나는 영향
통계적 회귀	• 사전검사에서 아주 높거나 아주 낮은 극단적인 사례를 실험집단에 선정했을 때 나타나는 오류로 극단적인 측정값은 사후검사 때 종속변수의 평균값으로 수렴하여 극단적인 측정값을 보일 확률이 줄어드는 현상
연구대상자의 상실	• 연구 과정 동안 일부 연구대상자가 다양한 이유로 탈락함으로써 사전검사와 사후검사 간의 결과에서 차이를 보이는 현상
인과관계 방향의 모호성	• 독립변수와 종속변수의 관계에서 시간적 순서의 모호성 때문에 어떤 변수가 원인인지 불확실해서 인과관계의 방향을 결정하기 어려운 경우
실험 처치의 확산 또는 모방 효과	• 실험집단의 효과가 통제집단으로 확산하여 실험 처치의 효과를 정확하게 확인하는 것이 어렵게 되는 경우

4. 내적 타당도 향상 방안

- 무작위 할당(random assignment): 연구대상자를 실험 처치나 개입 상황에 균등하게 노출하기 위한 절차
- 제거(elimination): 독립변수 이외에 종속변수에 영향을 미칠 수 있는 다른 외생변수의 개입 차단
- 배합(matching): 외생변수로 작용할 수 있는 요인을 알고 있을 때, 그 외생변수가 실험집단과 통제집단에 균등하게 영향을 미칠 수 있도록 두 집단을 동일하게 선정하는 것
- 상쇄(counter balancing): 외생변수의 강도가 동일하지 않은 상황일 때 서로 다른 실험을 시행함으로써 외생변수의 영향을 제거하는 것
- 통계적 통제(statistical control): 통계 분석기법을 사용하여 외생변수를 통제하는 것으로 일종의 사후 통제방법

5. 외적 타당도

- 외적 타당도(external validity): 특정 집단을 대상으로 시행한 연구 결과를 연구대상자의 모집단이나 다른 대상 혹은 다른 상황으로 확대하여 해석하거나 일반화할 수 있는 정도

6. 실험설계

유형	특징	장점	단점
통제집단 사전사후검사 설계	무작위 할당을 통해 연구대상자를 실험집단과 통제집단으로 구성하여 두 집단의 수준을 사전검사하고, 실험집단에만 독립변수인 실험 처치 이후 두 집단의 수준을 사후검사한 후, 두 집단 간의 사전검사와 사후검사의 차이를 비교하는 것으로 인과관계를 추정하는 가장 전형적인 방법으로 고전적 실험설계	성숙 효과, 외부 사건, 통계적 회귀 통제	검사효과, 연구대상자의 탈락, 실험 처치의 확산이나 모방효과 통제 못함

통제집단 사후검사 설계	무작위 할당으로 연구대상자를 실험집단과 통제집단으로 구성한 후 사전검사를 실시하지 않고, 실험집단에만 실험 처치를 시행한 후에 두 집단 모두 사후검사를 통해 두 집단 간의 차이 비교	검사효과, 성숙효과, 외부 사건, 통계적 회귀 통제	연구대상자의 선정 편향, 연구대상자의 탈락, 실험 처치의 확산이나 모방 효과 통제 못함
솔로몬 4집단설계	통제집단 사전사후검사설계와 통제집단 사후검사설계를 결합한 설계로 모든 외생변수의 통제가 가능한 실험설계	대부분의 내적 타당도의 저해 요인 통제 가능	현실적으로 4집단의 구성 어려움, 4집단의 구성과 유지에 많은 시간과 비용 소요
요인설계	독립변수가 두 개 이상일 때 적용되는 실험설계로 둘 이상의 독립변수 분류항목의 결합 형태에 따라 실험집단을 무작위 할당으로 배정하고, 각 집단의 특성에 맞는 실험 처치를 시행한 후에 각 집단의 종속변수 특성을 비교하는 것	주 효과와 상호작용 효과를 동시에 확인, 외적 타당도 향상	고려할 독립변수가 많을수록 시간과 비용이 많이 소요

7. 유사실험설계

- 유사실험설계(quasi-experimental design): 독립변수인 실험 처치는 있지만, 연구대상자를 무작위 할당으로 실험집단과 통제집단에 배정하지 못할 때 사용

유형	특징	장점	단점
비동일 통제 집단설계	무작위 할당 없이 연구자가 임의로 선정한 실험집단과 통제집단에 사전검사를 시행하고, 실험집단에만 독립변수인 실험 처치를 시행한 후에 두 집단 모두 사후검사를 시행하여 두 집단 간의 사전검사와 사후검사의 차이를 비교하는 것	성숙 효과, 외부 사건 통제	검사효과, 통계적 회귀, 연구대상자의 탈락, 연구대상자 선정 편향, 실험 처치의 확산이나 모방 효과 통제 못함

단순 시계열 설계	동일한 연구대상자를 패널로 유지하면서 독립변수인 실험 처치(X)의 전후에 일정한 간격을 두고 종속변수인 사전검사와 사후검사를 같은 횟수로 반복해서 측정	종속변수를 비교적 안정되고 정확하게 측정할 수 있다는 것과 종속변수의 변화를 추적·비교할 수 있다는 것	검사 효과, 외부사건 통제 못함
다중 시계열 설계	비슷한 특성이 있는 두 집단을 실험집단과 통제집단으로 구성하고, 실험집단은 시계열조사와 같이 독립변수인 실험 처치 전후에 세 번 이상씩 관찰. 통제집단은 독립변수의 개입 없이 실험집단의 측정 시기에 맞춰 계속 관찰하여 종속변수의 변화 상태를 비교하는 것	성숙 효과, 외부사건 통제 가능	검사 효과, 연구대상자의 탈락, 실험 처치의 확산 또는 모방 통제 못함
반복실험설계	동일한 연구대상자에 대해 일정 기간을 두고 독립변수인 실험 처치를 반복해서 적용하여 그 결과를 비교함으로써 실험 처치의 효과를 측정하는 방법		

8. 전실험설계

- 전실험설계(pre-experimental design): 연구대상자를 무작위 할당을 하지 않고, 통제집단이 없거나 있더라도 동질성이 거의 없고, 엄격한 실험적 통제가 불가능하여 실험설계의 조건을 충족하지 못한 상태이므로 원시실험설계
- 1회 사례연구, 단일집단 사전사후검사설계, 비동일집단 사후검사설계 등이 해당

사회복지사 1급자격시험 기출문제

01 조사설계의 내적 타당도와 외적 타당도에 관한 설명으로 옳은 것은?

① 어떤 변수가 다른 변수의 원인임을 정확하게 기술하는 것이 외적 타당도이다.
② 연구결과를 연구조건을 넘어서는 상황이나 모집단으로 일반화하는 정도가 내적 타당도이다.
③ 내적 타당도는 외적 타당도의 필요조건이지만 충분조건은 아니다.
④ 실험대상의 탈락이나 우연한 사건은 외적 타당도 저해요인이다.
⑤ 외적 타당도가 낮은 경우 내적 타당도 역시 낮다.

02 다음의 연구에서 활용한 연구설계에 관한 설명으로 옳은 것은?

> 청소년의 자원봉사의식 향상 프로그램의 효과성을 검증하기 위하여 청소년 200명을 무작위로 두 개의 집단으로 나눈 후 A측정도구를 활용하여 사전검사를 시행하였다. 하나의 집단에만 프로그램을 실시한 후 두 개의 집단 모두를 대상으로 A측정도구를 활용하여 사후검사를 시행하였다.

① 테스트 효과의 발생 가능성이 낮다.
② 집단 간 동질성의 확인 가능성이 낮다.
③ 사전 검사와 프로그램의 상호작용 효과의 통제가 가능하다.
④ 자연적 성숙에 따른 효과의 통제가 가능하다.
⑤ 실험집단의 개입 효과가 통제집단으로 전이된다.

03 연구의 외적 타당도를 저해하는 상황으로 옳은 것은?

① 연구대상의 건강 상태가 시간 경과에 따라 회복되는 상황
② 자아존중감을 동일한 측정도구로 사전-사후 검사하는 상황
③ 사회적 지지를 다른 측정도구로 사전-사후 검사하는 상황
④ 실험집단과 통제집단 간 연령 분포의 차이가 크게 발생하는 상황
⑤ 자발적 참여자만을 대상으로 연구표본을 구성하게 되는 상황

04 다음 조사에서 연구대상을 배정한 방법은?

> 사회복지사협회에서 회보 발송 여부에 따라 회비 납부율에 차이가 있는지 알아보고자 한다. 이를 위해 전체 회원을 연령과 성별로 구성된 할당행렬의 각 칸에 배치하고, 절반에게는 회보를 보내고 나머지 절반은 회보를 보내지 않았다.

① 무작위표집(random sampling)
② 할당표집(quota sampling)
③ 매칭(matching)
④ 소시오매트릭스(sociomatrix)
⑤ 다중특질-다중방법(MultiTrait-MultiMethod)

05 순수실험설계에서 인과성 검증에 관한 설명으로 옳지 않은 것은?

① 사회복지 프로그램의 실행 여부가 독립변수로 설정될 수 있다.
② 사전조사에서 실험집단과 통제집단의 종속변수 측정치는 통계적으로 유의미한 차이가 없어야 한다.
③ 사전조사와 사후조사에서 통제집단의 종속변수 측정치는 통계적으로 유의미한 차이가 있어야 한다.
④ 실험집단과 통제집단의 동질성 확보가 필요하다.
⑤ 실험집단과 통제집단의 차이는 독립변수의 개입 유무이다.

06 다음과 같은 절차로 진행된 유사(준)실험설계의 특징으로 옳지 않은 것은?

> – 우울예방 프로그램에 참여할 하나의 집단을 모집함
> – 우울검사를 일정한 간격으로 여러 차례 실시함
> – 우울예방 프로그램을 진행함
> – 우울검사를 동일한 측정도구를 이용해 일정한 간격으로 여러 차례 실시함

① 통제집단을 두기 어려울 때 사용할 수 있다.
② 검사효과가 발생할 수 없다.
③ 정태적 집단비교설계(static-group comparison design)보다 내적 타당도가 높다.
④ 개입효과는 사전검사와 사후검사 측정치의 평균을 비교해서 측정할 수 있다.
⑤ 사전검사와 개입의 상호작용효과가 발생할 수 있다.

07 다음 ( )에 알맞은 내용으로 옳은 것은?

> – 내적타당도를 높이기 위해서는 (ㄱ) 이외의 다른 변수가 (ㄴ)에 개입할 조건을 통제하여야 한다.
> – 외적타당도를 높이기 위해서는 (ㄷ)으로 연구대상을 선정하거나 표본크기를 (ㄹ) 하여야 한다.

① ㄱ: 원인변수, ㄴ: 결과변수, ㄷ: 확률표집방법, ㄹ: 크게
② ㄱ: 원인변수, ㄴ: 결과변수, ㄷ: 무작위할당, ㄹ: 작게
③ ㄱ: 원인변수, ㄴ: 결과변수, ㄷ: 확률표집방법, ㄹ: 작게
④ ㄱ: 결과변수, ㄴ: 원인변수, ㄷ: 확률표집방법, ㄹ: 크게
⑤ ㄱ: 결과변수, ㄴ: 원인변수, ㄷ: 무작위할당, ㄹ: 작게

08 외부사건(history)을 통제할 수 있는 실험설계를 모두 고른 것은?

> ㄱ. 솔로몬 4집단 설계(Solomon four-group design)
> ㄴ. 단일집단 사전사후검사 설계(one-group pretest-posttest design)
> ㄷ. 단일집단 사후검사 설계(one-group posttest-only design)
> ㄹ. 통제집단 사후검사 설계(posttest-only control group design)

① ㄹ　② ㄱ, ㄹ
③ ㄴ, ㄷ　④ ㄱ, ㄴ, ㄹ
⑤ ㄴ, ㄷ, ㄹ

09 외적타당도를 저해하는 요인으로 옳은 것은?

① 실험대상의 탈락　② 외부사건(history)
③ 통계적 회귀　④ 개입의 확산 또는 모방
⑤ 연구 참여자의 반응성

10 실험설계의 유형에 관한 설명으로 옳지 않은 것은?

① 다중 시계열 설계(multiple time-series design)는 통제집단을 설정하지 않는다.
② 단일집단 사전사후검사 설계(one-group pretest-posttest design)는 검사효과를 통제하기 어렵다.
③ 통제집단 사후검사 설계(posttest-only control group design)는 사전검사의 영향을 배제할 수 있다.
④ 시계열 설계(time-series design)는 검사효과와 외부사건을 통제하기 어렵다.
⑤ 정태적 집단 비교설계(static group design)는 두 집단의 본래의 차이를 확인하기 어렵다.

11 다음 연구설계에 관한 설명으로 옳지 않은 것은?

> 노인복지관이 노노케어 프로그램 자원봉사자 40명을 무작위로 골라 20명씩 두 집단으로 배치하고, 한 집단에는 자원봉사 교육을 실시하고 다른 집단에는 아무런 개입을 하지 않았다. 10주 후 두 집단 간 자원봉사만족도를 비교 · 분석하였다.

① 사전조사를 실시하지 않아 내적타당도를 저해하지 않는다.
② 무작위 선정으로 내적타당도를 저해하지 않는다.
③ 통제집단을 확보하기 어려울 때 사용할 수 있는 설계이다.
④ 사전검사를 하지 않아도 집단 간 차이를 어느 정도 통제할 수 있다.
⑤ 통제집단 전후비교에 비해 설계가 간단하여 사회조사에서 많이 활용된다.

12 실험설계의 내적타당도에 관한 설명으로 옳은 것을 모두 고른 것은?

> ㄱ. 우연한 사건은 내적타당도에 부정적 영향을 미칠 수 있다.
> ㄴ. 사전점수가 매우 높은 집단을 선정하면 내적타당도를 저해한다.
> ㄷ. 내적타당도가 높은 연구 결과는 일반화 가능성이 높다.

① ㄱ ② ㄴ
③ ㄱ, ㄴ ④ ㄴ, ㄷ
⑤ ㄱ, ㄴ, ㄷ

13 인과관계를 성립시키기 위한 요건에 해당하는 것을 모두 고른 것은?

> ㄱ. 독립변수가 종속변수를 시간적으로 앞서야 한다.
> ㄴ. 독립변수와 종속변수가 일정한 방식으로 같이 변해야 한다.
> ㄷ. 독립변수와 종속변수의 관계가 허위적 관계이어야 한다.

① ㄱ ② ㄱ, ㄴ
③ ㄱ, ㄷ ④ ㄴ, ㄷ
⑤ ㄱ, ㄴ, ㄷ

14 외적타당도와 내적타당도에 관한 설명으로 옳지 않은 것은?

① 사전검사의 실시가 내적타당도에 부정적으로 영향을 미칠 수 있다.
② 외적타당도를 높이는 중요한 전략 중 하나는 연구를 반복적으로 실시하여 결과를 축적하는 것이다.
③ 내적타당도가 높으면 외적타당도 또한 높다.
④ 자신이 연구대상자라는 인식이 외적타당도를 낮출 수 있다.
⑤ 내적타당도는 인과관계를 추론할 수 있는 정도를 의미한다.

15 다음에 해당하는 설계로 옳은 것은?

> 학교폭력 예방프로그램의 효과를 평가하기 위해 00시 소재 중학교 학교와 학생들의 특성이 유사한 A학교와 B학교를 선정하였다. 두 학교 학생들을 대상으로 사전검사를 실시한 다음 A학교에서 학교폭력 예방프로그램을 실시한 후 다시 한번 두 학교 학생들을 대상으로 사후검사를 시행하였다.

① 비동일 통제집단 설계
② 통제집단 사후검사 설계
③ 정태적 집단(고정집단) 비교 설계
④ 일회검사사례연구
⑤ 솔로몬 4집단 설계

16 다음 설계에 관한 설명으로 옳은 것은?

> O_1 X O_2
>
> O_1 : 사전검사, X : 개입 프로그램, O_2 : 사후검사

① 내적타당도가 강한 설계이다.
② 검사효과를 통제하는 설계이다.
③ 진(순수)실험설계에 속하는 설계이다.
④ 통제집단을 확보하기 어려울 때 사용할 수 있는 설계이다.
⑤ 연구결과의 일반화가 용이한 설계이다.

17 요인설계(factorial design)에 관한 설명으로 옳지 않은 것은?

① 집단비교 결과의 일반화 가능성이 높은 편이다.
② 독립변수의 속성에 따라 할당행렬을 만들고 행렬 상의 각 범주에 따라 집단을 설정한다.
③ 독립변수가 많을수록 요인설계를 활용하기 쉽다.
④ 주효과와 상호작용효과를 동시에 확인할 수 있다.
⑤ 분산분석(ANOVA)의 통계적 기법을 활용할 수 있다.

18 조사대상자의 선정편향(selection bias)이 영향을 주기 어려운 것은?

① 내적 타당도
② 실험집단과 통제집단의 동질성

③ 표본의 대표성
④ 측정의 정확성
⑤ 결과의 일반화 정도

19 실험설계 시 고려해야 할 타당도 저해요인 중 특성이 같은 요인끼리 묶인 것은?

ㄱ. 역사(history) ㄴ. 성숙(maturation)
ㄷ. 표본의 대표성(sample representativeness)
ㄹ. 중도탈락(mortality)

① ㄴ, ㄷ ② ㄷ, ㄹ
③ ㄱ, ㄴ, ㄷ ④ ㄱ, ㄴ, ㄹ
⑤ ㄴ, ㄷ, ㄹ

20 실험설계에 관한 설명으로 옳지 않은 것은?
① 통제집단사후검사설계는 무작위할당으로 통제집단과 실험집단을 나누고 실험집단에만 개입을 한다.
② 정태적(static) 집단비교설계는 실험집단과 개입이 주어지지 않은 집단을 사후에 구분해서 종속변수의 값을 비교한다.
③ 비동일통제집단설계는 임의적으로 나눈 실험집단과 통제집단 간의 교류를 통제한다.
④ 솔로몬4집단설계는 통제집단사전-사후검사설계와 통제집단사후검사설계를 결합한 것이다.
⑤ 복수시계열설계는 실험집단과 통제집단에 대해 개입 전과 개입 후 여러 차례 종속변수를 측정한다.

21 조사설계의 타당성에 관한 설명으로 옳은 것은?
① 내적타당도와 외적타당도는 서로 필요조건의 관계에 있다.
② 조사대상의 성숙은 외적타당도에 영향을 미치는 요인이다.
③ 동일한 프로그램의 효과성이 서울과 제주에서 같지 않은 것은 외적타당도의 문제이다.
④ 외적타당도는 연구결과에 대한 대안적 설명 가능성 정도를 의미한다.
⑤ 특정 프로그램의 효과를 확인하기 위해 연구의 외적타당도를 확보해야 한다.

22 다음 연구의 내적타당도에 영향을 미칠 수 있는 요인은?

아동학대 예방을 위한 부모교육의 효과성 검증을 위해 아동보호전문기관을 통해 교육 참여를 희망하는 부모를 모집하고 교육을 실시하였다. 교육 종료 후 1년 동안, 교육을 받은 부모집단과 받지 않은 부모집단에서 아동학대 사례로 확인된 부모의 비율을 비교하였다.

① 통계적 회귀
② 편향된 집단선택
③ 반복된 검사
④ 동시타당도
⑤ 인과관계 방향성의 모호함

23 실험설계에 관한 설명으로 옳지 않은 것은?
① 순수실험설계는 무작위할당을 활용해야 한다.
② 순수실험설계가 준(유사)실험설계에 비해 내적타당도가 높다.
③ 준(유사)실험설계에는 사전 측정이 있어야 한다.
④ 준(유사)실험설계에는 두 개 이상의 집단이 필요하다.
⑤ 단일집단사전사후검사설계는 전실험설계이다.

24 실험설계에서 무작위할당으로 예방할 수 있는 문제는?
① 낮은 응답률 ② 과다한 연구비용
③ 과다한 표본추출오차 ④ 연구 일정의 지연
⑤ 우연한 사건의 영향

25 어떤 연구를 진행한 결과 호손(Hawthorne)효과가 발생했을 경우, 이후 연구에서 연구결과의 정확성을 높이기 위해 취해야 할 조치로 가장 적절한 것은?
① 대상자 수 증가
② 실험자극 강화
③ 전조사와 후조사의 간격 축소
④ 통제집단 추가
⑤ 신뢰도 분석 강화

26 매우 건강한 90대 남성노인들에게 건강서비스를 1년 동안 제공한 후 건강상태를 측정한 결과, 이들의 상태가 나빠졌고 통제집단인 여성노인들에 비해서도 낮게 나타났다. 이 연구에서 영향을 미칠 수 있는 내적 타당도 저해요인을 모두 고른 것은?

> ㄱ. 성숙효과
> ㄴ. 선택(selection)과의 상호작용
> ㄷ. 통계적 회귀
> ㄹ. 위약(placebo)효과

① ㄱ, ㄴ, ㄷ　② ㄱ, ㄷ
③ ㄴ, ㄹ　④ ㄹ
⑤ ㄱ, ㄴ, ㄷ, ㄹ

27 인과관계 추론에 관한 설명으로 옳은 것은?

① 독립변수들 사이의 상관관계는 인과관계 추론의 일차적 조건이다.
② 독립변수와 종속변수 간의 관계는 두 변수 모두의 원인이 되는 제3의 변수로 설명되어서는 안 된다.
③ 종속변수가 독립변수를 시간적으로 앞서야 한다.
④ 횡단적 연구는 종단적 연구에 비해 인과관계 추론에 더 적합하다.
⑤ 독립변수의 변화는 종속변수의 변화와 관련성이 없어야 한다.

28 내적 타당도 저해 요인 중 통계적 회귀에 관한 설명으로 옳은 것은?

① 프로그램의 개입 후 측정치가 기초선으로 돌아가려는 경향
② 프로그램 개입의 효과가 완전한 선형관계로 나타나는 경향
③ 프로그램의 개입과 관계없이 사후검사 측정치가 평균값에 근접하려는 경향
④ 프로그램 개입 전부터 이미 이질적인 두 집단이 사후조사 결과에서도 차이가 나타나는 경향
⑤ 프로그램의 개입 전후에 각각 다른 측정도구로 특정함으로써 차이가 나타나는 경향

29 다음 사례에 관한 설명으로 옳지 않은 것은?

> 다문화교육이 청소년들의 다문화수용성에 미치는 영향을 알아보기 위해 청소년 100명을 무작위로 두 집단으로 나누었다. 교육 실시 전 두 집단의 다문화수용성을 측정하고, 한 집단에만 다문화교육을 실시한 후 다시 두 집단 모두 다문화수용성을 측정하였다.

① 전형적인 실험설계이다.
② 교육에 참여한 집단이 실험집단이다.
③ 외적 요인의 통제를 시도하지 않았다.
④ 내적 타당도의 저해요인이 발생할 수 있다.
⑤ 두 집단 간의 사전, 사후 측정치를 비교하여 효과를 판단할 수 있다.

30 다음에서 설명하는 설계에 해당하는 것은?

> 심리상담 프로그램이 시설입소노인의 정서적 안정감에 미치는 영형을 알아보기 위해 사전조사 없이 A요양원의 노인들을 대상으로 프로그램을 실시하였다. 프로그램 종료 후, 인구사회학적 배경이 유사한 B요양원 노인들을 비교집단으로 하여 두 집단의 정서적 안정감을 측정하였다.

① 비동일 통제집단 설계
② 정태적 집단비교 설계
③ 다중 시계열 설계
④ 통제집단 사후검사 설계
⑤ 플라시보 통제집단 설계

정답 01 ③ 02 ④ 03 ⑤ 04 ③ 05 ③ 06 ② 07 ① 08 ② 09 ⑤ 10 ① 11 ③ 12 ③ 13 ② 14 ③ 15 ① 16 ④ 17 ③ 18 ④ 19 ④ 20 ③ 21 ③ 22 ② 23 ④ 24 ⑤ 25 ④ 26 ① 27 ② 28 ③ 29 ③ 30 ②

CHAPTER 08

단일사례설계

1. 단일사례설계의 개념과 특성
2. 단일사례설계의 과정
3. 단일사례설계의 유형
4. 개입의 평가방법

Chapter 08

단일사례설계

학습목표

- 단일사례설계의 특성을 이해한다.
- 단일사례설계의 과정을 이해한다.
- 단일사례설계의 유형을 이해한다.
- 개입의 평가방법을 이해한다.

1. 단일사례설계의 개념과 특성

1) 단일사례설계의 개념

단일사례설계(single-case design)는 하나의 대상이나 사례를 연구대상으로 문제 해결을 위한 사회복지실천의 개입 효과를 평가하기 위해 반복해서 측정하는 방법이다. 여기서 연구대상은 개인, 가족, 집단, 조직, 지역사회 등이 될 수 있다. 즉, 종속변수인 한 사례나 대상의 표적 행동에 대해 사회복지사의 개입 전후의 상태를 시계열적으로 반복해서 관찰함으로써 독립변수인 개입 효과를 과학적 연구방법으로 증명할 수 있다.

단일사례설계는 사례 내 반복설계(intrasubjective replication design)라고도 한다

(Kazdin, 1992). 사례 내 반복이란 하나의 사례에 대해 시간의 흐름에 따라 종속변수를 여러 번 반복해서 측정하는 것을 의미한다. 즉, 독립변수의 개입 이전에 일종의 통제집단의 역할을 수행하는 종속변수를 여러 번 반복해서 측정함으로써 일정한 경향을 발견하고, 독립변수의 개입 이후에 경향에서 변화가 있다면 이를 독립변수의 효과로 추론하는 것이다. 이처럼 단일사례설계는 연구대상을 실험집단과 통제집단으로 구분할 수 없거나 독립변수인 개입 효과가 일시적이거나 시간의 흐름에 따라 변하기 쉬울 때 사용한다. 일반적으로 단일사례설계의 평가에서 사용할 수 있는 측정방법은 직접 관찰, 자기 보고식 척도, 표준화된 측정도구 등이 있다(Zastrow, 1999).

2) 단일사례설계의 특성

단일사례설계의 목적은 어떤 표적 행동에 대한 사회복지사의 개입 효과를 분석하는 것이다. 실험설계는 사전검사와 사후검사를 한 번씩만 시행하여 독립변수의 조작 이후 종속변수의 변화를 알려주지만, 종속변수의 변화는 언제 그리고 어떤 방법으로 일어났는지에 대한 정보를 제공하지 못한다(Monette et al., 2011). 이는 사회복지실천 과정의 중요성을 간과한 것으로 실험설계의 한계를 극복하기 위해서 사회복지실천 현장에서는 단일사례설계에 관해 관심이 높다.

단일사례설계의 유용성을 살펴보면 다음과 같다(최성재, 2005; 황성동, 2015). 첫째, 종속변수인 클라이언트의 표적 행동의 변화를 파악하기 위해 시계열적으로 반복해서 측정함으로써 개입의 효과를 파악할 수 있다. 특히 다양한 단일사례설계가 이루어진다면, 사회복지실천 기술의 향상과 책무성을 증진할 수 있다.

둘째, 개입 중에도 즉각적인 피드백을 통해 개입방법을 수정하거나 변경함으로써 개입의 효과를 높일 수 있다. 이처럼 단일사례설계를 통해 클라이언트의 치료 동기의 향상과 문제 해결에 기여할 수 있다.

셋째, 클라이언트가 원하는 변화를 종속변수인 개입의 목표나 평가지표로 활용함으로써 연구 과정에서 개별화의 원리를 적용할 수 있다. 즉, 단일사례설계에서 연구자인 사회복지사와 연구대상자인 클라이언트가 합의해서 개입의 목표를 설정하며, 개입 목표의 변화를 측정하기 위해 다양한 측정방법을 활용할 수 있다.

넷째, 단일사례설계는 사회복지실천을 통해 과학적 지식과 이론을 접목할 기회가 된다. 즉, 단일사례설계는 사회복지실천 과정과 연구 과정의 통합이 가능하므로 사회복지사는 연구자인 동시에 실천가의 역할을 수행한다. 이런 경험이 축적된다면, 사회복지실천의 지식 형성과 이론 발전에 기여할 수 있다.

다섯째, 단일사례설계는 연구 절차가 간단하므로 실험설계와 비교해서 비용이나 시간이 절감되는 효과가 있다. 하지만 단일사례설계는 인과관계를 확인하는 것이 어렵고, 기초선 단계에서 표적 행동의 경향을 파악하기 위해 개입을 지연할 수도 있어서 윤리적으로 문제가 될 수 있다. 또한 연구대상이 하나의 사례이므로 그 결과를 일반화하는 것이 어려워서 외적 타당도가 낮다는 것이 단점이다.

2. 단일사례설계의 과정

단일사례설계의 구조는 기초선 단계와 개입 단계로 구분할 수 있다. 이러한 단일사례설계의 과정을 살펴보면 [그림 8-1]과 같다(황성동, 2015).

그림 8-1 단일사례설계의 과정

단계	내용
표적 행동의 선정	– 문제 상황의 원인 파악 – 한두 가지 문제에 초점을 두고 구체적인 표적 행동 규정
↓	
기초선 단계의 관찰	– 단일사례설계 유형의 선정: BAB, AB, ABA, ABAB, ABCD, 복수기초선설계 등 – 표적 행동에 대한 기초선 단계의 관찰 시기와 횟수를 도표에 표시
↓	
개입 단계의 관찰	– 개입 도중 관찰된 표적 행동의 횟수를 도표에 표시 – 변화 경향 분석
↓	
개입에 대한 평가	– 도표에서 나타난 변화의 경향과 수준 판단 – 개입 효과의 유의성을 위해 통계적인 절차 이용

(1) 표적 행동의 선정

단일사례설계에서 가장 먼저 수행해야 할 것은 개입 대상인 클라이언트의 문제 행동을 표적 행동(target behavior)으로 선정하는 것이다. 표적 행동은 개입을 통해 변화시키려는 행동으로 단일사례설계의 종속변수가 된다. 변화를 촉발하는 요인인 개입이 표적 행동에 어떤 변화를 일으키는지 세심하게 관찰하면 개입 효과를 파악할 수 있다. 따라서 클라이언트의 문제 해결을 위해 선정된 표적 행동은 구체적이고 측정 가능한 것으로 규정해야 한다.

(2) 기초선 단계의 관찰

표적 행동이 선정되면, 기초선 단계(A)의 관찰이 시행된다. 기초선(baseline)은 개입 이전의 표적 행동의 빈도, 강도, 기간 등의 상태를 관찰하는 기간으로 통제집단과 유사한 역할을 수행한다. 즉, 기초선 단계는 개입 후의 변화와 비교할 수 있는 개입 전의 상황으로 보통 'A'로 표시한다. 일반적으로 기초선 단계의 기간은 표적 행동이 얼마나 자주 발생하고 그 유형이 안정적인지에 따라 결정된다. 대체로 기초선 단계의 관찰 횟수는 최소한 3회 이상으로 반복해서 시행하되, 표적 행동이 안정적일 때까지 관찰하는 것이 좋다(Barlow & Hersen, 1984). 이처럼 기초선 단계를 설정하여 관찰하는 이유는 개입하지 않은 상태에서 클라이언트의 표적 행동을 정확히 파악하여 성숙 효과를 통제할 수 있고, 개입을 통해 표적 행동이 어떻게 변화되었는지를 파악하기 위한 것이다.

(3) 개입 단계의 관찰

개입은 클라이언트의 표적 행동을 변화시키기 위해 사회복지사가 활용하는 행위나 프로그램을 의미한다. 사회복지사의 개입이 시작되면, 표적 행동에 대한 개입 단계(B)의 관찰을 시행한다. 기초선 단계의 관찰을 통해 클라이언트의 표적 행동에서 일정한 경향과 유형을 파악하면, 그다음에는 사회복지사가 개입을 시작하고 관찰을 반복한다. 이처럼 개입 단계는 클라이언트의 표적 행동 변화를 위해 사회복지사가 활용하는 다양한 형태의 개입방법을 적용하는 기간으로 표적 행동의 관찰을 병행한다. 일반적으로 기초선 단계와 개입 단계에서 표적 행동의 관찰 횟수는 동일하게 측정하는 것이 바람직하다. 또한 개입 단계는 측정자, 측정방법, 장소, 기타 조건 등을 기초선 단계와 동일하게 해야 한다.

(4) 개입에 대한 평가

표적 행동에 대한 개입의 평가는 반복해서 수집된 자료를 근거로 작성된 그래프를 활용한다. 기초선 단계와 개입 단계의 관찰 차이를 통해 누구나 쉽게 개입의 효과를 확인할 수 있다. 즉, 표적 행동 변화의 파동, 변화의 경향, 변화의 수준 등을 고려하여 개입의 효과성을 평가한다.

3. 단일사례설계의 유형

1) AB설계

AB설계는 하나의 기초선 단계(A)와 하나의 개입 단계(B)만으로 이루어진 가장 기본적인 단일사례설계 유형이다. AB설계는 기초선 단계에서 클라이언트의 표적 행동 빈도를 관찰하고, 개입 단계에서는 개입과 함께 표적 행동의 변화를 관찰한다. [그림 8-2]와 같이 기초선 단계에서 관찰한 클라이언트의 표적 행동과 개입 후 표적 행동의 변화를 비교하여 제시한다. AB설계는 개입 후 평가를 즉시 시행할 수 있어서 신속하게 결과를 얻을 수 있고, 구성이 단순하여 여러 가지 유형의 문제와 장소에 적용할 수 있다. 하지만 다른 변수의 영향을 통제할 수 없으므로 표적 행동의 변화가 개입 때문이라고 확신할 수 없다. 즉, AB설계는 성숙 효과와 외부 사건 등 내적 타당도의 저해요인을 충분히 통제하지 못하기 때문에 표적 행동의 변화가 개입 때문임을 주장할 수 없다는 것이 한계이다.

그림 8-2 AB설계

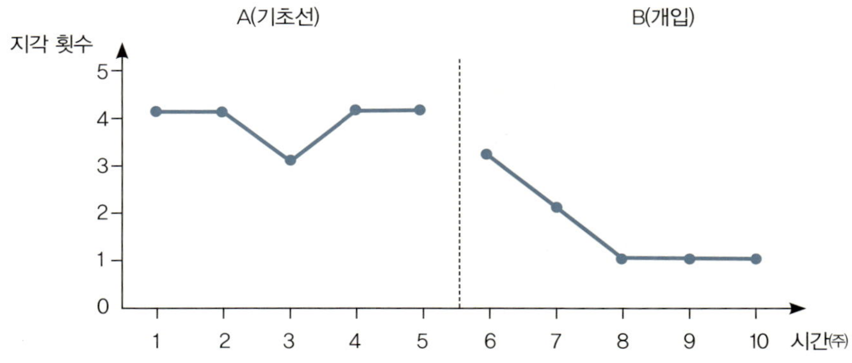

2) ABA설계

개입 단계에서 발생한 외부 사건 때문에 개입 효과를 정확하게 파악하기 어려울 때는 개입을 중단하고 다시 기초선 단계로 돌아가서 클라이언트의 상태를 측정할 필요가 있다. 이처럼 기초선-개입-기초선 단계로 연구를 수행하는 것을 ABA 설계라고 한다. 즉, ABA설계는 [그림 8-3]에서와 같이 개입 효과를 검증하기 위해 일정 기간 개입 후에 두 번째 기초선 단계(두 번째 A)에서 표적 행동의 변화가 개입의 결과로 지속하는 경우(①과 같이)이다. 만약 개입(B) 효과가 있을 때, 논리상 개입을 중단하면 클라이언트의 상태가 나빠질 수 있다. 이처럼 개입 효과를 파악하는 것은 가능하지만, 클라이언트에게 어떤 변화가 있는지를 알기 위해 개입을 중단함으로써 클라이언트를 다시 문제 상황에 빠뜨릴 수 있다는 점에서 윤리적 문제가 발생할 수 있다. 또한 개입을 중단해도 표적 행동이 악화하지 않으면 개입 때문인지 아니면 다른 요인 때문인지를 알 수 없으며, 조사 기간이 길어질 수 있다는 것이 단점이다(최성재, 2005).

그림 8-3 ABA 및 ABAB설계

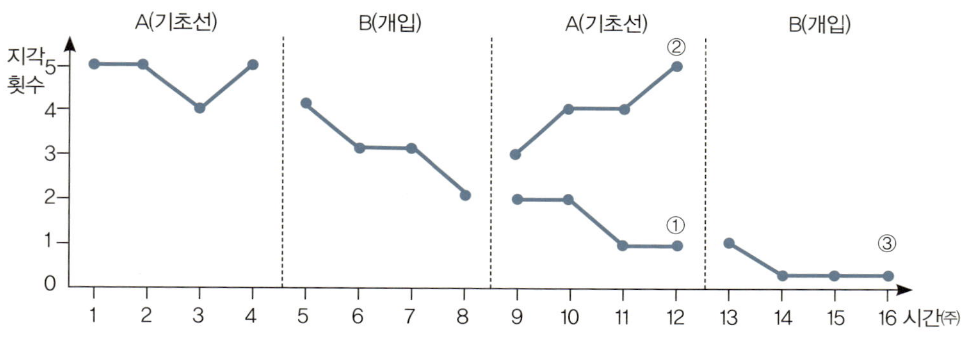

3) ABAB설계

ABAB설계는 [그림 8-3]의 AB설계에 또 하나의 AB설계를 추가하여 외생변수를 효과적으로 통제하기 위한 설계로 반전설계(reversal design)라고도 한다. 즉, 개입 단계에서 변화된 표적 행동이 두 번째 기초선 단계와 같이 이전 상태(②와 같이)로 되돌아간다면, 다시 개입(두 번째 B)하여 ③과 같은 결과가 나온다면 개입을 종결한다. ③과 같은 표적 행동의 안정적인 경향은 사회복지사의 개입으로 클라이언트의 지각 문제를 해결했다는 것을 입증해 준다. 이처럼 ABAB설계는 두 번째 기초선과 개입의 유형이 첫 번째 기초선과 개입의 유형과 일치하므로 클라이언트의 표적 행동의 변화가 개입 때문임을 확실히 입증할 수 있다(황성동, 2015).

ABAB설계의 장점은 외생변수의 영향을 통제함으로써 개입 효과에 대한 인과관계를 쉽게 파악할 수 있다. 또한 어떤 개입방법이 특정한 문제를 가진 클라이언트에게 효과적이라는 것을 알 수 있으므로 해당 분야의 이론을 축적할 수 있다. 마지막으로 클라이언트와 사회복지사의 관계가 유지되는 상황에서 두 번째 기초선 이후에 개입이 진행되므로 계속해서 관찰할 수 있다. 그러나 단점은 두 번의 기초선과 개입 기간을 모두 일정하게 유지하는 것이 어려울 뿐만 아니라 큰 노력과 시간이 필요하므로 비현실적이다. 또한 ABA설계와 마찬가지로 개입 효과의 지속 때문에 개입 효과가 무의미한 경우가 발생할 수도 있다(김진숙, 2011). 마지막으로 개입을 중단하는 것은 계속해서 개입을 원하는 클라이언트의 욕구에 반하는 것이므로 윤리적인 문제를 초래할 수 있다.

4) BAB설계

BAB설계는 클라이언트의 표적 행동을 관찰하는 기초선 단계 없이 개입부터 시행한 후에 일정 기간 관찰하는 기초선 단계를 도입한 다음 개입을 재개하는 설계이다. 사회복지실천 현장에서 클라이언트가 위기 상황과 같은 긴급성이 있는 상황에 사용하기에 적절한 설계이다. [그림 8-4]와 같이 BAB설계는 개입과 동시에 클라이언트에게 나타나는 변화의 상황을 쉽게 측정할 수 있다. 즉, 상세한 변화 지점을 확인함으로써 클라이언트에게 개입 효과를 설득할 수 있으며, 피드백을 제공할 수 있다. 하지만 BAB설계의 단점은 외생변수를 통제하는 것이 어렵고, 개입 효과가 계속될 때 기초선 단계와 제2의 개입단계에서 표적 행동의 상태가 비슷하므로 개입 효과를 평가하는 것이 어렵다는 것이다.

그림 8-4 BAB설계

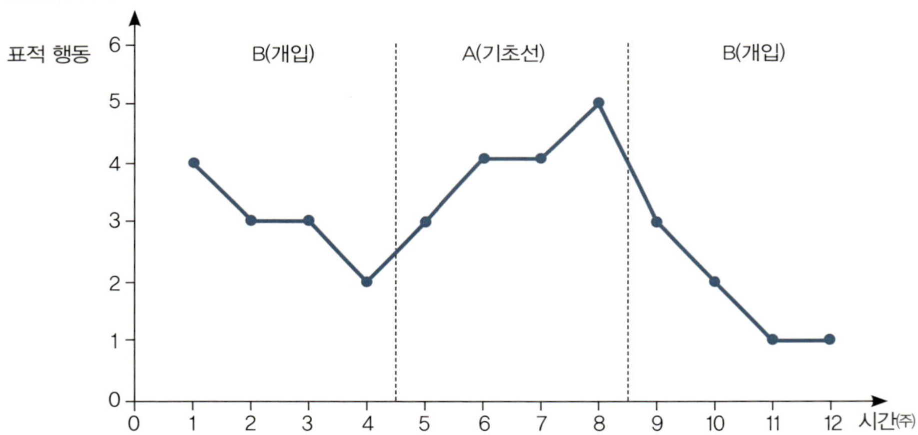

5) ABC 및 ABCD설계

ABC 및 ABCD설계는 [그림 8-5]와 같이 하나의 기초선 단계와 여러 가지 다른 개입방법을 시행하는 개입 단계로 구성된 다중개입설계이다. 즉, AB설계에서 개입 효과가 나타나지 않을 때 다른 개입방법을 시작하거나, 처음부터 다중 개입방법을 계획하는 경우이다. 이 설계에서 C와 D는 B의 연장이며 또 다른 개입방법이지만, ABA설계처럼 기초선 단계로 다시 돌아가지 않는다. 예를 들어 독거노인 5명을 대상으로 우울증검사를 시행한 후 4주 동안 개인상담, 4주 동안 집단상담, 4주 동안 가족치료를 진행한 경우이다.

그림 8-5 ABC 및 ABCD설계

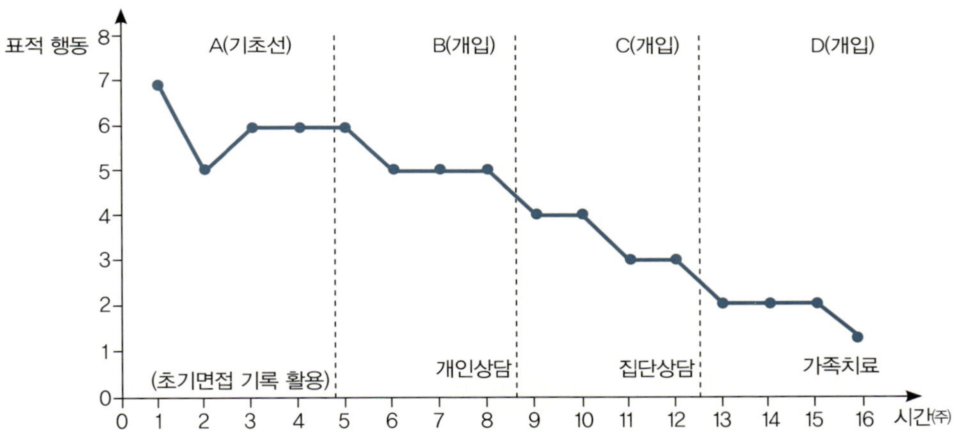

ABC 및 ABCD설계는 융통성이 있어서 연속적인 단계에서 옳다고 입증된 대로 개입 계획을 변경할 수 있다. 또한 클라이언트에게 적합한 새로운 개입방법을 적용할 수 있다는 것이 장점이다. 즉, 각 개입방법의 효과를 개별적으로 입증하기보다는 클라이언트의 표적 행동이 원하는 방향으로 변하는 것을 통해 개입 효과를 입증하는 것이 목적이다(황성동, 2015). 하지만 각 단계의 개입 효과가 그 단계의 개입 효과인지 혹은 앞 단계 개입의 잔류 효과인지를 구분하기 어려운 것이 단점이다. 따라서 ABC 및 ABCD설계를 시행하려면, 각 단계의 개별적 개입(B, C, D) 효과를 구별할 계획이 필요하다.

6) 복수기초선설계

복수기초선설계(multiple-baseline design)는 하나의 개입방법을 다양한 문제, 대상, 상황에 적용하여 개입 효과가 있는지를 파악하는 것으로 다중기초선설계라고도 한다. 즉, 다양한 문제, 대상, 상황에 대해 특정한 개입방법을 다른 개입 시점에 적용하여 동일한 효과를 얻는다면, 클라이언트의 표적 행동의 변화는 우연한 사건과 같은 외생변수 때문이 아니라 개입 때문임을 확인할 수 있는 것이 복수기초선설계이다. 특히 복수기초선설계는 개입 중단의 문제점을 개선하면서 독립변수인 개입과 종속변수인 표적 행동의 변화 간의 인과적 관계를 확실히 추정하는 방법이다. 이러한 복수기초선설계의 유형은 문제 간 복수기초선설계와 대상자 간 복수기초선설계로 구분할 수 있다.

(1) 문제 간 복수기초선설계

문제 간 복수기초선설계(multiple baseline across behaviors design)는 특정한 개입방법을 동일한 대상자의 다양한 문제의 해결에 효과가 있는지를 평가하는 것이다. 여기서 해결해야 할 문제는 상호 관련이 없어야 한다. 문제가 상호 관련이 있다면, 특정한 행동의 변화는 자동으로 다른 행동의 변화에 영향을 주어서 개입의 독립적 효과를 약하게 만들거나 불확실하게 만들기 때문이다(최성재, 2005). 예를 들어 아동생활시설에서 생활하는 철호는 친구들과 잘 다투고, 사회복지사와는 거리를 두며, 학교생활적응의 문제가 있다. 따라서 사회복지사는 대인관계 향상을 위한 집단프로그램을 통해 친구들과 좋은 관계를 유지하도록 개입하고, 계속해서 사회복지사와도 거리를 좁히는 활동을 하며, 그 결과 학교생활에도 잘 적응할 수 있도록 차례로 개입한다. [그림 8-6]과 같이 세 가지 표적 행동은 기초선 단계에

그림 8-6 문제 간 복수기초선설계

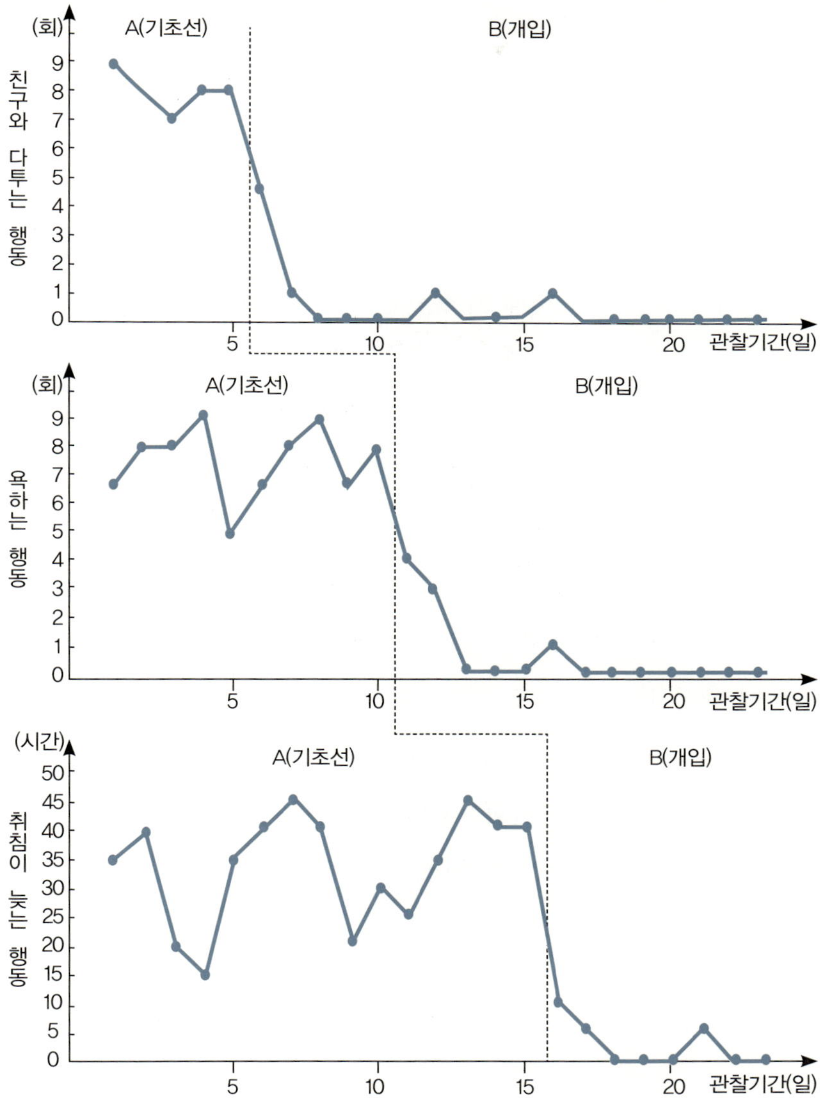

서는 높은 빈도가 나타났지만, 개입 단계에서는 낮은 빈도로 나타나 동일한 개입이 특정 연구대상자의 다양한 표적 행동의 변화에 영향을 주었다고 확신할 수 있다.

(2) 대상자 간 복수기초선설계

대상자 간 복수기초선설계(multiple baseline across subjects design)는 동일한 문제를 가진 여러 대상자에게 서로 다른 시기에 같은 개입방법을 적용할 때 효과가 있는지를 평가하는 것이다. 이때 기초선 단계와 비교해서 개입 단계에서 표적 행동의 변화가 있다면, 이러한 변화는 우연한 사건을 통제할 수 있으므로 개입 때문이라는 것을 확신할 수 있다. 예를 들어 아동생활시설에서 생활하는 세 명의 아동은 학교생활적응의 어려움이 있다. 교육복지사는 아동들의 표적 행동을 지각으로 보고 개별상담을 시행하려고 한다. 이때 대상자 간의 상호작용을 예방하기 위해 기초선을 다르게 설정한다. 즉, 첫 번째 아동에게 개별상담을 시행한 후 효과가 나타나면, 두 번째 아동에게 개입하고, 두 번째 아동에게 효과가 나타나면 세 번째 아동에게 개입하는 방식으로 진행한다. 하지만 일부 연구대상자에게 개입의 제공이 지연되는 것이 문제이다. 다른 예로는 대인관계 문제로 어려움을 겪던 영철과 수영은 사회성 측정 후 사회기술훈련에 의뢰되었다. 영철은 곧바로 사회기술훈련을 시작하여 사회성의 변화 추이를 측정하였다. 수영은 3주간 시차를 두고 사회기술훈련을 시작하면서 변화 추이를 관찰하였다. 이처럼 연구대상자의 수가 증가할 수록 내적 타당도는 증가한다.

그림 8-7 대상자 간 복수기초선설계

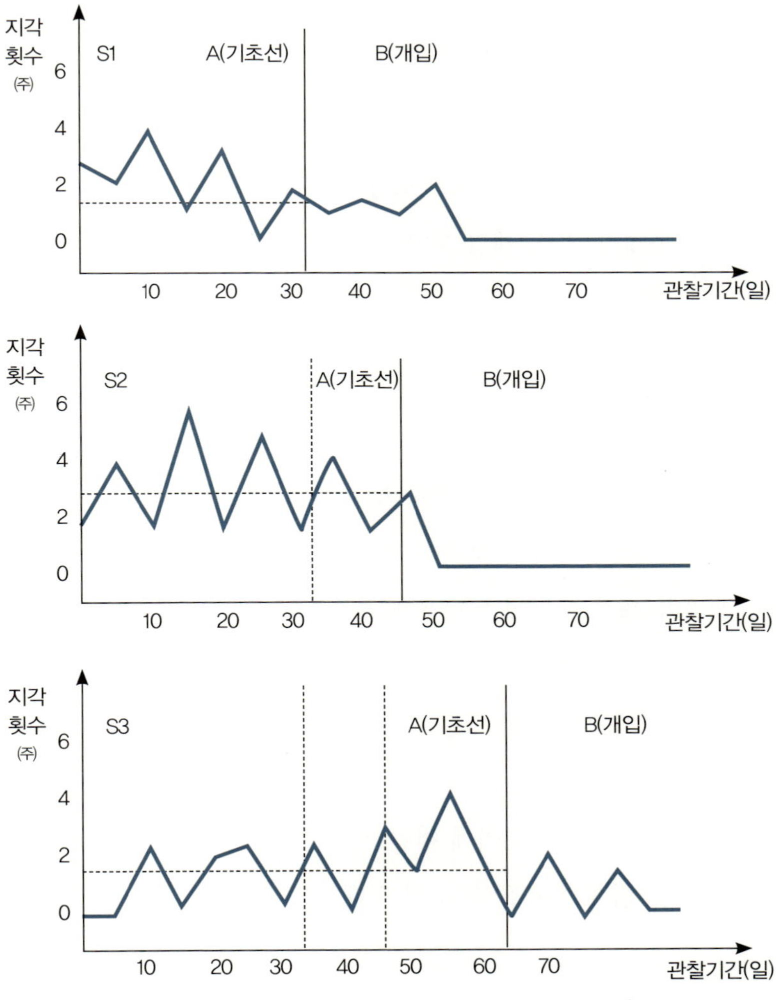

4. 개입의 평가방법

단일사례설계를 통하여 클라이언트의 표적 행동에 대한 개입 효과를 검증하는 방법은 크게 세 가지가 있다. 그래프 모양을 이용한 시각적 분석, 그래프에 나타난 자료 분포의 통계적 분석, 개입 분야 전문가의 임상적 분석 등이다.

1) 시각적 분석

시각적 분석은 기초선 단계와 개입 단계에서 작성된 그래프 모양을 통해 개입 이전과 이후에 클라이언트의 표적 행동의 변화 파동, 변화 경향, 변화 수준 등을 고려하여 시각적으로 평가하는 것이다. 즉, 표적 행동의 변화가 개입 단계부터 나타난다면, 개입이 표적 행동에 영향을 미친다는 가정은 시각적으로 유의성이 있다는 논리를 지지할 수 있다. 예를 들어 기초선 단계에서 표적 행동은 거의 변화가 없지만, 개입 단계에서 표적 행동은 점차 감소하고 있다. 이럴 때 표적 행동에 대한 개입 효과가 있다고 판단할 수 있지만, 개입 효과 때문이라고 확신할 수는 없다. 기초선 단계의 특정한 시기에 어떤 계기로 인해 개입 구간부터 성숙의 효과가 나타나서 자연스럽게 좋아질 수도 있기 때문이다.

① 변화의 파동

변화의 파동은 관찰된 표적 행동의 특성이 시간의 흐름에 따라 파동을 일으키며 변화되는 정도를 말한다. 변화의 파동이 심하면 관찰 횟수가 많아야 변화의 일정한 유형을 판단할 수 있다. 기초선 단계와 개입 단계에서 변화의 파동이 적을수록, 그리고 관찰 횟수가 많을수록 개입 효과를 확실히 알 수 있다(최성재, 2005).

② 변화의 경향

변화의 경향은 기초선 단계와 개입 단계의 변화 경향을 연결하여 검토한다. 기초선 단계와 개입 단계의 변화 경향의 방향이 일치하면 개입의 영향이 없고, 상반되면 개입의 영향이 있다.

③ 변화의 수준

변화의 수준은 관찰된 행동 특성의 점수 위치를 말한다. 기초선 단계의 표적 행동과 개입 단계의 표적 행동 간의 빈도 차이가 클수록 개입 효과에 대한 확신이 높아진다.

2) 통계적 분석

통계적 분석은 개입 단계 동안 관찰된 클라이언트의 표적 행동이 예상되는 변화의 파동과 어떻게 다른지를 통계적으로 분석하는 방법이다. 즉, 시각적 분석을 통해 명확하게 해석하기 어려울 때 더욱 객관적인 방법으로 활용하며, 평균 비교와 경향선 접근 등을 주로 사용한다.

(1) 평균 비교

평균 비교란 클라이언트의 표적 행동이 기초선 단계에서 비교적 안정적일 때의 평균과 개입 단계의 평균을 비교하는 방법이다. 즉, 개입 단계(B)의 평균이 기초선 단계(A)의 평균보다 표준편차가 두 배(±2s) 이상 차이가 있으면, 그 차이는 우연히 나타난 것이 아니라 개입 때문으로 판단하는 분석방법이다. 일반적으로 평균의 표준편차가 두 배(±2s) 미만이라면, 원래는 같은데 그 차이가 개입 때문이 아니라 우연히 발생한 것으로 판단하기 때문이다.

그림 8-8 평균 비교법

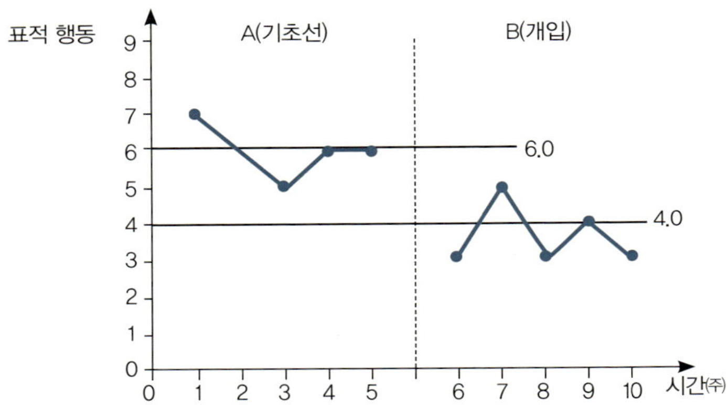

(2) 경향선 접근

경향선 접근은 표적 행동의 기초선이 다소 불안정하게 형성되어 있을 때 기초선을 연장함으로써 표적 행동의 변화를 예측하기 위해 사용하는 방법이다. 먼저 기초선 단계(A)의 관찰을 두 영역으로 나눈 다음 각 영역 값들의 평균을 구한다. 다음으로 기초선 단계의 두 평균을 잇는 직선을 그어 개입 단계(B) 관찰까지 연장하면 경향선(celeration line)이 된다. 이때 개입 단계의 관찰점이 모두 경향선 아래 또는 위에 있다면, 그 개입은 클라이언트의 표적 행동 변화에 효과적이라는 결론을 내릴 수 있다. 이처럼 경향선 접근은 기초선인 표적 행동에 대해 기초선의 변화 폭과 기울기까지 고려하여 시각적으로 개입효과를 분석하는 방법이다.

그림 8-9 경향선 접근

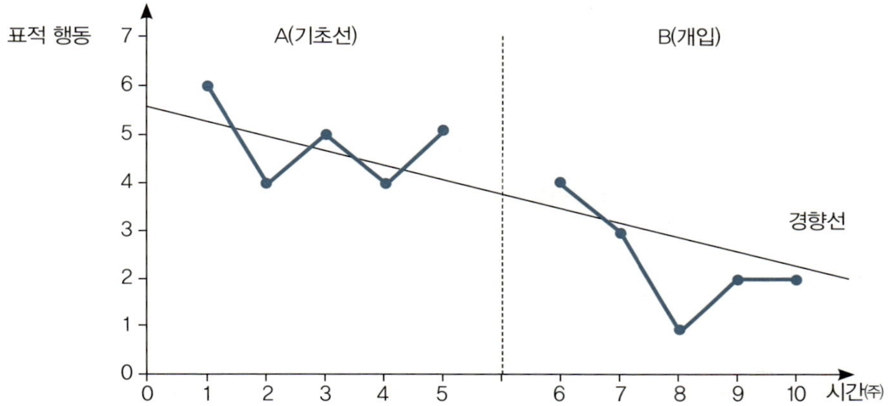

3) 임상적 분석

임상적 분석은 개입 단계 이후에 클라이언트의 표적 행동에서 변화가 있다면, 그 변화가 사회복지실천의 측면에서 의미 있는 변화인지를 사회복지사가 임상적 기준에서 판단하는 방법이다. 시각적으로나 통계적으로 클라이언트의 표적 행동에서 의미 있는 변화가 있더라도 그것이 표적 행동 변화의 질적인 중요성을 뜻하는 것은 아니다. 개입을 통해 나타난 변화의 크기가 실천적 의미에서 볼 때, 개입의 정당성을 보장할 수 있는지에 대한 질문이 임상적 분석에서 이루어진다. 하지만 임상적 분석은 사회복지사의 주관적 판단에 의존하기 때문에 결과 분석의 기준에서 문제가 있다고 볼 수 있다.

핵심정리

Core Theorem

1. 단일사례설계

- 사회복지실천의 효과성을 평가하기 위해 사용되는 연구방법으로 사례 내 반복설계라고도 하며, 개인, 가족, 집단 등을 단위로 하나의 사례를 연구대상으로 개입의 효과성을 평가하는 연구
- 인과관계를 밝히고 일반화하기에는 한계가 많지만, 개입의 효과성을 알기 위한 경우 통제집단 설정을 대신해서 경향과 변화를 알 수 있도록 반복 관찰을 통해 기초선 단계와 개입 단계를 비교하여 분석하는 연구설계방법

장점	단점
• 실천현장 및 임상적 환경에 쉽게 적용 • 통제집단이 없어도 됨 • 시각화 유리, 즉 개입결과를 기초선과 비교하고 검토하기가 용이함 • 개입 과정에서 지속적인 피드백 가능	• 일반화하기가 어려움 • 개입 중 특정단계에서는 개입을 철회하는 상황이 발생하기 때문에 윤리적 문제의 발생가능성

2. 단일사례설계의 유형

- AB설계: 기초선(A)과 개입(B)의 두 국면으로만 이루어진 단일사례설계의 가장 기본적인 유형, 사회복지사의 개입 이외에 제3의 요인에 대한 통제 불가능
- BAB설계: 위급한 상황에 즉시 개입하고 문제가 호전되면 기초선을 설정하고 다시 개입단계로 돌아감, 빠른 개입에 유용하지만, 외생요인의 통제가 어려움
- ABA설계: AB설계에 개입을 중단하는 제3의 국면 A를 추가하여 AB설계에서 볼 수 없었던 클라이언트의 변화가 개입 때문에 일어난 것인지를 확인할 수 있도록 한 방법, AB설계의 외부 사건 효과를 효율적으로 차단할 수 있음. 두 번째 기초선 단계에서 변화된 표적 행동이 개입의 결과로 지속된다면 ABA조사가 되고, 표적 행동이 개입 이전 상태로 되돌아간다면 두 번째 개입을 하게 되므로 ABAB조사가 됨. 윤리적 문제로서 초기 개입 후 두 번째 기초선 단계에서 클라이언트에게 어떤 변화가 일어나는가를 알기 위해

치료를 철회 또는 중단하는 것은 비윤리적임

- ABAB설계: 개입을 안 한 상태와 개입을 한 상태를 두 번 관찰함으로써 개입이 변화를 일으켰다는 확신을 얻기 때문에 실천현장에서 유용하지만, 연구기간이 길다는 점이 한계임
- ABC설계: 기초선 형성 후 서로 다른 복수의 개입방법을 연속적으로 적용하여 서로 다른 개입방법의 효과성을 비교하는 것. 우연한 사건을 통제할 수 없다는 것이 한계
- 복수(다중)기초선설계: 동일한 개입방법을 여러 대상, 상황, 표적 행동에 적용하여 개입 효과를 측정하는 것, 혹은 동일 사례와 동일 환경을 두고서 각기 다른 표적 행동들에서 어떤 효과가 나타나는지를 확인하는 것

3. 단일사례설계의 평가방법

- 시각적 분석: 변화의 파동, 변화의 경향, 변화의 수준 등을 고려하여 시각적으로 평가
- 통계적 분석: 평균 비교(평균과 표준편차를 함께 고려), 경향선 접근(기초선 측정값을 두 영역으로 구분하여 평가)
- 임상적 분석: 사회복지사가 주관적으로 임상적인 경험을 토대로 평가

사회복지사 1급자격시험 기출문제

01 단일사례설계에 관한 설명으로 옳은 것을 모두 고른 것은?

ㄱ. BA설계는 개입의 긴급성이 있는 상황에 적합하다. ㄴ. ABAC설계는 선행 효과의 통제가 가능하다. ㄷ. ABAB설계는 AB설계에 비해 외부사건의 영향력에 대한 통제력이 크다. ㄹ. 복수기초선디자인은 AB설계에 비해 외부사건의 영향력에 대한 통제력이 크다.

① ㄱ, ㄴ　　② ㄴ, ㄹ
③ ㄷ, ㄹ　　④ ㄱ, ㄴ, ㄷ
⑤ ㄱ, ㄷ, ㄹ

02 단일사례설계의 결과 분석 방법에 관한 설명으로 옳지 않은 것은?

① 시각적 분석은 변화의 수준, 파동, 경향을 고려해야 한다.
② 통계적 분석을 할 때 기초선이 불안정한 경우 평균비교가 적합하다.
③ 평균비교에서는 평균과 표준편차를 함께 고려해야 한다.
④ 경향선 분석에서는 기초선의 측정값을 두 영역으로 나누어 경향선을 구한다.
⑤ 임상적 분석은 결과 판단에 주관적 요소의 개입 가능성이 크다.

03 다음에 해당하는 단일사례설계의 유형은?

친구를 사귀는 데 어려움이 있는 여름이와 겨울이는 사회복지기관을 찾아가 대인관계향상 프로그램에 참여하게 되었다. 먼저 두 사람은 대인관계 수준을 측정하였으며, 여름이는 곧바로 대인관계 훈련을 시작하여 변화정도를 측정하고 있다. 3주간 시간차를 두고 겨울이의 대인관계 훈련을 시작하고 그 변화를 관찰하였다.

① AB설계　　② BAB설계
③ ABC설계　　④ ABAB설계
⑤ 다중기초선설계

04 다음 사례에 해당되는 단일사례설계의 유형은?

독거노인의 우울감 해소를 위해 5주간의 전화상담(주 1회)에 이어 5주간의 집단활동(주1회)을 진행했다. 참가자 5명을 대상으로 프로그램 시작 3주 전부터 매주 1회 우울증검사를 실시했고, 프로그램 시작 전, 5주 후, 10주 후에 삶의 만족도를 조사했다.

① AB설계　　② ABC설계
③ ABAB설계　　④ ABAC설계
⑤ 다중(복수)기초선설계

05 단일사례설계방법에 관한 설명으로 옳은 것은?

① ABCD설계는 여러 개의 개입효과를 개별적으로 증명하기 위한 설계이다.
② AB설계는 외부요인을 충분히 통제할 수 있기 때문에 여러 유형의 문제에 적용가능하다.
③ 복수기초선설계는 기초선 단계 이후 여러 개의 다른 개입방법을 순차적으로 적용한다.

④ ABAB설계는 외부요인을 통제할 수 있어 개입의 효과를 확인할 수 있다.
⑤ 평균비교는 기초선이 불안정할 때 기초선의 변화의 폭과 기울기까지 고려하여 결과를 분석하는 방법이다.

06 단일사례설계의 개입효과에 관한 설명으로 옳지 않은 것은?

① 개입 후 변화의 파동이 심하면 효과 판단이 어렵다.
② 기초선이 불안정할 경우 기초선의 경향선을 이용하여 통계적으로 개입효과를 판단한다.
③ 기초선에서 개입기간까지의 경향선을 통해 시각적으로 개입효과를 판단한다.
④ 기초선과 개입기간 두 평균값의 통계적 검증을 통해 개입효과를 판단한다.
⑤ 개입 후 상당한 기간이 지나 최초의 변화가 발생할 경우 개입효과가 있다고 판단한다.

07 다음 사례에 해당하는 단일사례설계의 유형은?

> 노인복지관 사회복지사가 어르신들의 우울감 개선 프로그램을 계획하였다. 프로그램 시작 전에 참여하는 어르신들의 심리검사를 행하였고, 2주간의 정서지원프로그램 실시 후 변화를 측정하였다. 1주일 후에는 같은 어르신들을 대상으로 2주간의 명상프로그램을 진행하여 우울감을 개선하고자 하였다.

① AB설계 ② BAB설계
③ ABA설계 ④ ABAB설계
⑤ ABAC설계

08 단일사례설계 중 다중기초선설계에 관한 설명으로 옳지 않은 것은?

① 내적타당도 저해요인을 통제하기 위한 주요 수단으로 개입의 철회를 사용한다.
② 일부 연구대상자에게 개입의 제공이 지연되는 문제를 갖는다.
③ 연구대상자의 수가 증가할수록 내적타당도는 증가한다.
④ 동일한 개입을 특정 연구대상자의 여러 표적행동에 적용하여 개입의 효과를 평가할 수 있다.
⑤ 수집된 자료의 분석을 위해 통계적 방법이 사용되기도 한다.

09 다음 사례에 해당되는 단일사례설계 평가유형은?

> 대인관계 문제로 어려움을 겪던 재훈이와 수지는 사회성 측정 후 사회기술훈련에 의뢰되었다. 재훈이는 곧바로 사회기술훈련을 시작하여 사회성의 변화추이를 측정해 오고 있으며, 수지는 3주간 시간차를 두고 사회기술훈련을 시작하면서 변화추이를 관찰하였다.

① AB 설계 ② ABAB 설계
③ BAB 설계 ④ 다중(복수)기초선 설계
⑤ 다중(복수)요소 설계

10 단일사례설계에 관한 설명으로 옳지 않은 것은?

① 기초선 국면과 개입 국면이 있다.
② 연구대상과 개입방법은 여러 개가 될 수 없다.
③ 조사연구 과정과 실천 과정의 통합이 가능하다.
④ 경향과 변화를 파악하도록 반복 관찰한다.
⑤ 통계적 원리를 적용하여 분석할 수 있다.

11 다음에서 설명하는 것은?

> 단일사례설계에서 기초선이 불안정하게 형성되어 있는 경우, 기초선의 변화의 폭과 기울기까지 고려하여 결과를 분석한다.

① 평균비교 ② 시각적 분석
③ 경향선 접근 ④ 임상적 분석
⑤ 이론적 분석

12 단일사례설계에 관한 설명으로 옳지 않은 것은?

① 개입 이후에 기초선 자료를 수집할 수 있다.
② 다수의 클라이언트의 변화를 점검할 수 있다.
③ 개입의 효과성을 알기 위해 반복측정을 해야 한다.
④ 측정지수에는 긍정적 지표와 부정적 지표가 있다.
⑤ 개입과정에서 개입의 강도나 방식을 바꿀 수 없다.

13 단일사례연구에 관한 설명으로 옳지 않은 것은?

① 개인과 집단뿐만 아니라 조직이나 지역사회도 연구대상이 될 수 있다.
② 외적 타당도가 높다.
③ 개입효과에 대한 즉각적인 피드백이 가능하다.
④ 조사연구 과정과 실천 과정이 통합될 수 있다.
⑤ 반복측정으로 통제집단 효과를 볼 수 있다.

14 단일사례설계의 활용에 관한 설명으로 옳은 것을 모두 고른 것은?

ㄱ. 어떤 개입이 대상문제의 변화를 설명하는지 알 수 있다. ㄴ. 둘 이상의 클라이언트, 둘 이상의 상황이나 문제에 적용 가능하다. ㄷ. 행동빈도의 직 · 간접 관찰, 기존척도, 클라이언트 자신의 주관적 사고나 감정 등의 측정지수를 사용한다. ㄹ. 반복적 시행으로 개입 효과성의 일반화가 가능하다.

① ㄱ, ㄴ, ㄷ ② ㄱ, ㄷ
③ ㄴ, ㄹ ④ ㄹ
⑤ ㄱ, ㄴ, ㄷ, ㄹ

15 단일사례연구에 관한 설명으로 옳지 않은 것은?

① 단일사례로서 개인, 가족, 단체 등이 분석대상이다.
② 여러 명의 조사대상들에게 개입시기를 다르게 하면 우연한 사건효과를 통제할 수 있다.
③ 기초선으로 성숙효과를 통제할 수 있다.
④ 측정을 위한 비관여적 관찰도 가능하다.
⑤ 비반응성 연구의 한 유형이다.

16 단일사례설계에 관한 설명으로 옳은 것을 모두 고른 것은?

ㄱ. 개입과 개입철회를 반복할 수 있다. ㄴ. 사전자료가 없는 경우 개입 이후에 기초선 자료를 수집할 수 있다. ㄷ. 여러 개의 표적행동에 대해 기초선을 설정할 수 있다. ㄹ. 한 명 이상의 클라이언트를 대상으로 비교할 수 있다.

① ㄱ, ㄴ, ㄷ ② ㄱ, ㄷ
③ ㄴ, ㄹ ④ ㄹ
⑤ ㄱ, ㄴ, ㄷ, ㄹ

17 단일사례연구에 관한 설명으로 옳지 않은 것은?

① 복수의 각기 다른 개입방법을 연속적으로 도입할 수 없다.
② 시계열 설계의 논리를 개별사례에 적용한 것이다.
③ 윤리적인 문제가 발생할 수 있다.
④ 실천과정과 조사연구과정이 통합될 수 있다.
⑤ 다중기초선설계의 적용이 가능하다.

정답 01 ⑤ 02 ② 03 ⑤ 04 ② 05 ④ 06 ⑤ 07 ⑤ 08 ① 09 ④ 10 ② 11 ③ 12 ⑤ 13 ② 13 ⑤ 15 ⑤ 16 ⑤ 17 ①

CHAPTER 09

표본추출

1. 표본추출의 개념
2. 연구대상의 범위에 의한 조사 유형
3. 표본추출과 관련된 용어
4. 표본추출방법
5. 표본 크기와 영향 요인
6. 표집오차와 비표집오차

Chapter 09

표본추출

학습목표

- 확률표집과 비확률표집을 이해한다.
- 확률표집의 종류와 그 특징을 이해한다.
- 비확률표집의 종류와 그 특징을 이해한다.
- 표본 크기에 영향을 미치는 요인을 이해한다.
- 표집오차와 비표집오차를 이해한다.

1. 표본추출의 개념

자료수집 과정에서 모집단 전체를 조사하는 전수조사가 아니라면, 모집단 중의 일부를 표본으로 선정하는 표본조사를 시행하여야 한다. 표본조사를 시행할 때, 모집단으로부터 연구대상이 되는 표본을 선정하는 과정을 표본추출(sampling), 즉 표집이라고 한다. 표본추출은 연구자가 관심을 두고 연구하려는 전체 대상인 모집단의 일부분인 표본을 확률 또는 비확률표집방법으로 추출하는 것이다. 이러한 표본추출 과정에서 중요한 과제인 표본의 대표성이란 표본의 특성이 모집단의 특성과 거의 일치하는 것을 의미한다. 이처럼 표본추출방법에 따라 선정된 표본이 모집단을 대표하느냐가 결정되므로 연구자는 표본추출에 세심한 주의를 기울여야 한다. 일반적으로 표본추출 과정은 모집단의 확정, 표집틀 선정, 표본추출방법의 결정, 표본의 크기 결정, 표본추출 등의 순이다.

2. 연구대상의 범위에 의한 조사 유형

1) 전수조사

전수조사(population study)란 연구대상이 되는 모집단의 모든 요소, 즉 모집단(population)을 구성하는 모든 사람을 대상으로 직접 조사하는 자료수집방법이다. 전수조사는 연구대상자에 대한 개별적인 정보가 필요할 때, 통계치로부터 올바른 모수 추정이 어려울 때, 모집단의 크기가 비교적 작아서 전수조사 비용이 부담되지 않을 때 등에 적합한 방법이다(채서일 · 김주영, 2016). 이러한 연구대상 모집단의 모든 요소를 조사하는 전수조사를 시행하는 것이 이상적이다. 하지만 대체로 모집단의 크기는 대규모로 모든 연구대상자를 조사한다는 것은 조사비용과 시간의 문제, 조사 시점의 변동, 비표집오차의 증가 등의 이유로 현실적으로 불가능하다. 따라서 모집단의 특성을 대표할 수 있는 표본(sample)을 추출하여 조사하는 표본조사를 시행하는 것이 효율적이다.

2) 표본조사

표본조사(sample survey)는 연구대상 모집단의 특성을 대표할 수 있는 일부를 표본추출하고 추출된 표본을 대상으로 조사를 시행하는 방법이다. 기본적으로 연구자는 연구대상 모집단의 특성을 나타내는 수치인 모수를 알기 위해 전수조사를 시행하거나, 표본조사를 통해 얻은 통계치를 통해 모수를 추정할 수도 있다. [그림 9-1]에서와 같이 표본조사는 모집단의 특성인 모수를 알기 위해 무작위 표집으로 선정된 표본을 통해 통계치를 얻고, 그 통계치를 이용하여 실제 모집단의 특성인 모수를 추정하는 과정을 거친다. 표본조사에서 가장 중요한 것은 모집단의 특성을 정확하게 반영하는 대표성 있는 표본을 추출하여 그 결과를 모집단으로 일반화하는 것이다. 이를 위해서 중요한 두 가지 과정은 표본의 크기를 결정하는 것과 대표성 있는 표본을 추출하는 방법을 선택하는 것이다. 따라서 표본의 크기가 지나치게 작을 때는 표본추출의 의미가 없으며, 추출된 표본이 모집단의 특성을 대표하지 못할 때는 모집단으로 일반화 가능성이 작아진다.

그림 9-1 전수조사와 표본조사의 관계

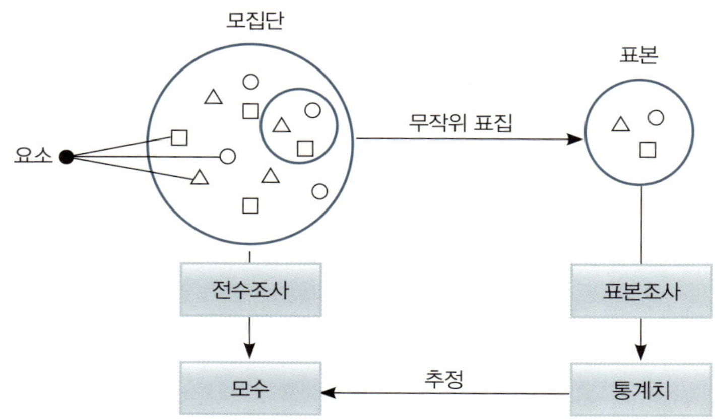

일반적으로 조사연구에서 전수조사보다 표본조사를 시행하는 이유는 다음과 같은 표본조사의 장점 때문이다(김경동 · 이온죽, 1989). 첫째, 전수조사와 비교해서 표본조사는 조사연구에 드는 시간과 비용을 줄일 수 있다. 즉, 전수조사는 조사기간이 길며, 조사원의 수당이나 자료의 정리에 많은 시간과 비용이 든다. 둘째, 전수조사와 비교해서 표본조사는 더 많은 조사 문항을 포함할 수 있어서 관심 있는 주제의 상세한 조사가 가능하다. 즉, 전수조사는 복잡하고 많은 조사 문항을 포함할 수 없지만, 표본조사는 더 많은 조사 문항을 포함할 수 있으므로 다방면의 정보를 획득할 수 있다. 셋째, 전수조사의 시행이 불가능할 때 표본조사를 시행할 수 있다. 어떤 모집단은 모든 구성원을 확인하는 것이 어렵거나 모집단의 모든 요소를 대상으로 조사하는 것이 현실적으로 어려울 수도 있기 때문이다. 넷째, 표본조사는 조사과정의 통제를 통해 비표집오차를 줄일 수 있어서 전수조사보다 더 정확한 자료를 얻을 수 있다. 즉, 비표집오차는 자료수집과 분석 과정에서 발생하는 오차로 전수조사와 표본조사에서 모두 발생하지만, 표본의 크기가 커질수록 증가하는 경향이 있다. 다섯째, 전수조사와 비교해서 표본조사는 짧은 기간에 신속하게 시행할 수 있다. 특히 정보가 빨리 필요할 때, 표본조사는 자료수집과 분석을 신속하게 수행할 수 있다.

3. 표본추출과 관련된 용어

(1) 모집단

모집단(population)이란 조사 주제나 정보를 얻고자 하는 연구대상의 전체 집합을 말한다. 즉, 연구자가 전수조사를 통해 직접 자료를 수집하거나 표본으로 선정될 가능성이 있는 요소 전체를 의미한다. 이러한 모집단은 시간, 범위, 내용이라는 측면을 고려하여 분명하게 규정해야 한다. 예를 들어 우리나라 중학생의 학교생활 적응 실태를 조사하고자 할 때, 모집단은 조사를 시행하는 현재 시점(시간)으로, 한국에 거주(범위)하는, 중학교에 재학 중인 학생(내용)으로 규정하여야 한다. 이처럼 모집단은 시간과 공간적인 범위가 분명해야 한다(남궁근, 2017).

(2) 조사 모집단

조사 모집단(sample population)이란 실제 표본설계를 위해 현실적으로 얻을 수 있는 연구대상자의 집단으로 주로 표집틀을 기준으로 결정된다. 조사를 수행할 때 모집단의 목록을 확보하는 것이 불가능할 때가 많다. 예를 들어 한국에 거주하는 중학생 연령에 해당하는 전체가 모집단이지만, 학교에 다니는 학생으로만 한정한다면 현재 재학 중인 중학생이 조사 모집단이 된다. 따라서 표본을 통해 얻은 조사 결과는 조사 모집단에서 정의된 현재 재학 중인 중학생에 대해서는 일반화를 할 수 있지만, 그 연령대 중에서 학교 밖 청소년에게는 일반화할 수 없다. 이처럼 조사 모집단은 모집단의 일부분인 경우가 많으므로 연구자는 모집단과 조사 모집단의 차이를 줄이려는 노력이 필요하다(김기덕 외, 2017).

(3) 표집틀

표집틀(sampling frame)은 표본추출을 위한 연구대상 모집단의 구성요소나 표본추출단위가 수록된 목록을 의미한다. 연구자는 표집틀로부터 표본을 추출하므로 표집틀은 모집단과 정확하게 일치해야 한다. 하지만 현실적으로 모집단과 일치하는 표집틀을 확보하는 것이 어렵거나 약간 다를 수도 있다. 예를 들어 A 대학교의 학생들을 대상으로 학교생활 만족도를 조사할 때, 모집단은 그 대학에 재학 중인 학생이며 표집틀은 학생들의 이름과 학번이 적힌 학적부가 된다. 이처럼 모집단을 잘 대표할 수 있는 표집틀이 있어야 확률표집이 가능하다. 따라서 표본추출 과정에서 표집틀은 표본의 대표성과 조사 결과의 신뢰성에 영향을 미치는 중요한 요소이다(양병화, 2013).

(4) 표본

표본(sample)은 표본추출 과정을 통해 모집단에서 선택된 모집단의 일부분인 연구대상자들이다. 따라서 표본이란 모집단에 대한 대표성이 있어야 하므로 모집단의 부분집합이다. 표본이 모집단을 대표하지 못한다면, 그 결과를 모집단 전체로 일반화할 수 없는 문제가 발생한다.

(5) 요소

요소(element)는 모집단을 구성하는 개별단위로 자료 분석에서 분석단위와 일치하는 경우가 많다. 요소의 총합이 모집단인데, 개인이 연구대상이라면 개인이 요소가 되고, 집단이 대상이라면 집단이 요소가 된다. 예를 들어 중학생의 학교생활적응 조사에서 요소는 중학생 개인이고, 모집단은 중학생 전체이다.

(6) 표본추출단위

표본추출단위(sampling unit)는 표본추출의 각 단계에서 표본으로 추출되는 요소나 요소의 집합을 말한다. 즉, 표본추출단위는 무엇을 기준으로 표본을 선정할 것인가에 대한 기준을 의미한다. 일반적으로 표본추출단위는 분석단위와 일치하지만, 확률표집 중에서 집락표집은 표본추출단위와 분석단위가 일치하지 않는다. 예를 들어 교육통계연보를 표집틀로 중학생들의 학교생활적응 조사를 집락표집으로 시행한다고 하자. 1차 표본추출단위는 시 · 도가 되고, 2차는 학교이며, 3차는 학교 내 학급의 학생이다. 이때 3차 표본추출단위인 학생은 분석단위와 일치하지만, 1~2단계의 표본추출단위는 분석단위와 일치하지 않는다. 이처럼 전체 중학생 중에서 어떤 기준으로 표본을 선정할 것인가의 문제가 표본추출단위이다.

(7) 관찰단위

관찰단위(observation unit)란 직접적인 연구대상자를 의미하는 것으로 분석단위와 같을 수도 있지만, 다를 수도 있다. 예를 들어 청소년의 상담서비스 만족도를 조사할 때, 관찰단위와 분석단위는 청소년이다. 하지만 사회복지사의 서비스 수행을 조사하기 위해 관리자를 면접한다면, 이때의 분석단위는 사회복지사이고 관찰단위는 관리자가 된다. 그러나 사회복지사의 서비스 수행을 직접 관찰한다면, 이때의 분석단위와 관찰단위는 모두 사회복지사가 된다. 이처럼 분석단위와 관찰단위가 다를 때 생태학적 오류가 발생할 수 있다.

(8) 표본추출 비율

표본추출 비율(sampling ratio)은 모집단에서 표본이 차지하는 규모의 비율로 표본의 크기를 모집단의 크기로 나눈 값(표본추출 비율(p)=표본 크기(n)/모집단 크기

(N))이다. 예를 들어 사회복지전담공무원 2만 명 중에서 500명을 표본으로 추출한 비율은 500/20,000=1/40이 된다.

(9) 모수와 통계치

모수(parameter)란 모집단의 속성을 수치로 표현한 것, 즉 모집단의 특정 변수를 요약하여 기술한 값이다. 모집단의 속성은 분포의 중심과 흩어진 정도로 나타낼 수 있으며, 일반적으로 모집단의 평균(μ)과 표준편차(σ)를 말한다. 이러한 모수는 조사가 시행되기 전의 상수로서 그 값을 모르기 때문에 표본조사를 통해 얻은 통계치를 바탕으로 모수를 추정한다.

반면에 통계치(statistics) 혹은 추정치(estimate)란 표본의 속성에 대한 측정값으로 일반적으로 표본의 평균을 의미한다. 표본조사를 통해 모집단의 특성을 추론하는 만큼 통계치는 모수에 대한 추정치이다. 하나의 모집단에서 여러 개의 서로 다른 표본추출이 가능하므로 통계치는 표본에 따라서 서로 다를 수 있다. 이러한 표본조사에서 얻은 통계치를 통해 모수를 추정할 때 표집오차가 발생한다(양병화, 2013). 따라서 모집단의 모수와 표본조사의 결과인 통계치가 정확하게 일치하지 않는 한 표집오차는 발생할 수밖에 없다.

4. 표본추출방법

모집단에서 연구대상의 표본을 선정하는 과정인 표본추출은 연구목적의 달성을 위해 매우 중요한 과정이다. 성공적인 표본추출이란 모집단의 속성을 그대로 반영하는 대표성 있는 표본(representative sample)을 확보하는 것이다. 여기서 말하는 대표성 있는 표본이란 표본의 질을 판단하는 주요 기준으로 무작위 표집으로 수집된 표본의 특성이 모집단의 특성과 비슷한 표본을 말한다. 무작위 표집(random sampling)이란 모집단을 대표할 수 있는 표본을 추출함으로써 연구 결과를 모집단에 일반화하는 것이 가능한, 즉 외적 타당도를 확보하기 위한 표본추출 방법이다. 이처럼 대표성 있는 표본을 확보하기 위해서는 무작위 표집을 통해 연구대상이 되는 모집단의 요소들이 표본으로 추출될 확률이 모두 같아야 하고, 가능하다면 표본의 크기가 커야 하며, 이질적인 모집단보다 동질적인 모집단에서 표본추출이 이루어져야 한다.

표본추출방법은 모집단의 모든 구성요소가 표본으로 선정될 확률을 알 수 있느냐의 여부에 따라 크게 확률표집과 비확률표집으로 구분한다. 확률표집과 비확률표집의 차이는 표본이 모집단을 대표하느냐와 그 결과를 모집단의 결과로 일반화하여 해석할 수 있느냐이다. 기본적으로 확률표집으로 선정된 표본은 모집단을 대표하는 것으로 간주하여 그 결과를 모집단에 일반화하는 것이 가능하다. 하지만 비확률표집으로 선정된 표본은 모집단을 대표하지 못하기 때문에 그 결과를 모집단에 일반화하는 것은 불가능하다. 따라서 확률표집으로 표본을 선정하는 것이 바람직하지만, 모집단에 대한 정보의 부족과 접근성의 문제 때문에 확률표집이 어려운 경우가 많으므로 조사 상황에 따라 비확률표집을 적절하게 활용하는 것이 필요하다.

표 9-1 | 확률표집과 비확률표집의 비교

확률표집	비확률표집
• 연구대상이 표본으로 추출될 확률이 알려져 있음	• 연구대상이 표본으로 추출될 확률을 알 수 없음
• 무작위 표집	• 작위적 표집
• 모수 추정의 편의(bias) 없음	• 모수 추정의 편의 있음
• 시간과 비용이 많이 소요	• 시간과 비용을 줄일 수 있음
• 표집오차의 추정 가능	• 표집오차의 추정 불가능
• 결과의 일반화 가능	• 결과의 일반화 불가능
• 연구자의 주관적 개입 배제	• 연구자의 주관적 개입 가능

1) 확률표집

확률표집(probability sampling)은 확률이론을 적용하여 모집단 전체의 목록이 작성된 표집틀을 이용해 동일한 확률로 표본을 추출하는 대표적인 양적연구 방법이다. 즉, 확률표집은 표본추출 과정에서 무작위 표집으로 표본을 추출함으로써 모집단의 모든 요소가 표본으로 추출될 기회가 동등하다. 이러한 표본추출 과정에서 무작위 표집을 시행하려면, 먼저 모집단의 모든 구성 요소는 표본으로 추출될 기회가 균등해야 하고, 한 사례가 추출될 때 그것이 다른 사례의 표집에 영향을 미치지 않아야 하며, 표집 도중에 모집단은 어떤 변동도 없어야 한다(김영석 외, 2017). 특히 모집단을 구성하는 모든 요소의 수가 한정적이고 비교적 적으면 확률표집이 효과적으로 사용될 수 있다.

이처럼 확률표집을 통해 모집단으로부터 무작위 표집으로 추출된 표본조사의 결과는 연구자의 주관적인 판단을 배제할 수 있어서 모집단에 일반화할 수 있다. 또한 모수의 추정뿐만 아니라 그 표집오차의 추정도 가능하다(Rubin & Babbie, 2014)는 것이 장점이다. 그러나 확률표집은 모집단 전체의 목록이 작성된 표집틀을 확보해야 하고, 모집단의 규모가 클 때 비확률표집보다 시간과 비용이 많이 든다는 어려움이 있다. 일반적으로 확률표집의 종류는 [그림 9-2]와 같이 단순무작위표집, 체계적표집, 층화표집, 집락표집 등이 있다.

그림 9-2 확률표집의 종류

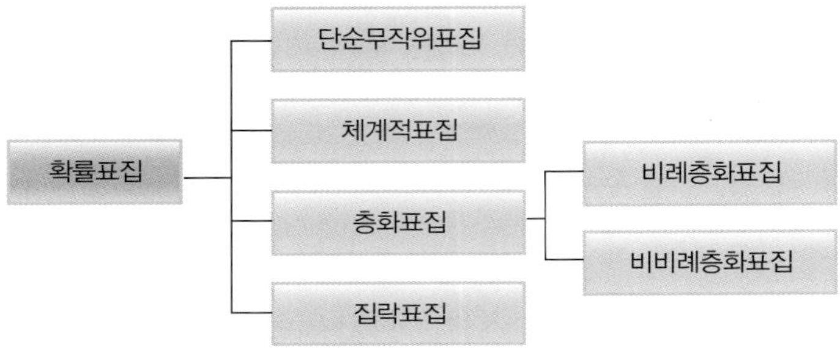

(1) 단순무작위표집

단순무작위표집(simple random sampling)은 모집단을 구성하는 모든 요소가 표본으로 추출될 확률이 동일하다는 원칙이 적용되고, 편견이 개입될 확률이 거의 없어서 이론적으로 모집단의 특성을 가장 잘 반영하는 표본추출방법이다. 즉, 단순무작위표집은 표집틀인 모집단의 모든 표본에 일련번호를 부여한 다음, 난수표를 통해 무작위로 추출하여 정해진 크기의 표본을 구성한다. 모집단의 크기가 N이고 표본의 크기가 n일 때, 각 요소가 표본으로 추출될 확률은 n/N이다. 단순무작위표집은 나눔 로또 당첨자를 추첨하는 것과 같은 방법으로 모집단에서 표본을 무작위로 표집하거나, 난수표를 이용하거나 제비뽑기방법 등을 사용한다. 따라서 단순무작위표집에서 모든 표본이 추출될 확률이 동일하기 위해서는 모집단에 대한 정확한 목록인 표집틀을 확보해야 한다.

확률표집 중에서 가장 기본적인 방법인 단순무작위표집은 모집단에 대한 사전지식이 필요 없고, 모집단의 수가 적을 때 편리하며, 표집오차의 계산과 자료 분석도 비교적 쉽다는 것이 장점이다. 그러나 단순무작위표집은 다음과 같은 이유로 실제 조사에서 사용하는 것이 어렵다. 첫째, 모집단의 규모가 매우 클 때는 표집틀이 없거나 있어도 확보하기가 어려워 적용하는 것이 힘들다. 둘째, 표집틀이 있어도 모든 표본에 일련번호를 부여하여 표본을 무작위로 추출하는 과정이 복잡하다. 셋째, 모집단의 특성을 정확하게 반영하지 못하는 편중된 표본을 추출할 수도 있다.

예 난수표를 이용해 10,000명의 모집단에서 500명의 표본을 단순무작위표집 과정을 살펴보자. 첫째, 모집단을 구성하는 10,000명(N)의 명부인 표집틀을 근거로 1번부터 10,000번까지 일련번호를 부여한다. 둘째, 연구자가 임의로 선정한 난수표의 한 지점에서 표집을 위한 난수(random number)를 추출한다. 난수표에서 선정된 번호가 N보다 크면 다음 번호로 이동하고, N보다 작으면 추출한다. 셋째, 다음 난수를 추출하기 위하여 이동할 방향을 정한다. 난수 추출을 위한 이동 방향은 상하좌우 어느 방향이든 관계가 없지만, 일관성을 유지해야 한다. 넷째, 표본의 크기인 500명을 채울 때까지 그다음 난수를 추출한다. 다섯째, 난수표의 난수가 N보다 크거나 중복되면 버리고, N보다 작으면 추출한다.

(2) 체계적표집

체계적표집(systematic sampling)은 표집틀인 모집단의 모든 표본에 일련번호를 부여하고 모집단을 원하는 표본 수로 나누어 표집 비율을 정한 후에, 최초의 표본 단위만 무작위로 선정하고 나머지는 동일한 표집간격(sampling interval)으로 계속해서 표본을 추출하는 방법이다. 표집간격(I)은 모집단(N) ÷ 표본 크기(n)이다. 체계적표집은 계통적표집이라고도 하며, 모집단을 구성하는 요소의 목록에서 무작위로 선정된 매 k번째의 요소를 표본으로 추출한다. 체계적표집은 전화번호부, 출석부, 명부 등을 주로 이용한다. 예를 들어 한국산업인력공단은 2020년 사회복지사 1급 국가시험 합격자 명단에서 수험번호가 가장 앞쪽인 10명 중 무작위로 첫 번째 요소인 5를 추출하였다. 이후 첫 번째 요소로부터 매 10번째 요소를 추출하여 합격자들의 특성을 파악한 것은 체계적표집의 예이다. 선거예측조사에서 출구조사를 할 때 주로 사용하는 표집방법이 체계적표집이다.

단순무작위표집과 비교해서 체계적표집은 모집단이 클 때 비용과 시간 및 노력을 절약할 수 있고, 표본추출을 쉽고 신속하게 할 수 있다는 것이 장점이다. 그러나 모집단 전체의 목록인 표집틀이 있어야 하며, 목록에서 일정한 주기성이 발생할 수 있어서 표본의 대표성이 낮을 수 있다는 것이 단점이다. 여기서 주기성(periodicity)이란 표집틀에서 특정한 특성이 있는 요소들의 배열간격이 표집간격과 일치하는 것으로 편향된 표본을 추출할 가능성이 크다. 예를 들어 체계적표집으로 날짜를 표집할 때, 표집간격은 7일이 되므로 특정 요일만 표본으로 선정되기 때문에 표본의 대표성이 낮아질 수 있다. 따라서 연구자는 체계적표집을 시행할 때, 편향된 표본을 선정할 가능성이 있으므로 모집단 목록의 성격을 잘 검토할 필요가 있다(남궁근, 2017).

예 체계적표집을 통해 1,000명의 모집단에서 200명의 표본을 추출하는 과정을 살펴보자. 첫째, 모집단을 구성하는 1,000명을 1번부터 1,000번까지 일련번호를 부여한다. 둘째, 모집단 1,000명(N)의 요소 중에서 표본 크기 200명(n)을 선정하기 때문에 표집간격은 매 5번째(1,000÷200=5)가 된다. 셋째, 최초의 표본 단위를 선정하기 위해서 1에서 5까지의 숫자 중에서 하나를 무작위로 추출한다. 넷째, 최초의 표본 단위가 2로 선정되었다면, 그 이후는 선정된 2에 매 5번째 표집간격을 계속 더해 나가는 방식으로 표본을 추출한다. 즉, 2, 7, 12, 17, ... 992, 997의 순으로 200명이 될 때까지 계속해서 표본을 추출한다.

(3) 층화표집

층화표집(stratified sampling)은 모집단의 동질적인(homogeneous) 속성에 따라 두 개 이상의 서로 다른 층(strata)으로 구분한 후, 층별로부터 단순무작위표집을 통해 일정 크기의 표본을 추출하는 방법이다. 즉, 층화표집은 모집단과 표본의 동질성 확보를 통해 표집오차를 줄이면서 표본의 대표성을 높이는 방법이다. 이처럼 층화표집은 모집단을 동질적인 특성에 따라 서로 다른 층으로 구분하기 때문에 층 내의 각 요소는 동질적이지만, 층간에는 이질적인 것이 좋다(Rubin & Babbie, 2014). 이러한 각 층의 기준으로 성별, 나이, 직업, 지역 등이 가장 많이 사용된다.

예 서울시의 중학생을 대상으로 층화표집을 통해 표본을 추출하는 과정을 살펴보자. 첫째, 모집단을 성별, 학년별, 지역별 등 상호 독립적이고 포괄적인 층으로 구분한다. 둘째, 각 층에서 선정할 표본의 비율을 비례층화표집 또는 비비례층화표집으로 할 것인지를 결정한다. 셋째, 결정된 표집방법을 근거로 층별로 단순무작위표집을 통해 표본을 추출한다.

층화표집은 각 층에서 선정할 표본 수가 모집단에서의 비율을 정확하게 반영하는 비례층화표집(proportionate stratified sampling)과 각 층의 표본 수를 차등비율로 반영하는 비비례층화표집(disproportionate stratified sampling)으로 구분된다. 예를 들어 모집단인 한국사회복지사협회에 등록된 20만 명의 사회복지사 중에서 남자가 5만 명이고 여자가 15만 명이라고 가정해보자. 이들 중에서 1,000명을 대상으로 사회복지사의 처우 개선에 대한 의견을 조사할 때, 비례층화표집은 모집단의 성별 구성비에 따라 무작위로 남성 사회복지사에서 25%인 250명을 추출하고, 여성 사회복지사에서 75%인 750명을 추출하는 방법이다. 반면에 비비례층화표집은 모집단에서 성비의 크기를 고려하지 않고 남성과 여성 사회복지사 각각

500명의 표본을 무작위로 추출하여 남녀 사회복지사의 의견 차이를 조사하는 것이다.

층화표집은 모집단의 대표성이 보장되는 표본을 추출할 수 있고, 표집오차를 줄일 수 있다. 특히 각 층간에 이질성이 존재할 때, 단순무작위표집보다 정확하게 모집단을 대표하는 표본을 추출할 수 있는 것이 장점이다. 그러나 표본추출 이전에 모집단에 대한 지식이 필요하고, 표집틀인 각 층의 명부를 확보하기 위해 많은 시간과 노력이 추가로 필요하고, 각 층이 너무 복잡하거나 잘못되었을 때 표집오차가 커질 수 있는 것이 단점이다.

(4) 집락표집

집락표집(cluster sampling)은 군집표집이라고도 하는데, 표본의 단위가 개인이 아니라 개인들이 모인 집락이기 때문이다. 집락표집은 모집단을 다수의 상호 배타적인 집락(cluster)으로 구분하고, 이들 집락 중 하나 혹은 일정 수의 집락을 무작위로 추출한 후에 추출된 집락 내의 모든 구성원 혹은 일부를 표본으로 조사하는 방법이다. 집락표집에서 각 집락 내의 요소들은 모집단을 대표하는 이질적인 요소로 구성되고, 집락 간에는 동질적인 요소를 확보하는 것이 좋다.

이러한 집락표집은 일반적으로 2단계 이상의 표본추출 과정을 거치기 때문에 다단계집락표집(multi-cluster sampling)이라고도 한다. 집락표집은 확률표집이므로 모든 표집단계는 무작위 표집으로 이루어져야 한다. 이러한 다단계집락표집을 적용하기 위해서는 모집단을 구성하는 요소들이 위계적 구조를 가져야 한다. 예를 들어 학생 관점에서 가장 전형적인 사례는 종합대학〉단과대학〉학과〉학생 등과 같은 순서의 위계적 구조이다.

예 다단계집락표집을 통해 전국의 가구를 대상으로 표본추출 과정을 살펴보자. 첫째, 상호 배타적인 광역시도 중에서 몇 개를 무작위로 추출한다. 둘째, 추출된 광역시도 중에서 몇 개의 시군구를 무작위로 추출한다. 셋째, 추출된 시군구 중에서 몇 개의 읍면동을 무작위로 추출한다. 넷째, 추출된 읍면동에서 일부 가구를 무작위로 추출하거나 모든 가구를 표본으로 조사할 수 있다.

집락표집은 표집틀인 모집단의 목록을 구하기 어려운 경우에 많이 활용된다. 예를 들어 특정 지역의 중학생들을 대상으로 조사할 때, 모든 중학생의 명단을 구하는 것이 어려우므로 집락표집을 활용한다. 집락표집은 표본 단위가 집락이므로 모집단이 아니라 집락의 명부만 작성한다는 점에서 조사에 필요한 시간과 비용을 줄일 수 있고, 각 집락의 특성과 모집단의 특성을 비교할 수 있는 것이 장점이다. 그러나 층화표집은 실질적인 모든 층에서 표본을 추출하지만, 집락표집은 일부 집락만을 표본으로 추출하기 때문에 추출된 집락의 속성이 모집단을 대표하지 못할 수가 있다. 이처럼 집락 간의 동질성을 확보하지 못하면, 표집오차가 발생할 가능성이 커질 수 있다는 것과 표본추출이 여러 단계로 진행되기 때문에 표본추출 방법이 복잡한 것이 집락표집의 단점이다(김영석 외, 2017).

2) 비확률표집

비확률표집(nonprobability sampling)은 작위적으로 표본을 추출하므로 표본의 대표성이 없을 뿐만 아니라 모집단의 모든 요소가 표본으로 추출될 기회가 동등하지 않다. 대체로 비확률표집은 모집단에 대한 지식과 정보가 부족할 때, 연구 특성상 의도적으로 특정한 대상만을 표본으로 선정할 때, 모집단 규모가 매우 클 때, 표집틀이 없거나 구하기 어려울 때, 조사에 필요한 시간이나 비용 등이 충분하지 못할 때, 질적 연구를 수행할 때 등에 주로 사용한다.

> 예 서울시민의 복지 의식 조사를 위하여 확률표집을 통해 1,000명의 표본을 추출하려면, 표집틀인 서울시민의 전체 명단을 확보해야 한다. 그러나 이러한 명단을 확보한다는 것은 불가능하며, 1,000명의 표본 추출에 필요한 기초자료 수집에 걸리는 시간과 비용을 고려할 때 매우 비효율적이다. 이럴 때 사회복지관을 이용하는 서울시민 1,000명을 비확률표집인 편의표집, 의도적표집, 할당표집 등을 통해 복지 의식을 조사할 수 있다.

확률표집과 비교해서 비확률표집은 표집 절차가 간단하여 조사를 신속하게 수행할 수 있고, 비용이 적게 든다는 장점이 있다. 그러나 선정된 표본이 모집단을 적절하게 대표하는지에 대한 정확한 추정이 어려워 표본에서 얻은 조사 결과를 모집단 전체로 일반화하는 데 한계가 있어 외적 타당도가 낮다. 또한 모집단의 각 사례가 표본으로 추출될 확률을 알지 못하며, 표집오차도 추정할 수 없고, 연구자의 가치 판단이나 편견이 개입되기 쉬운 것이 단점이다. 비확률표집의 종류는 [그림 9-3]과 같이 편의표집, 의도적표집, 할당표집, 눈덩이표집 등이 있다.

그림 9-3 비확률표집의 종류

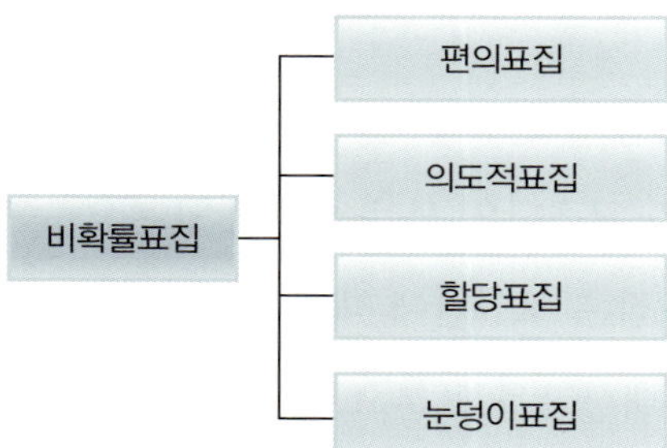

(1) 편의표집

편의표집(convenience sampling)은 가장 간단한 형태의 표본추출방법으로 연구자가 마음대로 선정한 시간과 장소에서 지나가는 사람을 대상으로 임의로 표본추출하여 조사하는 방법이다. 즉, 편의표집은 특별한 기준이나 원칙 없이 연구자가 주관적으로 이용 가능한 연구대상자만을 표본으로 추출하므로 우발적표집(accidental sampling)이라고도 한다.

이러한 편의표집은 연구자가 표본추출을 쉽게 할 수 있어서 비용이 거의 들지 않고 신속하게 정보를 얻을 수 있는 것이 장점이다. 따라서 편의표집은 주로 설문지 작성을 위한 사전조사에서 사용되지만, 연구자의 주관이 개입되어 오류가 발생하기 쉽다. 또한 접근하기 쉽거나 조사에 협조하는 사람만을 표본으로 선정하여 조사하므로 표본의 대표성이 낮으므로 조사 결과를 모집단 전체로 일반화하는 데 한계가 있다.

> 예 대학생의 복지의식을 조사하는 연구에서 연구자가 특정 대학에서 도서관으로 들어가는 학생 중에서 열 번째마다 한 명씩 표본으로 선정하여 조사하거나 복지정책에 관한 서울시민의 의견을 알아보기 위해 서울시청 근처에서 지나가는 사람을 대상으로 우발적으로 표본을 조사하는 경우는 편의표집이다.

(2) 의도적표집

의도적표집(purposive sampling)은 연구문제를 잘 알고 있거나 모집단의 의견을 효과적으로 반영할 것으로 판단되는 연구대상자를 연구자가 의도적으로 표본으로 추출하는 방법이다. 즉, 의도적표집은 연구자의 주관적인 판단에 따라 연구목적에 가장 적합하다고 생각되는 모집단의 대표성 있는 표본만을 의도적으로 추출하는 방법으로 판단표집 혹은 유의표집이라고도 한다.

> 예 빈곤노인을 위한 새로운 사회복지서비스 개발을 위해 사회복지관의 노인 사례관리 담당자에게 의뢰하여 자신의 욕구를 잘 표현할 수 있는 빈곤노인을 조사대상으로 선정하는 것은 의도적표집이다. 다른 예로는 10년 후 우리나라의 복지환경을 예측하기 위하여 사회복지학 전공교수 100명에게 설문조사를 시행하는 것이다.

의도적표집은 연구자가 연구문제와 모집단에 대한 지식이 많을 때 가능하며, 적은 비용으로 의미 있는 자료를 수집할 수 있다는 것이 장점이므로 사전조사와 질적 연구에서 많이 활용한다. 그러나 연구자의 주관적인 판단으로 표본을 추출하기 때문에 선정된 표본은 모집단을 대표하지 못해 조사 결과를 일반화하는 데 어려움이 있다. 또한 표본추출 과정에서 연구자의 주관과 편견이 개입될 가능성이 크다는 것과 표집오차를 계산할 수 없다는 것이 단점이다.

(3) 할당표집

할당표집(quota sampling)은 모집단에 대한 사전지식이 있는 연구자가 임의로 만든 할당 표집틀을 이용하여 비확률표집으로 표본추출을 하는 방법이다. 즉, 연구대상자의 모집단을 인구사회학적 요인(성별, 연령, 교육수준, 결혼상태 등)이나 경제적 요인과 같은 일정한 분류 기준에 따라 몇 개의 집단으로 구분하고, 모집단에서 차지하는 비율에 맞추어 집단별로 할당된 표본을 임의로 추출하는 방법이다. 예를 들어 특정 지역의 고등학생 집단을 학년별, 성별, 계열별(인문계, 자연계, 예체능계)로 구분하여 할당표집을 할 때, 18개(학년(3)×성별(2)×계열별(3))의 범주로 구분할 수 있다. 할당표집은 가능한 한 모집단을 대표하는 표본을 선정하기 위해 집단별로 표본을 추출한다는 점에서 확률표집의 하나인 층화표집과 유사하다. 즉, 표본추출 과정에서 할당표집은 연구자의 편의 때문에 편의표집이나 의도적표집 등의 비확률표집을 사용한다. 그러나 확률표집인 층화표집은 모집단에 대한 표집틀을 근거로 각 층에서 표본이 추출될 확률을 고려하여 단순무작위표집 혹은 체계적표집을 시행한다는 점에서 차이가 있다.

할당표집은 모집단을 대표하는 표본을 추출하기 위해 고안된 비확률표집으로 확률표집과 비교해서 적은 비용으로 신속하게 표본을 추출할 수 있어 실용적이다. 그러나 표본추출이 무작위가 아니라 연구자가 임의로 할당하여 선정된 표본이므로 모집단을 대표하지 못해 조사 결과의 일반화가 어렵고, 연구자의 편의에 따라 조사를 진행하므로 표집오차가 커질 수 있다는 것이 단점이다.

예 A사회복지관 이용자 만족도 조사를 위해 300명을 연구대상자로 선정할 경우, 이용자의 성별 분포 비율(남자 4: 여자 6)을 고려하여 이용자 중에서 남자 120명과 여자 180명을 편의표집이나 의도적표집으로 추출하는 것이 할당표집이다. 다른 예로는 사회복지사들의 감정노동 정도를 조사하기 위해 전국 사회복지관에 근무하는 사회복지사를 대상으로 연령(30세 미만, 30세 이상 50세 미만, 50세 이상)을 고려하여 연령 집단별 각각 100명씩 총 300명을 임의 추출하여 설문조사를 시행한 것이다.

(4) 눈덩이표집

눈덩이표집(snowball sampling)은 특정 모집단의 구성원을 찾기가 어려울 때 활용하는 표본추출방법으로 최초의 표본을 조사한 후, 그 표본이 제공한 정보를 기초로 계속해서 연구대상자를 추출한다. 즉, 눈덩이표집은 모집단에 대해 가장 정확한 정보가 있다고 생각되는 사람을 표본으로 선정하여 그의 사회적 관계망을 통해 표본의 수를 계속해서 확보하는 표본추출방법이다. 눈덩이표집은 주로 약물중독자, 도박중독자, 성매매자 등과 같은 일탈적 대상을 연구하거나 노숙인이나 불법체류자와 같이 연구대상자의 소재지를 정확하게 파악하기 어렵거나 접근하기 어려운 대상을 연구할 때 사용한다. 눈덩이를 굴릴수록 큰 눈덩이를 만든다는 의미에서 나온 눈덩이표집은 질적 연구의 표본추출방법으로 연구대상자의 모집단에 대한 사전 정보가 거의 없으므로 탐색적 연구에 많이 사용된다.

예 공개입양가정 아동의 양육과정을 조사하고자 한다. 이때 공개입양가정의 부모로부터 다른 부모에 대한 정보를 얻고, 여기서 또 다른 부모에 대한 정보를 통해 점차 표본을 확대하는 것은 눈덩이표집이다. 다른 예로는 외국인 불법체류 근로자의 취업실태를 조사할 때, 모집단을 찾을 수 없어 일상적인 표집절차로는 조사수행이 어려웠다. 그래서 먼저 종교단체를 통해 소수의 응답자를 찾아 면접하고, 그 응답자의 소개로 면접 조사를 하였고, 계속 다음 단계의 면접자를 소개받았다.

이처럼 눈덩이표집은 연구자가 접근하기 어려운 표본을 얻을 수 있고, 연구대상자의 신분이 노출되지 않고 사생활을 보호할 수 있는 것이 장점이다. 그러나 모집단의 정확한 규모와 최초의 표본을 확보하는 것이 어렵고, 표본을 무작위로 추출하는 것이 아니므로 표본의 대표성이 낮아서 조사 결과의 일반화가 어려운 것이 단점이다(김기덕 외, 2017).

5. 표본 크기와 영향 요인

표본 크기(sample size)는 모집단으로부터 추출한 표집단위의 총 개수를 말한다. 즉, 모집단의 특성을 통계적으로 추정하는 정확성과 관련된 조사 결과를 얻는 데 필요한 조사단위의 수를 의미한다. 여기서 조사단위는 남자나 여자와 같은 '사람', 지역 · 학교와 같은 '장소', 학교 생활기록과 같은 '물건' 등이 될 수 있다. 표본 크기는 조사 결과의 신뢰도와 비용 문제와 직접 관련되므로 조사의 주요 관심사다.

한편, 표본추출방법이 정해지면 연구자는 연구목적, 비용, 시간 등을 고려하여 모집단을 가장 효과적으로 대표할 수 있는 표본 크기(n)를 결정해야 한다. 일반적으로 모든 조건이 동일할 경우 표본 크기가 클수록 모수와 통계치 간의 유사성이 커지기 때문에 표집오차는 줄어든다. 그러나 표본 크기가 일정 수준 이상이면, 표본 크기가 계속 늘어나도 표집오차의 감소를 체감하지 못한다. 즉, 표본의 수가 모집단을 대표할 정도로 충분히 크면, 표본 크기가 늘어나는 것에 비해 표집오차의 감소폭은 점점 줄어들기 때문이다. 이처럼 표본 크기가 클수록 이에 비례하여 조사 시간과 비용의 증가뿐만 아니라 비표집오차도 증가한다. 따라서 연구목적, 표본의 대표성, 조사에 필요한 비용과 시간 등을 고려하여 적절한 표본 크기를 결정해야 한다. 이것 외에도 일반적으로 표본 크기를 결정할 때 다음과 같은 요인들을 고려하여야 한다(김기덕 외, 2017).

1) 모집단의 특성

모집단의 특성이 동질적일수록 표집오차는 줄어들기 때문에 표본 크기는 작아도 된다. 하지만 모집단의 특성이 이질적일수록 그것을 모두 반영하려면 표본 크기는 커야 한다. 만약 모집단의 구성요소들이 모두 같다면 하나의 표본만 추출해도 모집단의 특성을 정확하게 반영할 수 있지만, 다르다면 표본 크기를 더 늘려야 한다. 예를 들어 95%의 신뢰수준에서 모수의 추정오차를 ±3% 이내로 정했다면, 10,000명의 이질적 모집단에서는 964명의 표본이 필요하지만, 동질적 모집단에서는 639명의 표본이 필요하다(Monette et al., 2011).

2) 자료수집방법

자료수집방법은 표본 크기와 관련이 있는데, 자료수집방법의 유형에 따라 표본 크기가 달라지기 때문이다. 일반적으로 설문조사는 표본 크기가 대체로 크지만, 실험설계, 사례연구, 질적 연구 등은 그들의 속성상 표본 크기가 작을 수밖에 없다. 대체로 표본 크기가 커질수록 표집 시간과 비용이 많이 필요하므로 연구자는 적절한 자료수집방법의 유형을 결정하여야 한다.

3) 표집방법

확률표집의 종류에 따라 신뢰도 수준이 달라지기 때문에 필요한 표본의 크기도 달라진다. 같은 크기의 표본이라도 확률표집 중에서 표집단위가 개인이 아닌 집락으로 표본을 추출하는 집락표집은 표본의 대표성이 가장 낮다. 따라서 단순무작위표집과 비교해서 집락표집은 표집오차가 커지기 때문에 표본 크기는 더 커져야 한다.

4) 변수의 수

연구하려는 주요 변수의 수에 따라서도 표본 크기는 달라질 수 있다. 일반적으로 연구하려는 주요 변수의 수가 많을수록 표본 크기는 커져야 한다. 즉, 각 변수에 포함되는 일정한 수 이상의 표본을 확보해야만 통계분석을 통해 그 변수가 유의미하거나 결과를 신뢰할 수 있기 때문이다.

5) 신뢰수준

표본 크기는 연구자가 선택하는 신뢰수준에 따라 달라지는데, 신뢰수준이 높을수록 표본 크기도 커져야 한다. 신뢰수준(confidence level)은 일정한 신뢰구간 내에 모수가 포함될 가능성을 확률로 표현한 개념으로 전체 1에서 허용오차(α)를 뺀 값(1−α)이다. 즉, 표본의 통계치를 통해 모수가 존재할 범위인 신뢰구간(confidence interval)을 추정할 때 해당 추정값이 실제 모집단의 모수를 포함할 가능성을 추정한 확률이다. 예를 들어 95% 신뢰수준은 동일한 조사를 100번 시행할 때, 95번은 연구자가 설정한 신뢰구간에 실제 모수가 포함되지만 5번 정도는 오차가 허용될 수 있다는 의미이다. 이처럼 허용오차(α) 5%는 모수가 신뢰구간 내에 있다고 95% 신뢰하지만, 이러한 믿음이 잘못될 가능성도 5%가 된다는 것을 의미한다. 따라서 신뢰수준을 95%에서 99%로 높이면, 표본 크기도 커져야 하지만 1종 오류는 줄어든다. 이때 99% 신뢰수준은 1%의 유의수준을 사용한다는 의미로 유의수준은 오류가 발생할 가능성을 의미한다. 따라서 99% 신뢰수준이란 모집단의 평균값이 신뢰구간 내에 존재한다는 것을 99% 확신할 수 있다는 것을 의미한다.

6) 이론에 근거한 표본설계

표본을 추출할 때 표본만을 고려하기보다는 연구문제의 특성, 기존의 연구 결과나 검증된 이론 등을 고려하여야 한다. 만일 이론에 기초하여 표본설계를 했다면, 표본 크기가 작아도 의미 있는 정보를 충분히 제공할 수 있다.

6. 표집오차와 비표집오차

자료수집 과정에서 오차가 발생할 수 있는데, 이러한 오차를 줄이는 것이 중요하다. 자료수집 과정에서 발생할 수 있는 오차는 표집오차와 비표집오차로 구분할 수 있으며, 비표집오차는 다시 체계적 오차와 비체계적 오차로 구분할 수 있다.

그림 9-4 오차의 종류

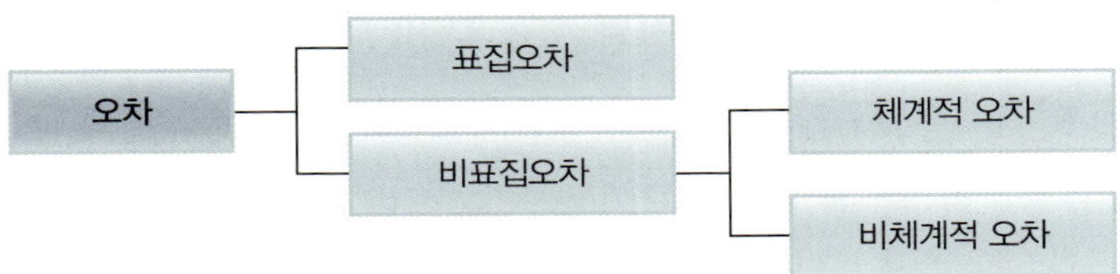

1) 표집오차

표집오차(sampling error)란 모집단 전체를 조사하지 않고 그 일부분인 표본을 추출하는 과정에서 발생하는 오차로 모집단의 모수와 표본의 통계치 간의 차이를 말한다. 즉, 표집오차는 모집단에서 표본을 추출할 때 발생하는 오차로 모집단에서 추출된 표본이 모집단을 정확하게 대표하지 못함으로써 발생하는데 표본오차라고도 한다. 표집오차가 발생하지 않도록 아무리 노력해도 모집단과 표본이 다르기 때문에 표집오차는 반드시 발생한다. 이처럼 표집오차가 커진다는 것은 표본이 모집단을 대표하는 정확성이 낮아진다는 것을 의미한다. 일반적으로 표본크기가 커지거나 표본의 대표성이 높을수록 표집오차는 감소하지만, 비표집오차는 증가한다. 따라서 표본 크기는 표집오차와 반비례하고 비표집오차와 비례한다. 이러한 표집오차는 모집단에서 표본을 무작위로 추출할 때 확률적으로 분포하기 때문에 확률이론에 근거해 추정할 수 있다. 그러나 표본을 임의로 추출할 때 표집오차는 추정할 수 없다.

이러한 표집오차를 추정할 때 영향을 미치는 요인은 표본 크기, 표본추출방법, 모집단의 특성 등이 있다. 첫째, 표본 크기는 표집오차에 큰 영향을 미치는 요인이다. 이론적으로 보면 전수조사를 통해 모집단의 모수를 구하면 표집오차는 없어질 것이다. 이처럼 표본 크기가 커지면 표집오차는 0에 가까워지면서 감소하지만, 비표집오차는 증가한다. 하지만 실제 표본조사에서는 제한된 조사비용으로 표본 크기를 한없이 늘릴 수는 없다. 따라서 연구목적을 고려하여 적절한 표본 크기를 결정하는 것은 매우 중요하다. 둘째, 표본추출방법에 따라 표집오차의 크기는 차이가 있다. 예를 들어 표본 크기가 같을 때 표본추출단위가 개인이 아닌 집락으로 표집하는 집락표집은 집락 간의 동질성이 확보되지 않는다면, 단순무작위표집보다 표집오차가 발생할 가능성이 크다. 셋째, 모집단의 특성은 표집오차의 크기에 영향을 미친다. 즉, 같은 조건이라면 모집단의 특성이 동질적일수록 표집오차는 감소한다.

2) 비표집오차

비표집오차(non-sampling error)는 표본의 통계치가 모집단의 모수에서 벗어나는 차이로 표집과정과는 무관하게 질문지 작성과정, 조사원 특성, 자료수집 및 분석 과정 등에서 발생하는 오차로 비표본오차라고도 한다. 즉, 비표집오차는 구성이 잘못된 문항, 조사원의 경험 부족, 응답자의 실수, 자료 입력의 실수 등 다양한 원인으로부터 발생할 수 있다. 이러한 비표집오차는 조사 과정의 모든 단계에서 발생할 수 있는데, 체계적 오차와 비체계적 오차로 구분할 수 있다. 체계적 오차는 변수에 일정한 방향으로 영향을 미쳐서 측정 결과가 모두 높아지거나 모두 낮아지게 되는 편향된 경향을 보이는 오차이다. 반면에 비체계적 오차는 우연히 일시적 사정에 의해 나타나 측정수단, 측정대상, 측정자, 측정과정 등에 일관성 없이 영향을 미침으로써 발생하는 오차이다.

비표집오차는 전수조사와 표본조사에서 모두 발생할 수 있고, 표본 크기와 비례하기 때문에 표본 크기가 클수록 증가한다. 표본을 무작위로 추출할 때 표집오차는 추정할 수 있지만, 비표집오차는 어떻게 발생했는지 모르기 때문에 수치로 계산할 수 없다. 따라서 비표집오차를 줄이는 가장 좋은 방법은 자료의 수집, 입력, 분석 과정에서 조사원의 철저한 훈련과 지시사항을 정확히 알려주고, 연구자가 모든 과정에 관여하여 세심한 주의를 기울이는 것이다.

핵심정리

Core Theorem

1. 확률표집과 비확률표집의 비교

확률표집	비확률표집
• 연구대상이 표본으로 추출될 확률이 알려져 있음 • 무작위 표집 • 모수 추정의 편의(bias) 없음 • 시간과 비용이 많이 소요 • 표집오차의 추정 가능 • 결과의 일반화 가능 • 연구자의 주관적 개입 배제	• 연구대상이 표본으로 추출될 확률을 알 수 없음 • 작위적 표집 • 모수 추정의 편의 있음 • 시간과 비용을 줄일 수 있음 • 표집오차의 추정 불가능 • 결과의 일반화 불가능 • 연구자의 주관적 개입 가능

2. 확률표집

- **확률표집(probability sampling): 표본추출 과정에서 무작위 표집으로 표본을 추출함으로써 모집단의 모든 요소가 표본으로 추출될 기회가 동등한 표본추출방법**

종류	특징
단순무작위 표집	• 모집단을 구성하는 모든 요소가 표본으로 추출될 확률이 동등하다는 원칙이 적용되고, 편견이 개입될 확률이 거의 없어서 이론적으로 모집단의 특성을 가장 잘 반영하는 표집방법 • 표집틀에서 각 사람이나 표집단위에 번호를 할당하여 조사자가 일정한 유형 없이 단순히 무작위로 뽑는 것으로 가장 기본적인 확률표본추출방법 예) 제비뽑기, 난수표 등
체계적 표집	• 표집틀(모집단의 목록)에서 일정한 순서, 즉 매 k번째 요소를 표본으로 표집하는 방법으로 비슷한 사람들이 몰려있는 편재현상을 검토해야 함 예) 한국산업인력공단은 사회복지사 1급 국가시험 합격자 명단에서 수험번호가 가장 앞쪽인 10명 중 무작위로 첫 번째 요소인 5를 추출한 이후 첫 번째 요소로부터 매 10번째 요소를 추출하여 합격자들의 특성을 파악한 것

층화표집	• 모집단의 동질적인 속성에 따라 두 개 이상의 서로 다른 층으로 구분한 후, 층별로부터 단순무작위표집을 통해 일정 크기의 표본을 추출하는 방법 예) 성인의 정치의식을 조사하기 위해 소득을 기준으로 최상, 상, 하, 최하로 구분한 다음, 각 계층이 모집단에서 차지하고 있는 비율에 따라 500명의 표본을 4개 소득계층별로 무작위표집으로 표본을 추출 • 각 층에서 선정할 표본 수가 모집단에서의 비율을 정확하게 반영하는 비례층화표집과 각 층의 표본 수를 차등 비율로 반영하는 비비례층화표집으로 구분
집락표집	• 모집단을 다수의 상호 배타적인 집락으로 구분하고, 이들 집락 중 하나 혹은 일정 수의 집락을 무작위로 추출한 후에 추출된 집락 내의 모든 구성원 혹은 일부를 표본으로 조사하는 방법 예) 대학생의 일상생활 조사를 위해 전국에서 몇 개의 대학을 선정하고 여기서 다시 몇 개의 학과와 학년을 선정하여, 해당되는 모든 학생을 조사하는 방법

3. 비확률표집

- **비확률표집(nonprobability sampling): 모집단으로부터 선택될 확률이 미리 알려지지 않은 경우로 연구자의 편견이 개입될 수 있어 일반화에 많은 제한이 있음**
- **표집틀이 없거나 모집단이 매우 크거나, 편리성, 경제성 때문에 질적 연구에서 사용**

종류	특징
편의표집	• 연구자가 쉽게 접근할 수 있거나 이용 가능한 대상들을 표본으로 선정하는 임의표집 방법 • 비용과 시간 면에서 효율적이지만, 일반화의 어려움이 있음
의도적 표집	• 연구자의 판단과 연구목적에 의해 표본을 구성하는 방법으로 연구문제를 잘 알고 있거나 모집단의 의견을 효과적으로 반영할 수 있을 것으로 판단되는 특정 집단을 표본으로 선정하여 조사하는 방법 • 질적 연구나 사례조사에 많이 사용 예) 사례관리사업 조사에서 사례관리사업의 이용 경험자인 지역주민만을 대상으로 조사하는 것

할당표집	• 연구대상자의 모집단을 인구사회학적 요인이나 경제적 요인과 같은 일정한 분류 기준에 따라 몇 개의 집단으로 구분하고, 모집단에서 차지하는 비율에 맞추어 집단별로 할당된 표본을 임의로 추출하는 방법 예) 복지관 종사자의 직무만족도 조사를 위해 서울시 구별 복지관 종사자 비율에 따라 인원수를 작위적으로 모집
눈덩이표집	• 표본선정이 어려운 경우 연구대상자의 소개로 표본을 선정하며 점차 표본을 늘려가는 표집방법으로 주로 질적 연구에 사용 예) 노숙인, 약물중독자, 도박중독자, 성매매자 등

4. 표본 크기의 영향 요인

- 모집단의 특성이 동질적일수록 표집오차는 줄어들기 때문에 표본 크기는 작아도 됨
- 자료수집방법의 유형에 따라 표본 크기가 달라지는데, 설문조사는 다른 자료수집방법보다 표본 크기가 큼
- 단순무작위표집과 비교해서 집락표집은 표집오차가 커지기 때문에 표본 크기는 커야 함
- 변수의 수가 많을수록, 신뢰수준이 높을수록 표본 크기는 커야 함
- 이론에 근거하여 표본설계를 했다면, 표본 크기는 작아도 됨

5. 표집오차와 비표집오차

표집오차	비표집오차
• 모집단 전체를 조사하지 않고 표본을 추출하여 조사하기 때문에 나타나는 오차 • 표본오차라고도 하며, 모집단의 모수와 표본의 통계치 간의 차이 • 실질적인 의미에서 모집단 값을 알 수 없기 때문에 표본으로부터 얻어진 값을 연구자가 정한 일정한 신뢰수준에서 나타날 수 있는 오차의 범위를 추정 • 표집오차를 추정할 때 영향을 주는 요인은 표본 크기, 표집방법, 모집단의 특성 등임 • 모집단이 동질적일수록, 표본 크기가 증가할수록 표집오차는 감소	• 통계치가 모집단의 모수에서 벗어나는 차이로 질문지 작성과정, 조사원 특성, 자료수집 및 분석 과정 등에서 발생하는 오차로 표본 크기가 클수록 증가 • 비표본오차라고도 하는데, 체계적 오차와 비체계적 오차가 있음 • 체계적 오차는 변수에 일정한 방향으로 영향을 미쳐서 측정 결과가 모두 높아지거나 낮아지게 되는 편향된 경향을 보이는 오차 • 비체계적 오차는 우연히 일시적 사정에 의해 나타나 측정수단, 측정대상, 측정자, 측정과정 등에 일관성 없이 영향을 미침으로써 발생하는 오차

사회복지사 1급자격시험 기출문제

01 표집오차(sampling error)에 관한 설명으로 옳지 않은 것은?

① 신뢰수준을 높이면 표집오차는 감소한다.
② 모집단의 모수와 표본의 통계치 간의 차이이다.
③ 표본의 크기가 커지면 표집오차는 커진다.
④ 모집단의 동질성에 영향을 받는다.
⑤ 표본으로 추출될 기회가 동등하면 표집오차는 감소한다.

02 표본추출에 관한 설명으로 옳은 것은?

① 모집단을 가장 잘 대표하는 표본추출방법은 유의표집이다.
② 모집단이 이질적인 경우에는 표본의 크기를 줄여야 한다.
③ 전수조사에서는 모수와 통계치의 구분이 필요하다.
④ 표집오류를 줄이기 위해 층화표집방법(stratified sampling)을 사용할 수 있다.
⑤ 체계적표집방법(systematic sampling)은 모집단에서 유의표집을 실시한 후 일정한 표본추출 간격으로 표본을 선정한다.

03 할당표집방법에 관한 설명으로 옳지 않은 것은?

① 모집단의 주요 특성에 대한 정보를 활용한다.
② 모집단을 구성하는 주요 변수별로 표본을 할당한 후 확률표집을 실시한다.
③ 지역주민 조사에서 전체 주민의 연령대별 구성 비율에 따라 표본을 선정한다.
④ 표본추출 시 할당틀을 만들어 사용한다.
⑤ 우발적표집보다 표본의 대표성이 높다.

04 다른 조건이 같다면, 확률표집에서 표집오차(sampling error)에 관한 설명으로 옳지 않은 것은?

① 표준오차(standard error)가 커지면 표집오차도 커진다.
② 신뢰수준을 높이면 표집오차가 감소한다.
③ 표본의 수가 증가하면 표집오차도 증가한다.
④ 이질적인 모집단 보다 동질적인 모집단에서 추출한 표본의 표집오차가 작다.
⑤ 층화를 통해 단순무작위추출의 표집오차를 줄일 수 있다.

05 다음 사례의 표집에 관한 설명으로 옳은 것은?

> 400명의 명단에서 80명의 표본을 선정하는 경우, 그 명단에서 최초의 다섯 사람 중에서 무작위로 한 사람을 뽑는다. 그 후 표집간격 만큼을 더한 번호에 해당하는 사람을 표본으로 선택한다.

① 단순무작위 표집이다.
② 표집틀이 있어야 한다.
③ 모집단의 배열에 일정한 주기성을 가지고 있어야 한다.
④ 비확률표집법을 사용하였다.
⑤ 모집단에 대한 대표성이 부족하다.

06 표집에 관한 설명으로 옳은 것은?

① 할당표집(quota sampling)은 무작위 표집을 전제로 한다.
② 유의표집(purposive sampling)은 확률표집이다.
③ 눈덩이표집(snowball sampling)은 모집단의 규모를 알아야만 사용할 수 있다.
④ 단순무작위표집(simple random sampling)은 모집단으로부터 표본으로 추출될 확률을 알 수 있다.
⑤ 임의표집(convenience sampling)은 모집단의 대표성이 높은 표본을 추출한다.

07 표본크기에 관한 설명으로 옳지 않은 것은?

① 표본의 크기가 클수록 시간과 비용이 많이 든다.
② 신뢰수준을 높이려면 표본의 크기도 커져야 한다.
③ 표본의 크기가 증가하면 표본오차(sampling error)도 커진다.
④ 모집단이 이질적인 경우에는 표본의 크기를 늘려야 한다.
⑤ 같은 표본추출방법을 사용한다면 표본의 크기가 클수록 대표성은 커진다.

08 다음 사례에서 설명하는 표본추출방법은?

사회복지사들의 감정노동 정도를 조사하기 위하여 설문조사를 시행하였다. 표본은 전국사회복지관에 근무하는 사회복지사를 대상으로 연령(30세 미만, 30세 이상 50세 미만, 50세 이상)을 고려하여 연령 집단별 각각 100명씩 총 300명을 임의 추출하였다.

① 비례 층화 표본추출
② 할당 표본추출
③ 체계적 표본추출
④ 눈덩이 표본추출
⑤ 집락 표본추출

09 다음에 해당하는 표집방법은?

빈곤노인을 위한 새로운 사회복지서비스 개발을 위해 사회복지관의 노인 사례관리담당자에게 의뢰하여 자신의 욕구를 잘 표현할 수 있는 빈곤노인을 조사대상으로 선정하였다.

① 층화 표집　② 할당 표집
③ 의도적 표집　④ 우발적 표집
⑤ 체계적 표집

10 확률표집에 관한 설명으로 옳지 않은 것은?

① 무작위추출방식으로 표본을 추출한다.
② 의식적이거나 무의식적인 편향(bias)을 방지할 수 있다.
③ 모집단의 규모와 특성을 알 때 사용할 수 있다.
④ 표본오차를 추정할 수 있다.
⑤ 질적 연구에서 주로 사용한다.

11 소득주도성장에 대한 국내 일간지의 사설을 내용분석할 때, 다음의 표본추출방법 중 가능한 것을 모두 고른 것은?

ㄱ. 무작위표본추출	ㄴ. 층화표본추출
ㄷ. 체계적표본추출	ㄹ. 군집(집락)표본추출

① ㄱ, ㄴ　② ㄱ, ㄹ
③ ㄴ, ㄷ　④ ㄴ, ㄷ, ㄹ
⑤ ㄱ, ㄴ, ㄷ, ㄹ

12 할당표본추출에 관한 설명으로 옳지 않은 것은?

① 연구자는 모집단에 대한 사전지식을 가지고 있어야 한다.
② 연구자의 편향적 선정이 이루어질 수 있다.
③ 모집단의 구성요소들이 표본으로 선정될 확률이 동일하지 않다.
④ 표본추출 시 할당틀을 만들어 사용한다.
⑤ 전체 모집단에서 직접 표본을 추출한다.

13 표본의 대표성에 관한 설명으로 옳지 않은 것은?

① 무작위로 추출된 표본의 크기는 표본의 대표성과 관계가 있다.
② 층화표본추출은 단순무작위 표본추출보다 대표성이 높은 표본을 추출하는 방법으로 알려져 있다.
③ 표본의 대표성은 표본의 질을 판단하는 주요 기준이다.
④ 동일확률선정법으로 추출된 표본은 모집단을 완벽하게 대표한다.
⑤ 모집단의 동질성은 표본의 대표성과 관계가 있다.

14 표본추출과정을 올바르게 나열한 것은?

ㄱ. 모집단 확정	ㄴ. 표본크기 결정
ㄷ. 표본추출	ㄹ. 표본추출방법 결정
ㅁ. 표집틀 선정	

① ㄱ → ㄹ → ㅁ → ㄷ → ㄴ
② ㄱ → ㅁ → ㄹ → ㄴ → ㄷ
③ ㄴ → ㅁ → ㄱ → ㄹ → ㄷ
④ ㄹ → ㄱ → ㅁ → ㄷ → ㄴ
⑤ ㅁ → ㄱ → ㄹ → ㄴ → ㄷ

15 표집오차(sampling error)와 표준오차(standard error)에 관한 설명으로 옳지 않은 것은?

① 표집오차는 모집단의 모수와 표본의 통계치 간의 차이다.
② 표준오차는 무수히 많은 표본평균의 통계치가 모집단의 모수로부터 평균적으로 떨어진 거리를 의미한다.
③ 동일한 조건이라면 이질적 집단보다 동질적 집단에서 추출한 표본의 표집오차가 작다.
④ 동일한 조건이라면 표준오차가 클수록 검정통계값이 통계적으로 유의할 가능성이 커진다.
⑤ 동일한 조건이라면 표본의 크기가 커질수록 표집오차가 감소한다.

16 신뢰수준에 관한 설명으로 옳은 것을 모두 고른 것은?

> ㄱ. 99% 신뢰수준은 1% 유의수준을 사용한다는 의미다.
> ㄴ. 신뢰수준을 95%에서 99%로 높이면 1종 오류를 줄일 수 있다.
> ㄷ. 95% 신뢰수준은 100번 조사하면 5번 정도는 오차가 허용될 수 있다는 의미다.
> ㄹ. 99% 신뢰수준에서 모집단의 평균값이 신뢰구간 내에 존재한다는 것을 99% 확신할 수 있다.

① ㄱ, ㄴ, ㄷ ② ㄱ, ㄴ, ㄹ
③ ㄱ, ㄷ, ㄹ ④ ㄴ, ㄷ, ㄹ
⑤ ㄱ, ㄴ, ㄷ, ㄹ

17 초 · 중 · 고등학생의 행복도를 조사하기 위해 모집단에서 차지하는 비율에 맞춰 조사대상자를 표집하고자 한다. 이때 적절하게 사용할 수 있는 비확률표집방법은?

① 층화(stratified)표집
② 체계(systematic)표집
③ 할당(quota)표집
④ 눈덩이(snowball)표집
⑤ 편의(convenience)표집

18 다음 조사에 해당하는 표집방법은?

> 한국산업인력공단은 2015년 사회복지사 1급 국가시험 합격자 명단에서 수험번호가 가장 앞쪽인 10명 중 무작위로 첫 번째 요소로부터 매 10번째 요소를 추출하여 합격자들의 특성을 파악하였다.

① 체계적 표집 ② 단순무작위표집
③ 층화표집 ④ 할당표집
⑤ 다단계 집락표집

19 확률표집에 관한 설명으로 옳지 않은 것은?

① 모집단으로부터 표본으로 추출될 확률을 알 수 있다.
② 무작위방법이 기본 전제이다.
③ 비비례층화(disproportionate stratified)표집은 확률표집이다.
④ 신뢰수준이 높을수록 표본오차는 감소한다.
⑤ 표본의 수가 증가할수록 표본오차는 감소한다.

20 표본추출에 관한 설명으로 옳지 않은 것은?

① 개인과 집단은 물론 조직도 표본추출의 요소가 될 수 있다.
② 표본추출단위와 분석단위가 일치하지 않을 수 있다.
③ 전수조사에서는 모수와 통계치 구분이 불필요하다.
④ 표본의 대표성은 표본오차와 정비례한다.
⑤ 양적연구에서 표본의 크기가 클수록 유의미한 결과를 얻는데 유리하다.

21 표본추출방법에 관한 설명으로 옳은 것을 모두 고른 것은?

> ㄱ. 할당표본추출 – 연구자의 편향적 선정이 이루어질 수 있다.
> ㄴ. 체계적 표본추출 – 주기성(periodicity)이 문제가 될 수 있다.
> ㄷ. 층화표본추출 – 전체 모집단이 아니라 여러 하위집단에서 표본을 추출한다.
> ㄹ. 군집표본추출 – 다단계 표본추출이 가능하다.

① ㄱ, ㄴ, ㄷ ② ㄱ, ㄷ
③ ㄴ, ㄹ ④ ㄹ
⑤ ㄱ, ㄴ, ㄷ, ㄹ

22 표본크기와 표집오차에 관한 설명으로 옳은 것을 모두 고른 것은?

> ㄱ. 자료수집방법은 표본크기와 관련 있다.
> ㄴ. 표본크기가 커질수록 모수와 통계치의 유사성이 커진다.
> ㄷ. 표집오차가 커질수록 표본이 모집단을 대표하는 정확성이 낮아진다.
> ㄹ. 동일한 표집오차를 가정한다면, 분석변수가 많아질수록 표본크기는 커져야 한다.

① ㄱ, ㄴ, ㄷ ② ㄱ, ㄷ
③ ㄴ, ㄹ ④ ㄹ
⑤ ㄱ, ㄴ, ㄷ, ㄹ

23 1,000명을 번호 순서대로 배열한 모집단에서 4번이 처음 무작위로 선정되고 9번, 14번, 19번, … 등이 차례로 체계(systematic)표집을 통해 선정되었다. 이 표집에서 표집간격(ㄱ)과 표본수(ㄴ)가 바르게 짝지어진 것은?

① ㄱ: 4 ㄴ: 200 ② ㄱ: 4 ㄴ: 250
③ ㄱ: 5 ㄴ: 200 ④ ㄱ: 5 ㄴ: 250
⑤ ㄱ: 10 ㄴ: 200

24 표집에 관한 설명으로 옳지 않은 것은?

① 의도적 표집은 비확률표집이다.
② 할당표집은 동일추출확률에 근거한다.
③ 눈덩이표집은 질적연구나 현장연구에서 많이 사용된다.
④ 집락표집은 모집단에 대한 표집틀이 갖추어지지 않더라도 사용가능하다.
⑤ 체계적 표집은 주기성(periodicity)이 문제가 될 수 있다.

25 표집오차에 관한 설명으로 옳지 않은 것은?

① 표본의 선정과정에서 발생하는 오차이다.
② 표집방법에 따라 달라질 수 있다.
③ 동일한 조건이라면 표본크기가 클수록 감소한다.
④ 모집단의 크기와 표본크기의 차이를 말한다.
⑤ 동일한 조건이라면 이질적 집단보다 동질적 집단에서 추출한 표본의 표집오차가 작다.

26 다음 사례에 해당하는 표집용어와 관련한 내용으로 옳은 것은?

> A종합사회복지관을 이용하는 노인들을 대상으로 노인맞춤돌봄서비스에 관한 설문조사를 위하여 노인 이용자 명단에서 300명을 무작위 표본추출하였다.

① 모집단: 표본추출된 300명
② 표집방법: 할당표집
③ 관찰단위: 집단
④ 표집틀: 노인 이용자 명단
⑤ 분석단위: 집단

정답 01 ③ 02 ④ 03 ② 04 ③ 05 ② 06 ④ 07 ③ 08 ② 09 ③ 10 ⑤ 11 ⑤ 12 ⑤ 13 ④ 14 ② 15 ④ 16 ⑤ 17 ③ 18 ① 19 ④ 20 ④ 21 ⑤ 22 ⑤ 23 ③ 24 ② 25 ③ 26 ④

CHAPTER 10

자료수집방법

1. 설문조사
2. 설문조사의 방법
3. 설문지 작성의 일반적인 과정

Chapter 10

자료수집방법

학습목표

- 설문조사의 방법을 이해한다.
- 설문지 작성과정을 이해한다.
- 질문 문항의 구성 원칙과 순서 결정을 이해한다.

1. 설문조사

설문조사는 설문지를 이용하여 사실, 의견, 태도 등에 관한 자료를 수집하는 조사방법으로 서베이(survey)라고도 한다. 사회과학에서 조사를 통해서 필요한 정보를 얻는 방법은 크게 물어보는 것, 실험하는 것, 관찰하고 면접하는 것으로 구분할 수 있다. 이 가운데 물어보는 방법을 통해 필요한 정보를 얻는 조사를 설문조사라고 한다. 설문조사는 알아보고자 하는 것을 질문의 형태로 개발하여 구조화된 설문지를 만들고, 연구대상자를 표본추출하여 이들을 대상으로 조사한다. 설문조사는 연구대상자에게 직접 설문조사를 시행하지만, 전화나 우편 및 컴퓨터 등 다양한 매체를 이용할 수도 있다. 설문조사는 오늘날 사회과학에서 가장 자주 사용하는 조사방법이다(Rubin & Babbie, 2014).

2. 설문조사의 방법

설문조사의 방법은 조사원이 연구대상자와 직접 면접하여 조사하는 면접조사와 연구대상자가 설문지에 직접 기입하는(self-administered) 자기기입식 조사 등으로 구분할 수 있다. 대체로 면접조사는 자기기입식 조사와 비교해서 응답의 결측치를 최소화할 수 있는 것이 장점이다.

1) 면접조사

면접조사는 체계적으로 훈련받은 조사원이 연구대상자를 직접 만나서 자료를 수집하는 방법이다. 즉, 조사원은 구조화된 설문지의 질문 내용을 빠짐없이 그대로 읽거나 말로 설명한 후에 연구대상자의 응답이나 반응을 기록하는 방식이다. 면접조사는 조사원과 연구대상자가 직접 만나기 때문에 긴 시간 동안 상세하게 조사할 수 있다. 또한 연구대상자가 질문 내용을 이해하지 못하거나 복잡한 주제에 대해서도 조사원이 추가로 설명할 수 있어서 정확한 응답을 얻을 수 있다. 연구대상자의 비언어적인 행위를 관찰할 수 있으며, 연구대상자의 응답률이 높다. 조사원이 조사환경에 영향을 미칠 수 있는 다양한 요인을 통제할 수 있고, 조사과정에서 유연성을 발휘하여 질문 내용 외에도 연구에 필요한 부가적인 자료를 수집할 수도 있다. 또한 글을 읽고 쓰지 못하는 사람도 연구대상자에 포함할 수 있다는 것이 장점이다.

이러한 장점에도 불구하고 면접조사는 다음과 같은 단점이 있다. 조사원의 훈련과 면접 진행에 비용과 시간이 많이 든다. 조사원과 연구대상자가 직접 만나서 상호작용하기 때문에 익명성이 보장되지 않아서 사적이거나 민감한 내용에 대한 정확한 응답을 얻는 데 어려움이 있다. 일반적으로 조사원이 여러 명이므로 질문 과정에서 조사원의 편의가 발생할 수 있다. 또한 연구대상자가 피곤하다면, 정확한 응답을 얻는 것이 어렵다.

표 10-1 | 면접조사의 장단점

장점	단점
• 시간적 여유를 가지고 연구대상자의 의견을 수집할 수 있다. • 질문내용을 추가로 설명할 수 있어서 정확한 응답을 얻을 수 있다. • 우편조사보다 회수율이 높다. • 조사환경을 통제할 수 있다. • 조사과정에서 유연성을 발휘할 수 있다. • 글을 읽고 쓰지 못하는 사람에게도 조사할 수 있다.	• 면접진행 비용과 시간이 많이 든다. • 익명성이 보장되지 않는다. • 조사원의 편의가 발생할 수 있다. • 연구대상자가 피곤하다면 정확한 응답을 얻기가 어렵다.

한편, 면접의 유형은 연구자의 면접 질문내용 및 형식에 대한 연구자의 계획 정도, 즉 구조화의 정도에 따라서 다음과 같이 구분할 수 있다.

(1) 구조화 면접

구조화 면접(structured interview)이란 연구자가 사전에 준비된 질문 목록이나 지침이 매우 구체적으로 조직되어서 진행되는 표준화 면접 형태를 말한다. 구조화 면접은 연구자가 면접 지침에 준비된 모든 질문을 같은 방법과 순서대로 정확하게 시행하는 것이기 때문에 정확하고 체계적인 자료를 얻고자 할 때 가장 적합하다. 구조화 면접의 질문에 대한 연구대상자의 대답은 '예' 또는 '아니오'처럼 폐쇄적이거나 간략한 단답형이 된다. 구조화 면접의 질문은 매우 객관적이어서 연구대상자에 대한 조사원이 영향을 최소화할 수 있어서 신뢰도는 높다. 또한 구조화 면접은 연구대상자가 많을 때 유용하게 이용할 수 있으며, 일종의 문서로 만들어진 면접지를 바탕으로 진행되는 구두설문 형태로 이해할 수 있다.

그러나 구조화 면접의 단점은 준비된 질문에 대한 답변만을 얻는다. 따라서 연구대상자의 생각이나 질문 내용에 대한 다른 해석을 말할 가능성이 없으므로 타당도가 낮다는 것이다. 또한 연구자가 사전에 예상하지 못했던 연구대상자의 연구주제에 대한 독특한 의미와 해석을 면접 과정에서 발견하여 포함할 수 없다는 것이 단점이다. 그러므로 구조화 면접은 다수의 연구대상자가 가지고 있는 경험의 대략적인 경향성을 파악하거나, 질적 자료를 양적으로 분석할 의도가 있을 때 사용할 수 있다(유기웅 외, 2018).

(2) 반구조화 면접

반구조화 면접(semi-structured interview)에서는 면접 지침이라고 하는 면접 질문지가 있지만, 연구대상자의 반응에 따라서 정확한 답을 얻기 위해 방향을 지시하는 기법인 프로빙(probing) 같은 추가 질문의 가변성을 어느 정도 허용하고 있다. 즉, 사전에 준비된 질문 목록이 있지만, 조사원이 대화의 흐름을 놓치지 않고, 적절한 시점에서 연결고리를 찾아서 추가로 질문하는 것이다.

반구조화 면접은 연구대상자의 답변 내용과 형식이 비교적 제한을 덜 받기 때문에 연구대상자는 자신이 이야기하고자 하는 내용을 제시할 수 있고, 자신이 가지고 있는 지식과 정보를 더 심층적이고 폭넓게 제공할 수 있다. 그러나 여전히 연구주제에 대한 연구자의 의도나 편향된 가치가 면접 내용을 제약할 가능성이 있는 형태이다(신경림 외, 2004).

(3) 비구조화 면접

비구조화 면접(unstructured interview)에서는 조사원과 연구대상자 간의 면접 진행이 주로 일상적 대화의 형식으로 이루어진다. 조사원은 사전에 준비된 질문 목록이나 지침 없이 전적으로 연구대상자와의 대화에 맡기고 면접을 진행하게 된다. 주로 연구대상자의 답변 내용에 따라 적절한 질문의 내용과 형태가 변할 수 있도록 한다. 그러므로 비구조화 면접에서 조사원은 대화의 주제에 대한 최소한의 정보만을 가지고 있거나, 또는 질문 목록이나 면접 지침이 없는 경우에 사용할 수 있다. 또한 질문할 큰 주제들이 조사원의 머릿속에만 있을 때, 조사원의 선입견 없이 연구대상자의 온전한 경험 세계에 진입하고자 할 때 비구조화 면접을 진행할 수 있다.

비구조화 면접의 장점은 연구대상자가 이야기하는 형식과 내용에 대해서 제약을 받지 않고 면접의 진행 상황에 따라 자연스럽게 대화를 이어갈 수 있다는 것이다. 그러므로 연구대상자가 자연스러운 일상적 조건에서 가지고 있는 풍부하고 실질적인 의미나 경험을 확보할 수 있다(신경림 외, 2004). 예를 들어 "치매 어르신을 부양하면서 경험하신 바를 어떤 형식에 구애됨이 없이 자유롭게 들려주세요." 라는 질문에 대해 연구대상자는 어디서부터 이야기를 시작할지, 이야기의 우선순위를 어디에 둘지, 어느 부분의 설명에 시간을 더 많이 할애할지, 어디에 강조점을 둘지, 어느 곳에 격한 감정을 표현할지 등을 스스로 정하게 된다. 이처럼 일정한 틀에 묶이지 않은 대화를 통해 조사원은 연구대상자로부터 생생하고, 창의적이며, 깊이 있는 경험의 세계를 포착하게 된다. 특히 연구대상자의 대답이 불충분할 때 충분하고 정확한 답을 알기 위해 재차 질문하는 프로빙(probing) 기술을 활용해야 한다.

2) 전화조사

전화조사는 훈련된 면접원이 전화를 이용해 연구대상자에게 구조화된 설문지의 질문 문항을 읽어주고, 이에 대한 응답을 기록하는 준면접(semi-interview) 자료수집방법이다. 주로 어떤 시점에 순간적으로 무엇을 하며, 무슨 생각을 하는지를 알아내기 위한 조사에 가장 적합하다. 전화조사는 전화번호부를 통해 모집단에서 표본을 비교적 쉽고 정확하게 추출할 수 있고, 면접조사와 비교해서 조사절차가 간편하여 비용 측면에서 효율적이며 신속하게 조사를 시행할 수 있다. 넓은 범위의 지역에 있거나 조사하기 어려운 연구대상자에게 접근이 쉽다. 또한 연구자가 조사원의 조사 과정을 관찰할 수 있으므로 조사통제가 쉽고, 조사원의 안전이 확보된다는 것 등이 장점이다.

전화조사의 단점은 시간적인 제약으로 질문의 종류와 양이 제한되어 많은 자료를 수집하기 어렵다. 연구대상자는 불러준 내용을 기억하여 응답하므로 복잡한 내용은 조사하기가 어렵다. 또한 전화번호부에서 표본을 추출하므로 전화번호부에 등록되어 있지 않거나 부재중이거나 전화가 없는 사람은 조사에서 배제되므로 표본의 대표성에 문제가 있다. 조사 도중에 전화가 끊기거나 연구대상자가 응답을 포기할 수 있으므로 조사환경을 통제할 방법이 제한되어 있다는 것도 단점이다.

표 10-2 | 전화조사의 장단점

장점	단점
• 면접조사와 비교해서 비용과 시간이 적게 든다. • 전화번호부를 이용하여 쉽고 정확하게 표본을 추출할 수 있다. • 조사하기 어려운 연구대상자에게 접근이 쉽고, 익명성이 보장된다. • 조사통제가 쉽고, 조사원의 안전이 확보된다.	• 시간의 제한으로 질문의 종류와 양이 제한되어 복잡한 내용은 조사하기 어렵다. • 전화가 없거나 전화번호부에 등록되지 않은 사람은 배제되어 표본의 대표성 문제가 발생할 수 있다. • 조사환경을 통제할 수 없다.

3) 우편조사

우편조사(mail survey)는 설문지, 응답 방법과 회신 절차에 대한 조사안내문, 우표를 붙인 회신용 봉투 등을 우편으로 보내고 연구대상자가 응답한 후에 다시 우편으로 반송하도록 하는 자료수집방법이다. 즉, 연구대상자가 설문지를 보고 직접 응답을 작성하는 자기기입식 설문조사의 대표적인 형태인 우편조사는 설문지와 회신용 봉투에 미리 번호를 부여하여 회송 여부를 확인하는 데 사용하며, 응답률을 높이기 위해 독촉 편지나 재발송과 같은 후속 조치가 필요하다(성태제 · 시기자, 2014). 만일 모집단 명부가 없다면, 표본의 대표성이 낮으므로 우편조사보다는 다른 조사방법을 이용하는 것이 바람직하다.

우편조사는 면접조사와 비교하여 조사원을 모집하여 훈련할 필요가 없어서 시행하기가 비교적 쉽고, 넓은 범위의 지역에 있는 연구대상자를 쉽게 조사할 수 있다. 설문지의 인쇄비와 우편료 비용 외에는 상대적으로 비용이 적게 들기 때문에 효율성이 높다. 또한 면접조사에서 쉽게 접근할 수 없는 다양한 연구대상자를 포함할 수 있으며, 조사원과 대면하지 않고 연구대상자가 기재하므로 익명성이 보장된다. 익명성의 보장은 민감한 질문도 솔직하게 답변할 수 있고, 사회적 바람직성에 의한 응답은 낮다는 것을 의미한다. 또한 연구대상자는 편리한 시간이나 장소에서 시간적 여유를 가지고 응답할 수 있으므로 많은 양의 질문과 깊이 있는 내용의 조사를 시행할 수 있다는 것이 장점이다.

하지만 우편조사의 단점은 연구대상자의 주소 변경이나 우편물 분실의 가능성 때문에 회수율이 낮다. 특히 낮은 회수율로 연구대상자가 모집단을 대표하지 못하므로 조사 결과를 일반화하는 데 어려움이 있다. 또한 조사 과정의 통제가 어려워 연구대상자가 불성실하게 응답하거나 다른 사람이 응답할 수도 있어 비체계적 오차의 가능성이 있다. 더구나 회수 기간이 길어지면 응답 내용과 관련된 연구대상자의 특성이나 태도가 바뀌어 응답에 오차가 발생할 수 있다. 그리고 연구대상자가 느끼기에 모호하거나 의문이 있는 질문 문항에 관해 연구자로부터 보충 설명을 들을 수 없어 무응답이 많이 발생하거나 정확한 응답을 얻을 수가 없다.

표 10-3 | 우편조사의 장단점

장점	단점
• 조사의 시행이 비교적 쉽고 비용이 적게 든다. • 접근의 용이성으로 지리적으로 넓은 범위의 연구대상자에게 조사할 수 있다. • 연구대상자의 익명성이 보장된다. • 많은 양의 질문과 깊이 있는 내용에 적합하다.	• 주소 변경이나 우편물의 분실로 회수율이 낮다. • 설문지가 발송되면 통제할 수 없다. • 회수 기간이 길어지면 연구대상자의 특성이 변화되어 응답에 오차가 발생할 수 있다. • 모호하거나 의문이 있는 문항에 관해 보충 설명을 들을 수 없다.

4) 집단조사

집단조사는 같은 장소에 모인 연구대상자를 대상으로 설문에 관해 설명하고 설문지를 배포한 후, 조사원이 있는 상태에서 연구대상자가 직접 작성한 후에 즉시 회수하는 방법이다. 집단조사는 집합조사라고도 하는데, 주로 학교, 기관, 회사 등에서 이루어진다. 조사 과정이 비교적 간단하고 다른 설문조사의 방법과 비교해서 시간과 비용이 적게 들면서도 회수율이 높다. 또한 조사원은 연구대상자의 질문에 답할 수 있고, 추가적인 설명도 가능하며, 조사환경을 통제할 수 있다는 것이 장점이다(김기덕 외, 2017).

집단조사의 단점으로는 연구대상자가 다른 사람의 영향을 받을 가능성, 즉 집단 상황이 응답을 왜곡할 가능성이 있다. 특히 연구대상자들의 수준이 동일하다고 가정하는 오류, 즉 개인별 차이를 무시함으로써 조사 자체의 타당도가 낮아지기 쉽다. 다음으로 연구대상자에 대한 통제가 쉽지 않아서 무응답을 통제하기는 어렵다. 또한 집단조사를 하려면 단체장이나 담당자의 협조를 받아야 하므로 표본추출의 편의가 발생할 수 있다는 것이 단점이다.

표 10-4 | 집단조사의 장단점

장점	단점
• 짧은 시간에 많은 연구대상자를 조사할 수 있다. • 시간과 비용이 적게 들고, 회수율도 높다. • 추가적인 설명도 가능하다. • 조사원이 조사환경을 통제할 수 있다.	• 집단 상황이 응답을 왜곡할 수 있다. • 연구대상자의 수준이 동일하다고 가정하는 오류를 범할 수 있다. • 연구대상자를 통제할 수 없어 무응답이 나올 수 있다. • 표본추출에서 편의가 발생할 수 있다.

5) 전자조사

전자조사는 온라인조사라고도 하는데, 컴퓨터나 모바일기기를 이용하여 인터넷상에서 설문조사를 시행하는 방법으로 전자우편(e-mail)을 통해 연구대상자에게 설문지를 발송하고 회수하는 것과 연구대상자가 웹사이트를 방문하여 자기기입식으로 설문지에 응답하는 방식이 있다. 온라인을 통해 설문지를 발송하고 회수하는 것은 우편조사와 유사하지만, 우편조사나 면접조사보다 훨씬 간단하므로 저렴한 비용으로 신속하게 시행할 수 있다. 그뿐만 아니라 코딩의 과정이 필요 없거나 자료수집 후 결과의 분석과 보고, 자료에 대한 접근이 실시간으로 진행될 수 있다. 회신을 받지 못했을 때도 전자메일을 통해 쉽게 독촉할 수 있으며, 연구대상자가 편한 시간에 응답할 수 있어서 응답의 질을 높일 수 있다는 것이 장점이다.

전자조사의 단점으로는 인터넷에 접속하거나 모바일기기를 사용하는 사람들에 대해서만 설문조사가 가능하므로 표본의 대표성 문제가 제기될 수 있다. 특히 인터넷에 접속하는 사람이라도 스팸메일로 간주하거나 자신에게 필요한 정보 이외에는 관심을 두지 않는 경향이 있어서 응답률과 회수율이 낮은 편이다. 또한 누가 응답을 했는지 기록이 남을 수 있어서 연구대상자의 익명성을 보장하기 어렵다.

표 10-5 | 전자조사의 장단점

장점	단점
• 신속하고 저렴한 비용으로 시행할 수 있다. • 자료수집 후 모든 과정이 실시간으로 진행될 수 있다. • 전자메일을 통해 독촉할 수 있으며, 연구대상자가 편한 시간에 응답할 수 있다.	• 인터넷이나 모바일 사용자로 한정되어 있어 일반화의 어려움이 있다. • 스팸메일로 처리되어 응답률과 회수율이 낮은 편이다. • 응답기록이 남아서 연구대상자의 익명성을 보장하기 어렵다.

3. 설문지 작성의 일반적인 과정

연구는 설문지를 통해 이루어지므로 설문지 작성은 가장 핵심적인 단계이다. 질문 문항에 따른 응답범주가 구성되면 설문지가 작성된다. 일반적으로 설문지 작성 절차는 다음과 같은 과정을 거친다(채서일 · 김주영, 2016).

1) 필요한 정보의 결정

설문지 작성에서 연구자는 설문조사를 통해 어떤 정보를 얻고자 하는가와 어떻게 하면 정확한 정보를 얻을 수 있는가를 결정해야 한다. 필요한 정보는 연구설계를 할 때 조사의 이유인 가설에서 얻어야 한다. 예를 들어 연구모형에 따라 가설을 "여성의 취업 여부에 따라 결혼만족도에서 차이가 있을 것이다."라고 설정하였다면, 필요한 정보는 여성의 취업 여부, 결혼만족도, 연구대상자 특성 등이 될 것이다.

다음으로 연구자는 필요한 정보에 대해 알아야 할 수준을 세부적으로 분류해야 한다. 예를 들어 연구대상자 특성의 정보는 성별, 나이, 학력 등으로 구체화해서 정보를 얻어야 한다. 이처럼 연구자는 연구목적을 달성하기 위해서는 얼마나 상세한 정보가 필요한지를 파악해 필요한 정보를 결정해야 한다.

2) 자료수집방법의 결정

필요한 정보가 결정되면, 다음으로 연구자는 자료수집방법을 선택해야 한다. 자료수집방법에 따라 문항 수와 질문의 형태가 다르므로 연구설계의 계획에 따라 실행해야 한다. 예를 들어 우편조사는 가장 많은 문항을 질문할 수 있을 뿐만 아니라 민감한 내용도 다룰 수 있다. 반면에 전화조사는 전화로 문항과 응답범주를 읽어주는 방식이므로 적은 문항만을 조사할 수 있고 질문 내용도 복잡한 것은 적절하지 않다. 이처럼 어떤 자료수집방법을 선택하느냐에 따라 조사에 필요한 시간과 비용, 질문 내용 등이 달라질 수 있다. 따라서 연구자는 연구대상자의 특성을 고려하여 필요한 정보와 시간 및 비용 등을 고려해서 구체적인 자료수집방법을 결정해야 한다.

3) 개별 문항의 내용 결정

조사하려는 개념이 결정된 후에는 필요한 자료를 얻기 위해 다음과 같은 사항들을 고려하여 설문지의 개별 문항 내용을 결정해야 한다.

첫째, 이 질문 문항은 필요한가? 즉, 연구자는 연구목적에 부합한 질문 문항만 설문지에 포함되도록 충분히 검토해야 한다. 일반적으로 연구자는 나중에 필요할 수도 있으니 가능한 많은 내용을 조사하려고 시도한다. 그러나 불필요한 내용까지 조사하는 것은 많은 시간과 비용이 소요될 뿐만 아니라 연구대상자의 부담과 피로도의 증가로 정확한 응답을 얻는 것이 어렵다. 또한 대부분 조사에서 이후에 다시 분석하여 활용하는 경우는 거의 없기 때문이다.

둘째, 조사하려는 정보를 연구대상자는 알고 있는가? 즉, 질문 문항에 대해 연구대상자가 응답하기에 충분한 정보가 있는가를 연구자는 사전에 검토해야 한다. 예를 들어 지역주민을 대상으로 사회복지관의 서비스 만족도를 조사할 때, 사회복지관을 이용한 경험이 있는 지역주민을 연구대상자로 선정하는 것이 중요하다. 이용 경험이 없는 지역주민에게 "사회복지관의 서비스에 대해 얼마나 만족하느냐?"라는 질문은 추측이나 편견을 근거로 대답할 수 있으므로 잘못된 정보를 얻을 수 있어서 주의해야 한다.

셋째, 연구대상자는 필요한 정보를 제공할 수 있는가? 즉, 연구대상자가 질문 문항에 대한 정보를 알고 있더라도 그 정보를 정확하게 제공할 수 있는지를 고려하여 설문지를 작성해야 한다. 예를 들어 '지난 1년 동안 사회복지 서비스 이용 시간'에 관해 묻는다면, 연구대상자는 대답할 수 없거나 혹은 밝히기 싫은 내용이므로 정확한 답변을 기대하는 것이 어려울 수 있다. 따라서 질문 문항을 선정할 때 응답에 필요한 시간과 노력, 개인의 사생활 보호, 연구대상자의 표현 능력까지 고려해야 한다.

넷째, 하나의 질문 문항으로 충분한가? 즉, 하나의 질문에 둘 이상의 개념이 포함되어 응답이 어렵거나 하나의 개념을 측정하지 못할 때는 문항 수를 늘려야 한다. 예를 들어, “사례관리 서비스에 대해서 얼마나 만족하십니까?”라는 질문에 대해 사례관리 서비스 경험이 없는 사람은 답변하는 것이 어렵다. 따라서 “사례관리 서비스를 받은 경험이 있습니까?”, “있다면 얼마나 만족하십니까?”와 같이 두 개의 질문 문항으로 나누어서 질문하는 것이 적절하다.

4) 질문 문항의 형태 결정

개별 문항의 내용이 결정되면, 연구자는 질문 문항의 형태를 결정해야 한다. 설문지에서 사용되는 질문 문항의 형태는 크게 개방형 질문과 폐쇄형 질문으로 구분된다.

(1) 개방형 질문

개방형 질문은 연구대상자의 생각을 자유롭게 표현하도록 하는 비구조화 질문으로 심층적인 면접조사, 예비조사나 탐색적 조사 등 문제의 핵심을 알고자 할 때 주로 사용된다. 개방형 질문의 장점은 연구대상자의 모든 가능한 의견과 다양한 정보를 제한 없이 수집할 수 있고, 복잡한 이슈를 조사할 수 있으며, 구체적인 개별 문항을 만들기 어려울 때 유용하게 사용할 수 있다. 하지만 연구대상자는 질문에 대해 즉각적으로 생각나지 않거나 응답을 회피하는 경향 때문에 불성실하게 응답하거나 응답률이 낮고, 조사 내용에 대한 이해관계가 있거나 교육수준이 높은 사람만 응답할 가능성이 크다. 또한 응답 내용을 분류하거나 코딩의 어려움 때문에 자료의 많은 부분이 분석에서 제외되거나 통계분석이 제한적이며, 응답의 해석에 편견이 개입될 수 있고, 많은 시간과 비용이 드는 것이 단점이다.

> 예 귀하는 사회복지사가 수행해야 할 가장 중요한 업무는 무엇이라 생각하십니까?
> (   )

(2) 폐쇄형 질문

폐쇄형 질문은 연구자가 준비한 항목 중에서 선택하는 구조화된 질문으로 연구대상자의 부담이 줄어 응답률이 비교적 높다. 또한 이를 이용한 자료 분석이 비교적 쉬우므로 설문지에 가장 많이 사용된다.

첫째, 양자택일형 질문은 질문 내용에 대해 '예–아니요', '찬성한다–반대한다'와 같이 두 항목 중에서 하나만 선택하도록 구성되는 질문 형태를 말한다. 이처럼 양자택일형은 응답이 쉽고 자료의 처리가 매우 간단하다는 장점이 있다. 하지만 두 개의 극단적인 선택 항목 중에서 하나만 선택하도록 함으로써 중간 정도의 값을 선택하기를 원하는 연구대상자의 의견이 무시된다는 것이 단점이다.

> 예 당신은 A 사회복지관에서 제공한 프로그램에 만족하십니까?
> ① 예 ② 아니오

둘째, 다항선택식(multiple choice) 질문은 여러 항목 중에서 하나 또는 그 이상을 선택하도록 하는 질문 형태로 응답범주의 상호 배타성과 포괄성의 원칙을 준수해야 한다. 즉, 연구대상자의 한 가지 생각에 대해 서로 중복되어서는 안 되며, 모든 가능한 응답이 포함되어야 한다는 것이다. 다항선택식 질문은 응답 항목이 명확하여 신속한 응답이 가능하지만, 응답 항목을 작성하기 위해서는 철저한 사전 조사가 필요하다는 것이 단점이다.

> 예 귀하의 학력은 다음 중 어디에 해당합니까?
> ① 무학 ② 초졸 ③ 중졸 ④ 고졸 ⑤ 대졸 ⑥ 대학원졸 이상

셋째, 평정형(rating) 질문은 질문에 대한 대답의 강도를 요구하는 응답범주 중에서 하나를 선택하는 것이다.

> 예 귀하는 사례관리 서비스에 대해 얼마나 만족하십니까?
> ① 매우 만족 ② 만족 ③ 보통 ④ 불만족 ⑤ 매우 불만족

넷째, 여과형(filter) 질문은 응답자가 다음 질문에서 어떤 문항에 응답해야 하는가를 결정하기 위한 첫 번째 질문이다. 여과형 질문에 대한 응답에 따라 수반형 질문이 뒤따른다. 수반형(contingency) 질문은 여과형 질문을 통해 특정 범주에 응답하면, 그에 따라 응답해야 할 내용이 다른 질문이다.

> 예 1. 귀하는 사회복지현장실습을 이수했습니까?
> ① 이수했다(1–1 질문에 답해 주세요)
> ② 이수하지 않았다(2번 문항으로 가세요)
> 1–1 실습유형은 어떠한 것입니까?
> ① 학기 중 평일 실습 ② 학기 중 주말 실습 ③ 방학실습 ④ 기타

5) 질문 문항의 완성

개별 문항의 내용과 질문 문항의 형태가 결정되면, 연구자는 질문 문항의 구성을 위한 마지막 과정을 수행해야 한다. 즉, 질문 문항의 구성 원칙이 준수되고 있는지를 점검하는 것이다. 질문 문항의 구성 원칙은 다음과 같다(Wimmer & Dominick, 1994).

첫째, 질문 문항은 연구대상자의 관점에서 정확한 답변을 할 수 있도록 분명하게 작성해야 한다. 즉, 질문 문항은 특정 분야에서만 사용하는 전문 용어나 어려운 단어보다는 모든 사람이 같은 의미로 받아들일 수 있는 용어를 선택하는 것이 바람직하다. 따라서 질문 문항이 구성되면 연구자는 연구대상자를 대상으로 사전조사를 시행하는 것이 필요하다.

> 예 "귀하는 사회복지사와의 라포 형성에 대해 얼마나 만족하십니까?"라는 질문 문항에서 라포는 전문적인 용어이다. 따라서 모든 연구대상자에게 익숙한 단어인 관계로 수정해야 한다.

둘째, 연구대상자가 생각할 수 있는 모든 응답범주를 포괄적으로 제시해야 한다. 이것을 포괄성(collectively exhaustive)의 원칙이라고도 한다.

> 예 연구대상자의 학력 수준을 측정하기 위해 ① 중졸 이하, ② 고졸, ③ 대졸 등으로 제시하였다. 여기서 질문 문항의 응답범주는 포괄적이지 못하므로 ④ 대학원 졸 이상을 포함해야 한다.

셋째, 응답범주 간의 내용이나 범위는 중복되어서는 안 된다. 이는 연구대상자가 반드시 하나의 응답범주만을 선택하도록 하는 것을 의미하는 상호 배타성

(mutually exclusive)의 원칙이다.

> 예 연구대상자의 연령을 측정하기 위해 ① 20세 이하, ② 21~30세, ③ 31~40세, ④ 40세 이상으로 응답범주를 구성하였다. 이때 40세인 연구대상자는 ③과 ④에 해당하므로 응답범주가 중복되어서 ④는 41세 이상으로 수정해야 한다.

넷째, 하나의 질문 문항에 두 가지 내용을 질문하는 이중질문(double-barreled question)은 피해야 한다. 이중질문은 연구대상자가 하나의 질문에는 동의하지만, 다른 질문에는 동의하지 않을 수 있기 때문이다. 따라서 연구자는 두 가지 내용을 분리하여 두 개의 질문 문항으로 작성해야 한다.

> 예 "귀하는 현재 근무하는 사회복지관의 보수체계와 근무환경에 대해 얼마나 만족하십니까?"라는 질문 문항은 이중질문이다. 따라서 보수체계와 근무환경을 분리해서 두 문항으로 작성해야 한다.

다섯째, 어떤 상황이든 연구자가 임의로 연구대상자를 가정하고 질문 내용을 구성해서는 안 된다. 연구대상자에 대한 가정은 정확하지 않을 가능성이 크기 때문에 어떤 가정을 전제로 질문하는 것은 바람직하지 않다. 따라서 연구자는 임의로 연구대상자나 응답 상황을 가정하고 질문 문항을 작성해서는 안 된다.

> 예 "귀하는 어떤 이유로 상담 서비스만 선호하십니까?"라는 질문 문항은 연구대상자가 상담서비스를 선호한다고 가정하고 있다. 또한 평소에 연구대상자가 상담 서비스에 관해 관심이 없다면 응답하는 것이 곤란할 수 있다.

여섯째, 질문 문항의 내용에서 단어의 뜻을 명확히 설명해야 한다. 연구대상자마다 다르게 해석할 수 있는 단어를 사용한다면, 같은 조건에서 모든 연구대상자가 응답하는 것이 아니므로 오류가 발생할 가능성이 커질 수 있다.

> 예 "귀댁의 한 달 평균 소득은 얼마입니까?"라는 질문 문항에서 소득은 근로소득만 혹은 이자나 임대료 등의 모든 소득을 의미할 수도 있다. 따라서 연구대상자마다 다른 기준으로 응답할 수도 있으므로 정확한 조사가 어려워진다.

일곱째, 질문 문항의 내용은 연구대상자의 이해 능력을 고려하여 작성해야 한다. 즉, 질문 문항의 내용은 연구대상자의 지적 수준이나 응답 능력을 고려해야 한다. 질문 문항의 내용이 연구대상자의 경험적 범주에 있다고 하더라도, 연구대상자는 단순한 사실의 기억도 혼동하는 때도 있으므로 응답은 왜곡되거나 편향될 수 있다. 따라서 연구대상자에게 지나치게 자세한 답변을 요구해서는 안 된다.

> 예 "지난 1년 동안 귀하가 이용한 사회복지서비스 시간은 얼마나 됩니까?"라는 질문 문항에 대해 정확하게 응답할 수 있는 연구대상자들은 거의 없으므로 조사 결과는 왜곡되거나 편향될 수 있다.

여덟째, 연구자가 원하는 대답을 유도하는 질문을 해서는 안 된다. 질문 문항의 내용이 어떤 일정한 방향으로 응답을 유도한다면, 연구대상자의 자유로운 반응을 방해하고 조사의 편향(bias)으로 이어질 수 있다. 따라서 정확한 조사를 위해서 연구자는 객관적 입장을 견지하고, 질문 문항의 내용은 중립적 의미를 지닌 단어와 문장을 사용하는 것이 중요하다.

예 "소외된 사람들이 점점 증가하는 시점에서 당신은 기부활동에 참여할 의향이 있습니까?"라는 질문 문항은 소외된 사람들이 점점 증가한다는 전제가 있다. 연구자가 기부활동에 참여하는 방향으로 연구대상자를 유도하므로 연구대상자가 자신의 의견을 분명하게 밝히는 것이 어렵다.

아홉째, 연구대상자가 응답하기 곤란한 내용, 개인적인 정보나 사회적으로 민감한 주제의 내용 등을 질문해서는 안 된다. 이런 질문 문항의 내용에 대해 연구대상자는 자신의 신분이 노출될 수 있다는 불안감 때문에 정보 제공을 회피하거나 여러 이유로 정확한 정보를 제공하지 않을 수도 있기 때문이다.

예 "귀하는 지난 1년 동안 가정폭력을 경험한 적이 있습니까?"라는 질문 문항에서 가정폭력은 사회적으로 민감한 주제이다. 따라서 연구대상자가 정확한 정보를 제공하지 않을 수 있다.

열째, 연구자는 질문 문항의 내용에서 이중부정의 표현을 사용해서는 안 된다. 이중부정을 사용한 질문 문항은 연구대상자에게 부정확한 의미를 전달하고 혼동을 초래할 뿐만 아니라 의미를 파악하는 데 오랜 시간이 필요하므로 피해야 한다.

예 "귀하는 우리 지역에 장애인복지관의 건립에 반대하는 분들의 의견에 반대하십니까?"라는 질문 문항은 문법적 강조를 위해 이중부정의 문구를 사용하고 있다. 하지만 연구대상자가 혼동할 수 있으므로 질문 문항의 내용으로 적합하지 않다.

마지막으로 질문 문항에서 '그리고', '와', '과'와 같은 연결어의 사용에 주의해야 한다. 연결어는 자칫 질문 내용의 의미를 전혀 다르게 만들 수도 있기 때문이다. 따라서 질문 문항에서 연결어가 다른 뜻으로 해석되지 않도록 유의해서 사용해야 한다.

> 예 "당신은 과일과 채소를 파는 가게 간에는 경쟁이 치열하다고 생각하십니까?"라는 질문 문항은 과일 가게와 채소 가게 간의 경쟁인지 혹은 과일과 채소를 모두 파는 가게 간의 경쟁인지 알 수 없으므로 연결어를 분명하게 사용해야 한다.

6) 질문 문항의 순서 결정

모든 질문 문항이 완성되면, 연구자는 어떤 순서로 배치할 것인가를 결정해야 한다. 일반적으로 질문 문항의 순서를 결정할 때 다음 사항을 고려할 필요가 있다.

첫째, 처음의 질문은 가능한 쉽게 응답할 수 있고 흥미를 유발할 수 있어야 한다. 처음부터 복잡한 질문 문항을 배치한다면, 연구대상자는 설문지에 몰입하는 것이 어렵다. 따라서 앞부분에는 기본적인 수준에서 대답할 수 있거나 사실관계를 확인하는 문항을 배치함으로써 연구대상자가 쉽게 응답할 수 있도록 해야 한다.

둘째, 연구대상자의 태도나 견해를 묻는 문항이나 개방형 질문과 같이 민감한 질문은 되도록 설문지의 뒷부분에 배치하는 것이 좋다. 즉, 개방형 질문은 대체로 응답하는 데 시간이 필요하므로 뒷부분에 배치해야 한다. 특히 태도나 견해를 묻는 문항을 뒷부분에 배치하는 것은 연구대상자의 내면을 반영하기 때문에 오류 발생의 가능성이 작을 수 있다.

셋째, 질문 문항 간의 영향 관계와 논리적 연계를 고려하여 배치한다. 질문 문항을 내용별로 구분하여 배열하거나 시간의 순서에 따라 자연스럽게 배치하는 것이 좋다. 하지만 앞의 질문 문항이 연상작용을 유발하여 다음 문항의 응답에 영향을 줄 때는 질문 문항 간의 간격을 멀리 떨어뜨리는 것이 좋다. 특히 신뢰도 측정을 위해 짝(pair)으로 된 문항들은 되도록 떨어뜨려 배치하는 것이 좋다.

넷째, 일반적인 것을 묻는 문항은 먼저 배치하고, 특수한 것을 묻는 문항은 뒷부분에 배치한다. 일반적인 것을 먼저 질문하여 알고자 하는 내용의 전체 윤곽을 설정한 후에 좀 더 세부적인 사항을 질문해야 한다. 이것은 연구대상자의 기억과 편리를 위해서도 좋은 방법이며, 추가적인 질문의 사용 여부도 이러한 맥락에서 고려되어야 한다(최성재, 2005).

다섯째, 인적사항은 처음부터 질문하면 참여 자체를 거부할 수 있으므로 뒷부분에 배치해야 한다.

7) 설문지의 외형 결정

질문 문항의 순서가 결정되면 설문지의 표지를 만들고, 내용을 편집하여야 한다. 먼저 설문지의 표지에는 연구주제, 연구목적, 연구대상자의 비밀보장 내용과 연구목적 이외에 다른 곳에 사용하지 않겠다는 약속과 연구 기간, 연구 주체 등이 포함되어야 한다. 질문 문항의 편집에서 먼저 고려해야 할 것은 글자 크기이다. 연구대상자가 아동이나 노인이라면 글자 크기를 크게 해야 할 것이다. 글자 크기는 연구대상자의 상황에 맞추는 것이 중요하지만, 설문지의 분량이 늘어나서 질문 문항이 많아 보이는 단점이 있다. 따라서 이러한 모든 것을 고려하여 적절한 글자 크기를 결정할 필요가 있다. 설문지를 편집하는 것은 외형상 설문지의 양을 적절하게 보이게 하고, 연구대상자가 적극적이며 성실하게 응답할 수 있도록 준비하는 것이다. 그렇게 하는 것이 좀 더 정확한 조사를 가능하게 한다.

8) 설문지의 사전조사

설문지의 초안이 완성되면, 일정한 수의 연구대상자를 대상으로 사전조사를 시행하여야 한다. 사전조사(pilot-test)란 본조사를 시행하기 전에 설문지의 질문 내용, 언어의 구성, 응답 형식, 질문 문항의 배열순서에서 오류를 발견하여 수정하거나 보완하기 위한 조사로서 예비조사라고도 한다. 이러한 사전조사는 특정 연구에 대한 사전 지식이 부족하거나 연구대상자들이 조사내용을 분명히 이해하는지를 확인하기 위해 시행하는데, 문장의 표현, 타당도와 신뢰도 등을 조사하는 것이다. 먼저 문장의 표현조사는 문장의 표현과 단어 사용이 적절한가를 검토하는 것이다. 다음으로 타당도 조사는 질문 문항이 조사하려는 개념을 충분히 대표하는지 조사를 통해 평가하는 것이다. 또한 신뢰도 조사는 질문 문항이 같은 연구대상자에게 계속해서 조사했을 때 같은 결과를 얻을 수 있는지의 일관성을 평가하는 것이다. 사전조사는 반드시 한 번 이상 시행해야 하며, 본조사의 표본과 비슷한 연구대상자 20~50명에게 시행하는 것이 적절하며(최성재, 2005), 모든 절차는 본조사와 거의 동일하게 진행해야 한다.

9) 설문지의 완성

사전조사 결과를 기초로 수정 작업을 통해 설문지를 완성하지만, 연구의 분석틀과 설문지의 내용을 점검한 이후에 최종적으로 설문지를 완성한다. 이러한 설문지는 연구대상자에게 참여 동기를 부여하고 전문적이라는 인상을 줄 수 있도록 용지, 활자, 크기 등 모든 측면을 고려한 후에 제작한다.

핵심정리

Core Theorem

1. 면접조사의 장단점

장점	단점
• 시간적 여유를 가지고 연구대상자의 의견을 수집할 수 있음 • 질문내용을 추가로 설명할 수 있어서 정확한 응답을 얻을 수 있음 • 우편조사보다 회수율이 높음 • 조사환경을 통제할 수 있음 • 조사 과정에서 유연성을 발휘할 수 있음 • 글을 읽고 쓰지 못하는 사람에게도 조사할 수 있음	• 면접진행 비용과 시간이 많이 소요 • 익명성이 보장되지 않음 • 조사원의 편의가 발생할 수 있음 • 조사원의 안전문제도 고려해야 함 • 연구대상자가 피곤하다면 정확한 응답을 얻기가 어려움

2. 전화조사의 장단점

장점	단점
• 면접조사와 비교해서 비용과 시간이 적게 소요 • 전화번호부를 이용하여 쉽고 정확하게 표본을 추출할 수 있음 • 조사하기 어려운 연구대상자에게 접근이 쉽고, 익명성이 보장됨 • 조사통제가 쉽고, 면접원의 안전이 확보됨	• 시간의 제한으로 질문의 종류와 양이 제한되어 복잡한 내용은 조사하기 어려움 • 전화가 없거나 전화번호부에 등록되지 않은 사람은 배제되어 표본의 대표성 문제가 발생할 수 있음 • 조사환경을 통제할 수 없음

3. 우편조사의 장단점

장점	단점
• 조사의 시행이 비교적 쉽고 비용이 적게 소요 • 접근의 용이성으로 지리적으로 넓은 범위의 연구대상자에게 조사할 수 있음 • 연구대상자의 익명성이 보장됨 • 많은 양의 질문과 깊이 있는 내용에 적합	• 주소 변경이나 우편물의 분실로 회수율이 낮음 • 설문지가 발송되면 통제할 수 없음 • 회수 기간이 길어지면 연구대상자의 특성이 변화되어 응답에 오차가 발생할 수 있음 • 모호하거나 의문이 있는 문항에 관해 보충 설명을 들을 수 없음

4. 전자조사의 장단점

장점	단점
• 신속하고 저렴한 비용으로 시행할 수 있음 • 자료 수집 후 모든 과정이 실시간으로 진행될 수 있음 • 전자메일을 통해 독촉할 수 있으며, 연구대상자가 편한 시간에 응답할 수 있음	• 인터넷이나 모바일 사용자로 한정되어 있어 일반화의 어려움이 있음 • 스팸메일로 처리되어 응답률과 회수율이 낮은 편임 • 응답기록이 남아서 연구대상자의 익명성을 보장하기 어려움

5. 설문지 작성절차

- 필요한 정보의 결정 → 자료수집방법의 결정 → 개별문항의 내용 결정 → 질문 문항의 형태 결정 → 질문 문항의 완성 → 질문 문항의 순서 결정 → 설문지의 외형 결정 → 설문지의 사전조사 → 설문지 완성

6. 설문지의 어구 구성

- 질문 문항은 연구대상자의 관점에서 정확한 답변을 할 수 있도록 분명하게 작성
- 연구대상자가 생각할 수 있는 모든 응답범주를 포괄적으로 제시
- 응답범주 간의 내용이나 범위는 중복되어서는 안 됨
- 하나의 질문에 두 가지 내용을 질문하는 이중질문은 피해야 함

- 연구자가 임의로 연구대상자에 대한 가정을 두고 질문 내용을 구성해서는 안 됨
- 질문 문항의 내용에서 단어의 뜻을 명확히 설명해야 함
- 질문 문항의 내용은 연구대상자의 이해 능력을 고려하여 작성해야 함
- 연구자가 원하는 대답을 유도하는 질문은 사용하지 않도록 주의해야 함
- 연구대상자가 응답하기 곤란한 내용이나 개인적인 정보나 사회적으로 민감한 주제의 내용 등을 해서는 안 됨
- 질문 문항의 내용에서 이중부정의 표현을 사용해서는 안 됨

7. 질문 문항의 순서 결정

- 흥미롭고 답하기 쉬운 질문은 먼저 배치
- 민감한 질문, 개방형 질문, 사생활에 관한 질문은 뒷부분에 배치
- 질문 문항 간의 영향 관계와 논리적 연계를 고려해 배치
- 신뢰도 측정을 위해 짝(pair)으로 된 문항들은 서로 떨어지게 배치
- 일반적인 것을 먼저 묻고 특수한 것은 뒤에 질문
- 고정반응을 예방하기 위해 유사 질문들은 분리하여 배치

사회복지사 1급자격시험 기출문제

01 피면접자를 직접 대면하는 면접조사가 우편설문에 비해 갖는 장점이 아닌 것은?

① 응답자의 익명성 보장 수준이 높다.
② 보충적 자료 수집이 가능하다.
③ 대리 응답의 방지가 가능하다.
④ 높은 응답률을 기대할 수 있다.
⑤ 조사 내용에 대한 심층적 이해가 가능하다.

02 자료수집방법에 관한 설명으로 옳은 것은?

① 질문의 유형과 형태를 결정할 때 조사대상자의 응답능력을 고려할 필요가 있다.
② 설문문항 작성 시 이중(double-barreled)질문을 넣어야 한다.
③ 비참여관찰법은 연구자가 관찰대상과 상호작용을 유지하는 것이 중요하다.
④ 설문지에서 질문 순서는 무작위 배치를 원칙으로 한다.
⑤ 우편조사는 프로빙(probing) 기술이 중요하다.

03 설문지 작성 방법에 관한 설명으로 옳은 것은?

① 개방형 질문은 미리 유형화된 응답범주들을 제시해놓은 질문 유형이다.
② 행렬식(matrix) 질문은 한 주제의 응답에 따라 부가질문을 연결해서 사용하는 질문이다.
③ 많은 정보가 필요할 경우 이중질문을 사용한다.
④ 신뢰도 측정을 위해 짝(pair)으로 된 문항들은 이어서 배치한다.
⑤ 다항선택식(multiple choice) 질문은 응답범주 중에서 하나 또는 그 이상을 선택하도록 하는 질문이다.

04 서베이(survey) 조사에 관한 설명으로 옳은 것을 모두 고른 것은?

ㄱ. 전화조사는 무작위 표본추출이 가능하다. ㄴ. 우편조사는 심층규명이 쉽다. ㄷ. 배포조사는 응답 환경을 통제하기 쉽다. ㄹ. 면접조사는 우편조사에 비해 비용이 많이 든다.

① ㄱ, ㄴ ② ㄱ, ㄹ
③ ㄴ, ㄷ ④ ㄱ, ㄷ, ㄹ
⑤ ㄴ, ㄷ, ㄹ

05 자료수집에 관한 설명으로 옳지 않은 것은?

① 질문지법은 문서화된 질문지를 사용한다.
② 면접법은 조사대상자에게 질문내용을 구두로 전달한다.
③ 관찰법은 유형, 시기, 방법, 추론 정도에 따라 조직적 관찰과 비조직적 관찰로 구분된다.
④ 비관여적 조사는 기존의 기록물이나 역사자료 등을 분석한다.
⑤ 내용분석법은 신문, 책, 일기 등의 직접자료를 수집하고 분석하는 방법이다.

06 A대학교는 전체 재학생 중 5백 명을 선정하여 취업욕구조사를 하고자 한다. 비용 부담이 가장 적고 절차가 간편한 자료수집방법은?

① 우편조사
② 방문조사
③ 전화조사
④ 온라인조사
⑤ 면접조사

07 설문지 작성에 관한 내용으로 옳지 않은 것은?
① 개연성 질문(contingency questions)은 사고의 흐름에 따라 배치한다.
② 고정반응(response set)을 예방하기 위해 유사질문들은 분리하여 배치한다.
③ 민감한 주제나 주관식 질문은 설문지의 뒷부분에 배치한다.
④ 명목측정을 위한 질문은 단일차원성의 원칙을 지켜 내용을 구성한다.
⑤ 신뢰도 측정을 위한 질문들은 가능한 한 서로 가깝게 배치한다.

08 설문지 작성에 관한 설명으로 옳은 것은?
① 개방형 질문은 응답률을 높이기 위해 주로 설문지의 앞부분에 배치한다.
② 수반형(contingency) 질문이 많아질수록 응답률은 높아진다.
③ 명확한 응답을 얻기 위해 이중(double-barreled)질문을 사용한다.
④ 문항은 응답자의 특성과 무관하게 작성되어야 한다.
⑤ 신뢰도 측정을 위해 짝(pair)으로 된 문항들은 가급적 떨어지게 배치한다.

09 대인면접에 비해 우편설문이 갖는 장점은?
① 질문 과정의 유연성 증대
② 동일 표집조건 시 비용의 절감
③ 높은 응답률
④ 응답환경의 통제 용이
⑤ 심층규명 증대

10 서베이 조사에 관한 설명으로 옳지 않은 것은?
① 면접조사는 우편조사에 비해 비언어적 행위의 관찰이 가능하다.
② 일반적으로 전화조사는 면접조사에 비해 면접시간이 길다.
③ 질문의 순서는 응답률에 영향을 줄 수 있다.
④ 폐쇄형 질문의 응답범주는 상호배타적이어야 한다.
⑤ 면접조사는 전화조사에 비해 비용이 높을 수 있지만 무응답률은 낮은 편이다.

11 다음에 제시된 질문의 응답범주에 관한 설명으로 옳은 것은?

> 사회복지사 1급 국가시험 영역 중 당신이 가장 좋아하는 영역은 무엇입니까?
> ㄱ. 인간행동과 사회환경　　ㄴ. 사회복지조사론
> ㄷ. 사회복지실천론　　ㄹ. 지역사회복지론
> ㅁ. 사회복지정책론

① 상호배타적이지 않다.
② 양적 의미가 있다.
③ 내적일관성이 부족하다.
④ 범주들 사이에 서열이 있다.
⑤ 총망라적이지 않다.

12 서베이(survey)조사에 적절한 주제가 아닌 것은?
① 신규 프로그램 개발을 위한 주민욕구 측정
② 기초생활보장제도의 대국민 만족도 측정
③ 틱(tic)현상을 가진 아동에 대한 단일사례 분석
④ 한국 청소년의 약물남용 실태조사
⑤ 노숙자들의 쉼터 이용 거부원인 분석

13 서베이(survey)에서 우편설문법과 비교한 대인면접법의 특성으로 옳지 않은 것은?
① 비언어적 행위의 관찰이 가능하다.
② 대리응답의 가능성이 낮다.
③ 질문과정에서의 유연성이 높다.
④ 응답환경을 구조화하기 어렵다.
⑤ 표집조건이 동일하다면 비용이 많이 든다.

14 설문지 문항의 작성방법에 관한 설명으로 옳지 않은 것은?
① 이중(double-barreled)질문과 유도질문은 피하는 것이 좋다.
② 신뢰도 측정을 위해 짝(pair)으로 된 문항들은 함께 배치하는 것이 좋다.
③ 응답하기 쉬운 문항일수록 설문지의 앞에 배치하는 것이 좋다.
④ 일반적인 것을 먼저 묻고 특수한 것을 뒤에 묻는 것이

좋다.
⑤ 객관식 문항의 응답 항목은 상호배타적이어야 한다.

15 우편조사, 전화조사, 대면면접조사에 관한 비교설명으로 옳은 것은?

① 일반적으로 우편조사의 응답률이 가장 높다.
② 우편조사와 전화조사는 자기기입식 자료수집 방법이다.
③ 대면면접조사에서는 추가질문하기가 가장 어렵다.
④ 원거리 응답자에게는 우편조사보다 대면면접조사가 더 적절하다.
⑤ 어린이나 노인에게는 대면면접조사가 가장 적절하다.

16 질문 내용 및 방법의 표준화 정도가 낮은 자료수집 유형끼리 바르게 묶인 것은?

ㄱ. 스케줄-구조화 면접 ㄴ. 설문지를 이용한 면접조사 ㄷ. 심층면접 ㄹ. 비구조화 면접

① ㄱ, ㄴ ② ㄱ, ㄹ
③ ㄴ, ㄷ ④ ㄴ, ㄹ
⑤ ㄷ, ㄹ

정답 01 ① 02 ① 03 ⑤ 04 ② 05 ⑤ 06 ④ 07 ⑤ 08 ⑤ 09 ② 10 ② 11 ⑤ 12 ③ 13 ④ 14 ② 15 ⑤ 16 ⑤

CHAPTER 11

비관여적 자료수집과 관찰법

1. 비관여적 자료수집의 개념
2. 비관여적 자료수집의 유형
3. 관찰법

Chapter 11

비관여적 자료수집과 관찰법

학습목표

- 비관여적 자료수집의 유형을 이해한다.
- 이차 자료 분석을 이해한다.
- 내용분석법을 이해한다.
- 관찰법의 유형을 이해한다.

1. 비관여적 자료수집의 개념

비관여적 자료수집이란 연구대상자의 반응성 오류를 피하고자 연구자가 연구대상자와 상호작용을 하지 않고 기존 문헌이나 기록 및 자료를 분석하는 이차 자료 수집방법이다. 따라서 이미 존재하는 기존 문헌, 기록물, 역사자료, 통계자료 등을 분석하거나 간접적인 관찰을 통해 자료를 수집한다.

관여적 자료수집은 조사원이나 측정도구를 이용해 연구대상자와 상호작용을 하지만, 비관여적 자료수집은 이차 자료를 이용하므로 방대한 연구 자료를 이용할 수 있고, 시간과 비용이 절감되는 방법이다. 특히 설문조사와 실험과 같은 관여적 자료수집방법은 자료 분실의 위험이 있다. 하지만 비관여적 자료수집은 자료를 언제든지 보완할 수 있어 안정성이 보장된다. 즉, 연구대상자의 반응성이나 왜곡된 응답의 가능성 때문에 현실적으로 연구를 시행하는 것이 불가능할 때 대안적 자료수집방법으로써 이용할 수 있다. 하지만 비관여적 자료수집에서 기록된 문헌은 현실을 그대로 반영할 수 없어서 타당도를 확보하는 데 어려움이 있다. 또한 분석 절차도 정해진 기준이 없어 객관성 확보가 어렵고 연구자의 주관성에 많은 영향을 받는다. 특히 기록물을 분석할 때 다양한 분석방법을 사용할 수 없어서 해석에서 한계가 있다.

2. 비관여적 자료수집의 유형

1) 문헌연구

문헌연구는 과거의 사건이나 현상을 조사할 때 주로 사용된다. 특히 과거의 사건이나 현상을 기억하는 사람조차 없는 경우에 문헌이나 매체 등에 남겨진 기록을 활용하여 조사를 시행한다. 따라서 역사적 연구방법에서는 문헌연구를 기본으로 시행한다. 또한 연구대상자의 반응성 문제가 예상되는 경우에 문헌 자료에 대한 접근 가능성만 있다면, 문헌연구는 적절히 사용할 수 있는 비관여적 자료수집 방법이다(김영종, 2007). 이러한 문헌연구를 할 때 주의할 점은 다음과 같다. 첫째, 문헌 선택의 기준 및 조사의 범위를 결정해야 한다. 둘째, 해당 문헌의 신뢰성, 전문성, 최신성 등을 확인해야 한다. 셋째, 연구자료가 될 만한 것을 체계적으로 수집하면서 그 출처를 정확하게 표시해야 한다.

2) 이차 자료 분석

(1) 이차 자료 분석의 의미

연구목적을 달성하기 위해 설문조사, 실험, 관찰 등 다양한 자료수집방법을 통해 연구자가 직접 수집하는 자료를 일차 자료(primary data)라고 한다. 이러한 과정에서 발생할 수 있는 문제는 연구대상자의 반응성이다. 즉, 연구대상자가 사회적 바람직성(social desirability)을 고려해 응답하거나 행동할 수 있다. 호손 효과(Hawthorne effect)는 연구대상자의 예상하지 못한 반응성이 연구에 영향을 미친 대표적인 예이다. 따라서 연구자는 연구대상자가 연구에 참여하고 있다는 사실을 아는 것만으로도 독립변수보다 더 많은 영향을 미칠 수 있다는 사실을 인식해야 한다.

연구대상자의 반응성 문제를 해결할 수 있는 자료수집방법은 기존의 자료를 이용하는 이차 자료 분석(secondary analysis)이다. 이차 자료(secondary data)란 다른 목적을 위해 이미 수집된 자료로서 연구자가 수행 중인 연구문제의 해결을 위해 사용할 수 있는 기존의 모든 자료를 의미한다. 일반적으로 활용하는 이차 자료로는 신문이나 잡지와 같은 대중매체, 정기간행물, 정부와 정부 기관의 간행물 등이 있다. 이처럼 기존 자료를 다시 분석한다는 의미의 이차 자료 분석은 연구자와 연구대상자 간의 상호작용이 포함되지 않아 비관여적 조사(unobtrusive research)라고 부른다. 비관여적 조사는 연구자가 조사하려는 행위, 사건, 상호작용으로부터 완전히 분리되어서 자료를 수집하는 방법이다. 이러한 비관여적 자료수집의 목적은 다른 연구의 문제점을 발견하는 것이 아니라 새로운 가설을 평가하거나 원래 연구조사에서 탐색하지 않았던 질문을 탐색하려는 것이다. 이처럼 이차 자료 분석은 새로운 가설에도 쉽게 적용할 수 있고, 별도의 추가적인 작업 없이 가설을 검증할 수 있다는 유연성이 있다. 또한 다른 자료수집방법에 의해 수집된 자료를 보충하고 타당성을 검토하기 위해 사용한다. 그리고 연구자는 하나의 자료나 문서에만 한정되지 않고 다양한 기관들의 자료를 출처로 활용할 수도 있다(황성동, 2015).

(2) 이차 자료 분석의 장단점

이차 자료 분석의 장점을 살펴보면 다음과 같다(황성동, 2015). 첫째, 연구자가 관심이 있는 연구주제에 관해 다른 연구자들이 이미 자료를 수집하였다면, 연구자가 자료수집에 많은 시간과 비용을 투입할 필요가 없다. 둘째, 기존의 자료를 활용할 때, 연구자는 그 자료의 한계점을 알고 있는 상황에서 자료를 활용할 수 있다. 셋째, 기존의 자료를 활용하기 때문에 연구자는 자료수집 과정에서 자신이 연구대상자에게 미치는 영향과 연구대상자의 반응성, 자료수집 과정에서 발생할 수 있는 윤리적 문제에서 벗어날 수 있다. 넷째, 연구를 위한 시간과 공간의 제약을 덜 받기 때문에 장기간에 걸친 종단자료를 통해 사회문제의 변화에 대한 분석과 비교조사가 가능하다. 다섯째, 하나의 자료에 여러 연구자가 접근하여 다양한 연구를 수행할 수 있어서 연구 결과가 더욱 풍성해질 수 있고, 연구자 간의 토론을 통해 학문의 발전이 촉진될 수 있다(Bryman, 2008).

반면에 이차 자료 분석의 단점은 다음과 같다(황성동, 2015). 첫째, 연구에 필요한 이차 자료가 천재지변이나 곤충에 의해 훼손되거나 존재하지 않는 경우가 있다. 둘째, 연구에 필요한 자료가 시간이 지나면서 정책의 변화로 인해 기존 자료와 현실 간의 차이가 있을 수 있다. 셋째, 분석할 기존 자료의 정확성 부족으로 신뢰도에 문제가 있을 수 있다. 넷째, 연구자는 연구에 필요한 가장 최근의 자료를 확보하지 못할 수도 있다. 다섯째, 기존 자료를 활용하므로 연구자의 연구모형에 적합한 변수를 그대로 적용할 수 있는 자료를 얻는 것이 매우 어렵다. 따라서 연구자가 이차 자료의 내용을 재구성해야 하므로 이차 자료의 활용이 제한된다.

표 11-1 | 이차 자료 분석의 장단점

장점	단점
• 자료수집의 시간과 비용이 절약된다. • 기존의 자료수집 과정에서 발생한 오류나 한계점을 아는 상태에서 자료를 활용한다. • 연구대상자와 직접적인 상호작용이 없어서 반응성의 문제는 없다. • 종단자료를 통해 장기간의 변화 분석과 비교조사가 가능하다.	• 역사적 기록이 천재지변이나 곤충에 의해 훼손되거나 존재하지 않는 경우가 있다. • 시간이 지나면서 정책의 변화로 기존 자료와 현실 사이에 차이가 있을 수 있다. • 분석 자료의 신뢰도에 문제가 있을 수 있다. • 가장 최근의 자료를 확보하지 못할 수도 있다.

3) 내용분석

(1) 내용분석의 의미

내용분석(content analysis)은 개인이나 사회의 의사소통이 담겨 있는 역사적인 기록물인 신문, 서적, 잡지, TV, 라디오, 영화, 일기, 녹음테이프, 연설, 편지, 상담 기록지 등을 체계적으로 분석하는 비관여적 자료수집 방법이다. 즉, 문헌연구의 일종인 내용분석은 모든 형태의 의사소통 기록물을 활용하여 연구주제와 관련된 텍스트의 내용을 연구의 관심과 관련된 특징을 나타내는 몇 개의 범주로 축소하는 방법이다. 이때 '내용'은 단어, 의미, 그림, 상징, 생각, 주제 및 의사소통된 그 어떤 메시지를 나타낸다(황성동, 2015). 이러한 내용분석은 질적 내용을 양적 자료로 전환하는 방법으로 수량 분석이 가능하다. 내용분석은 연구목적에 따라 변수를 측정할 수 있도록 의사전달의 내용을 객관적이고 계량적이며 체계적으로 전환하는 연구방법이다.

내용분석의 대상은 개인이나 사회의 의사소통인 기록물에 포함된 내용, 즉 핵심 단어나 문장 또는 주제가 된다. 분석방법으로는 단어나 문장의 사용 빈도를 계산하거나 신문 기사의 크기나 연설 내용 등 특정 주제를 언급한 시간 등을 측정하여 다른 사람도 반복해서 측정할 수 있도록 객관적인 방법을 활용하며 범주화하고 계량화한다(황성동, 2015). 예를 들어 청년실업 문제에 대한 언론의 태도를 파악하기 위해 주요 언론사가 일정 기간 보도한 기사들의 횟수와 긍정적인 기사의 양과 부정적인 기사의 양을 비교하여 분석하는 과정을 통해 결과를 요약하고 보고하는 것이 내용분석이다.

(2) 내용분석의 특징

내용분석은 연구주제와 관련된 기존 자료들의 특징을 객관적, 체계적, 계량적으로 분석하는 방법이다. 내용분석의 특징을 살펴보면 다음과 같다(최성재, 2005).

첫째, 내용분석의 분석대상은 의사소통의 내용이다. 어떤 내용을 누가, 언제, 무엇을, 왜, 어떻게, 누구에게 의사전달을 했느냐의 문제에 대해 답을 찾아가는 연구 방법이다.

둘째, 내용분석은 의사소통의 내용을 기록한 문헌 자료를 분석한다는 점에서 문헌연구의 일종이다. 문헌자료에는 일반적인 기록물뿐만 아니라 문자로 기록된 문헌으로 방송, 영화, 그림, 사진, 만화 등도 내용분석의 대상이 될 수 있다.

셋째, 내용분석의 측면은 의사소통의 명백한(manifest) 내용과 잠재적(latent) 내용을 모두 포함한다. 명백한 내용이란 자료에 나타난 분명하고 직접적인 의미를 말하며, 잠재적 내용이란 자료 속에 특정한 상징이 함축하고 있는 미묘한 의미를 말한다. 명백한 내용은 계량화에 어려움이 없지만, 잠재적 내용은 주제 혹은 특징을 통하여 판단해야 하므로 객관화가 어렵다. 예를 들어 한국 사회의 자원봉사에 대한 인식 변화를 알아보기 위해 과거 10년 동안 한국의 주요 일간지 사설을 분석한다고 하자. 이때 사설에서 자원봉사와 관련된 단어가 사용된 횟수를 세어보는 것은 명백한 내용을 코딩하는 것에 해당하므로 연구자의 주관성은 매우 적게 개입된다. 반면에 내용 속에 있는 의미를 코딩하는 잠재적 내용은 사설 전체를 읽고 그 사설의 논조가 자원봉사에 대하여 어떤 인식을 기반으로 하는지를 평가하는 것으로 연구자의 주관성이 매우 강하게 투영될 수 있다.

넷째, 내용분석은 객관성, 체계성, 일반성 등 과학적 연구방법의 기본 요건을 모두 갖추어야 한다. 여기서 객관성은 연구자의 개인적 특성이나 편견이 분석 결과에 개입되어서는 안 된다는 것이다. 즉, 그 내용을 다른 연구자가 반복해서 연구해도 동일한 결과가 나올 수 있도록 분석의 기준이 명확하고 정확하게 정의되어야 한다는 것이다. 체계성이란 분석대상을 정하고 평가 과정에서 적절한 과학적 절차와 동일한 방식을 일관성 있게 적용하여야 한다는 것이다. 또한 일반성이란 연구 결과가 이론적인 관계성을 가져야 한다는 의미이다.

다섯째, 내용분석은 양적 분석 방법과 질적 분석 방법을 함께 사용한다. 즉, 내용분석은 양적인 정보를 분석할 뿐만 아니라 메시지의 잠재적인 내용도 분석하기 때문에 질적 분석 방법도 사용한다.

(3) 내용분석의 장단점

내용분석의 장단점을 살펴보면 〈표 11-2〉와 같다(최성재, 2005; Rubin & Babbie, 2014). 먼저 장점으로는 첫째, 내용분석은 직접적인 자료수집방법인 설문조사와 비교해서 상대적으로 시간과 비용 면에서 경제적이다. 내용분석은 연구자의 노력과 시간 투자로 필요한 기존 자료를 간접적으로 확보할 수 있어서 상대적으로 저렴한 비용으로 조사를 수행할 수 있다.

둘째, 비관여적 연구방법이므로 연구대상자의 반응성과 사회적 바람직성을 유발하지 않는다. 즉, 연구자가 연구대상자에 영향을 미치는 연구방법이 아니므로 연구대상자의 반응성의 문제가 발생하지 않으며, 사생활 침해와 같은 윤리적 쟁점에서 벗어난다.

셋째, 조사의 안정성과 융통성이 있다. 설문조사나 실험연구의 경우, 오류나 실수가 있을 때 재조사를 시행해야 하므로 많은 시간과 비용이 필요하거나 재조사하는 것이 불가능할 때가 많다. 그러나 내용분석은 필요한 경우 기존 자료를 재분석함으로써 자료의 수정이 가능하여 융통성이 있으며, 오류나 실수를 쉽게 보완할 수 있다.

넷째, 자료만 확보된다면 과거의 일이나 사건에 대해 장기간에 걸친 역사적 연구가 가능하다. 즉, 역사적 사건이나 사망한 인물에 대한 기록물의 분석을 통해 장기간에 걸쳐서 발생한 과정을 조사할 수 있어서 시계열 분석이나 역사적 연구에 유용하게 응용될 수 있다.

다섯째, 다른 유형의 연구방법과 함께 사용할 수 있다. 특히 관찰이나 현지조사 등 다른 자료수집방법의 적용이 불가능하거나 실험연구의 결과나 개방형 질문의 응답 내용을 분석할 때도 사용할 수 있다.

한편, 단점으로는 첫째, 내용분석은 기록된 기존 자료에만 의존하기 때문에 연구의 범위가 제한적이다. 즉, 기록된 기존 자료에만 의존하므로 기록이 없거나 자료가 불완전한 것은 분석하는 것이 어렵다.

둘째, 의사소통의 명백한 내용과 잠재적 내용을 분명하게 구분하여 평가하는 것이 어렵다. 기록자의 의도나 기록 당시의 상황을 이해할 수 없으므로 명백한 내용은 파악할 수 있지만, 그 속에 내포한 잠재적 내용을 이해하는 데 어려움이 있다.

셋째, 기록된 기존 자료만 활용하여 추상적 개념을 측정하기 때문에 타당도 확보에 어려움이 있다. 즉, 어떤 행위자의 행동, 태도, 가치 등이 의사소통의 기록물에 있는 그대로 반영되었다고 볼 수 없으므로 연구대상의 실상을 충분히 객관적으로 파악하기에는 한계가 있다. 이처럼 내용분석은 수집된 기존 자료에만 의존하기 때문에 상대적으로 왜곡된 정보를 얻을 가능성이 크다.

넷째, 연구목적에 부합하는 연구대상 자료를 수집하거나 분석하려는 자료에 접근하는 것이 어려울 때도 있다. 즉, 연구목적에 적합한 기록물이 부족하거나 기록물의 내용이 부실한 경우가 많다. 또한 조사 내용에 적합한 기록물의 양을 확보할 수 없거나 접근하기조차 어려울 때도 있으므로 선정편향이 발생할 수 있다.

다섯째, 기록된 자료들은 표준화된 형식이 없어서 자료의 조정이 필요하다. 일반적으로 모든 기록은 표현방식과 문장형식이 서로 달라서 여러 자료의 내용을 하나로 만들거나 비교할 때는 연구목적에 맞게 기록물을 조정해야 한다.

표 11-2 | 내용분석의 장단점

장점	단점
• 시간과 비용 면에서 경제적이다. • 연구대상자의 반응성을 배제할 수 있기 때문에 비관여적이다. • 기존 자료를 활용하기 때문에 많은 분량의 자료를 다룰 수 있다. • 분석 과정에서 실수를 언제라도 수정할 수 있어서 안정성과 융통성을 확보할 수 있다. • 장기간의 역사적 연구를 수행할 수 있다. • 다른 연구방법과 함께 사용할 수 있다.	• 기록된 자료에만 의존해야 한다는 한계가 있다. • 명백히 드러난 내용과 숨겨진 내용을 구분, 평가하기가 어렵다. • 기존 자료를 활용하므로 타당도 확보에 어려움이 있다. • 연구목적에 부합하는 연구대상 자료를 구하기가 어려울 때도 있다. • 표준화된 형식의 결여로 자료 조정이 필요하다. • 선정편향이 발생할 수 있다.

(4) 내용분석의 과정

내용분석의 과정은 다음과 같다(황성동, 2015). 첫째, 연구주제와 연구문제를 설정한다. 연구주제를 설정할 때는 연구문제와 함께 측정하고자 하는 개념을 구체적으로 조작화해야 한다.

둘째, 분석대상인 이차 자료를 결정한다. 연구주제와 매우 밀접하고 자료수집이 쉬운 이차 자료를 결정한다. 그리고 분석하려는 내용의 분류 기준 및 범주를 생각해야 한다.

셋째, 분석단위의 결정 및 표본을 추출한다. 분석단위는 연구문제와 관련해서 내용 범주에 넣어서 집계하고, 기술적 또는 설명적으로 진술할 수 있는 의사소통의 단위로 측정할 수 있도록 설정해야 한다. 분석단위로는 가장 작은 분석단위인 단어부터 주제, 인물, 문장이나 단락 등이 주로 사용되며, 그 존재의 유무, 빈도, 비중, 강도 등을 분석한다. 접근 가능한 자료가 너무 많을 때는 표본추출을 통해 분석 자료를 압축한다. 내용분석에서 표본추출은 일반적 표본추출과 동일한 논리를 따른다.

넷째, 자료의 범주화 및 계량화를 시행한다. 자료를 범주화할 때는 포괄성과 상호 배타성의 원칙을 지킨다. 즉, 모든 분석단위는 반드시 어느 하나의 기준에 포함될 수 있도록 포괄적이어야 하며, 하나의 분석단위는 하나의 기준에만 속하도록 상호 배타적이어야 한다. 이때 자료에 분명히 나타나 있는 대로 내용을 분류하는 명시적 분류(manifest coding)와 자료에 내재한 의미를 찾아서 분류하는 잠재적 분류(latent coding) 방법을 사용한다. 여기서 범주화는 연구자가 보고하려는 의미를 몇 가지 범주로 설정하는 것이다. 또한 내용분석에서 일반적으로 사용되는 계량화는 빈도분석이다.

다섯째, 신뢰도와 타당도를 검증한다. 내용분석의 신뢰도는 서로 다른 연구자가 동일한 내용을 얼마나 같은 범주로 분류하는가의 문제와 관련이 있다. 즉, 분류를 담당하는 사람과 관계없이 내용이 일관성 있게 분류되는가의 문제이다. 이러한 신뢰도 검증은 내용분석을 시행한 연구가 얼마나 신뢰도가 있는지를 결정하는 중요한 과정이다. 또한 내용분석의 타당도는 내용분석을 통해 측정된 지표가 원래 측정하고자 의도했던 개념과 의미를 얼마나 잘 반영하고 있는가를 의미한다. 이는 측정에서 타당도의 개념과 마찬가지이다. 일반적으로 연구의 과정을 상세히 제시하는 것은 내용분석의 신뢰도와 타당도의 문제점을 해결하는 중요한 방법이다.

3. 관찰법

1) 관찰의 개념

관찰이란 주위에서 일어나는 일들에 대한 지식을 얻는 가장 기본적인 방법으로서 감각기관을 통하여 현상을 인지하는 방법이다. 사회조사에서 의미하는 관찰이란 연구자가 자연스러운 상황에서 일어나는 연구대상의 삶의 모습들에 대한 체계적인 관찰을 통해 깊이 있는 이해를 추구하는 일련의 활동이다(유기웅 외, 2018).

일상생활에서의 관찰과 과학적 조사방법으로서의 관찰은 다음과 같은 차이가 있다(유영준, 2014). 첫째, 관찰은 연구목적에 따라 제한되어 시행된다. 아무리 주의 깊게 관찰을 하더라도 관찰자는 연구대상자의 모든 상황을 관찰할 수 없다. 따라서 체계적인 관찰을 위해서 관찰자는 관찰의 내용, 시기, 절차, 방법 등을 미리 설정해야 한다. 둘째, 관찰은 체계적인 절차에 따라 진행된다. 체계적이란 관찰의 대상과 내용을 사전에 설정하는 것은 물론이고, 관찰의 기록, 신뢰도와 타당도의 확보 방안 등을 미리 계획하는 것이다. 셋째, 관찰은 연구목적을 달성하기 위해 설정한 다양한 가설을 검정할 수 있도록 설계된다는 것이다. 따라서 연구의 관심거리가 되는 주요 명제의 타당성을 확인할 수 있도록 구체적인 방법과 절차가 뒤따라야 한다.

관찰은 과학적 연구를 위한 다양한 목적으로 사용될 수 있다. 설문조사나 면접조사에서 얻기 어려운 자료를 얻는 데도 사용되고, 다른 조사에서 얻은 자료를 보완하는 데도 사용된다. 또한 문제 형성이나 가설 구성을 위한 정보를 얻는 데도 사용되므로 양적 연구와 질적 연구에 모두 활용된다.

2) 관찰의 유형

관찰 현장에서 연구자가 사용할 수 있는 관찰의 유형은 다음과 같은 몇 가지의 기준으로 분류할 수 있다.

(1) 체계적 관찰과 비체계적 관찰

사전에 관찰의 대상과 초점을 어느 정도 체계화 혹은 통제하여 관찰을 수행하느냐의 기준에 따라 체계적 관찰과 비체계적 관찰로 구분할 수 있다. 먼저 체계적 관찰(structured observation)은 조직적 관찰이라고도 하는데, 연구목적에 따라서 사전에 정의된 절차, 내용, 규칙 등에 의거하여 관찰을 시행한다. 또한 체계적 관찰은 연구자와 관찰대상 간의 직접적인 상호작용을 배제하기 때문에 비참여관찰의 한 종류이기도 하다.

반면 비체계적 관찰(unstructured observation)은 비조직적 관찰이라고도 하는데, 연구자가 관찰의 대상과 초점에 대해서 사전에 명확하고 구체적인 의사결정을 하지 않은 상태로 현장에서 수행되는 관찰을 의미한다. 비체계적 관찰은 주로 탐색적 연구를 위해 사용되며, 이런 과정에서 연구자의 편견이나 선입관이 작용할 가능성이 있다는 것이 단점이다.

(2) 참여관찰과 비참여관찰

연구에서 자료수집을 위한 관찰은 관찰 상황에서 관찰자의 개입과 참여 정도에 따라 참여관찰과 비참여관찰로 구분할 수 있다. 먼저 참여관찰은 질적 연구의 핵심적인 연구방법으로 관찰의 특별한 형태를 지칭하는데 관찰자가 관찰하려는 상황 속에 직접 참여하며 관찰하는 것이다. 즉, 관찰자는 완전참여자로서 관찰대상 집단구성원의 일부가 되어 공동생활을 하면서 자료를 수집하는 것을 의미한다. 자신의 신분을 밝히지 않은 채 자연스러운 상태에서 현상을 파악할 수 있기 때문에 특정 집단의 행동 동기나 미묘한 감정 등을 직접 관찰하면서 심층적인 차원을 이해할 수 있다는 것과 연구설계의 과정에서 융통성이 높다는 것이 장점이다. 하지만 관찰자의 활동이 제한되거나 객관성을 확보하는 데 어려움이 있을 수 있으며, 대규모 집단에 대한 기술이 어렵고 윤리적인 문제가 제기될 수 있다.

반면 비참여관찰은 관찰자가 제삼자의 입장에서 관찰대상과 일정 정도 거리를 두고 관찰을 하는 것을 의미한다. 즉, 비참여관찰에서 관찰자는 자신의 신분을 노출하지 않으며, 관찰대상이나 집단과의 접촉이나 상호작용도 거의 없다. 따라서 관찰자는 관찰대상에서 개입 정도가 가장 낮고 연구 결과에 영향력을 발휘하지 않는다. 또한 연구대상자가 자신이 관찰대상이라는 것을 아는 것은 자연스러운 행동을 보여 주지 못하는 결과로 이어질 수 있다는 점에서 관찰자의 개입이 거의 이루어지지 않는다는 특징이 있다. 이처럼 관찰대상 또는 이들 간의 상호작용이나 의사표현, 행동의 의미 등을 피상적으로만 파악하기 때문에 관찰대상에 대한 이해도는 낮아질 가능성이 더 크다.

(3) 직접 관찰과 간접 관찰

연구자의 관찰 시기와 행동 발생의 일치 여부, 즉 관찰대상을 직접 보고 관찰하느냐, 아니면 관찰대상의 결과나 영향으로 나타난 것을 보고 관찰하느냐에 따라 직접 관찰과 간접 관찰로 구분할 수 있다. 먼저 직접 관찰(direct observation)은 연구자가 관찰대상의 행동이나 사건 등의 사회적 현상을 직접 보고 관찰한 내용을 기록하여 자료로 사용하는 것을 말한다. 예를 들어 청소년의 인터넷 이용실태를 조사하기 위해 PC방을 방문하여 이용 상황을 옆에서 직접 지켜보면서 기록하는 것이다.

반면 간접 관찰(undirect observation)은 연구자의 시간적, 공간적 접근의 한계로 직접 관찰할 수 없었던 관찰대상의 행동이나 사건 등의 사회적 현상의 결과로 나타난 각종 기록물이나 문헌 및 물리적인 흔적을 관찰하는 방법을 말한다. 예를 들어 책이나 물건의 마모 정도를 기초로 관찰하는 마모측정은 간접 관찰에 해당한다.

(4) 공개적 관찰과 비공개적 관찰

연구대상자가 자신이 관찰대상임을 알고 있는가의 여부에 따라 공개적 관찰과 비공개적 관찰로 구분할 수 있다. 먼저 공개적 관찰은 연구대상자가 자신이 관찰대상임을 알고 있는 상태에서 관찰하는 방법이다. 공개적 관찰은 연구대상자에게 미리 알려주고 관찰하므로 관찰자 효과가 나타날 수 있다.

반면 비공개적 관찰은 연구대상자가 자신이 관찰대상임을 모르는 상태에서 관찰하는 방법이다. 비공개적 관찰은 연구대상자의 자연스러운 행동을 이해하려는 목적에서 진행되지만, 연구윤리의 문제가 나타날 수 있다.

(5) 자연적 관찰과 인위적 관찰

관찰이 일어나는 상황이나 배경이 인위적인지 여부에 따라 자연적 관찰과 인위적 관찰로 구분할 수 있다. 자연적 관찰은 일상적인 환경에서 일어나는 연구대상자의 자연스러운 행동을 관찰하는 방법으로 그런 행동이 나타나는 시점까지 기다려야 하는 것이 단점이다.

반면 인위적 관찰은 관찰하려는 행동을 인위적으로 유발시켜 관찰하는 방법이다. 예를 들어 컴퓨터 브랜드 선호도 조사를 위해 판매매장과 비슷한 상황을 만들어 표본으로 선정된 소비자가 제품을 선택하는 것을 관찰하는 것이다. 인위적 관찰은 기계를 이용하여 관찰이 가능하고, 실험효과의 측정이 가능하며, 시간이 절약될 수 있다는 것이 장점이다.

3) 관찰법의 장단점

관찰법의 장단점을 살펴보면 다음과 같다(최성재, 2005). 먼저 장점으로 첫째, 연구자는 연구대상의 사회적 행위가 일어나는 현장에서 즉시 자료수집이 가능하다. 이처럼 관찰은 현장에서 사실을 포착하기 때문에 연구대상에 대한 이해와 통찰을 높일 수 있을 뿐만 아니라 연구대상의 사실을 은폐할 가능성이 그만큼 줄어든다.

둘째, 연구대상이 유아나 동물과 같이 행위나 감정을 언어로 표현하지 못하는 경우에는 관찰이 유일한 자료수집방법이 될 수 있다. 즉, 비언어적 행동이나 상황에 대한 자료수집이 가능하다.

셋째, 의사표현능력이 있다 하더라도 연구대상이 조사를 거부하거나 비협조적일 경우에 연구대상의 협력이 덜 필요한 관찰이 더 효과적이다. 즉, 연구대상이 표현하는 것을 꺼리는 사항을 조사할 때 관찰이 적절하다.

넷째, 연구대상에게는 일상생활에서 너무나 익숙한 것이어서 그들의 관심이 미치지 못해 설문조사나 면접조사에서 얻을 수 없는 자료도 관찰을 통해서 수집할 수 있다. 즉, 관찰을 통해 연구자가 얻을 수 있는 대안적인 관점은 일상적인 현상과 경험을 새로운 시각으로 접근하는 데 도움이 된다.

다섯째, 장기간의 종단분석도 가능하다. 설문조사나 면접조사는 일정한 시점에서 필요한 자료를 수집한다. 반면에 관찰은 자연스러운 상황에서 장기간에 걸쳐 자료를 수집하므로 어떤 현상의 종단 분석을 시행할 수 있다.

여섯째, 설문조사나 면접조사를 통해 파악할 수 없는 복합적인 상황일 때 관찰이 가장 효과적일 수 있다. 설문조사나 면접조사를 통해 다양한 요인들이 결합한 사회현상을 조사할 경우 피상적인 조사가 될 수 있다. 예를 들어 질적 연구나 탐색적 연구에 관찰이 가장 유용한 조사방법이다.

한편, 관찰법의 단점으로 첫째, 관찰대상이 되는 행위를 현장에서 포착해야 하므로 그러한 행위가 발생할 때까지 기다려야 한다. 때로는 기간이 너무 길어서 관찰 자체가 불가능할 수 있다. 예를 들어 가정 밖 청소년의 비행 행동을 연구할 때 그러한 행동이 나타날 때까지 항상 현장에 있어야 하지만 그렇지 못한 경우가 있다.

둘째, 외부로 알려지지 않는 사실이나 개인의 사적인 문제들은 관찰이 곤란하다. 예를 들어, 부부싸움은 관찰을 통해서 자료를 수집하는 것이 어렵다.

셋째, 대규모의 집합체를 한 번에 관찰하는 것이 어렵다. 관찰은 현장에서 시각이나 청각 등 감각기관을 통해 현상을 인지해야 하므로 대규모의 연구대상을 조사하는 것이 어렵다.

넷째, 연구대상에 대한 접근이 어려운 경우가 많다. 특히 연구대상자가 자신이 관찰대상이라는 것을 알게 된다면, 접근을 허용하지 않는 경우가 많다. 또한 접근을 허용한다고 하더라도 관찰자에 대한 의구심으로 자연스러운 관찰이 불가능할 때가 많다.

다섯째, 시간, 비용, 노력이 많이 든다. 관찰은 대개 현지에서 장기간 체류해야 하므로 시간, 비용, 노력이 많이 든다.

여섯째, 관찰자는 자신의 선호, 관심, 가치관, 지식의 범위, 연구목적 등에 따라 선택적 관찰을 함으로써 객관적으로 중요한 사실을 지나치는 경우가 발생할 수 있다. 즉, 관찰자의 주관성이 개입될 수 있다.

일곱째, 관찰한 사실을 해석할 때 문제가 발생할 수 있다. 관찰한 사실만을 기록할 때는 문제가 되지 않지만, 관찰한 사실을 해석할 때는 관찰자마다 다양한 해석을 할 수 있어서 객관성이 저하될 수 있다.

여덟째, 관찰 당시의 특수성 때문에 관찰대상이 그때만 특별한 행위를 하였는데, 이를 식별하지 못하고 일상적으로 그러한 행위를 하는 것으로 오류를 범할 수 있다. 예를 들어 식사 중의 무의식적인 행동이 예절교육에 필요한 자료이지만, 이를 중요한 것으로 인식하지 못하는 것과 같다.

아홉째, 관찰 자료는 계량화할 수 없는 경우가 많아서 조사 결과의 분석과 해석이 어렵다. 또한 다양한 자료가 많아서 이것을 체계적으로 분류하여 이론이나 가설 검정을 하는 것이 어렵다.

핵심정리

Core Theorem

1. 비관여적 혹은 비반응성 연구조사

- 비관여적 자료수집: 연구대상자의 반응성 오류를 피하고자 연구자가 연구대상자와 상호작용을 하지 않고 기존 문헌이나 기록 및 자료를 분석하는 이차 자료수집방법
- 비관여적 자료수집의 유형: 문헌연구, 이차 자료 분석, 내용분석 등이 있음

2. 이차 자료 분석의 장단점

장점	단점
• 자료수집의 시간과 비용이 절약 • 기존의 자료수집 과정에서 발생한 오류나 한계점을 아는 상태에서 자료를 활용 • 연구대상자와 직접적인 상호작용이 없어서 반응성의 문제는 없음 • 종단자료를 통해 장기간의 변화 분석과 비교조사가 가능	• 역사적 기록이 천재지변이나 곤충에 의해 훼손되거나 존재하지 않는 경우가 있음 • 시간이 지나면서 정책의 변화로 기존 자료와 현실 사이에 차이가 있을 수 있음 • 분석 자료의 신뢰도에 문제가 있을 수 있음 • 최근의 자료를 확보하지 못할 수도 있음

3. 내용분석

- 내용분석(content analysis): 개인이나 사회의 의사소통이 담겨 있는 역사적인 기록물인 신문, 서적, 잡지, TV, 라디오, 영화, 일기, 녹음테이프, 연설, 편지, 상담 기록지 등을 체계적으로 분석하는 비관여적 자료수집방법

특징	• 분석대상은 의사소통의 내용 • 문헌연구의 일종으로 명백한 내용과 잠재적 내용도 분석대상 • 객관성, 체계성, 일반성 등 과학적 연구방법의 요건을 갖추어야 함 • 양적 분석방법과 질적 분석방법 모두 사용

장점	• 시간과 비용 면에서 경제적임 • 연구대상자의 반응성을 유발하지 않기 때문에 비관여적임 • 기존 자료를 활용하기 때문에 많은 분량의 자료를 다룰 수 있음 • 분석 과정에서 실수를 언제라도 수정할 수 있어서 안정성과 융통성을 확보할 수 있음 • 장기간의 역사적 연구를 수행할 수 있음 • 다른 연구방법과 함께 사용할 수 있음
단점	• 기록된 자료에만 의존해야 한다는 것이 한계 • 명백히 드러난 내용과 숨겨진 내용을 구분, 평가하기가 어려움 • 기존 자료를 활용하므로 타당도 확보에 어려움이 있음 • 연구목적에 부합하는 연구대상 자료를 구하기가 어려울 때도 있음 • 표준화된 형식의 결여로 자료의 조정이 필요함
과정	• 연구주제와 연구문제 설정 → 분석 대상인 이차 자료 결정 → 분석 단위 결정 및 표본추출 → 자료의 범주화 및 계량화 → 신뢰도와 타당도 검증

4. 관찰법의 장단점

장점	단점
• 현장에서 자료수집이 즉시 가능 • 의사표현능력이 부족하거나 없는 경우에도 가능 • 조사를 거부하거나 비협조적일 경우도 효과적임 • 너무 익숙한 것이어서 관심이 미치지 못해 설문조사나 면접조사에서 얻을 수 없는 자료도 얻을 수 있음 • 장기간의 종단분석도 가능 • 복합적인 상황일 때도 효과적임	• 행위가 발생할 때까지 기다려야 함 • 외부로 알려지지 않는 사실이나 사적인 문제들은 관찰이 곤란함 • 대규모 집합체를 한 번에 관찰하기 어려움 • 연구대상에 대한 접근이 어려운 경우가 많음 • 시간, 비용, 노력이 많이 소요 • 선택적 관찰로 주관성이 개입될 수 있음 • 관찰 당시의 특수성으로 관찰하지 못할 수 있음 • 자료의 계량화 어려움

사회복지사 1급자격시험 기출문제

01 관찰을 통한 자료수집에 관한 설명으로 옳은 것은?

① 피관찰자에 의해 자료가 생성된다.
② 비언어적 상황의 자료수집이 용이하다.
③ 자료수집 상황에 대한 통제가 용이하다.
④ 내면적 의식의 파악이 용이하다.
⑤ 수집된 자료를 객관화하는 최적의 방법이다.

02 내용분석(content analysis)에 관한 설명으로 옳지 않은 것을 모두 고른 것은?

ㄱ. 기존자료에 의존하기 때문에 연구의 범위가 무제한적이다.
ㄴ. 선정편향(selection bias)이 발생할 수 있다.
ㄷ. 연구대상자의 반응성을 배제할 수 있다.
ㄹ. 기존자료를 활용하는 질적조사이기 때문에 가설검증은 필요하지 않다.

① ㄴ ② ㄱ, ㄴ
③ ㄱ, ㄹ ④ ㄷ, ㄹ
⑤ ㄱ, ㄴ, ㄹ

03 내용분석에 관한 설명으로 옳지 않은 것은?

① 역사적 분석과 같은 시계열 분석에 어려움이 있다.
② 인간의 의사소통 기록을 체계적으로 분석한다.
③ 분석상의 실수를 언제라도 수정할 수 있다.
④ 양적 조사와 질적 조사에 공통으로 사용할 수 있다.
⑤ 기존 자료를 활용하여 타당도 확보가 어렵다.

04 관찰법에 관한 설명으로 옳지 않은 것은?

① 행위가 일어나는 현장에서 즉시 자료수집이 가능하다.
② 관찰자의 주관성이 개입될 수 있다.
③ 비언어적 상황에 대한 자료수집이 가능하다.
④ 서베이에 비해 자료의 계량화가 쉽다.
⑤ 질적연구나 탐색적 연구에 사용하기 용이하다.

05 2차 자료 분석에 관한 설명으로 옳은 것을 모두 고른 것은?

ㄱ. 비관여적 방법이다.
ㄴ. 관찰대상에 대한 연구자의 영향이 크다.
ㄷ. 통계적 기법으로 자료의 결측값을 대체할 수 없다.
ㄹ. 신뢰도와 타당도에 관한 문제는 발생하지 않는다.

① ㄱ ② ㄱ, ㄷ
③ ㄱ, ㄷ, ㄹ ④ ㄴ, ㄷ, ㄹ
⑤ ㄱ, ㄴ, ㄷ, ㄹ

06 다음 세 연구의 공통점으로 옳은 것은?

– 한부모 관련 기존통계의 분석연구
– 아동학대 관련 사례파일의 분석연구
– 물리적 흔적을 분석한 박물관 전시 공간 재배치 연구

① 비관여적 연구이다.
② 기초선(baseline) 설정이 필요하다.
③ 도구효과가 존재한다.
④ 공통의 표본추출 단위를 활용한다.
⑤ 생태학적 오류에 취약하다.

07 장애인에 대한 인식의 변화를 알아보기 위해 지난 20년간 개봉된 영화 중 장애인이 등장하는 영화를 분석하기로 하였다. 이 연구에 관한 설명으로 옳지 않은 것은?

① 연구 모집단을 규정하고 표본추출의 틀(sampling frame)을 구해야 한다.
② 사례수가 많으면 표본추출하여 줄일 수 있다.
③ '장애인에 대한 인식'의 조작적 정의가 필요하다.
④ 이 조사에서 표본추출의 단위는 사람이다.

⑤ 장애인에 대한 인식에서 현재적 내용과 잠재적 내용을 구분하여 분석할 수 있다.

08 내용분석(content analysis)에 관한 설명으로 옳은 것은?
① 내용분석의 결과를 양적분석에 사용할 수 있다.
② 주제를 기록단위로 할 때가 단어를 기록단위로 할 때보다 자료수집 양이 많다.
③ 하나의 단락 안에 두 개 이상의 주제가 들어 있는 경우 단락을 기록단위로 한다.
④ 기록단위가 맥락단위보다 상위단위다.
⑤ 자료 유형화를 위한 범주가 설정되면 기록단위는 필요치 않다.

09 다음과 같은 조사방법의 특징으로 옳은 것은?

> 보편적 복지에 대한 한국사회의 인식변화를 알아보고자 과거 10년간 한국의 주요 일간지 보도자료를 분석하고자 한다.

① 표집(sampling)이 불가능하다.
② 수량분석이 불가능하다.
③ 보도자료 문장에 나타나지 않는 숨은 내용(latent content)은 코딩할 수 없다.
④ 인간의 모든 형태의 의사소통 기록물을 활용할 수 있다.
⑤ 사전조사가 따로 필요치 않다.

10 2차 자료 분석의 특징으로 옳지 않은 것은?
① 비교적 적은 비용으로 대규모 사례 분석이 가능하다.
② 자료의 결측값을 추적할 수 있다.
③ 자료를 직접 수집하지 않아도 된다.
④ 기존 데이터를 수정 · 편집해 분석할 수 있다.
⑤ 정부나 연구소 등의 통계자료를 활용할 수 있다.

11 내용분석에 관한 설명으로 옳지 않은 것은?
① 반응적 연구방법이다.
② 서베이(survey) 조사에서 사용하는 표본추출방법을 사용할 수 있다.
③ 연구과정에서 실수를 하더라도 재조사가 가능하다.
④ 숨은 내용의 분석이 가능하다.
⑤ 양적분석과 질적분석 모두 적용 가능하다.

12 완전참여자에 관한 설명으로 옳은 것은?
① 연구대상이 관찰된다는 사실을 알기에 자연적인 상태에서의 관찰이 불가능하다.
② 관찰대상과 상호작용 없이 연구대상을 관찰할 수 있다.
③ 관찰대상의 승인을 받고 관찰대상과 어울리면서도 객관성을 유지할 수 있다.
④ 관찰대상의 승인을 받지 않고 관찰한다는 점에서 연구윤리 문제가 제기될 수 있다.
⑤ 관찰상황을 인위적으로 통제한 상황에서 관찰을 진행할 수 있다.

정답 01② 02③ 03① 04 ④ 05① 06① 07④ 08① 09④ 10② 11① 12④

CHAPTER 12

평가조사와 욕구조사

Chapter 12

평가조사와 욕구조사

학습목표

- 평가조사의 유형을 이해한다.
- 평가의 기준과 요소를 이해한다.
- 욕구의 유형을 이해한다.
- 욕구조사의 방법을 이해한다.

1. 평가조사

1) 평가조사의 개념

평가란 특정 대상의 가치를 판단하여 의사결정에 도움을 주려는 활동이다. 즉, 평가란 변화시키고자 하는 바가 사업 시행 전 · 후 얼마만큼 실제로 변화하였는지, 변화하지 않은 부분은 왜 그런지, 이러한 변화가 프로그램 시행에 어떤 의미를 주는지를 살펴보는 것을 의미한다(김진우, 2018). 따라서 평가조사란 어떤 개입기술이나 프로그램의 개선 또는 계속 수행의 여부를 결정하기 위해 개별적 개입기술이나 프로그램의 목표를 어느 정도 달성했는지를 측정하기 위해 사회조사방법론을 적용하는 일종의 응용조사를 말한다(최성재, 2005). 즉, 사회복지 프로그램이나 개입기술의 효과성이나 효율성을 평가하기 위해 이용되는 조사이다. 이러한 평가조사를 통해 프로그램이 의도한 목적을 달성했는지와 비용 효과적인지를 분석하는 것은 서비스의 개선과 비용 절감을 위해 매우 중요한 일이다.

2) 평가조사의 목적

개입기술과 프로그램이 목표를 어느 정도 달성했는지를 측정하기 위해 조사하는 평가조사의 목적은 다음과 같다(성규탁, 1988).

① 프로그램의 계획과 운영 과정에 필요한 피드백 제공

기존 프로그램의 성과를 효과성이나 효율성 차원에서 평가함으로써 해당 프로그램의 중단, 축소, 유지, 확대 여부를 결정하는 데 필요한 정보를 제공한다. 이처럼 프로그램의 효과성과 효율성을 모두 고려하여 바람직한 목표를 설정하거나 운영방법을 개선하기 위해 평가조사를 시행한다.

② 기관 운영의 책무성 이행

국가나 사회로부터 인가를 받은 사회복지기관은 제도화된 활동으로 그 책무성을 지니고 있다. 특히 예산을 비롯해 인적 · 물적 자원을 지원받은 사회복지기관이 그 목적을 얼마나 달성했는가를 객관적으로 평가하여 책무성 이행 근거를 찾는 목적으로 평가조사를 시행한다.

③ 이론 형성에 기여

프로그램 평가는 프로그램 운영방법부터 그 결과에 이르는 과정을 검토, 분석,

검증하는 것이다. 특히 프로그램 시행 전후의 차이를 분석하여 프로그램의 시행이 어떤 영향을 주었는지를 평가함으로써 인과관계를 검증한다. 그 결과 타당성이 있는 것으로 확인된 가설은 이론으로 발전하고, 그렇지 못한 경우라도 이론을 수정하는 데 기여할 수 있다.

④ 프로그램 진행과정과 전달체계 개선

프로그램 진행과정을 평가하는 형성평가를 통해 프로그램의 저해요인을 개선하는 근거를 제공한다. 또한 전달체계를 평가하여 서비스가 지체되거나 클라이언트의 접근성이 어렵거나 목적과 다르게 진행될 때 서비스 전달이 원활하게 이루어지도록 개선하는 데 기여할 수 있다.

⑤ 합리적인 자원 배분

프로그램 평가 결과에 따라 효과적인 프로그램과 단기적인 효과만 있는 프로그램을 선별하여 차등적인 자원 배분의 근거를 제공할 수 있다.

3) 평가조사의 유형

평가조사의 유형은 다양하지만, 여기서는 형성평가와 총괄평가, 내부평가와 외부평가 등을 중심으로 살펴보고자 한다.

(1) 형성평가와 총괄평가

프로그램 평가는 사용 목적에 따라 형성평가와 총괄평가로 구분할 수 있다. 먼저 형성평가(formative evaluation)는 프로그램의 기획이나 운영 도중에 수행하는 평가로서 프로그램 진행 과정에서 도출되는 문제점을 발견하여 프로그램의 개선과 발전을 위해 이루어지는 평가이다(황성철, 2005). 즉, 형성평가는 프로그램 운영 도중에 프로그램의 운영 및 활동을 분석함으로써 프로그램의 긍정적 효과나 부작용의 발생 과정을 확인하고, 향후 프로그램의 운영 개선에 필요한 정보를 얻기 위해 시행한다. 예를 들어 노인을 대상으로 집단프로그램을 운영하던 중 여성보다 남성 노인의 탈락이 많았다. 이런 상황에서 남성 노인들의 의견을 조사해서 프로그램에 반영하는 평가방식이다. 이처럼 형성평가는 프로그램의 미비점을 수정 · 보완하는 데 필요한 정보를 제공하므로 과정지향적인 특성이 있다.

총괄평가(summative evaluation)는 프로그램의 종결 후에 최종 목표 달성 여부를 성과, 효과성, 효율성, 영향 측면에서 평가하여 프로그램이 미친 영향을 파악하는 것이다. 총괄평가를 통해 성격이 비슷한 새로운 프로그램을 다시 시작할 것인지 혹은 종결할 것인지를 결정할 때 유용하다. 즉, 총괄평가는 프로그램의 지속, 종결, 확대 등에 관한 총괄적인 의사결정을 할 때 시행한다. 예를 들어 지역아동센터에서 집단프로그램을 종료한 후 이를 재진행할 것인지, 수정하여 진행할 것인지, 완전히 종결할 것인지를 결정할 때 시행하는 평가가 총괄평가이다.

한편, 통합평가는 형성평가와 총괄평가를 합쳐 놓은 평가이다. 총괄평가를 시행한 후에 과정평가를 통해 프로그램 운영 과정의 타당성과 인과관계를 검토함으로써 총괄평가에서 얻은 정보의 타당성과 신뢰도를 판정한다. 즉, 프로그램의 시행 초기에는 신속한 환류를 제공할 수 있는 형성평가를 시행하며, 프로그램의 종결 후에는 프로그램의 성공 여부에 관심이 있는 여러 계층을 위한 과학적이고도 객관적인 자료를 제시할 수 있도록 총괄평가를 시행할 필요가 있다(정무성, 2017).

(2) 내부평가와 외부평가

평가조사는 평가 주체에 따라 내부평가와 외부평가로 구분할 수 있다. 내부평가는 프로그램을 담당하고 있지 않은 조직 내의 다른 구성원이 수행하는 평가이다. 평가자가 조직에 관한 내용을 잘 알고 있기 때문에 자료의 접근이 쉽고, 평가의 시간과 비용을 절약할 수 있다. 하지만 외부평가와 비교하여 객관적이지 못하거나 형식적인 평가로 그칠 가능성이 있다. 내부평가의 일종인 자체평가는 프로그램 담당자가 직접 수행하는 평가이지만, 공정성 확보에 문제가 있을 수 있다.

외부평가는 프로그램을 담당하지 않는 교수나 연구기관 등 조직의 외부자가 수행하는 평가이다. 외부평가는 객관적 · 합리적 · 과학적 평가를 수행할 수 있으며, 평가가 전문적이라는 점이다. 하지만 지나치게 경직된 평가를 수행할 수 있으며, 조직 차원에서 평가결과를 인정하지 않거나 선별적으로 받아들일 수 있는 것이 단점이다.

4) 평가의 기준과 평가요소

사회복지 분야에서 판단의 근거가 되는 평가 기준은 다양하다. 여기서는 평가조사에서 공통으로 제시되는 기준과 평가요소를 중심으로 살펴보고자 한다(김영종, 2013; 한동우, 2000; 황성철, 2005).

① 노력

노력(effort)은 프로그램의 수행을 위해 혹은 목표 달성을 위해 얼마나 많은 양의 서비스가 제공되었는지, 어떤 내용과 활동을 했는지를 평가하는 것이다. 프로그램의 수행 및 목표 달성을 위해 동원된 자원의 정도, 즉 인적 · 물적 자원 등을 기준으로 얼마나 투입하였는가를 보는 것이다.

② **효과성**

효과성(effectiveness)이란 제공된 서비스와 성취된 결과 간의 관계를 평가하는 것이다. 즉, 효과성 평가는 시행된 프로그램이 원래 의도했던 목표의 달성 정도를 평가하기 위한 것이다. 이처럼 효과성의 평가는 의도했던 성과가 나타났는지, 그것이 서비스 때문인지를 검증하기 위한 자료수집과 분석이 필요하다.

③ **효율성**

효율성(efficiency)은 최소의 자원을 투입하여 최대의 효과를 내는 것을 의미하는데, 투입된 비용 대비 산출된 서비스의 양을 비교하여 평가한다. 예를 들어 프로그램 A와 B의 내용은 거의 같지만, 프로그램 A의 서비스 단가는 20만 원이고 프로그램 B의 서비스 단가는 10만 원이다. 이때 프로그램 A보다는 프로그램 B가 효율성이 있다고 평가할 수 있다.

④ **영향**

영향(impact)은 하나의 프로그램이 주어진 목표에 대해 특정한 성과를 보인다면, 그것이 원래 의도했던 사회문제의 해결에 얼마나 영향을 주었는지를 평가하는 거시적인 차원의 기준을 말한다. 사회문제의 지표로는 실업률, 사망률, 아동학대 발생 건수, 청소년 비행률, 학교 중퇴율 등이다. 예를 들어 지역사회 청소년비행이라는 사회문제 개선에 목적을 둔 프로그램의 영향이란 청소년 비행률이라는 지표를 사용할 수 있다. 이처럼 특정 프로그램의 영향이란 특정 사회문제 지표의 개선에 그 프로그램이 몇 % 정도 기여했는지를 확인하는 것이다.

⑤ 서비스 질

서비스 질(quality)은 사회복지기관이 서비스 목적을 달성하는 데 가장 우수하다고 인정되는 지식과 기술을 얼마나 적절하게 사용하였는가와 관련된 것이다. 이는 전문적인 기준이 채용되는 정도에 관한 것으로 사회복지사의 전문성과도 관련한 것이다. 프로그램의 질을 평가할 때 전문성은 서비스나 프로그램 운영자들의 교육수준 · 경험 연수 · 특정 자격증의 취득 여부 등을 통해 판단할 수 있다.

⑥ 과정

과정(process)은 노력이 산출로 옮겨지는 절차를 말한다. 산출물이 나오기 이전의 단계로서 중간과정이 체계적이고 합리적으로 어떻게 구조화되어 있는지, 그리고 미리 정해진 절차나 규정에 따라 서비스가 제공되는지 등에 초점을 둔다. 이들 과정 요소들은 프로그램의 효과에 직접적인 영향을 주기 때문에 현재의 서비스 제공방식 혹은 조직 운영방식에 대한 내부 분석적 및 진단적 특성을 보인다.

⑦ 클라이언트의 만족도

클라이언트의 만족도는 서비스의 주체가 클라이언트라는 관점에서 서비스의 질을 측정한 것으로 클라이언트가 직접 서비스의 효과성과 질을 평가하는 것과 관련된다. 클라이언트 만족도는 이용자의 서비스에 대한 만족 정도, 불만이나 어려움, 그에 대한 해결 정도, 어떤 욕구가 있는지 등을 포함한다.

⑧ 공평성

공평성(equity)은 서비스가 대상집단 사이에 치우치지 않고 공평하게 배분되었는가를 살펴보는 것으로 정책이나 기획 차원에서 정치적인 고려 때문에 채택되는 경우가 많다. 특히 자원 배분이나 절차의 공평성에 대한 근거는 대체로 일관성 기준에 근거한다.

2. 욕구조사

1) 욕구의 개념

욕구(need)란 일반적으로 인간의 생물학적 생존과 발달을 위해 생활에서 필요한 것을 구하는 상태를 의미한다. 즉, 욕구는 인간의 생활에서 무엇이 부족한 상태 때문에 불편을 겪고 있는 상황을 의미한다. 예를 들어 욕구는 적절한 음식, 취업, 소득, 사회참여, 개인의 자유 등이다. 욕구가 특정 개인에게만 한정될 때는 개인적 욕구가 되고, 사회의 많은 사람에게 확대되면 사회적 욕구가 된다. 이처럼 욕구란 사회적으로 해결해야 하는 당위적인 것으로 여겨지고, 인간으로서 누려야 하는 기본적인 권리가 더 강조된다(조성우 외, 2018). 욕구에 대한 개념 정의에서 중요한 문제는 누가 그 기준을 설정하느냐 하는 것이다.

2) 욕구의 유형

(1) 매슬로의 욕구 유형

매슬로(Maslow, 1954)는 [그림 12-1]에서와 같이 인간에게는 다섯 단계의 욕구 체계가 있다고 하였다. 이러한 욕구들은 모든 인간의 보편적 욕구인 동시에 본능적이며, 강한 것부터 약한 것으로 위계적 질서가 있다고 보았다. 이처럼 매슬로의 욕구 단계이론에서 인간은 가장 기본적인 생리적 욕구가 충족되면, 더 높은 단계의 욕구를 충족하려 한다. 인간이 상위 욕구를 충족하려면 반드시 하위 욕구를 충족해야 하며, 이러한 욕구 만족의 정점에는 자아실현의 욕구가 있다고 하였다. 매슬로가 주장한 다섯 가지 욕구는 다음과 같다.

그림 12-1 매슬로의 욕구단계이론

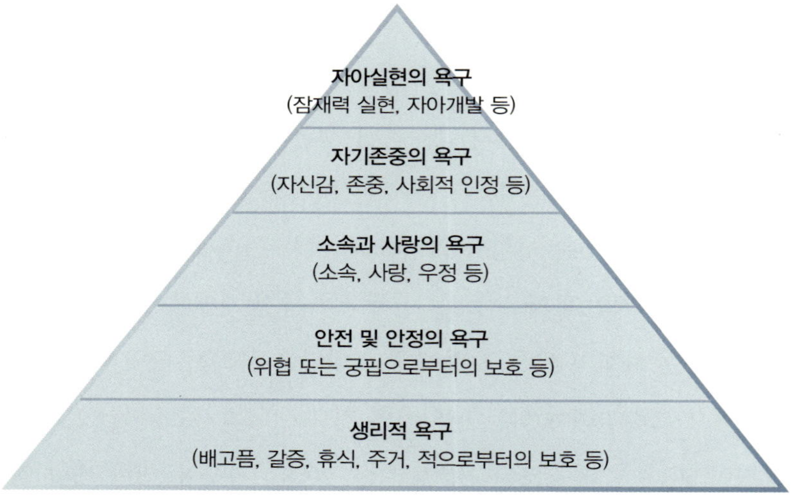

첫 번째 욕구 단계는 생리적 욕구(physiological needs)이다. 생리적 욕구는 먹고 싶은 욕구, 몸을 따뜻하게 하려는 욕구, 고통받고 싶지 않은 욕구, 성적인 욕구를 말한다. 이러한 생리적 욕구는 인간의 생존을 위해 필수적으로 충족되어야 한다. 이러한 욕구가 충족되지 못하면, 인간은 그것에 의해 지배를 받게 되고 다른 욕구들은 부수적인 것이 된다. 따라서 생리적 욕구는 반드시 충족되어야 할 가장 기본적인 욕구로서 의식주를 통해 충족될 수 있다. 생리적 욕구가 충족되면, 다음 단계의 욕구가 발생한다.

두 번째 욕구 단계는 안전 및 안정의 욕구(safety and security needs)이다. 안전 및 안정의 욕구는 이미 충족된 생리적 욕구를 박탈당하지 않으려는 자기 보존을 위한 욕구이다. 이것은 심리적 위협이나 환경적인 위험으로부터 보호되고 안전하기를 바라는 신체적인 안전상태의 유지와 관련된 욕구다. 안전의 욕구는 보호와 치안 활동 등을 통해 충족될 수 있으며, 예상할 수 없고 조정할 수 없는 위험으로부터 보호받으려는 욕구다. 안정의 욕구는 안정된 소득을 통해 충족될 수 있다.

세 번째 욕구 단계는 소속과 사랑의 욕구(belongings and love needs)이다. 소속과 사랑의 욕구는 앞의 욕구들이 충족되면 나타나는 것으로 사람들과의 관계에서 충족될 수 있는 욕구다. 다른 사람들과 친밀하고 인정받기를 원하며 사랑을 주거나 받고 싶어 하는 욕구다. 그리하여 일차적으로 가족과 같은 집단을 형성하고 집단의 규범에 속하고 싶어 한다. 소속과 사랑의 욕구는 가족을 구성하거나 애정 또는 우정을 맺는 활동이나 사회적 모임을 통해 충족될 수 있다.

네 번째 욕구 단계는 자기존중의 욕구(self-esteem needs)이다. 자기존중의 욕구는 자신과 다른 사람으로부터 존중받으려는 욕구다. 자기존중의 욕구가 충족되면 자신감이 생기고, 힘이 세지며, 능력이 생겨나고, 세상에서 유용하고 필요하다는 느낌이 들게 된다. 자기존중은 다른 사람으로부터 받는 존경으로 생겨난다. 참된 자기존중의 의식을 갖기 위해서는 자기 자신을 잘 알아야 하며, 자신의 장단점을 객관적으로 평가할 수 있어야 한다. 이러한 자기존중의 욕구는 직업 활동이나 사회활동을 통해 충족될 수 있다.

마지막 욕구 단계는 자아실현의 욕구(self-actualization needs)이다. 자아실현의 욕구는 앞의 네 가지 욕구가 어느 정도 충족된 후에 나타난다. 자아실현이란 인간의 모든 능력을 최대한 개발하고 사용하는 것이며, 모든 소질과 재능의 발휘라고 할 수 있다. 즉, 자아실현이란 인간의 잠재적인 것과 이상적인 능력의 충족이다. 따라서 자아실현의 욕구는 기능적인 자율성으로 탐구, 표현, 창의 등의 욕구를 충족함으로써 자아실현을 하는 것이다. 자아실현의 욕구는 여가나 문화 활동을 통해 충족될 수 있다.

(2) 브래드쇼의 욕구 유형

브래드쇼(Bradshow, 1972)는 욕구의 규정에서 누가 그리고 어떻게 욕구를 인식하는가를 기준으로 제시한 네 가지 욕구 유형을 살펴보면 〈표 12-1〉과 같다. 이러한 욕구의 평가 방법이 서로 다를지라도 상호 배타적이 아니며, 오히려 상호 의존적으로 각자가 관련된 정보를 제공해 주며 문제의 종합적인 이해에 도움을 준다. 이처럼 욕구 유형은 상호보완적인 성격이 있어서 욕구를 종합적으로 파악하기 위해서는 다양한 욕구 유형을 함께 조사하는 것이 바람직하다(정무성, 2017).

첫째, 규범적 욕구(normative need)는 객관적인 차원에서 진단된 욕구로서 현재의 상태와 바람직하다고 여겨지는 상태 간의 차이 혹은 그 부족분을 의미한다. 주로 전문가나 전문가 집단의 판단이나 의견과 같은 규범에 따라 규정된 욕구를 의미한다. 기존 자료를 활용하여 실제 생활상태가 전문가들이 설정한 기준에 미치지 못하는 조건이나 상황일 때 규범적 욕구가 있는 상태로 규정한다. 규범적 욕구는 측정하기 쉬우므로 표적을 구체적으로 제시할 수 있다는 것이 장점이다. 하지만 욕구의 기준에 대한 개념 정의가 어렵고, 전문가의 판단으로 욕구가 규정되므로 그 기준을 무엇으로 보느냐에 따라 달라질 수 있고, 지식의 발전과 사회의 가치 기준의 변화에 따라 달라질 수 있다는 것이 한계이다. 예를 들어, 최저생계비, 일일 영양섭취량 등이 규범적 욕구에 해당한다.

둘째, 인지적 욕구(perceived need)는 선호하는 것과 같은 것으로 사람이 스스로 무엇이 결핍되었거나 필요하다고 느끼는 체감적 욕구(felt need)를 말한다. 이것은 설문조사를 통해 지역주민이나 서비스 이용자가 선호하는 것을 파악하여 그들의 욕구나 필요한 서비스를 제공하는 방식이다. 따라서 인지적 욕구는 연구대상자가 욕구로 생각하는 것을 측정하기가 쉽다. 이러한 인지적 욕구는 개인마다 그 기준이 다르므로 지역주민이나 서비스 이용자의 진정한 욕구로 추정하는 것은 적절치 못하다. 서비스 이용자는 문제의 원인이 아니라 실질적인 증상을 호소하며, 전문가는 서비스 이용자의 실질적인 욕구라고 간주하는 것에 대해 서비스를 제공하는 경우가 많다.

셋째, 표현적 욕구(expressed need)는 욕구를 느끼는 당사자가 그것을 충족하기 위해서 실제 행동으로 표출된 것이다. 이러한 표현적 욕구는 프로그램이나 서비스를 이용하는 이용자나 대기자의 수로 측정한다. 따라서 개인적인 차원에서 서비스 이용자가 바람직하다고 간주하거나 혹은 서비스를 선택할 때 결정 요인으로 작용하게 된다. 하지만 수요가 없다고 해서 욕구 자체가 없는 것으로 생각할 수 있어서 지역사회 전반적인 욕구에 관한 관심이 부족할 수 있다. 또한 서비스 이용자가 자격 조건을 갖추지 못하거나 서비스 정보를 알지 못할 때 표현적 욕구는 반영되지 못한다. 그러므로 표현적 욕구는 지역주민이나 서비스 이용자의 진정한 욕구 수준보다 낮게 평가되는 문제가 있다(조성우 외, 2018).

넷째, 비교적 욕구(comparative need)는 유사한 지역의 서비스와 비교해서 상대적으로 바람직한 수준의 서비스를 받지 못함으로써 개인이 갖게 되는 욕구이다. 이처럼 어떤 지역사회의 서비스 수준이 유사한 다른 지역사회보다 상대적으로 낮거나 부족하다고 생각될 때, 그 지역사회는 서비스의 보완이 필요하다고 보는 것이다. 이처럼 비교적 욕구는 다른 사람이나 지역과의 관계에서 나타나는 상대적 욕구로서 그 자체가 현실 욕구를 측정하는 적절한 수단으로 간주하지는 않는다.

표 12-1 | 브래드 쇼의 욕구

욕구 유형	욕구규정 주체	기준	강점	한계	예 (아동 무료급식)
규범적 욕구	전문가	전문적 표준	• 객관적, 표준적 기준 존재 • 프로그램의 목표 설정과 계량화가 쉬움 • 목표 달성 정도를 측정하기가 쉬움	• 욕구 수준이 전문가의 지식 · 기술 · 가치 혹은 시간의 변화에 따라 달라질 수 있음 • 전문가의 견해차에 따른 차이 발생	• 정부가 정한 아동 급식비
인지적 욕구	이용자	이용자의 인식	• 이용자의 정확한 욕구 파악이 쉬워 이에 반응하는 서비스 계획 가능 • 필요한 서비스 내용과 정도에 대한 정보	• 욕구 기준이 응답자의 인지 수준에 따라 차이 발생 • 과대 추정될 가능성이 있음 • 시간과 비용이 많이 소요	• 설문조사를 통해 파악된 아동급식이 필요하다고 응답한 수
표현적 욕구	이용자	이용자의 행동	• 인식을 실제 행동으로 옮긴 상황에 초점을 두어 계획 수립이 용이 • 수요에 따른 공급 규모 결정	• 전체 지역사회의 욕구에 관한 관심 부족 • 표현하지 않은 잠재적 이용자 무시	• 아동급식 서비스 이용자 수 혹은 서비스 대기자 수
비교적 욕구	지역 사회	외부 비교 집단	• 각종 지표 비교를 통해 욕구 규모와 내용 파악이 쉬움 • 형평성을 고려하여 프로그램에 반영	• 해당 집단의 욕구와 비교집단의 욕구가 다를 수 있음 • 상대적으로 서비스를 많이 받는다는 이유로 서비스 대상에서 제외될 수 있음	• 다른 지역의 아동급식 서비스 수혜 대상자 규모 혹은 금액

3) 욕구조사의 필요성

욕구조사는 단순히 어떤 정보를 파악하는 것이 아니라 어떤 서비스나 프로그램에 대한 의사결정을 하는 데 활용된다. 욕구조사를 통해 지역주민이나 서비스 이용자의 욕구를 정확히 파악하여 필요한 서비스나 프로그램이 무엇인지에 대한 정확한 정보를 제공할 뿐만 아니라 서비스나 프로그램 시행 이후에도 그 진행 과정에 대한 적절한 지침을 제공한다. 이러한 의미를 지닌 욕구조사의 필요성을 살펴보면 다음과 같다(정무성, 2017; 황성동, 2015).

① 정보의 수집

욕구조사는 지역주민이나 서비스 이용자의 욕구나 문제를 파악할 수 있는 정보 수집을 위해 시행한다. 또한 지역주민이나 서비스 이용자의 변화를 위한 욕구와 가능성에 대한 정보 수집을 위해 시행한다.

② 객관성의 확보

욕구조사라는 정보 수집의 과정은 생태학적 오류와 개인주의적 오류에 의해서 왜곡되지 않도록 체계적이고 과학적인 조사방법을 적용하여 객관성을 확보해야 한다.

③ 이용자 중심의 서비스 및 프로그램 개발

욕구조사는 지역주민이나 서비스 이용자의 욕구 수준, 참여 수준, 변화과정 등에 따라 다양하고 효과적인 접근방법을 마련할 수 있는 정보를 제공한다. 이런 정보를 기초로 지역주민이나 기관을 이용할 이용자 중심의 맞춤형 서비스와 프로그램을 개발할 수 있다.

④ 체계적이고 전문적인 기관 운영 수행

욕구조사를 통해 지역주민이나 서비스 이용자의 욕구와 지역사회 문제의 심각성을 파악한 후에 그것을 충족하기 위한 서비스나 프로그램을 시행한다. 서비스나 프로그램의 종결 후에 그 욕구의 충족과 문제 해결을 평가함으로써 전문적인 기관 운영의 체계를 확립할 수 있다.

⑤ 자원의 효율적인 운영

욕구조사는 지역주민이나 서비스 이용자가 가지고 있는 욕구의 우선순위를 파악할 수 있다. 이를 기초로 그 욕구 충족을 위해 제한된 자원의 우선순위를 정할 뿐만 아니라 인력과 예산을 적절히 배정함으로써 기관의 자원을 효율적으로 운영할 수 있다.

⑥ 환경 변화에 적극적인 대응

욕구조사는 지역주민이나 서비스 이용자의 욕구 변화를 파악할 수 있다. 그 결과를 기관의 정책 운용에 반영함으로써 급변하는 사회 환경과 그들의 욕구에 적극적으로 대응할 수 있다.

⑦ 책무성의 평가와 발전의 기초

지역주민이나 서비스 이용자는 욕구조사를 통해 기존의 서비스나 프로그램을 이용할 때 장애 요인에 대한 정보를 제공할 수 있다. 이러한 욕구조사 결과는 서비스나 프로그램의 필요성이나 개선 방안에 대한 객관적인 자료가 되므로 사회복지 서비스나 프로그램에 대한 기관의 책무성 평가와 관련이 있다.

⑧ 정보의 공유

지역사회 기관 간의 네트워크 형성은 지역주민이나 서비스 이용자의 욕구 충족을 위해 필요하다. 지역사회 기관들은 욕구조사를 통해 파악된 지역주민이나 서비스 이용자의 정보를 공유함으로써 서로 협력하는 공동체를 만들 수 있다.

⑨ 홍보와 참여의 기회 제공

지역주민이나 서비스 이용자는 욕구조사를 통해 서비스 제공 기관과 직접 만나는 기회가 된다. 욕구조사를 통해 사회복지기관의 역할과 다양한 사업 및 프로그램을 지역주민과 서비스 이용자에게 홍보함으로써 그들이 참여할 수 있도록 기회를 제공할 수 있다.

4) 욕구조사의 내용

일반적으로 욕구조사의 내용으로는 기초자료, 기존 서비스나 프로그램 평가 및 새로운 서비스나 프로그램 개발에 필요한 자료, 지역사회 자원에 관한 자료 등이다. 이러한 욕구조사의 내용을 구체적으로 살펴보면 다음과 같다(황성동, 2015).

(1) 기초자료

지역사회의 일반적 특징을 나타내는 인구통계학적 정보는 기초자료에 해당한다. 이런 기초자료를 활용하여 지역사회의 특징에 대한 대략적인 정보를 얻을 수 있고, 자료 분석에서 통제변수로 활용할 수도 있다. 또한 서비스와 프로그램의 이용자나 잠재적 이용자가 많이 거주하는 지역의 특성에 관한 정보도 얻을 수 있다.

예 지역주민의 연령 분포, 가구당 가족 수, 평균 거주기간, 주민의 직업 구성, 지역 평균소득 수준, 빈곤 인구 비율, 주택보급률, 범죄율, 국민기초생활수급자 수, 결혼상태 등

(2) 기존 서비스와 프로그램 평가 및 새로운 서비스와 프로그램 개발에 필요한 자료

① 지역주민의 현재 생활 상태 파악을 위한 자료

지역주민의 현재 생활 상태와 삶의 질을 파악하고, 그들이 원하는 것과 부족한 것이 무엇인지를 파악하며, 새로운 서비스나 프로그램을 개발하거나 이미 시행 중인 서비스나 프로그램을 보완하고자 할 때 사용하기 위한 자료이다. 또한 욕구조사 결과를 이전의 자료와 비교할 수 있다면, 지역주민이나 서비스 이용자의 삶의 질이 향상된 상태에 관한 정보를 파악할 수도 있다.

예 경제(소득수준, 소비 형태, 신용 상태), 고용(직업교육의 필요성, 실업 상태), 가정(부모–자녀관계, 부부문제), 주거(주택 상태), 건강(만성적 질병, 의료서비스 이용 현황), 교육(자녀의 학교 적응), 여가(운동, 문화적 활동), 생활만족도(삶의 만족도, 지역사회 응집력) 등

② 기존 서비스와 프로그램 평가를 위한 자료

기존 서비스와 프로그램의 문제점을 파악하고 보완하기 위한 자료이다. 즉, 지역주민이나 서비스 이용자가 기존 서비스나 프로그램에 대해서 어느 정도 알고 있으며, 얼마나 자주 이용하는지 등을 집중적으로 조사함으로써 기존 서비스와 프로그램과 관련된 문제점을 파악하고 보완할 수 있다.

예 사회복지기관이 시행하고 있는 서비스와 프로그램의 인지 정도, 서비스와 프로그램 이용 정도, 서비스와 프로그램의 인지 및 이용에 대한 장애 요소, 직원에 대한 부정적 태도 여부, 서비스나 프로그램 이용에서 비용 및 자격 조건의 문제에 관한 자료

③ 새로운 서비스와 프로그램 개발을 위한 자료

지역주민이나 서비스 이용자의 욕구 파악과 표현된 욕구의 상대적 중요성을 파악하기 위한 자료이다. 특히 새로운 서비스와 프로그램이 필요한 분야에 대해서 이용자 관점에서 정보를 파악한다면, 지역주민과 서비스 이용자를 위한 효과적인 서비스나 프로그램을 개발할 수 있다.

예 조사대상 지역의 심각한 문제가 무엇인지를 파악할 수 있는 자료, 현재 필요한 서비스나 프로그램, 욕구 충족이나 문제 해결을 위한 서비스나 프로그램이 필요한 집단(예: 아동, 청소년, 장애인, 노인 등)의 욕구를 파악하기 위한 자료

(3) 이용 가능한 지역사회 자원에 관한 자료

서비스나 프로그램을 시행하거나 개발하는 데 필요한 지역사회 자원 중에서 기관이 동원할 수 있는 자원을 정확하게 파악하는 데 필요한 자료를 말한다.

예 욕구조사를 통해서 기관이 동원할 수 있는 공적 · 사적 재원, 직원들의 전문성 향상과 새로운 서비스나 프로그램 수행에 필요한 인적 · 물적 · 시설 자원에 관한 자료 등

5) 욕구조사의 방법

연구자가 설문조사, 면접, 관찰 등을 통해 직접 수집하는 자료를 일차 자료라고 하고, 기존에 존재하는 자료를 수집하여 연구목적을 위해 분석하는 자료를 이차 자료라고 한다. 욕구조사의 방법에는 욕구의 파악과 추정을 위해 일차 자료를 연구자가 직접 수집하는 직접적인 자료수집방법과 이차 자료의 분석을 통해 욕구를 파악하고 추정하는 간접적인 자료수집방법이 있다.

(1) 직접적인 자료수집방법

① 일반인구 조사방법

일반인구 조사방법(general population survey)이란 조사대상 지역의 지역주민 중에서 대표할 수 있는 표본을 선정하여 면접이나 설문조사를 시행하여 욕구를 측정하는 방법이다. 지역 내 일반적인 특성을 묻는 기초자료와 기존 서비스의 평가 및 새로운 서비스의 개발을 위한 자료가 될 질문, 지역사회의 가용자원에 관한 문항을 포함해야 한다.

② 표적인구 조사방법

표적인구 조사방법(target population survey)은 프로그램 제공을 통해 문제 해결의 대상으로 선정된 표적집단에 설문조사를 시행하여 욕구와 서비스 이용상태를 파악하는 방법이다.

③ 주요 정보제공자 조사

주요 정보제공자(key informant)란 기관의 서비스 제공자, 여론 주도층, 공직자 등과 같은 지역사회의 문제와 상황을 잘 아는 것으로 인정되는 사람들이다. 이들을 대상으로 대상 집단의 욕구 및 서비스 이용 실태 등을 파악함으로써 구체적이고 실제적인 자료를 수집하는 것이 주요 정보제공자 조사이다. 예를 들어 다문화가족 프로그램을 기획하기 위해 다문화가족지원센터에서 근무하는 직원, 다문화 관련 분야 전문직 종사자나 사회복지전담공무원 등을 대상으로 어떤 프로그램이 다문화가족에게 필요한지를 조사할 수 있다.

주요 정보제공자 조사의 장점은 표본추출이 쉬워서 조사비용이 적게 들고, 지역사회의 전반적인 문제에 대한 양적 정보와 질적 정보를 비교적 쉽게 파악할 수 있으며, 주요 정보제공자들이 찬성하거나 반대하는 서비스나 프로그램을 파악할 수 있다는 점이다(서인해 · 공계순, 2004). 하지만 의도적표집으로 인한 표본 선정의 편향(bias) 현상이 나타날 수 있고, 표본 크기가 너무 작아서 표본의 대표성이 낮다. 또한 주요 정보제공자들의 가치나 신념, 선호도에 따라 실제 이용자의 욕구와 매우 다를 수 있다는 것이 단점이다(황성동, 2015).

④ 지역사회 포럼

지역사회 포럼(community forum)은 공청회(public hearing)라고도 하는데, 지역사회의 문제나 욕구 또는 특정한 정책적 관심사에 대해 공개적으로 지역주민이 자신의 의견을 발표하는 장을 통해 지역주민의 의견을 파악하는 방법이다. 지역주민들은 지역사회의 상황이나 욕구와 문제 등을 잘 알고 있다는 전제하에 연구자는 지역주민들이 참여하는 공청회에서 제시한 의견들을 지역사회의 욕구나 문제로 파악한다.

지역사회 포럼의 장점은 특별히 준비할 것이 많지 않아서 시간이나 비용이 비교적 적게 들고, 조사에 관한 특별한 지식이나 기술이 필요하지 않아 현실적으로 실행 가능성이 크다. 또한 다양한 지역주민으로부터 의견을 수렴할 수 있어 프로그램 및 정책을 시행할 때 그들의 지지나 협조를 얻을 수 있다. 하지만 지역사회 포럼의 참여자는 지역사회의 대표성이 있는 지역주민보다는 관심 있는 특정 이익집단이나 관련자만 참여하는 자기선택으로 인한 표본의 편의(bias) 현상이 나타날 수 있다. 또한 제한된 시간 때문에 소수의 참여자만 의견을 제시하는 것과 그 참여자의 지엽적인 주장만 제시될 가능성이 크다(Reid & Smith, 1981). 특히 표현력이 부족한 사람과 소수집단의 문제는 반영되지 못할 위험성이 있다는 것이 단점이다.

⑤ 명목집단기법

명목집단기법(Nominal Group Technique)은 집단의 구성원들이 직접 대면하여 공동의 문제나 질문에 대해 각자의 의견과 해결방안을 제시한 후에 그것들을 공유하는 기법이다. 여기서 명목집단이란 이름 그대로 집단을 형식적으로만 운영하는데, 명목집단기법의 절차는 다음 〈표 12-2〉와 같다(김영종, 2013).

표 12-2 | 명목집단기법의 절차

① 다양한 특성이 있는 6~8명 정도의 성원으로 명목집단을 구성한다.
② 각자 자신을 소개한 후, 집단 리더와 기록자를 선정한다.
③ 선정된 집단 리더는 "우리 지역사회가 당면한 가장 중요한 문제는 (　　)이다."라는 개방형의 공동 문제를 제시한 후, 각 성원은 다른 성원과 의논하지 않고 자기 생각을 기록한다.
④ 작성이 완료되면, 각 성원은 순서에 따라 돌아가면서 자기 생각을 발표한다. 이때 불명확한 것에 관한 질문과 대답은 허용되지만, 토론은 허용되지 않는다. 기록자는 발표자의 의견을 모든 성원이 볼 수 있도록 칠판이나 큰 종이에 기록한다.
⑤ 기록된 모든 의견에 대한 찬성이나 반대의 스티커를 붙이거나 점수를 적는 방법을 통해 3~5개를 우선순위로 선정한다.
⑥ 이런 투표과정에서 모든 성원은 동등한 결정권을 부여받으며, 이런 과정을 통해 명목집단의 과정이 종결된다는 느낌이 들도록 해야 한다.

이 기법은 성원들이 집단에 참여해서 토의하고 민주적 의사결정을 하지만, 성원 간의 상호작용을 가능한 통제하도록 집단과정을 구조화한다. 이 기법에서 모든 구성원은 돌아가며 말하기(round-robin) 방식을 통해 의견을 발표하며, 의사결정을 위해 성원 간의 합의가 아니라 표결방법을 사용한다(김영종, 2013).

⑥ 델파이 기법

델파이 기법(Delphi technique)은 서로 대면하지 않는 익명의 전문가 집단을 패널(panel)로 활용하여 지역사회 문제에 대한 의견의 일치를 찾는 의사결정 유형이다. 외형적으로는 설문조사방법과 유사하며, 델파이 기법은 한 사람의 의견보다 두 사람의 의견이 정확하다는 계량적 객관의 원리와 다수의 판단이 소수의 판단보다 타당하다는 민주적 의사결정의 원리에 논리적 근거를 두고 있다.

델파이 기법의 조사과정은 [그림 12-2]에서와 같이 먼저 연구주제의 논의에 적합한 익명의 패널을 선정한다. 연구질문과 관련된 개방형의 1차 설문지를 패널에게 발송하여 회신된 응답 내용을 정리, 분석, 요약한다. 이 과정은 질적 연구의 유형화 및 분류화의 성격을 지니며, 1차 설문 결과의 요약을 첨부해서 2차 설문지를 작성하여 동일한 패널에게 발송한다. 설문지의 각 아이디어에 대해 강점, 약점, 실행 가능성 등을 평가한 패널들의 응답 결과를 기초로 처음에 기대했던 수준의 합의점에 도달할 때까지 이런 과정은 반복해서 계속된다.

델파이 기법의 장점은 참여자인 패널의 익명성을 통해 후광효과인 특정인의 영향과 집단의 압력을 줄일 수 있고, 참여자가 한곳에 모이지 않아도 된다. 또한 패널은 자유로운 시간에 의견을 개진할 수 있고, 자신의 의견과 다른 사람의 감정적 충돌을 줄일 수 있고, 다른 의견을 비교함으로써 의견을 수정할 수 있다. 하지만 반복되는 조사과정으로 시간이 오래 걸리고, 그런 과정에서 패널의 수가 줄어들 수 있다. 또한 연구자가 사전에 결정한 방향으로 패널의 의견이 유도될 위험이 있으며, 극단적인 의견은 합의점을 찾기가 어려워 제외되므로 창의적인 의견이 손실될 수도 있고, 조사 자료의 정리에 연구자의 편향이 발생할 수 있다는 것이 단점이다(성규탁, 1988).

그림 12-2 델파이 기법의 조사과정

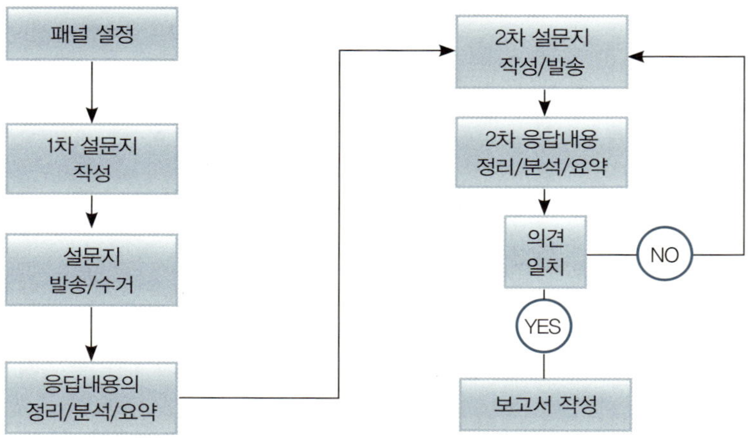

⑦ 초점집단면접

초점집단면접(Focus Group Interview: FGI)은 심층면접을 응용한 방법으로 의도적표집으로 중요한 정보를 제공할 수 있는 소수의 사람과 직접 대면하여 연구목적과 관련된 주제에 대하여 활발한 상호작용 과정을 통해 필요한 정보나 자료를 수집하는 질적 연구방법이다. 예를 들어 연구자가 소수의 집단 따돌림과 같은 특정 경험을 공유한 청소년들을 대상으로 '또래관계 문제'라는 주제에 대하여 자유토론을 하도록 하여 연구자가 고려하지 못했던 새로운 내용 발견을 목적으로 한다. 따라서 초점집단면접의 목적은 연구주제나 문제에 대해 구성원들의 의견 일치에 도달하는 것이 아니라 토론 과정을 통해 그들의 욕구 발견이나 시사점을 얻는 것이다.

초점집단면접에서 진행자의 역할은 매우 중요하다. 진행자는 연구주제나 문제에 대한 지식, 기술, 경험이 풍부해야 하며, 능숙한 의사소통 기술로 상호작용의 상황을 주도할 수 있어야 한다. 이처럼 진행자의 역할은 구성원들의 활발한 논의를 위해 질문을 하거나 그들의 논의가 초점에서 벗어나지 않도록 조정하면서 편안한 분위기에서 모든 구성원이 의견을 표현할 수 있도록 참여 기회를 보장하는 것이다. 이때 진행자는 집단 회기를 녹음기나 비디오로 녹화하여 추후 분석에 이용해야 한다. 〈표 12-3〉은 초점집단면접의 절차에 관한 것이다.

표 12-3 | 초점집단면접의 절차

1. 초점집단의 토의에 필요한 몇 개의 질문 문항을 개발한 후에 일반적인 것에서부터 구체적인 것들로 배치한다. 주요 질문 문항은 지역사회의 주요 문제, 그 문제의 해결방안, 민간과 공공의 협력관계 형성을 위한 제언 등이다.
2. 초점집단에서 다룰 주제에 관한 관심과 지식을 갖춘 전문가나 관련 집단의 대표자인 참여자를 15명 이내로 선정하고, 회기 장소를 준비한다.
3. 회기 동안 진행자는 구성원 간의 상호작용을 촉진하는 역할을 수행한다. 자료수집을 위해 회기 중의 토의 내용은 녹음이나 녹화를 통해 녹취록으로 작성한다.
4. 수집된 자료는 분석 과정을 통해 결과를 보고서로 작성한다.

초점집단면접을 시행할 때 다음과 같은 장단점을 고려하여야 한다. 초점집단면접의 장점은 개별 면접과 비교해서 구성원 간의 활발한 상호작용을 통해 더 포괄적이며 다양한 의견이 포함된 정보를 얻을 수 있다. 즉, 심층면접을 응용한 방법으로 구성원은 대화나 토론 과정에서 다른 구성원의 생각이나 주장에 자극을 받아 새로운 생각을 떠올리거나 응답을 강요하지 않는다. 따라서 구성원들은 솔직하고 정확히 자신의 의견을 표현할 수 있다. 또한 자료수집에 필요한 비용이 많이 들지 않고, 결과를 신속하게 얻을 수 있으며, 수집된 자료는 얻고자 하는 개념에 대한 포괄적인 내용을 포함하고 있어서 내용타당도가 높다(김진숙, 2011).

그러나 초점집단면접의 단점으로는 진행자인 연구자의 능력과 자질과 같은 주관적 개입 때문에 조사 결과가 영향을 받을 수 있어서 연구자의 개입에 의해 편향이 발생할 가능성이 크다. 참여자가 대면하여 상호작용을 하므로 익명성의 보장이 어려워 자신의 실제 느낌이나 생각과는 다른 의견을 제시할 수 있다. 또한 조사 절차가 비체계적이며 자료는 질적인 특성 때문에 계량화하기 어려워서 수집된 자료의 분석과 해석에 주의가 필요하다. 초점집단의 구성원들은 모집단을 대표하지 못하므로 조사 결과를 일반화하기가 어려워서(채서일 · 김주영, 2016) 다른 자료 수집방법을 보완하는 방법으로 이용하는 것이 바람직하다.

(2) 간접적인 방법

① 사회지표 분석

사회지표(social indicator)란 지역이나 인구 집단을 특징적으로 나타내는 표준화된 수치를 말한다. 사회지표 분석이란 정부나 민간기관이 발표한 통계자료인 사회지표를 활용하여 지역사회의 욕구를 파악하는 방법이다. 일반적으로 사회지표 분석은 행정 지역의 상태를 파악하기 위해서 공공기록 문서를 이용한다. 사회지표 분석을 통해 얻은 정보는 해당 지역의 연구대상 집단의 실태와 변화의 차이를 확인하는 데 유용하다. 이처럼 사회지표 분석은 해당 지역의 사정이나 지역주민의 욕구를 파악하는 데 매우 적절한 방법이지만, 그 지역에 적합한 사회지표를 찾기가 어렵다. 이러한 사회지표 분석에 필요한 사회지표는 다른 목적을 위해 이미 수집된 자료를 활용하므로 이차 자료(secondary data)이다. 이차 자료는 종단적으로 누적된 자료이므로 신뢰도와 타당도가 있어야 하며, 실제로 욕구를 측정할 수 있는 공인된 자료이어야 한다.

사회지표 분석의 장점은 많은 영역과 지역에 걸친 사회지표의 수집 비용과 시간은 다른 방법보다 상대적으로 많이 들지 않고, 쉽게 이용할 수 있으며, 객관적인 자료로서 신뢰도가 있다. 하지만 일반적으로 사회지표는 비교적 넓은 지역에 관한 정보이기 때문에 해당 지역의 적합한 자료를 얻기 어려울 뿐만 아니라 그대로 적용할 때는 타당도의 문제가 발생할 수 있다. 또한 사회지표 작성의 기준이 발행기관마다 다른 경우가 많아서 자료의 분해나 결합에 어려움이 있다(서인해 · 공계순, 2004).

② 행정자료 조사

행정자료 조사는 행정기관이나 사회복지기관, 연구소 등의 사회단체에서 행정 및 관리를 위해 수집 · 기록한 자료를 분석하여 욕구를 파악하는 방법이다. 예를 들어 사회복지기관의 업무일지, 면접 기록지, 서비스 이용 현황 등 서비스 통계자료를 이용하여 지역주민이나 서비스 이용자의 욕구를 파악하는 방법이 행정자료 조사이다(서인해 · 공계순, 2004). 이러한 행정자료는 지역주민이나 서비스 이용자의 요청사항, 공익사업의 동향, 특별한 연구가 필요한 대상 인구나 지역에 관한 중요한 정보를 제공한다.

행정자료 조사의 장점은 비용이 적게 들고, 다양한 정보가 포함되어 있어서 다른 욕구조사방법을 보완할 수 있다. 하지만 행정자료는 욕구조사에 적합한 통일된 양식으로 작성되어 있지 않아서 정리하기가 어렵고, 서비스 이용자의 자료이므로 이용하지 않는 지역주민의 자료는 없으며. 비밀보장을 위해 외부에 공개하는 것이 어렵다는 것이 단점이다(서인해 · 공계순, 2004).

핵심정리

1. 평가조사의 유형

- 형성평가: 프로그램의 기획이나 운영 도중에 수행하는 평가로서 프로그램 진행 과정에서 도출되는 문제점을 발견하여 프로그램의 개선과 발전을 위해 이루어지는 평가
- 총괄평가: 프로그램의 종결 후에 그 효과와 결과를 평가하여 프로그램이 미친 영향을 파악하는 것
- 통합평가: 형성평가와 총괄평가를 합쳐 놓은 평가

2. 브래드 쇼(Bradshow)의 욕구 유형

욕구 유형	욕구규정 주체	기준	강점	한계	예 (아동 무료급식)
규범적 욕구	전문가	전문적 표준	• 객관적, 표준적 기준 존재 • 프로그램의 목표 설정과 계량화가 쉬움 • 목표 달성 정도를 측정하기가 쉬움	• 욕구 수준이 전문가의 지식 · 기술 · 가치 혹은 시간의 변화에 따라 달라질 수 있음 • 전문가의 견해차에 따른 차이 발생	• 정부가 정한 아동 급식비
인지적 욕구	이용자	이용자의 인식	• 이용자의 정확한 욕구 파악이 쉬워 이에 반응하는 서비스 계획 가능 • 필요한 서비스 내용과 정도에 대한 정보	• 욕구 기준이 응답자의 인지 수준에 따라 차이 발생 • 과대 추정될 가능성이 있음 • 시간과 비용이 많이 소요	• 설문조사를 통해 파악된 아동급식이 필요하다고 응답한 수
표현적 욕구	이용자	이용자의 행동	• 인식을 실제 행동으로 옮긴 상황에 초점을 두어 계획 수립이 용이 • 수요에 따른 공급 규모 결정	• 전체 지역사회의 욕구에 관한 관심 부족 • 표현하지 않은 잠재적 이용자 무시	• 아동급식 서비스 이용자 수 혹은 서비스 대기자 수

비교적 욕구	지역사회	외부 비교집단	• 각종 지표 비교를 통해 욕구 규모와 내용 파악이 쉬움 • 형평성을 고려하여 프로그램에 반영	• 해당 집단의 욕구와 비교집단의 욕구가 다를 수 있음 • 상대적으로 서비스를 많이 받는다는 이유로 서비스 대상에서 제외될 수 있음	• 다른 지역의 아동급식 서비스 수혜 대상자 규모 혹은 금액

3. 욕구조사의 방법

직접적인 방법	
일반인구 조사방법	• 지역사회 주민을 대표하는 표본을 선정하여 면접이나 설문조사를 통해 직접적으로 욕구를 측정하는 방법
표적인구 조사방법	• 프로그램 제공을 통해 문제 해결의 대상으로 선정된 표적집단에 설문조사를 시행하여 욕구와 이용상태를 파악하는 방법
주요 정보제공자 조사	• 지역에 오래 거주해서 지역에 대해 잘 아는 사람, 지역 공무원 등과 같이 직접 거주는 하지 않더라도 지역사정을 잘 알고 그들을 대변할 수 있는 사람들 통해 정보를 얻는 방법
지역사회 포럼/공청회	• 지역사회 주민들이 자신의 욕구나 문제를 잘 알고 있다는 것을 전제로 하여 연구자는 지역주민들이 참여하는 공청회에서 제시한 의견들을 지역사회의 욕구나 문제로 파악
명목집단기법	• 집단의 구성원들이 직접 대면하여 공동의 문제나 질문에 대해 각자의 의견과 해결방안을 제시한 후에 그것들을 공유하는 기법
델파이 기법	• 서로 대면하지 않는 익명의 전문가 집단을 패널로 활용하여 지역사회 문제에 대한 의견의 일치를 찾는 의사결정 유형
초점집단면접	• 심층면접을 응용한 방법으로 의도적표집으로 중요한 정보를 제공할 수 있는 소수의 사람과 직접 대면하여 연구목적과 관련된 주제에 대하여 활발한 상호작용 과정을 통해 필요한 정보나 자료를 수집하는 질적 연구방법
간접적인 방법	
사회지표 분석	• 정부나 민간기관이 발표한 통계자료인 사회지표를 활용하여 지역사회의 욕구를 파악하는 방법
행정자료 조사	• 행정기관이나 사회복지기관, 연구소 등의 사회단체에서 행정 및 관리를 위해 수집 · 기록한 자료를 분석하여 욕구를 파악하는 방법

사회복지사 1급자격시험 기출문제

01 델파이조사에 관한 설명으로 옳지 않은 것은?
① 전문가 패널을 대상으로 견해를 파악한다.
② 되풀이되는 조사 과정을 통해 합의를 도출한다.
③ 반대 의견에 대한 패널 참가자들의 감정적 충돌을 줄일 수 있다.
④ 패널 참가자의 익명성 보장에 어려움이 있다.
⑤ 조사 자료의 정리에 연구자의 편향이 발생할 수 있다.

02 평가연구에 관한 설명으로 옳지 않은 것은?
① 보고서의 형식은 의뢰기관의 요청에 따를 수 있다.
② 목표달성에 대한 해석이 다양한 이해관계에 영향을 받을 수 있다.
③ 질적 연구방법을 적용할 수 있다.
④ 프로그램의 실행과정도 평가할 수 있다.
⑤ 과학적 객관성을 저해하더라도 의뢰기관의 요구를 수용하여 평가결과를 조정할 수 있다.

03 다음에서 설명하는 지역사회 욕구사정 방법은?

- 전문가 패널의 의견을 수렴하는 방법
- 합의에 이르기까지 여러 번 설문 실시
- 반복되는 설문을 통하여 패널의 의견 수정 가능

① 명목집단 기법 ② 2차 자료 분석
③ 델파이 기법 ④ 지역사회포럼
⑤ 초점집단 기법

04 초점집단(focus group) 조사에 관한 설명으로 옳지 않은 것은?
① 집단을 활용한 자료수집방법이다.
② 익명의 전문가들을 패널로 활용한다.
③ 욕구조사에서 활용된다.
④ 직접적인 자료수집 방법이다.
⑤ 연구자의 개입에 의해 편향이 발생할 수 있다.

05 다음에 제시된 지역사회 욕구사정 방법은?

- 지역사회문제에 대한 전문지식을 갖고 있는 주요 정보제공자 구성
- 응답 내용이 합의에 이르기까지 여러 번에 걸쳐 설문 과정 반복
- 설문구성은 개방형으로 시작해서 이후에는 유사한 응답내용을 폐쇄형으로 구성하여 질문

① 델파이기법 ② 초점집단기법
③ 공청회 ④ 지역포럼기법
⑤ 사회지표분석

06 다음 설명하는 욕구사정 자료수집 방법으로 옳은 것은?

- 욕구의 배경이나 결정과정보다 욕구내용 결정에 초점을 둔다.
- 모든 참여자가 직접 만나서 욕구에 대한 우선순위를 결정한다.
- 욕구순위에 대한 합의의 과정이 반복시행을 거쳐 이루어질 수 있다.

① 초점집단기법 ② 델파이기법
③ 지역사회포럼 ④ 명목집단기법
⑤ 민속학적 조사방법

07 욕구조사를 위한 자료수집 방법에 관한 설명으로 옳지 않은 것은?
① 지역의 통반장을 통해 자료를 수집한다.
② 지역사회 공청회를 통해 자료를 수집한다.
③ 지역주민에게 서베이를 실시한다.
④ 정부기관에서 발표하는 사회지표를 활용한다.
⑤ 일반인을 대상으로 델파이 기법을 활용한다.

08 다음에서 설명하는 지역사회의 욕구사정방법은?

> – 지역사회집단의 이해관계를 가장 잘 대표할 수 있는 참여자들을 선택한다.
> – 선택된 사람들은 한 곳에 모여 특정 문제에 대한 의견을 집단으로 토론한다.
> – 의사소통은 개방형 질문으로 진행한다.

① 델파이(Delphi) 기법
② 지역사회포럼(Community Forum)
③ 민속학적(Ethnographic) 기법
④ 명목집단(Nominal Group) 기법
⑤ 초점집단(Focus Group) 기법

09 델파이조사에 관한 설명으로 옳지 않은 것은?
① 전문가 패널의 의견을 수렴하는 방법으로 활용된다.
② 외형적으로는 설문조사방법과 유사하다.
③ 연구자가 사전에 결정한 방향으로 패널의 의견이 유도될 위험이 있다.
④ 패널의 후광효과를 방지하기 어렵다.
⑤ 반복되는 설문을 통하여 패널의 의견이 수정될 수 있다.

10 초점집단(focus group) 조사와 델파이 조사에 관한 설명으로 옳은 것은?
① 초점집단 조사에서는 익명 집단의 상호작용을 통해 도출된 자료를 분석한다.
② 초점집단 조사는 내용타당도를 높이는 목적으로 사용될 수 있다.
③ 초점집단 조사의 자료수집 과정에서는 연구자의 주관적 개입이 불가능하다.
④ 델파이 조사는 비구조화 방식으로 정보의 흐름을 제어한다.
⑤ 델파이 조사는 대면(face to face) 집단의 상호작용을 통해 도출된 자료를 분석한다.

정답 01 ④ 02 ⑤ 03 ③ 04 ② 05 ① 06 ④ 07 ⑤ 08 ⑤ 09 ④ 10 ②

CHAPTER 13

질적 연구의 전통

Chapter 13

질적 연구의 전통

학습목표

- 질적 연구의 특징을 이해한다.
- 질적 연구의 유형을 이해한다.
- 질적 연구의 자료수집방법을 이해한다.
- 질적 연구의 타당도 향상 방안을 이해한다.

1. 질적 연구의 개념과 필요성

1) 질적 연구의 개념

질적 연구는 질적 자료를 수집하여 분석하는 연구로(정대연, 1996) 양적 연구로 탐구하기 어려운 개별 연구대상의 독특성과 맥락, 즉 질에 관한 관심에 집중하여 접근하는 시도이다. 질(quality)이란 어떤 대상이 가지고 있는 독특한 특징과 성격을 말한다. 즉, 현상에 참여하는 행위자들이 타인, 사건, 환경 등에 대해서 부여하는 의미인 동시에 그러한 의미를 바탕으로 발생하는 행위의 의미를 뜻한다.

질적 연구는 연구자의 관심사와 부합하는 선별된 사회적 현상, 인물, 문제 등과 같은 연구대상을 그 맥락 속에서 심층적으로 탐색하고 이해한다. 이를 위해서 연구자는 연구대상인 현상이나 인물의 의견을 조사도구를 통해서 통제하지도 않으며, 연구대상을 설명할 수 있을 것으로 예상되는 변인을 사전에 결정하지도 않는다. 연구자는 연구대상에 직접 참여하여 무슨 일들이 어떻게, 왜 일어나고 있으며, 어떠한 요인들이 그러한 현상과 관련이 있는지에 대해서 살펴보고자 한다.

이러한 질적 연구의 특징은 자연주의적 탐구(naturalistic inquiry)라는 개념으로 요약할 수 있다(Guba & Lincoln, 1981). 즉, 자연주의적이란 연구대상에 대한 연구자의 통제나 조작 가능성을 거부하고 연구자가 자연스러운 연구 상황에 참여하여 탐색하는 것을 의미한다. 질적 연구에서 연구자는 연구 결과에 대해서 인위적인 기대나 예상의 개입, 그리고 의도적인 연구대상의 통제 시도에 대해서 부정적인 견해를 취한다. 그래서 연구대상으로부터 도출할 기대, 혹은 예상하는 결과뿐만 아니라 예상하지 못했던 결과나 현상의 의미들도 포착할 수 있다는 점을 강조한다. 이처럼 연구대상의 의미는 그것이 존재하는 상황과 결부됨으로써 나타나기 때문이다. 따라서 상황과 분리하여 연구대상을 분석하는 것은 그 본래의 의미를 파악하는 데 한계가 있다(유기웅 외, 2018).

2) 질적 연구의 필요성

양적 연구는 주로 사물이나 현상의 크기나 양에 관해 기술하거나, 인과관계를 검증하기 위해 이루어진다. 양적 연구는 연역적 방법을 활용하여 가설 검증에 초점을 두지만, 질적 연구는 귀납적 방법을 사용하여 주로 현상이나 대상의 사회적 관계와 상호작용 유형을 이해하고자 한다. 즉, 연구대상이나 현상에 대한 깊은 관여를 통해 수집한 폭넓은 자료를 활용한다. 일반적으로 질적 연구는 다음과 같은 경우에 주로 사용된다(황성동, 2015; Padgett, 1998). 잘 알려지지 않은 주제에 대한 탐색적 접근을 하거나, 민감하고 정서적으로 깊이 있는 주제를 심층적으로 조사하거나, 실제로 어떤 삶을 사는 사람의 생생한 경험에 대한 이해와 그 의미를 도출하고자 하거나, 사회복지실천에서 프로그램이나 정책 및 기관의 내면을 탐구하여 평가하고자 할 때, 양적 연구를 통해 발견한 내용을 설명하기가 어려울 때 등이다. 이처럼 질적 연구는 사물이나 현상에 대한 정보가 충분하지 않을 때 탐색적으로 이루어지는 경우가 많다. 즉, 질적 연구는 귀납적 방법을 활용하여 깊이 있는 정보를 얻고자 할 때 필요하다(최선희, 2018).

3) 질적 연구와 양적 연구의 비교

질적 연구와 양적 연구를 비교한 결과는 〈표 13-1〉과 같다(황성동, 2015). 일반적으로 질적 연구는 양적 연구와 비교해서 과정에 더 많은 관심을 두며, 연구 과정이 덜 구조화되어 있다. 이런 점에서 양적 연구와 비교해서 자료수집과 분석 과정이 유연하고 융통성이 있다. 또한 질적 연구는 연구대상이 되는 표본의 수가 양적 연구와 비교해서 적은 편이기 때문에 상대적으로 비용이 적게 들지만, 연구 결과의 일반화 가능성은 작다. 하지만 장기간에 걸쳐서 연구하는 질적 연구는 많은 시간과 비용이 필요하다.

표 13-1 | 양적 연구와 질적 연구의 비교

구분	양적 연구	질적 연구
특성	• 객관적이고 주로 개입이나 실험을 동반한다. • 융통성이 적다. 즉, 연구설계 및 변수는 사전에 확증된다. • 주로 가설 검증이 목적이다. • 설명적 성격이 강하다. • 이론적 배경을 가지고 시작한다. • 규모가 큰 표본에 주로 시행한다. • 비교적 구조화된 환경에서 시행한다.	• 주관적이며 특별한 개입 없이 시작할 수 있다. • 방법과 연구설계에 융통성이 많다. • 가설 없이 시작할 수 있다. • 탐색적 성격이 강하다. • 이론적 배경 없이도 시작할 수 있다. • 작은 표본에도 적용할 수 있다. • 자연스러운 실제 환경에서 주로 시행된다.
목적	• 주로 가설 검증 • 일반화, 예측 • 인과관계 설명 • 변인 간의 관계 결정 • 이론 검정/객관적 실체 규명	• 주로 어떤 주제, 관계 및 패턴의 발견 • 인간행동 이면의 신념, 심층적 동기 이해 • 해석, 의미 탐구 • 연구대상자의 관점 이해 • 이론 개발/실상의 구성
자료수집 방법	• 개입 • 실험 • 구조화된 설문지 등	• 관찰 • 심층면접 • 개인 기록의 분석 • 참여관찰 • 초점집단면접
척도 활용	• 척도를 빈번히 활용하고 계량화된 분석에 초점	• 척도의 활용이 낮고 계량화된 분석이 거의 없음
조사유형	• 설문조사 • 실험조사 • 단일사례연구 • 욕구조사 • 프로그램 평가조사 등	• 근거이론연구 • 문화기술지 • 현상학적 연구 • 내러티브 연구 • 사례연구 등
표본	• 확률적 • 대규모 연구대상자 • 무작위추출	• 유목적적 • 소규모의 연구대상자 • 비대표성
연구자의 역할	• 공정성 • 객관적 기술 • 비관여	• 개인적 관여 • 공감적 이해 • 참여관찰자
장점	• 객관적이고 일반화할 수 있는 결과를 산출할 수 있다. • 재정 지원과 출판이 쉽다.	• 심층적이고 풍부한 사실 발견이 가능하다. • 문제에 대한 새로운 시각을 제공한다. • 연구설계 및 자료수집의 융통성이 있다. • 작은 표본도 가능하다.
단점	• 결과가 구체적이지 못한 경향이 있다. • 조사연구의 장이 다소 덜 자연스러울 수 있다. • 조작적 정의로 인해 조사결과가 제한적일 수 있다.	• 주관적이라는 인상을 주기 쉽다. • 조사결과를 일반화하기 어렵다.

4) 질적 연구의 특징

질적 연구는 상황적 특성과 맥락에 따라서 가변적 속성을 지니는 연구대상의 자연스러운 삶의 환경이 연구의 장이 된다. 연구대상자의 경험 세계와 가치관을 그들의 주관적 시각을 통해 연구하기 때문에 탐색적 연구에 적합하다. 이러한 질적 연구의 특징을 살펴보면 다음과 같다(유기웅 외, 2018).

(1) 심층적 이해

질적 연구는 현상에 대한 심층적 이해를 목적으로 하며, 연구대상자들이 해석하는 의미를 이해하고자 노력한다. 즉, 연구대상자들이 현상을 어떻게 해석하는지, 그러한 해석의 결과로 어떤 맥락에서 어떤 행위를 하는지를 확인함으로써 현상이 어떻게 나타나는지에 대해서 이해하고자 노력한다. 여기서 이해는 연구자의 가치와 주관이 개입된 분석 때문에 구성된 실체를 통해서 이루어지지만, 연구자가 보고 싶어 하는 현상을 이해하고 설명하는 것을 의미하는 것은 아니다. 즉, 연구대상자들이 자신의 상황을 어떻게 생각하며 이해하는지를 연구자가 최대한 과학적이고 합리적으로 분석하여 구성하는 시도를 말한다. 이런 측면에서 연구자는 내부자의 관점에서 현상을 이해하려는 노력이 필요하다. 일반적으로 개인의 행위 양상은 자신에 대한 의미 해석, 환경에 대한 해석, 사건에 대한 해석 등이 종합되어 나타나므로 자신의 상황이나 맥락에 따라 다르게 나타난다. 따라서 질적 연구에서 강조하는 현상에 대한 심층적 이해란 사회현상에 대해서 연구대상자들이 어떻게 이해하는지를 깊이 있게 이해한다는 것을 의미한다.

(2) 현장 활동

현장 활동(fieldwork)이란 현상에 대한 심층적 이해라는 목적을 달성하기 위해 연구자가 연구대상인 자연적으로 나타나는 사회현상에 직접 참여하여 그것의 의미를 해석할 수 있는 자료를 획득하는 과정을 말한다. 이를 위해서 연구자는 연구대상인 사회현상에 대한 심층적인 이해를 위해서 다양한 형태의 자료를 수집하여야 한다. 즉, 연구자는 현장 활동을 통해 연구대상인 사회현상에 대한 연구대상자들의 생각이나 경험을 확보하고, 사회현상에서 이루어지는 사건이나 행위의 양상을 살펴보고, 다양한 형태의 자료수집을 통해 그 사회현상의 의미를 해석할 수 있게 된다.

(3) 귀납적 접근

질적 연구는 연구대상에 대한 연구자의 예측이나 기대를 배제한다는 점에서 귀납적 접근을 사용한다. 일반적으로 양적 연구는 가설 설정을 먼저 한 후에 현상에서 수집한 자료를 근거로 가설을 검증하는 연역적 접근을 시도한다. 하지만 질적 연구는 연구자가 직접 수집한 구체적인 자료를 기초로 현상에 대한 이해를 시도한다는 점에서 귀납적 접근을 취한다. 이처럼 질적 연구는 연구자의 가치와 주관이 개입되어 합리적인 방식으로 현상을 왜곡할 수 있어서 현장에서 수집된 객관적인 자료를 바탕으로 현상의 의미를 해석하는 귀납적 접근을 강조한다. 이런 점에서 연구자는 질적 연구에서 사용한 자료수집의 논리적 근거를 설명할 수 있어야 연구 결과의 신뢰성을 확보할 수 있다.

양적 연구의 목적은 가설 검증이나 인과관계의 규명이지만, 질적 연구의 목적은 현상에서 수집한 구체적인 자료를 근거로 현상의 의미가 무엇인지를 탐색하는 것이다. 즉, 질적 연구는 연구대상의 사회적 관계와 상호작용 유형을 파악하거나 그들의 삶을 묘사하므로 주로 기술적이고 탐색적인 연구에서 활용된다.

(4) 연구자의 역할

질적 연구에서 연구자는 측정도구의 사용이 아니라 자신을 자료수집의 중요한 조사도구로 활용한다. 즉, 모든 자료는 연구자의 면접과 관찰 등을 통해 수집하여 분석한다. 이처럼 연구자가 조사도구라는 것은 연구자에 따라 연구의 질이 좌우된다는 것을 의미한다. 이러한 질적 연구의 자료수집 과정에서 연구자의 감정, 의지, 주관성 등이 영향을 미칠 가능성이 크다. 따라서 연구자의 면접과 관찰을 통해서 수집된 자료들은 연구자에 따라서 동일한 주제와 대상에 대해서도 다른 내용의 자료들을 만들어 낼 수 있다.

양적 연구는 연구의 신뢰도와 타당도를 확보하기 위해 측정도구의 신뢰도와 타당도에 주목한다. 하지만 질적 연구는 중요한 측정도구로서 연구자의 인간적인 특성이 개입함으로써 객관적인 실제를 왜곡할 수 있다. 또한 연구대상이 사회문화적 맥락에 따라서 다양한 의미의 해석이 가능하므로 연구 과정에서 엄밀성과 객관성을 보장하기가 어렵다. 이러한 조건을 고려할 때, 질적 연구는 연구 과정과 그 결과에 대한 가치를 판단하기가 어렵다. 따라서 질적 연구는 연구설계와 실행 과정에서 최대한 합리적이고 과학적인 접근을 취할 것을 강조한다.

(5) 연구주제의 성격

질적 연구에서 연구자에 의해서 구성되는 혹은 해석되는 내용은 단순한 객관적인 정보의 산출보다는 현상의 질에 대한 답을 규명하는 것이다. 즉, 질적 연구의 관심 주제는 어떤 현상의 변화 과정을 살펴보거나, 그러한 변화 과정에서 작용하는 다양한 상황적 요인들은 무엇이며, 이들이 어떻게 개입하는지 등과 같은 동적인 요소에 대한 것이다.

질적 연구는 현상으로부터 수집한 다각적인 자료를 근거로 연구의 주제 현상을 깊이 있게 설명하고자 한다. 즉, 질적 연구에서는 연구의 주제 현상에 내포된 핵심적인 사항이 무엇인지를 간략히 짚어내기보다는 심층적이고 풍부한 설명을 통해 현상에 대한 이해를 도모한다. 어떤 사회현상을 이해하기 위해서는 문제의 원인이나 매개요소 등을 규명하는 노력이 필요하다. 또한 이러한 요소들이 어떤 조건에서 왜, 어떻게 상호작용함으로써 현상으로 나타나는지에 대한 정보도 필요하므로 질적 연구를 수행한다.

2. 질적 연구의 유형

질적 연구는 양적 연구와는 다르게 방법이 체계화되어 있거나 고정적이지 않으며 유연하고 융통성이 있다. 따라서 질적 연구의 유형도 학자에 따라 다양하게 분류되지만, 일반적으로 근거이론, 문화기술지, 현상학적 연구, 질적 사례연구, 내러티브 연구 등으로 구분된다(Creswell, 2013). 이러한 질적 연구 유형의 차이는 각 연구가 가지고 있는 더 구체적인 관심 주제를 드러내고, 그 관심 주제를 탐구하기 위해 연구목적과 그 목적을 달성할 때 특별히 강조하는 자료수집, 분석 절차, 연구자의 역할 등의 특징을 기준으로 구분한 것이라고 할 수 있다.

1) 근거이론

근거이론(grounded theory) 혹은 현실기반이론은 기존의 이론이나 연구에 의존하지 않고 연구자가 현장에서 수집한 자료에 근거하여 귀납적인 과정을 통해 실제 사회현상을 설명하는 이론을 도출하는 질적 연구방법이다. 여기서 '근거(grounded)'란 관심 주제의 현상에서 수집한 실증 자료를 토대로 이론을 도출한다는 점을 의미한다. 또한 '이론'이란 양적 연구에서 말하는 일반화된 공식적 이론이 아니라, 사회구성원들이 살아가는 실제 상황에서 전개되는 구체적인 현상을 개념적으로 정확하게 설명하고 심층적으로 이해할 수 있도록 돕는 실질적 이론(substantive theory)을 말한다. 이러한 근거이론은 연구하는 현상을 이루고 있는 과정을 설명할 수 있는 실질적 이론을 개발하는 데 적합한 질적 연구방법이다(유기웅 외, 2018).

근거이론은 미리 이론을 설정하지 않고 조사를 시작하며, 자료수집과 분석 과정을 통해 새로운 이론을 구축하는 것을 목적으로 한다. 즉, 양적 연구로는 설명하기 어려운 행위자의 행위, 경험, 사건 또는 현상의 과정 등에 대한 심층적 이해와 이러한 사회적 현상을 설명할 수 있는 실질적 이론을 제시하기 위해 근거이론을 선택한다. 실제로 근거이론은 삶의 현장에서 심도 있는 자료수집을 위해 면접조사나 관찰 기법을 중요시한다. 또한 흩어져 있는 자료를 체계화시키는 과정 자체가 일종의 설명이 되고, 그에 의해 잠정적인 개념이나 범주 체계 혹은 이론이 드러나게 된다. 이처럼 근거이론은 특정한 현상에 대해 알려진 사실이 거의 없거나, 기존에 이론적 기반이 갖추어지지 않은 분야를 탐색하는 연구에 적합하다(Strauss & Corbin, 1998).

근거이론은 연구자가 이론적 민감성을 가지고 행위자의 다양한 경험 세계와 과정에 대한 자료를 수집하여 이론적 표본추출, 코딩, 지속적 비교방법, 메모 등 행위자의 경험 과정을 체계적으로 분석하여 하나의 새로운 이론으로 생성하는 데 유용하다. 예를 들어 노인의 재취업경험과 관련하여 어떤 자료를 어디서 수집할 수 있을 것인가에 대한 분석적 근거를 결정한다. 수집된 자료를 분석할 때 지속적 비교분석 과정을 통해 현상, 행동, 사건, 범주, 개념 등의 유사점과 차이점을 찾을 수 있다. 또한 인터뷰에서 얻은 면담자료를 줄 단위로 분석하여 하나의 현상을 체계적으로 구조화하는 작업을 진행할 수 있다. 또한 연구의 중심 현상을 대표할 수 있는 핵심 범주를 선택하고 모든 범주를 통합하여 그 현상을 설명할 수 있는 실질적 이론을 생성할 수 있다.

이러한 근거이론의 주요 원리와 특징을 살펴보면 다음과 같다(유기웅 외, 2018). 첫째, 근거이론은 연구자의 이론적 민감성(theoretical sensitivity)을 중요시한다. 연구자의 이론적 민감성이란 연구자가 자료로부터 얼마나 중요한 정보를 수집하고 규명할 수 있는지에 대한 연구자의 능력이나 자질을 말한다. 이는 연구자가 행위자들의 삶 속에서 직접 경험하며 소통하면서 그들을 이해하는 역량과 통찰력 있는 시각을 요구하며, 의미 있는 자료분석을 가능하게 한다.

둘째, 근거이론은 자료수집방법으로 이론적 표집(theoretical sampling)과 이론적 포화(theoretical saturation)를 선호한다. 이론적 표집이란 연구자가 의도적표집에 따라 자료수집과 분석 과정에서 나타나는 이론적 개념에 근거하여 다음의 표본을 어디서 수집할지를 결정하는 것을 의미한다. 이런 과정을 통해 연구자가 지금까지 수집하고 분석한 자료로 충분하다고 판단하여 추가로 자료수집이 필요하지 않다고 주관적으로 판단하는 상황을 이론적 포화라고 한다.

셋째, 근거이론은 반복적 비교(constant comparison)분석 과정을 수행한다. 근거이론에 기초한 연구자는 자료수집과 분석을 동시에 시행하며, 다시 현장에서 추가로 자료를 수집하여 전체적인 틀에서 분석하는 과정을 반복한다. 이러한 모든 과정에서 연구자는 수집한 자료를 반복적 비교를 통해 귀납적 분석을 시행한다. 즉, 반복적 비교분석 과정이란 자료수집과 분석 과정에서 연구자는 현상, 개념, 범주 간의 반복적 비교를 통해 이론적 표집과 자료수집에서 이론적 포화를 판단하는 동시에 그들 간의 유사점과 차이점의 확인 및 각각의 관계를 이해함으로써 새로운 이론 형성에 도움을 제공하는 과정을 말한다.

넷째, 근거이론은 분석 과정에서 자료를 부호화하는 코딩을 수행한다. 근거이론의 코딩은 개방 코딩, 축 코딩, 선택 코딩 등이 있다. 먼저 개방 코딩(open coding)이란 수집된 모든 자료를 근거로 어떤 현상에 대해 범주화를 시키는 초기 코딩 과정이다. 즉, 수집된 모든 자료를 개방 또는 해체하여 반복적인 비교분석 과정을 통해 개념을 도출하고 범주화 작업을 통해 의미 있는 범주로 분류하는 과정을 말한다. 다음으로 축 코딩(axial coding)이란 개방 코딩을 통해 생성된 범주들의 관계를 파악하기 위해 범주들을 특정한 구조적 틀에 맞게 연결하는 과정이다. 즉, 생성된 범주들의 중심현상을 중심으로 인과적 조건을 만들고, 전략을 형성하는 맥락과 중재조건, 전략을 수행한 결과를 설정하여 찾아내는 과정이다. 축 코딩을 통해 어떤 현상의 본질을 더 정확하고 완벽하게 설명할 수 있으며, 개방 코딩을 통해 생성된 범주들이 구조적으로 어떻게 연결되는가를 파악할 수 있다. 마지막으로 선택 코딩(selective coding)이란 선택한 핵심 범주와 다른 범주 간의 관계를 확인하여 범주들의 연결과 이론을 통합하는 과정을 말한다. 여기서 핵심 범주는 개방 코딩과 축 코딩에서 생성된 개념 또는 범주보다 추상성이 더 높은 범주를 의미한다. 또한 통합이란 연구자가 원자료(raw data)의 분석 과정에서 나타난 사고의 발전을 의미하며, 이러한 통합 과정은 핵심 범주의 선정, 이야기 윤곽 제시, 시각적 모형 제시 등의 방법을 통해 이루어진다.

> 예 권중돈 등(2011)은 근거이론방법을 활용하여 노년기 자살행동 경험의 의미와 과정을 연구하였다. 자살행동을 한 노인 31명과의 심층면접과 이론적 메모를 통해 자료를 수집하였고, Strauss와 Corbin(1990)이 제시한 분석방법을 활용하였다. 연구 결과로 노인 자살행동 경험의 의미와 그 과정을 설명하는 실질적 이론을 여러 가지 구성요소를 통해 설명하였다. 노인자살행동 과정의 중심현상은 '절망과 실낱같은 희망 사이에서 시소타기'로 나타났다. 인과적 조건으로는 '삶의 결핍과 상실의 심화로 인한 심리적 위축', '무료하고 막막한 일상', '안정제 또는 수면제에 의지하는 밤', '삶에 대한 구체적 좌표의 부재', '현대사회에서 노인의 자리는 없음'으로 나타났다. 중재적 조건으로는 '절망을 부추기는 조건들'과 '희망을 품게 하는 조건들'이 있다. 작용/상호작용 전략은 '자살방법 연구하며 때를 기다리기', '자기방임과 자해', '고비 넘기기'로 도출되었다. 마지막으로 결과는 '삶의 의미 찾기', '죽는 것도 복이고 능력이며 운명이라 생각함', '자살시도 실패 후 자살시도에 따른 후유증 겪음', '여전히 자살시도의 유혹을 강하게 느낌'으로 나타났다. 연구 결과를 토대로 노인자살 예방과 노년기 삶의 증진을 위한 구체적인 네 가지 실천적 방법을 제시하였다.

2) 문화기술지

문화기술지(ethnography)는 특정한 사회집단이 가지고 있는 문화의 의미를 그 속에서 생활하는 사람의 내부자적 관점에서 그들의 문화를 연구하는 것이다. 여기서 문화란 특정한 사회집단에서 사람들이 사용하는 언어, 의식구조, 삶의 방식, 상호작용 유형, 의사소통 방식 등을 말한다. 즉, 문화는 인간의 삶에서 각 개인을 다른 집단과 구별되는 독특한 특징을 가진 집단으로 만들며, 이것 때문에 서로 다른 지식과 신념, 행동양식을 공유하게 된다. 이런 관점에서 문화기술지의 목적은 문화를 공유하는 사회집단의 행동, 신념, 언어 면에서 공유된 유형을 기술하고, 분석하고, 심층적으로 이해하는 것이다. 이처럼 문화를 심층적으로 이해하려는 이유는 인간의 행위나 가치, 삶의 방식은 사회문화적 맥락(context)에서 형성되며, 문화와 분리될 수 없기 때문이다(유기웅 외, 2018). 예를 들어 아동복지시설의 문화를 그 기관의 생활지도교사나 시설아동의 관점에서 연구하거나 또는 장애인 근로자들의 노동문화를 장애인이면서 근로자의 관점에서 연구하는 것이 문화기술지이다. 따라서 문화기술지는 특정 집단의 문화를 찾아내고 해석하려는 연구주제에 적합하다.

문화기술지는 연구자가 오랜 기간에 걸쳐 연구대상자들이나 사건들을 최대한 자연스러운 상황에서 탐구하는 것이다. 이를 위해서 연구자는 연구대상자들과 오랜 기간 함께 생활하면서 내부자적 관점에서 그들의 문화, 의사소통, 삶의 방식 등에 대한 총체적인 이해를 도모하는 방법이다. 내부자적 관점이란 특정 문화를 공유하는 사회집단에 속해 있는 구성원들의 시각에서 그들만이 지닌 독특한 삶의 방식을 이해하는데 필요한 질적 연구자의 태도를 말한다. 특히 현장에 대한 참여관찰(participant observation)인 현장조사는 통제되거나 실험적인 조건에서 나타나는 인위적인 반응을 피하기 위한 자연적 접근으로 문화기술지에서 주로 사용하는 자료수집방법이다. 연구자는 외부인이 아니라는 생각을 연구대상자나 집단이 공유할 때 그들의 삶의 방식과 문화를 이해함으로써 더 완전하고 정확한 자료를 수집할 수 있다고 믿기 때문이다. 따라서 문화기술지의 자료수집은 현장연구를 통해 상당한 시간이 필요할 뿐만 아니라 반복해서 이루어진다.

일반적으로 문화기술지는 다음과 같은 상황에 적용할 수 있다(유기웅 외, 2018). 특정한 사람들이나 집단이 보이는 행동에 대한 사회 문화적인 맥락에 대해서 이해하고자 할 때(예: 아이돌 그룹에 열광하는 10대 소녀들), 특정한 맥락 속에서 일어나는 사회적 상호작용의 상징적인 의미와 중요성에 대해 알고자 할 때(예: 팬클럽 게시판 상호작용의 특성), 특정한 집단과 관련된 선행연구나 연구자의 직접 혹은 간접적인 경험이 없어 매우 새롭거나 기존의 주류와는 다른 어떤 문화를 소유하고 있는 집단에 대해서 알고자 할 때(예: 청소년들의 동성애 문화) 등이다.

예 송진영(2018)은 문화기술지 방법을 활용하여 다문화가정 자녀의 사회통합 양상을 이해하고, 그들이 성공적인 사회통합을 이루는 방안을 연구하였다. 초등학교에 다니는 다문화가정 자녀와 부모 각 5명과 교사 5명을 대상으로 참여관찰과 심층면접을 통해 자료를 수집하였다. 분석 결과 다문화가정 자녀의 사회통합 양상은 정체감에 대한 개방적 인식 부족, 경제적 어려움, 다문화가정에 대한 사회적 편견, 자조집단의 부재 등으로 집약되었다. 특히 정체감에 대한 개방적 인식 부족에서 다문화가정의 자녀와 어머니의 정체성은 고정된 것이 아니라 다문화교육에 대한 이해와 사회문화적 환경과 자부심의 정도에 따라 유동적으로 변화하였다.

3) 현상학적 연구

현상학은 사물이나 현상의 본질보다는 개인 경험의 본질, 즉 의식에 의해 드러나는 체험을 탐구하는 것이다. 즉, 무엇인가 동일한 현상을 경험한 사람들이 겪은 체험의 의미가 일상의 생활세계와 관련지어 어떻게 설명될 수 있는가를 해석하고 이해하려고 한다.

현상학적 연구(phenomenology)는 연구자의 선입견과 기존 경험 등을 최대한 배제한 상태에서 연구대상이 되는 현상에 관한 연구대상자들의 경험을 있는 그대로 드러내는 것을 통해 현상과 관련된 인간 경험의 본질을 탐구하는 연구방법이다. 인간은 삶 속에서 다양한 대상들에 대한 의식을 갖게 되는데, 이러한 다양한 의식들의 본질적 구조를 파악하는 것이 현상학적 연구이다(이남인, 2005). 여기서 '현상'이란 우리가 사는 세상 속에서 개인에게 일어난 양육, 고통, 행복, 돌봄 등과 특정한 사건이나 일을 의미한다.

인간의 행동은 그 동기와 원인이 있지만, 그것은 현상을 통해서 분명하게 드러나지 않는다. 그러므로 현상학적 연구는 먼저 연구대상자의 관점에서 경험을 살펴봄으로써 그 경험이 의미하는 바가 무엇인지를 고찰하고, 이를 통해 경험의 내용이 지니는 본질을 살펴보는 것이다. 그래서 현상학적 연구에서 연구문제는 "경험은 어떠한가?", "경험의 본질은 무엇인가?"라는 형식으로 구성된다. 예를 들어 장애 대학생의 대학생활 적응 경험에 대한 연구에서 제시된 연구문제는 다음과 같다(최지영, 2009). 첫째, 장애 대학생의 대학생활 적응 및 부적응의 경험은 어떠한가? 둘째, 장애 대학생이 대학생활에서 경험하는 적응 및 부적응의 본질적인 구조는 무엇인가? 이처럼 현상학적 연구에서 연구문제는 경험을 이해하고, 경험을 밝히는 것이다.

현상학적 연구는 연구주제에 관하여 법칙이나 원인을 찾기보다는 경험 그 자체를 이해하는 것이 의미가 있을 때 시행한다. 예를 들어 "아동생활시설에서 생활하는 아동들이 사회복지사와의 관계에서 자신이 돌봄을 받는다고 느끼는 것은 어떤 경험을 통해서 나타나는 것인가?"라는 연구문제에 답하기 위해 심층면접을 시행하는 것은 현상학적 연구이다. 또는 '장애-비장애 형제의 관계증진 프로그램'을 평가할 때, 실제 관계가 개선되었는지에 대한 평가를 시행한다. 하지만 비장애 형제의 관점에서 장애 형제가 있다는 것이 자신의 삶에서 어떤 의미인지와 장애라는 것을 어떻게 이해하는지 등을 통해 자신의 장애에 대한 이해의 변화 내용과 그 변화의 근저를 현상학적으로 접근할 수 있다(김진우, 2018). 이처럼 현상학적 연구는 돌봄, 적응, 삶의 질 등과 같이 주관적인 경험이 중요한 주제이며, 특히 기존의 가치 판단에서 벗어나 새롭게 바라볼 필요가 있는 연구주제를 연구할 때 필요한 질적 연구방법이다.

예 박미원과 엄태완(2018)은 현상학적 연구방법을 활용하여 조현병이 있는 사람의 삶의 경험에 내재하여 있는 의미와 본질이 무엇인지를 이해하려고 하였다. 조현병으로 진단을 받은 지 5년이 경과하고 20세 이상인 성인 10명을 대상으로 심층면접을 통해 자료를 수집하였다. 분석 결과 4

개의 본질 주제인 '내 인생의 나락, 정신질환', '어쩔 수 없는 받아들임과 내려놓음', '어둠 속에서도 나를 일으킴', '평범한 일상 살아가기' 등을 발견하였다. 조현병은 연구참여자들을 상처와 고통 속의 삶으로 내던지는 특별한 굴레였음에도 불구하고, 이들의 일상은 자신의 감정과 욕구를 바탕으로 유지되고 있었다. 본 연구를 통해 조현병이 있는 사람은 병리적 결과물인 '환자'가 아니라 한 명의 '인간'이라는 관점에서 이해하고 접근해야 한다는 의미를 확인하였다.

4) 질적 사례연구

질적 사례연구(case study)는 개인, 가족, 집단, 조직, 지역사회, 전체 사회나 현상의 개별 사례에 대한 정보를 다각적이고 심층적인 관찰과 분석을 통해 특정 사례에 대한 종합적인 이해를 시도하는 질적 연구방법이다. 여기서 연구대상이 되는 사례는 모집단의 특성을 반영하는 한 개체로서의 의미를 넘어서 특정한 맥락, 상황, 특성을 통해 다른 사례들과 구분된다. 즉, 연구대상으로서의 사례는 일정한 제한성을 지녀야 한다는 점이다. 예를 들어 노인 도박중독자의 회복 경험에 관한 질적 사례연구에서 연구대상자인 노인 도박중독자는 도박장에서 오랜 세월을 보냈기 때문에 일반 노인과는 다른 특성이 있다. 이러한 사례연구는 인간발달 단계 중 노년기에 해당하는 노인이라는 시간 경계와 도박장이라는 공간 경계를 가진 체계가 있고, 도박중독이라는 이슈를 다루고 있다. 또한 사례 내 분석을 통해 개별 경험의 맥락을 드러내고, 사례 간 분석을 통해 사례들의 공통점과 차이점에 관심을 두고 중심 주제와 하위 주제들을 도출할 수 있다. 따라서 사회복지 분야에서 질적 사례연구는 주로 개별 사례에 관한 정보를 체계적으로 조직화하여 임상적인 개입 판단 및 문제를 밝히기 위한 목적으로 활용된다(김기덕 외, 2017).

질적 사례연구는 프로그램을 사례로 보거나 참여자가 가족일 때 '가족'을 사례로 보거나, 또는 어떤 한 '참여자'를 사례로 보고 이들의 의미 있는 변화로 간주할 수 있는 것을 찾아내는 것이다. 여기서 핵심은 사례와 사례를 둘러싼 환경 간의 관계에 집중하는 것이다. 그렇다면 한 사람이 아니고 가족이나 프로그램이 한 사례일 때 그 사례를 구성하는 하위 구성요소 간의 관계라든지, 외부 환경의 변화에 따른 사례의 대응방식 등을 분석할 수도 있다. 물론 사례를 구성하는 행위자들의 심층면접, 프로그램 진행 과정의 참여관찰, 각종 기록지의 면밀한 분석 등을 시행하기도 한다. 즉, 질적 사례연구는 문헌 고찰, 심층면접, 참여관찰 등 질적 자료수집방법을 다각적으로 동원하여 연구대상인 특정 사례를 둘러싼 다양한 맥락들을 풍부하게 드러내는 것이 장점이다. 마치 큰 나무를 잘랐을 때 드러나는 밑동의 어느 특정 지점에 관심을 두는 것이 아니라 횡단면 전체를 고찰하는 것이 질적 사례연구의 특징이다(김진우, 2018). 이처럼 질적 사례연구는 특정한 사례의 구체적인 맥락을 종합적으로 다룬다는 점에서 상당한 수준의 맥락 의존적 성격을 갖는 연구결과를 도출한다. 그 사례연구의 결과는 해당 사례에 대한 심층적 이해를 돕지만, 그 내용을 일반화하거나 관련한 다른 현상을 해명할 수 있는 내용을 도출하기에는 제한이 있다(유기웅 외, 2018).

예 권지성 등(2018)은 질적 사례연구방법을 활용하여 입양부모의 입양관련 활동 경험을 이해하고자 하였다. 3개의 입양 관련 활동에 참여한 총 24명의 입양부모를 대상으로 심층면접을 통해 입양관련 활동 경험에 대한 자료를 수집하였다. 자료분석은 세 가지 입양관련 활동들을 사례로 규정하여 활동별로 입양부모의 입장에서 분석하는 사례 내 분석과 각 활동의 범위를 넘어서 입양관련 활동들을 통해 공통으로 경험하는 것들과 차이점들을 분석하는 사례 간 분석으로 이루어졌다. 사례 간 분석을 통해 나타난 주제들은 '다중결과성 또는 동등결과성', '관계의 중심성', '변화의 지점 찾기', '활동 그 자체의 의미', '입양가족으로서의 성장하기' 등이었다. 연구 결과에 근거하여 입양가족의 적응을 돕기 위한 사후서비스 차원의 활동들을 기획할 때 고려해야 할 지침들을 제시하였다.

5) 내러티브 연구

내러티브 연구(narrative research)는 연구대상자가 자신의 개인적 · 사회적 삶의 경험을 이야기(narrative)하고, 그 경험 이야기를 탐구함으로써 개인의 행동이나 태도를 기술하고 이해하려는 방법이다. 즉, 내러티브 연구는 연구대상자의 경험을 내러티브로 파악하여, 연구대상자가 자신의 경험을 이야기하고, 그 이야기로부터 연구대상자의 관점에서 해석되는 경험을 도출하고 기술하는 질적 연구방법이다. 따라서 내러티브 연구는 연구대상자의 관점에서 중요하게 인식하는, 혹은 인상적으로 기억하는 사건, 대상, 인물, 생각 등이 연구대상자의 시각에서 어떻게 의미화되는지를 살펴보려는 시도를 말한다. 이러한 내러티브 연구는 연구대상자의 이야기 속에 담겨져 있는 그들의 삶 전체 혹은 개별 경험을 집중적으로 탐색하거나 해석하고자 하는 연구에 적합하다(유기웅 외, 2018).

내러티브 연구는 사람들이 의식적으로 말하고 싶은 이야기를 다시 이야기함으로써 그들이 의식하지 못하는 더 깊은 이야기들이 그 안에 있음을 인식시키는 방법을 제시한다. 즉, 우리 삶에 관해 이야기하고, 그것을 다시 이야기할 때 그러한 이야기 조각들이 서로 연결되어 넓은 의미에서 우리의 삶을 조망한다. 그러나 내러티브 연구에서는 경험의 조각들을 모아서 그 본질을 꿰뚫어 보고자 하는 파편적 분석으로는 경험의 덩어리, 맥락을 가진 경험의 내용을 총체적으로 드러내는 데 한계가 있다. 연구대상자가 프로그램의 참여를 통해 자신의 변화에 대해 맥락을 가진 정보로서의 이야기를 끌어내고 이를 독자들에게 들려주는 것이 좋다. 예를 들어 알코올중독 치유회복 프로그램에 참여한 알코올중독자는 프로그램을 통해 자신이 느끼고 변화한 점에 관한 이야기, 즉 내러티브를 토대로 분석한다. 내러티브 연구에서 연구자는 연구대상자가 어떻게 그 프로그램이 자신의 삶을 변화시켰는지, 어떤 점이 주효했는지 등과 같은 이야기의 내용뿐만 아니라 이야기 방식까지 고려하여 연구대상자가 이야기하는 경험의 의미를 해석할 수 있게 된다. 그것은 설문조사의 한계를 극복하면서 프로그램의 의미를 드러내는 가장 정확한 방법일 수 있다(김진우, 2018).

표 13-2 | 질적 연구의 특성 비교

특성	근거이론	문화기술지	현상학적 연구	질적 사례연구	내러티브 연구
초점	현장에서 나온 자료를 근거로 이론 개발	문화 공유집단을 기술하고 해석	경험의 본질을 이해	단일사례나 다중사례에 대한 심층 기술과 분석 전개	개인의 인생 탐구
설계에 가장 적합한 문제 유형	연구참여자의 관점에서 근거이론을 개발하고자 할 때	문화의 공유된 패턴을 기술하고 해석하고자 할 때	체험한 현상의 본질을 기술하고자 할 때	단일사례나 다중 사례에 대한 깊은 이해를 제공하고자 할 때	개인적인 경험에 대한 이야기를 말하고자 할 때
분석단위	많은 개인이 관여하는 과정, 행동, 상호작용을 연구	문화 공유집단을 연구	경험을 공유해온 여러 개인을 연구	사건, 프로그램, 활동, 한 명 이상의 개인 연구	한 명 이상의 개인 연구
자료수집 형식	주로 20~60명 정도의 개인과 면접	주로 관찰과 면접 활용, 현장에서 오랜 시간을 보내면서 다른 자료원들을 수집	주로 개별면접이지만, 문서와 관찰, 예술작품도 활용	면접, 관찰, 문서, 인공물과 같은 다양한 자료원들을 활용	주로 면접과 문서 활용
자료분석 전략	개방코딩, 축코딩, 선택코딩	문화 공유집단에 대한 기술, 집단에 대한 주제	의미 있는 진술, 단위, 텍스트에 근거한 기술, 구조적 본질에 대한 기술	사례에 대한 기술, 주제, 사례 간 주제	이야기, 재구성한 이야기, 주제 전개, 종종 연대기 사용
보고서	실제 이론 창출	문화 공유집단이 생활하는 방식 기술	경험의 본질 기술	사례에 대한 상세한 분석	개인의 인생 이야기에 대한 내러티브 전개

이러한 내러티브 연구 유형으로는 연구자가 다른 사람의 인생 경험에 대해 기록하고 글을 작성하는 연구방식인 전기 연구, 연구대상인 개인들이 기록하고 저술하는 자서전, 위안부 피해자 할머니의 삶처럼 하나 이상의 에피소드나 극적인 상황들의 개인적 경험 또는 공동체 속에서 발견되는 개인의 개인적 경험을 이야기하는 생애사 연구, 한 사람 혹은 여러 사람으로부터 사건과 그것의 원인 및 영향에 대한 개인적인 반성을 수집하는 구술사 등이 있다(김기덕 외, 2017).

3. 질적 연구의 자료수집방법

질적 연구의 대표적인 자료수집방법 중에서 심층면접, 초점집단면접, 참여관찰 등을 살펴보고자 한다.

1) 심층면접

심층면접이란 연구자와 연구대상자가 일대일로 만나 면접하게 되는 경우로서 연구자의 질문에 대해 연구대상자가 답하는 방식으로 진행된다. 즉, 어떤 주제에 대해 연구대상자의 생각이나 느낌을 자유롭게 이야기하게 하여 연구대상자의 요구나 태도를 파악하는 자료수집방법이다. 심층면접에서 연구자는 연구대상자가 자신의 경험을 잘 표현할 수 있도록 연구대상자의 말을 주의 깊게 경청하고 기록하는 것이 중요하다. 이 방법은 연구자가 연구대상자를 주의 깊게 관찰하고 소통하기 때문에 연구대상자의 깊은 이야기를 끌어내기가 쉽고, 외국인, 노인, 장애인 등 의사소통이 어려운 연구대상자들도 가능하다는 장점이 있다. 그러나 자료수집 시간이 오래 걸리는 것과 연구자의 면접능력과 분석능력에 따라 연구 결과의 신뢰도가 달라질 수 있다는 것이 단점이다.

2) 초점집단면접

초점집단면접(Focus Group Interview: FGI)은 심층면접을 응용한 방법으로 의도적표집으로 중요한 정보를 제공할 수 있는 소수의 사람과 직접 대면하여 연구목적과 관련된 주제에 대하여 활발한 상호작용 과정을 통해 필요한 정보나 자료를 수집하는 방법이다. 즉, 초점집단면접은 특정 주제에 관한 생각이나 인식을 얻기 위해 하나의 주제에 초점을 맞춘 조직적인 집단토의를 통해 사람들의 심도 있는 생각이나 의견을 끌어내는 방법이다. 예를 들어 연구자가 소수의 집단 따돌림과 같은 특정 경험을 공유한 청소년들을 대상으로 '또래관계 문제'라는 주제에 대하여 자유토론을 하도록 하여 연구자가 고려하지 못했던 새로운 내용 발견을 목적으로 한다. 따라서 초점집단면접의 목적은 연구주제나 문제에 대해 구성원들의 의견일치에 도달하는 것이 아니라 토론 과정을 통해 그들의 욕구 발견이나 시사점을 얻는 것이다.

3) 참여관찰

참여관찰은 연구자가 자신의 신분을 밝히지 않고 관찰대상 집단의 구성원이 되어 사회적 과정에 완전히 참여하면서 관찰하여 자료를 수집하는 방법이다. 즉, 참여관찰을 활용하는 연구자는 관찰대상 집단의 성원이 되어 여러 가지 집단활동에 참여하고 그 속에 내포된 중요한 문제를 포착하며, 집단 내의 중요한 사람들과 접촉하여 그가 얻은 결론을 통해 집단에서 제기되는 중요한 문제의 해결을 시도하게 된다. 이처럼 자연스러운 상태에서 현상을 파악할 수 있기 때문에 미묘한 어감 차이, 시간상의 변화 등 심층의 차원을 이해할 수 있다. 하지만 때로는 객관적인 판단을 그르칠 수 있으며, 대규모 집단에 대한 기술이 어렵다. 특히 참여관찰을 통해 연구자가 원하는 정보를 최대한 얻도록 보장받기 위해서는 사전에 연구대상자 또는 조직과의 충분한 협의와 계획이 필요하다.

4. 질적 연구의 타당도 향상 방안

질적 연구가 얼마나 정확한 것인가에 대한 것은 민감한 사안이다. 따라서 질적 연구의 타당도와 신뢰도는 연구자가 보고서에 서술한 정보, 논리적인 추론 및 결론의 신빙성, 철저함, 완전함, 일관성에 달려 있다. 여기서는 질적 연구의 엄격성을 높이기 위해 타당도를 향상하는 방안을 살펴보고자 한다(유기웅 외, 2018; Merriam, 2009; Padgett, 1998).

1) 장기간 관찰

질적 연구에서 그 결과의 정확성을 위해서는 장기간 관찰(long-term observation)을 시행해야 한다. 장기간 관찰은 연구가 진행되는 장소 혹은 같은 현상이 반복되고 있는 것을 비교적 장기간에 걸쳐 관찰함으로써 타당도를 높이는 방법이다. 이를 위해 연구자는 연구대상자와 신뢰감을 형성하고, 그의 문화를 깊이 이해하며,

연구대상자를 잘못 이해한 부분은 없는지 계속해서 점검해야 한다. 오랜 기간 현장에 있으면서 특정한 기간에 수집된 자료의 한계성을 극복하고, 다양하고 일관된 자료의 수집을 위해 노력해야 한다. 일반적으로 연구대상자는 자신이 관찰대상임을 의식할 때, 반응성의 문제가 나타나 평소처럼 행동하는 것이 어렵다. 하지만 관찰 기간이 길어질수록 관찰자의 존재가 익숙해지고 편안해져서 연구대상자는 평소의 모습을 자연스럽게 보여줄 수 있다. 이때 완전참여자의 역할을 수행하는 연구자는 연구대상자나 상황에 익숙해져서 편견을 갖지 않도록 주의해야 한다. 또한 연구자의 과도한 몰입으로 인해 관찰과 해석에서 문제가 발생하지 않도록 주의해야 한다.

2) 다각적 평가

다각적 평가란 연구대상자에 대해 포괄적인 이해를 도모하기 위해 두 가지 이상의 방법을 통해 조사를 시행하거나 다양한 정보 출처를 활용하는 것이다. 삼각검증법(triangulation)이라고도 하는데, 어떤 사실에 대한 이해는 특정한 방법에 의존하기보다 여러 가지 방법이나 자료에 의존할 때 대상에 대한 탐색과 이해가 더 정확하다고 전제한다. 즉, 관찰이나 인터뷰를 통해 얻은 정보의 정확성을 검증하기 위해 다양한 연구방법과 이론, 다수의 관찰자 활용, 연구대상자를 포함하여 다수의 주변 사람 등을 다원화하여 연구의 엄격성을 높여서 정확한 정보를 확보하는 방법이다. 관찰과 인터뷰 기록, 공문서의 내용이 서로 일치한다면, 연구 결과의 타당도와 신뢰도는 더욱 높아질 것이다.

3) 연구대상자의 검증

질적 연구에서는 연구대상자의 말, 은유적 표현, 직접적인 묘사를 통해 그의 상황과 문제점을 더욱 잘 이해할 수 있어서 연구대상자의 표현이 왜곡되지 않도록 주의해야 한다. 따라서 연구대상자가 말했던 부분과 연구자가 그의 말을 듣고 해석했던 부분을 명확히 구분할 필요가 있다. 이를 위해 연구자는 연구대상자들의 견해를 물어 연구의 정확성을 추구하며 연구자가 편견에 빠지는 것을 예방하는 방법이 연구대상자의 검증(member check)이다. 이때 연구대상자는 연구 과정에서 연구자가 연구대상자의 의견을 왜곡하지 않고 정확하게 해석하였는지, 연구자의 표현과 기술이 정확하고 공정했는지, 분석 과정에서 빠트리거나 임의로 추가된 사항은 없는지, 그리고 연구 결과의 주제가 제대로 연구대상자의 견해를 나타내고 있는지 등을 검토하게 된다(유기웅, 2018). 이런 과정에서 연구대상자는 정보의 정확성과 해석의 적절성을 평가하는 전문가가 되며, 이는 연구대상자에게 권력이 부여됨을 의미한다. 이 과정을 통해 연구대상자는 자신의 의견이 소중히 존중되고 있음을 깨닫게 되며, 자신이 연구에 도움이 된다고 자부할 수 있다.

4) 동료 집단의 검토

연구자는 질적 연구방법과 관련 분야에 식견이 있고 전문적 의견을 제공할 수 있는 3~5명의 동료 집단의 검토(peer examination)를 통해 자신의 연구자료 분석과 연구 결과를 확인하여 연구의 질을 향상할 수 있다. 즉, 연구자가 범할 수 있는 방법적, 해석적, 절차적 오류를 줄이려고 노력하는 것이다. 이를 위해 관찰 기록, 일기장, 편지, 인터뷰 녹취록 등을 동료 집단과 공유할 때 연구대상자의 개인적인 정보가 유출될 위험이 있어서 비밀보장의 원칙을 준수하여야 한다. 검토자로 선정된 동료 집단으로부터 적절한 비판과 평가는 연구의 타당도와 신뢰도를 향상하는 데 도움이 될 것이다.

5) 외부 감사

외부 감사(audit)란 연구자가 고용한 감사자 혹은 전문가가 연구 과정과 결과를 조사하여 타당도를 평가하는 방법이다. 특정한 연구자의 개인적인 의견에 전적으로 의존하기보다는 연구주제와 관련이 있는 다수의 의견을 포함함으로써 타당도를 향상할 수 있다.

6) 부정적 사례분석

부정적 사례(negative case)분석이란 자료분석 과정에서 발견된 사실을 반박하는 예외적인 사례를 의무적으로 찾아 제시하도록 하는 것이다. 이것은 연구자가 자신의 연구 결과에 대해 반박 가능성을 제시하도록 하는 것이므로 모순적인 것처럼 보일 수도 있다. 그런데도 예외적 설명의 가능성을 자발적으로 제기함으로써 오히려 연구자의 결론에 대한 신뢰도를 더 크게 인정받을 수 있다.

7) 연구윤리 준수

연구윤리란 연구의 계획, 수행, 보고, 성과의 활용 등 연구의 모든 과장에서 책임 있는 태도로 바람직한 연구를 추진하기 위해 지켜야 할 윤리적 원칙을 말한다. 연구자가 연구윤리를 준수할 때 연구의 신뢰도를 향상할 수 있다.

5. 혼합방법론

혼합방법론(mixed methodology)이란 양적 연구와 질적 연구를 각각 적용한 연구 결과를 결합하거나 연합함으로써 연구 결론의 타당성을 크게 높일 수 있는 연구방법이다. 통합방법론이라고도 하는 혼합방법론을 적용하기 위해서 연구자는 양적 연구와 질적 연구에 대한 전문적 지식을 갖추어야 한다. 대체로 양적 연구는 실증주의 패러다임에 기반을 두지만, 질적 연구는 해석주의 패러다임에 토대를 두기 때문에 혼합방법론은 서로 상충되는 패러다임을 비롯하여 다양한 패러다임을 수용할 수 있어야 한다. 연구자는 양적 연구의 결과를 근거로 질적 연구를 시작할 수도 있고, 질적 연구의 결과를 근거로 양적 연구를 시작할 수도 있다. 연구주제에 따라 양적 연구에 더 많은 비중을 두거나, 질적 연구에 더 많은 비중을 둘 수도 있다. 때에 따라 질적 연구와 양적 연구의 결과 간에 차이가 있을 수 있다.

[그림 13-1]은 혼합방법론을 적용한 예이다. 학교부적응 아동을 대상으로 시행한 집단프로그램의 목표가 자아존중감 향상이라면, 혼합방법론을 적용할 수 있다(조성우 외, 2018). 먼저 프로그램 참가 아동 전원을 대상으로 프로그램 시행 전후에 자아존중감을 측정한다. 그리고 참가 아동 중 일부를 대상으로 심층면접을 시행해서 자신에 대한 인식이 프로그램을 통해 어떻게 변했는지 조사한다. 양적 연구에서 프로그램 사전과 사후 간에 자아존중감 점수의 향상이 유의미하다면 프로그램 효과가 있는 것이 입증된다. 하지만 이런 결과는 변화 유무에 관해서만 확인할 수 있다. 따라서 양적 연구 결과의 심층적 의미를 파악할 수 있는 질적 연구인 심층면접을 통해 아동들이 구체적으로 자신에 대해 긍정적인 인식을 하게 되었는지를 확인한다면, 이는 프로그램 효과를 입증하는 매우 설득력 있는 증거이다.

그림 13-1 혼합방법론을 활용한 프로그램 평가 절차

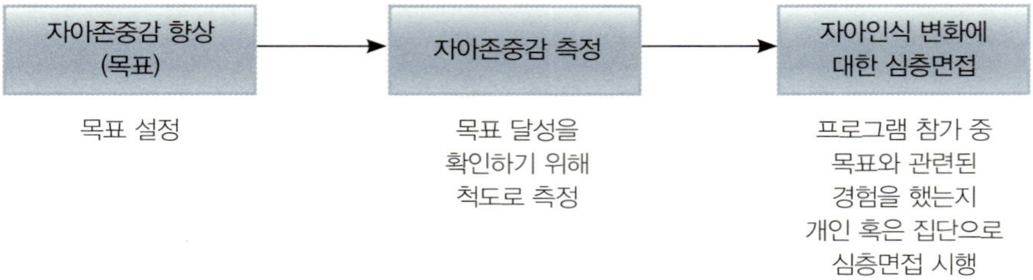

일반적으로 혼합방법론은 다음과 같은 경우에 사용할 수 있다(남궁근, 2017). 첫째, 사회현상의 구조와 과정을 종합적으로 이해하고자 할 경우이다. 대체로 양적 연구는 사회현상의 특징인 구조를 밝혀주는 데 적합하며, 질적 연구는 과정을 밝힐 수 있는데 적합하다. 그러므로 양적 연구를 통하여 구조적 요소를, 질적 연구를 통하여 과정을 밝힐 수 있다는 점에서 역할 분담이 이루어질 수 있다. 둘째, 양적 연구를 위한 준비 작업으로 질적 연구를 수행하는 때도 있다. 이럴 때 질적 연구를 추론의 바탕 또는 양적 연구에 따라 검증되어야 하는 가설의 바탕으로 본다. 셋째, 양적 연구가 선행되어 질적 연구를 위한 자료수집의 보조수단으로 활용되는 경우가 있다.

핵심정리

1. 질적 연구

- 현상에 대한 심층적 이해를 목적으로 연구자가 현장 활동에 직접 참여
- 귀납적 방법 사용
- 연구자는 자신을 자료수집의 중요한 조사도구로 활용
- 연구주제는 어떤 현상의 변화 과정을 살펴보거나, 그런 변화 과정에서 작용하는 다양한 상황적 요인 등 동적인 요소에 관한 것
- 유연하고 깊이가 있지만 일반화에 문제가 있음
- 자료수집단계와 분석단계가 명확히 구분되지 않음

2. 질적 연구와 양적 연구의 비교

구분	양적 연구	질적 연구
특성	• 객관적이고 주로 개입이나 실험을 동반 • 융통성이 적음. 즉, 연구설계 및 변수는 사전에 확증 • 주로 가설 검증이 목적 • 설명적 성격이 강함 • 구체적인 이론적 배경을 가지고 시작 • 규모가 큰 표본에 주로 시행 • 비교적 구조화된 환경에서 시행	• 주관적이며 특별한 개입 없이 시작 가능 • 방법과 연구설계에 융통성이 많음 • 가설 없이 시작할 수 있음 • 탐색적 성격이 강함 • 이론적 배경 없이도 시작할 수 있음 • 작은 표본에도 적용할 수 있음 • 자연스러운 실제 환경에서 주로 시행
목적	• 주로 가설 검증 • 일반화, 예측 • 인과관계 설명 • 변인 간의 관계 결정 • 이론 검증/객관적 실체 규명	• 주로 어떤 주제, 관계 및 패턴의 발견 • 인간행동 이면의 신념, 심층적 동기 이해 • 해석, 의미 탐구 • 연구대상자의 관점 이해 • 이론 개발/실상의 구성

자료수집 방법	• 개입 • 실험 • 구조화된 설문지	• 관찰 • 심층면접 • 개인 기록의 분석 • 참여관찰 • 초점집단면접
척도 활용	• 척도를 빈번히 활용하고 계량화된 분석에 초점	• 척도의 활용이 낮고 계량화된 분석이 거의 없음
조사유형	• 설문조사 • 실험조사 • 단일사례연구 • 욕구조사 • 프로그램 평가조사 등	• 근거이론연구 • 문화기술지 • 현상학적 연구 • 내러티브 연구 • 사례연구 등
표본	• 확률적 • 대규모의 연구대상자 • 무작위추출	• 유목적적 • 소규모의 연구대상자 • 비대표성
연구자의 역할	• 공정성 • 객관적 기술 • 비관여	• 개인적 관여 • 공감적 이해 • 참여관찰자
장점	• 객관적이고 일반화할 수 있는 결과를 산출할 수 있음 • 재정 지원과 출판이 쉬움	• 심층적이고 풍부한 사실 발견이 가능 • 문제에 대한 새로운 시각 제공 • 연구설계 및 자료수집의 융통성 있음 • 쉽게 시작할 수 있고 작은 표본에도 가능
단점	• 결과가 구체적이지 못한 경향이 있음 • 조사연구의 장이 다소 덜 자연스러울 수 있음 • 조작적 정의로 인해 조사결과가 제한적일 수 있음	• 주관적이라는 인상을 주기 쉬움 • 조사결과의 일반화 어려움

3. 질적 연구의 유형

- 근거이론(현실기반이론): 기존의 이론이나 연구에 의존하지 않고 연구자가 현장에서 수집한 자료에 근거하여 귀납적인 과정을 통해 실제 사회현상을 설명하는 이론을 도출하는 질적 연구방법
- 문화기술지(민속지학): 특정한 사회집단이 가지고 있는 문화의 의미를 그 속에서 생활하는 사람의 내부자적 관점에서 그들의 문화를 연구하는 것

- 현상학적 연구: 연구자의 선입견과 기존 경험 등을 최대한 배제한 상태에서 연구대상이 되는 현상에 관한 연구대상자들의 경험을 있는 그대로 드러내는 것을 통해 현상과 관련된 인간 경험의 본질을 탐구하는 연구방법
- 질적 사례연구: 개인, 가족, 집단, 조직, 지역사회, 전체 사회나 현상의 개별 사례에 대한 정보를 다각적이고 심층적인 관찰과 분석을 통해 특정 사례에 대한 종합적인 이해를 시도하는 질적 연구방법
- 내러티브 연구: 연구대상자의 경험을 내러티브로 파악하여, 연구대상자가 자신의 경험을 이야기하고, 그 이야기로부터 연구대상자의 관점에서 해석되는 경험을 도출하고 기술하는 질적 연구방법

4. 근거이론의 코딩

- 개방 코딩: 수집된 자료를 근거로 반복적인 비교분석과정을 통해 개념을 도출하고 의미 있는 범주로 분류하는 과정
- 축코딩: 생성된 범주를 가지고 중심현상을 중심으로 인과적 조건, 맥락과 중재조건, 전략 수행의 결과를 찾는 과정
- 선택코딩: 근거이론 코딩의 마지막 관계로서 선택한 핵심 범주와 다른 범주 간의 관계를 확인하여 범주들의 연결과 이론을 통합하는 과정

5. 질적 연구의 자료수집방법

- 심층면접: 연구자와 연구대상자가 일대일로 만나 면접하게 되는 경우로서 연구자의 질문에 대해 연구대상자가 답하는 방식으로 진행된다. 즉, 어떤 주제에 대해 연구대상자의 생각이나 느낌을 자유롭게 이야기하게 하여 연구대상자의 요구나 태도를 파악하는 자료수집방법
- 초점집단면접(Focus Group Interview: FGI): 심층면접을 응용한 방법으로 의도적표집으로 중요한 정보를 제공할 수 있는 소수의 사람과 직접 대면하여 연구목적과 관련된 주제에 대하여 활발한 상호작용 과정을 통해 필요한 정보나 자료를 수집하는 방법
- 참여관찰: 연구자가 자신의 신분을 밝히지 않고 관찰대상 집단의 구성원이 되어 사회적 과정에 완전히 참여하면서 관찰하여 자료를 수집하는 방법

6. 질적 연구의 타당도 향상 방안

- 장기간 관찰: 연구가 진행되는 장소 혹은 같은 현상이 반복되고 있는 것을 비교적 장기간에 걸쳐 관찰함으로써 타당도를 높이는 방법
- 다각적 평가: 연구대상자에 대해 포괄적인 이해를 도모하기 위해 두 가지 이상의 방법을 통해 조사를 시행하거나 다양한 정보 출처를 활용하는 것으로 삼각검증법)이라고도 함
- 연구대상자의 검증: 연구자는 연구대상자들의 견해를 물어 연구의 정확성을 추구하며 연구자가 편견에 빠지는 것을 예방하는 방법
- 동료 집단의 검토: 연구자는 질적 연구방법과 관련 분야에 식견이 있고 전문적 의견을 제공할 수 있는 3~5명의 동료 집단의 검토를 통해 자신의 연구자료 분석과 연구 결과를 확인하여 연구의 질을 향상
- 외부 감사(audit): 연구자가 고용한 감사자 혹은 전문가가 연구 과정과 결과를 조사하여 타당도를 평가하는 방법
- 부정적 사례(negative case)분석: 자료분석 과정에서 발견된 사실을 반박하는 사례를 의무적으로 찾아 제시하도록 하는 것
- 연구윤리 준수: 연구윤리를 준수할 때 연구의 신뢰도와 타당도를 향상할 수 있음

7. 혼합방법론

- 혼합방법론(mixed methodology): 양적 연구와 질적 연구를 각각 적용한 연구 결과를 결합하거나 연합함으로써 연구 결론의 타당성을 크게 높일 수 있는 연구방법으로 통합방법론이라고도 함

사회복지사 1급자격시험 기출문제

01 다음의 연구에서 활용한 질적 연구방법에 관한 설명으로 옳은 것은?

> A사회복지사는 가정 밖 청소년들의 범죄피해와 정신건강의 문제를 당사자의 관점에서 이해하고 주체적으로 해결하기 위해 연구를 시작하였다. 연구에 참여한 가정 밖 청소년들은 A사회복지사와 함께 범죄피해와 정신건강과 관련된 사회 구조적인 문제를 해결하기 위한 다양한 방안들을 스스로 만들고 수행하였다.

① 개방코딩–축코딩–선택코딩의 방법을 활용한다.
② 범죄피해와 정신건강을 설명하는 이론 개발에 초점을 둔다.
③ 단일사례에 대한 깊이 있는 분석에 초점을 둔다.
④ 관찰대상의 개인적 설화(narrative)를 만드는 것에 초점을 둔다.
⑤ 사회변화와 임파워먼트에 초점을 둔다.

02 「마을만들기 사업 참여경험에 관한 연구」의 엄격성을 높이는 방법으로 옳은 것을 모두 고른 것은?

> ㄱ. 삼각측정(triangulation) ㄴ. 예외사례 표본추출
> ㄷ. 장기적 관찰 ㄹ. 연구윤리 강화

① ㄱ, ㄴ ② ㄷ, ㄹ
③ ㄱ, ㄴ, ㄷ ④ ㄱ, ㄴ, ㄹ
⑤ ㄱ, ㄴ, ㄷ, ㄹ

03 다음 중 질적 연구와 가장 거리가 먼 것은?

① 문화기술지(ethnography)연구
② 심층사례연구
③ 사회지표조사
④ 근거이론연구
⑤ 내러티브(narrative)연구

04 양적 조사방법에 관한 설명으로 옳은 것은?

① 자료수집을 완료한 후 가설을 설정해야 한다.
② 자료수집 방법은 조사설계에 포함할 수 없다.
③ 연구가설은 독립변수와 종속변수는 관계가 없다고 설정한다.
④ 개념적 정의는 측정가능성을 전제로 하지 않는다.
⑤ 사회과학에서 이론은 직접검증을 원칙으로 한다.

05 근거이론의 분석방법에서 축코딩(axial coding)에 관한 설명으로 옳은 것은?

① 추상화시킨 구절에 번호를 부여한다.
② 개념으로 도출된 내용을 가지고 하위범주를 만든다.
③ 발견된 범주의 속성과 차원을 고려하여 유형화를 시도한다.
④ 이론개발을 위해 핵심범주를 중심으로 다른 범주와의 통합과 정교화를 만드는 과정을 진행한다.
⑤ 발견된 범주를 가지고 중심현상을 중심으로 인과적 조건을 만든다.

06 양적조사와 질적조사의 비교로 옳지 않은 것은?

① 질적조사에 비하여 양적조사의 표본크기가 상대적으로 크다.
② 질적조사에 비하여 양적조사에서는 귀납법을 주로 사용한다.
③ 양적조사에 비하여 질적조사는 사회현상의 주관적 의미에 관심을 갖는다.
④ 양적조사는 가설검증을 지향하고 질적조사는 탐색, 발견을 지향한다.
⑤ 양적조사에 비하여 질적조사는 조사결과의 일반화가 어렵다.

07 질적조사에서 일반적으로 사용되는 표본추출방법으로 옳지 않은 것은?

① 이론적(theoretical) 표본추출
② 집락(cluster) 표본추출
③ 눈덩이(snowball) 표본추출
④ 극단적 사례(extreme case) 표본추출
⑤ 최대변이(maximum variation) 표본추출

08 다음에서 설명하는 근거이론의 분석방법은?

> 수집된 자료에서 나타난 범주들 간의 관계를 파악하기 위해 범주들을 특정한 구조적 틀에 맞추어 연결하는 과정이다. 중심현상을 설명하는 전략들, 전략을 형성하는 맥락과 중재조건, 그리고 전략을 수행한 결과를 설정하여 찾아내는 과정이다.

① 조건 매트릭스 ② 개방코딩
③ 축코딩 ④ 괄호치기
⑤ 선택코딩

09 질적조사의 엄격성(rigor)을 높이는 방법으로 옳은 것을 모두 고른 것은?

> ㄱ. 장기간 관찰 ㄴ. 표준화된 척도의 사용
> ㄷ. 부정적 사례(negative cases)분석
> ㄹ. 다각화(triangulation)

① ㄱ, ㄴ ② ㄱ, ㄷ
③ ㄴ, ㄹ ④ ㄱ, ㄷ, ㄹ
⑤ ㄱ, ㄴ, ㄷ, ㄹ

10 질적 연구에 관한 설명으로 옳지 않은 것은?

① 풍부하고 자세한 사실의 발견이 가능하다.
② 문제에 대한 통찰력을 제공한다.
③ 연구참여자의 상황적 맥락 안에서 이루어진다.
④ 다른 연구자들이 재연하기 용이하다.
⑤ 현상에 대해 심층적으로 기술한다.

11 질적연구방법과 적절한 연구 주제가 바르게 연결된 것을 모두 고른 것은?

> ㄱ. 현상학 – 늙어간다는 것이 어떤 의미인지를 이해할 수 있다.
> ㄴ. 참여행동연구 – 이혼 가족이 경험한 가족해체 사례를 심층적으로 이해할 수 있다.
> ㄷ. 근거이론 – 지속적 비교 기법을 통해 노인의 재취업경험을 이론화할 수 있다.
> ㄹ. 생애사 – 위안부 피해자 할머니 삶의 중요한 사건을 이해할 수 있다.

① ㄱ, ㄴ ② ㄴ, ㄷ
③ ㄷ, ㄹ ④ ㄱ, ㄷ, ㄹ
⑤ ㄱ, ㄴ, ㄷ, ㄹ

12 혼합연구방법(mixed methodology)에 관한 설명으로 옳지 않은 것은?

① 철학적, 개념적, 이론적 틀을 기반으로 한다.
② 설계유형은 병합, 설명, 구축, 실험이 있다.
③ 양적 설계에 질적 자료를 단순히 추가하는 것은 아니다.
④ 각각의 연구방법을 통해 얻은 결과가 서로 확증되는지 알아보기 위해 사용한다.
⑤ 질적연구방법으로 발견한 연구주제를 양적연구방법을 이용하여 탐구하기도 한다.

13 질적조사의 자료수집에 관한 설명으로 옳은 것은?

① 심층면접은 주요 자료수집 방법 중 하나이다.
② 연구자는 자료수집과정에서 배제되는 것이 원칙이다.
③ 완전관찰자로서의 연구자는 먼저 자료제공자들과 라포형성이 요청된다.
④ 가설설정은 자료수집을 위해 필수적 요건이다.
⑤ 표준화된 측정도구를 갖추어야 자료수집이 가능하다.

14 질적조사에 관한 설명으로 옳지 않은 것은?

① 실천, 이야기, 생활방식, 하위문화 등이 질적조사의 주제가 된다.
② 자연주의는 질적조사의 오랜 전통이다.

③ 확률표본추출방법이 사용될 수 있다.
④ 일반화 가능성이 양적조사보다 높다.
⑤ 현장연구라고 명명되기도 한다.

15 질적조사로 보기 어려운 것은?

① 근거이론연구 ② 문화기술지연구
③ 솔로몬설계연구 ④ 내러티브연구
⑤ 현상학적연구

16 근거이론에서 다음 설명에 해당하는 것은?

- 이론을 통합시키고 정교화하는 과정으로 이론적 포화(theoretical saturation)와 변화범위(range of variability)에 대한 작업을 진행한다.
- 주로 근거이론 코딩의 마지막 단계로서 모형 내 범주들의 관계를 진술하는 명제를 구체화하거나 범주들을 통합하는 이야기를 서술한다.

① 선택(selective)코딩 ② 자료(data)코딩
③ 축(axial)코딩 ④ 개방(open)코딩
⑤ 역(reverse)코딩

17 혼합연구방법론(mixed methodology)에 관한 설명으로 옳지 않은 것은?

① 질적연구 결과와 양적연구 결과는 일치해야 한다.
② 양적연구와 질적연구에 대한 전문적 지식이 모두 필요하다.
③ 연구에 따라 양적연구와 질적연구의 상대적 비중이 상이할 수 있다.
④ 질적연구의 결과에 기반하여 양적연구를 시작할 수 있다.
⑤ 상충되는 패러다임들도 수용할 수 있어야 한다.

18 양적연구와 비교한 질적연구의 특성으로 옳지 않은 것은?

① 연구자의 역할이 더 중요하다.
② 소수의 사례를 깊이 있게 관찰할 수 있다.
③ 연구결과의 일반화가 목표가 아니다.
④ 일반적으로 신뢰도가 더 높다.
⑤ 귀납적 추론의 경향이 더 강하다.

19 질적연구방법에 관한 설명으로 옳지 않은 것은?

① 근거이론의 목적은 사람, 사건 및 현상에 대한 이론의 생성이다.
② 문화기술지(ethnography)는 특정 문화를 이해하기 위한 방법, 과정 및 결과이다.
③ 현상학은 개인의 주관적인 경험의 본질과 의미에 초점을 둔다.
④ 자료 수집원을 다양화하여 연구의 엄격성을 높일 수 있다.
⑤ 부정적 사례(negative case)의 목적은 연구자가 편견에 빠지지 않게 동료집단이 감시기제로서의 역할을 하는 것이다.

20 질적연구의 엄격성(rigor)을 높이는 전략을 모두 고른 것은?

ㄱ. 장기적 관여(prolonged engagement)를 위한 노력
ㄴ. 연구자의 원주민화(going native)를 경계하는 노력
ㄷ. 해석에 적합하지 않은 부정적인 사례(negative case) 찾기
ㄹ. 내부자적(emic) 시각을 유지하기 위해 완전관찰자 역할 지향

① ㄱ, ㄴ, ㄷ ② ㄱ, ㄷ
③ ㄴ, ㄹ ④ ㄹ
⑤ ㄱ, ㄴ, ㄷ, ㄹ

21 '시설보호아동이 경험한 학교생활의 본질과 맥락에 대한 연구'를 진행할 때, 일반적으로 사용되는 표집방법이 아닌 것은?

① 편의(convenience)표집
② 극단적 사례(extreme case)표집
③ 이론적(theoretical)표집
④ 층화(stratified)표집
⑤ 1사례(one case)표집

22 삼각측정(triangulation)에 관한 설명으로 옳지 않은 것은?

① 측정에서 조사자 편견이 작용할 여지를 줄일 수 있다.
② 하나의 개념을 측정하기 위해 두 개 이상 관련 자료를 수집하는 것이다.
③ 자료의 객관성을 높일 수 있다.
④ 상호일치도가 높은 자료를 판별하여 사용할 수 있다.
⑤ 여러 사람이 관찰하므로 측정오류의 발생가능성이 커진다.

23 질적연구의 조사도구에 관한 설명으로 옳은 것을 모두 고른 것은?

ㄱ. 서비스평가에서 정성적 차원을 분석할 수 있다.
ㄴ. 양적연구가 아니므로 신뢰도를 따질 수 없다.
ㄷ. 연구자 자신이 도구가 된다.
ㄹ. 구조화와 조작화의 과정을 거친다.

① ㄱ, ㄴ, ㄷ　② ㄱ, ㄷ
③ ㄴ, ㄹ　④ ㄹ
⑤ ㄱ, ㄴ, ㄷ, ㄹ

24 다음은 다양한 표집방법이 동원된 질적연구 사례이다. 이 사례에서 동원된 표집방법이 아닌 것은?

희망복지지원단 사례관리자의 역할을 질적으로 분석하기 위하여 지난 1년간 담당한 사례가 가장 많은(302사례) 지자체와 가장 적은(51사례) 지자체 두 군데를 연구대상지역으로 우선 선정하였다. 아울러 전체 지자체의 연평균 담당 사례수가 약 150사례인 것을 확인하고, 담당사례수가 100사례 정도인 지자체와 200사례 정도인 지자체 두 군데를 추가로 표집하였다.

① 최대변화량 표집　② 예외사례 표집
③ 의도적 표집　④ 준예외사례 표집
⑤ 동질적 표집

25 질적연구에서 일반적으로 사용되는 표집방법이 아닌 것은?

① 판단표집
② 체계적 표집
③ 결정적 사례 표집
④ 극단적 사례 표집
⑤ 최대변이 표집

26 질적연구에 관한 설명으로 옳은 것은?

① 변수 중심의 분석이 이루어진다.
② 논리실증주의적 관점을 견지한다.
③ 인간행동의 규칙성과 보편성을 중시한다.
④ 모집단을 대표할 수 있는 표본을 추출한다.
⑤ 관찰로부터 이론을 도출하는 귀납적 방법을 활용한다.

정답 01 ⑤ 02 ⑤ 03 ③ 04 ④ 05 ⑤ 06 ② 07 ② 08 ③ 09 ④ 10 ④ 11 ④ 12 ② 13 ① 14 ④ 15 ③ 16 ① 17 ① 18 ④ 19 ⑤ 20 ① 21 ④ 22 ⑤ 23 ② 24 ⑤ 25 ② 26 ⑤

CHAPTER 14

통계

1. 기술통계와 추리통계
2. 집중경향과 변산도
3. 정규분포와 가설 검증

Chapter 14

통계

학습목표

- 기술통계와 추리통계를 이해한다.
- 집중경향과 변산도를 이해한다.
- 정규분포와 중심극한정리를 이해한다.

1. 기술통계와 추리통계

일반적으로 통계(statistics)는 의사결정을 하기 위해 자료를 수집 · 조직 · 요약 · 분석 · 해석하는 방법 혹은 체계적으로 자료를 수집하고 그 자료에 근거하여 결정을 내리려는 방법을 의미한다. 일반적으로 통계는 통계적 방법이 가지고 있는 기능 또는 목적에 따라 분류하면 기술통계와 추리통계로 구분된다(권대훈, 2018; 김대환, 2021).

1) 기술통계

기술통계(descriptive statistics)는 수량적 자료를 있는 그대로 제시하는 통계적 방법이다. 즉, 기술통계란 수량적 자료의 특징을 쉽게 파악할 수 있도록 자료를 조직 · 요약 · 정리하는 통계를 의미한다. 기술통계의 가장 중요한 목적은 모집단 혹은 표본의 자료를 쉽게 이해할 수 있도록 자료를 조직 · 요약 · 정리하는 데 있다. 학생의 성적 평균, 타자의 타율, 자동차 연비 등이 기술통계에 해당한다. 기술통계는 자료를 하나의 수치, 그래프, 도표 등으로 요약 · 정리한다. 변수가 하나일 때 적용되는 기술통계로는 집중경향(평균, 중앙치, 최빈치), 변산도(표준편차, 범위), 빈도분포, 백분위, 그래프, 도표 등이 있다.

2) 추리통계

추리통계(inferential statistics) 혹은 추론통계는 표본의 특성에 근거하여 모집단의 특성을 추론하거나 가설을 검증하는 데 사용하는 통계를 의미한다. 대부분의 경우 모집단 전체를 조사하는 것은 불가능하기에 추리통계는 각종 조사와 연구에서 매우 폭넓게 활용되고 있다. 예를 들어 추리통계는 실험설계에서 실험집단과 통제집단의 차이가 우연적인 요인 때문인지 아니면 체계적인 실험 처치의 효과 때문인지를 판단하기 위한 용도로 활용된다.

2. 집중경향과 변산도

1) 집중경향

집중경향(central tendency) 혹은 중심경향은 자료를 대표하는 점수로 대푯값이라고 한다. 집중경향은 한 집단의 분포가 중심을 향해서 어떻게 모여 있는가를 나타내주는 것으로 수많은 점수를 하나의 수치로 요약한다. 대표적인 집중경향으로는 평균, 중앙치, 최빈치 등을 들 수 있다.

① 평균

평균(mean; M)은 모든 점수를 합한 다음 전체 사례 수로 나눈 값이다. 보통 평균이라고 하면 산술평균을 지칭하는데, 평균은 분포의 균형을 유지한다.

② 중앙치

중앙치(median; Mdn) 혹은 중위수는 한 집단의 측정치들을 양 혹은 크기의 순서로 나열하였을 때 전체 사례 수의 한가운데 위치하는 측정치를 말한다. 즉, 중앙치는 자료를 상위 50%와 하위 50%로 구분하는 점수(즉, 백분위 50에 대응하는 점수)로 자료를 균등하게 양분한다. 중앙치는 수치로 표시되는 양적 자료에만 사용할 수 있으며, 명목변수를 제외하고 서열변수 이상의 분석에 적용할 수 있다.

③ 최빈치

최빈치(mode; Mo)는 최고빈도의 값이라는 말의 약자로 한 집단의 자료에서 사례가 가장 많은 점수, 즉 빈도가 가장 많은 전형적인 점수를 가리킨다. 예를 들어 자료 〔3 4 4 5 6 6 6〕에서 최빈치는 6이다. 최빈치는 빈도가 가장 높은 점수이며, 그 점수의 빈도가 아니라는 점에 유의해야 한다.

2) 변산도

변산도(variability or dispersion) 혹은 산포도는 점수들이 집중경향을 중심으로 흩어져 있는 정도, 즉 한 분포 내의 사례들이 변수값에 따라 어떤 형태로 분포되어 있는지를 나타내는 정도를 의미한다. 그러므로 변산도는 실제로 존재하는 자료의 특성을 반영하기 때문에 변산도가 클수록 점수들이 흩어져 있고 이질적이다. 변산도에는 범위와 사분위 범위, 표준편차, 분산 등이 해당한다.

① 범위와 사분위 범위

범위(range; R)는 자료에서 최고점수와 최저점수의 차이를 가리킨다. 예를 들어 최고점수가 90이고 최저점수가 40이면 범위는 50이다. 범위는 자료의 변산도를 간단히 파악할 수 있지만, 자료가 어떻게 분산되어 있는지에 대한 정보를 거의 알려주지 않는다. 사분위 범위(interquartile range)는 변수의 값에 따른 사례를 가장 낮은 것부터 높은 순으로 나열한 분포에서 전체 사례수를 4등분하여 75%와 25%의 점수 차이를 말한다. 어떤 한 변수 값의 분포를 그림으로 나타낼 때 전체 사례를 4등분하는 점, 즉 제1사분위수(Q_1)는 25%, 제2사분위수(Q_2)는 50%, 제3사분위수(Q_3)는 75%로 하면 사분위 범위는 바로 Q_3-Q_1이다.

② 표준편차

표준편차(standard deviation)는 각 점수가 평균과 다른 정도를 평균한 값으로 단순히 분산의 제곱근이다. 표준편차가 클수록 자료가 이질적이고, 표준편차가 작을수록 자료가 동질적이다. 표준편차는 정규분포를 이루는 연속변수에서 변산도를 적절하게 나타낸다. 표준편차는 모든 점수를 고려하고, 표집의 안정성이 높으며, 수리적 조작이 쉽다는 장점 때문에 변산도 지수 중에서 가장 널리 사용된다.

③ 분산

분산(variance) 혹은 변량은 표준편차를 제곱한 값이다. 즉, 분산은 각 점수와 평균의 차이(즉, 편차)를 제곱한 값을 평균한 것이다. 따라서 분산이 클수록 점수들이 평균과 다르고, 분산이 작을수록 점수들이 평균과 비슷하다. 표준편차와 마찬가지로 분산은 점수들의 이질성을 나타내는 지표가 된다.

3) 왜도와 첨도

① 왜도

왜도(skewness) 혹은 편포도는 분포가 오른쪽이나 왼쪽으로 치우쳐 있는 비대칭의 정도를 의미한다. 왜도는 평균, 중앙치, 최빈치의 차이가 커질수록 증가한다. 반면에 좌우대칭을 이루는 정규분포에서는 평균, 중앙치, 최빈치가 일치한다.

② 첨도

첨도(kurtosis)는 정규분포와 비교하여 분포의 모양이 위아래로 뾰족한 정도를 의미한다. 그러므로 첨도는 점수가 좁은 범위에 몰려 있거나 넓은 범위에 퍼져 있는 정도를 나타낸다. 첨도가 클수록 분포가 뾰족한데, 첨도가 3이면 정규분포에 가깝다.

3. 정규분포와 가설 검증

1) 정규분포

정규분포(normal distribution) 혹은 정상분포는 연속적이고 좌우대칭인 종 모양의 가설적이고 이론적인 분포의 곡선을 말한다. 정규분포는 실제로 존재하지 않는 이론적인 분포로 다음과 같은 특징이 있다(권대훈, 2018). 첫째, 정규분포는 평균을 중심으로 종 모양의 완벽한 좌우대칭을 이룬다. 둘째, 정규분포는 연속적이다. 따라서 정규분포에서는 X의 모든 값에 대응되는 Y값이 존재한다. 셋째, 정규분포는 평균, 중앙치, 최빈치가 일치한다. 넷째, 정규분포의 면적은 항상 1이다(백분율로는 100%). 다섯째, 정규분포의 형태는 평균과 표준편차에 따라 결정된다. 정규분포에서 평균은 분포의 중심을 결정하고, 표준편차는 분포가 어느 정도 퍼져 있는지를 나타낸다.

2) 가설 검증과 오류

가설 검증(hypothesis test)이란 표본조사의 결과인 통계치를 가지고 모집단의 모수에 대한 가설의 통계적 유의성을 검증하는 것을 말한다. 모집단 특성에 관한 가설의 설정에 따라 양측 검증과 단측 검증으로 구분한다. 가설 검증 과정에서 고려해야 할 중요한 사항은 양측 검증 혹은 단측 검증을 위한 가설인지를 결정해야 한다.

① 양측 검증과 단측 검증

양측 검증(two-tailed test)은 영가설을 기각하고 연구가설을 채택할 수 있는 영역이 양쪽 극단에 있는 경우를 말한다. 즉, 통계치로 얻은 값이 예외적으로 매우 크거나 작아서 영가설에서 주장하는 모수의 값과 통계적으로 유의하게 다르면, 영가설을 기각하고 연구가설을 채택하는 방식의 검증이다. 주로 양측 검증은 '같지 않다.', '변화가 있다.' 등과 같은 대칭적인 주장을 검증할 때 적합하다.

단측 검증(one-tailed test)은 연구가설을 채택할 수 있는 영역이 한쪽에만 있는 경우를 말한다. 즉, '다르다'가 아니라 '크다'나 '작다'와 같이 연구가설에서 주장하는 한쪽만을 고려해서 가설을 검증하는 것이다. 일반적으로 연구 결과의 방향을 제시하는 연구가설을 설정할 때 단측 검증을 할 수 있도록 설정하는 것이 바람직하다. 그 이유는 동일한 유의수준(⊠)으로 검증할 때, 양측 검증보다는 단측 검증에서 연구가설이 채택될 가능성이 더 크기 때문이다. 또한 단측 검증에 사용되는 연구가설은 크거나 작다는 것과 같이 방향성에 대한 정보가 포함됨으로써 단순히 다르다는 양측 검증의 정보보다 유용하다는 장점이 있다(이훈영, 2018).

② 가설 검증의 오류

가설은 항상 참값을 가지는 것이 아니므로 오류를 범할 수 있다. 연구자는 모집단이 아닌 표본의 측정에 근거하는데, 무작위로 추출하였다고 하더라도 표본은 모집단을 대표하지 않을 가능성이 항상 존재하기 때문이다. 〈표 14-1〉에서와 같이 일반적으로 가설 검증에서 발생하는 통계적 오류는 1종 오류와 2종 오류가 있다. 가설 검증의 결과는 항상 영가설을 채택하거나 기각하는 두 가지만 있으므로 가설 검증의 오류도 영가설의 채택과 기각이라는 의사결정과 관련이 있다.

표 14-1 | 가설 검증과 오류

모집단 / 검증 결과	영가설 사실	영가설 거짓
영가설 채택	옳은 결정 (1−α) 신뢰수준	잘못된 결정 2종 오류(β)
영가설 기각	잘못된 결정 1종 오류(α) 유의수준	옳은 결정 (1−β) 검정력
전체 확률	1	1

1종 오류(Type Ⅰ error)는 실제로 영가설이 참이지만, 이를 기각할 때 발생하며 α 오류라고도 한다. 즉, 모집단의 특성이 실제로 영가설과 같지만, 매우 예외적인 표본이 추출되어 극단적인 통계치 때문에 영가설을 기각하고 연구가설을 채택할 때 발생한다. 1종 오류의 확률은 α로 표기하며, 참인 영가설을 채택하는 확률 1−α는 신뢰수준을 나타낸다. 예를 들어 C 대학교 학생의 실제 평균 몸무게는 66kg이지만, 표본추출 과정에서 몸무게가 평균 이상인 학생들이 표본으로 많이 추출됨으로써 C 대학교 학생의 평균 몸무게가 66kg이라는 영가설을 기각하는 경우이다. 일반적으로 가설 검증에서 제시되는 유의수준은 1종 오류를 범할 확률의 최대허용 한계이다. 이것은 유의수준과 동일한 개념으로 연구자가 유의수준을 0에 가깝게 설정할 때 1종 오류를 범할 확률은 줄어든다. 보통 1종 오류를 범할 확률이 사회과학에서 95% 신뢰수준을 기준으로 0.05(5%) 미만일 때 영가설을 기각한다. 따라서 통계치에 대한 확률(p)이 유의수준(α) 보다 낮으면 영가설은 기각된다. 즉, 통계분석 결과에서 유의수준(α) 값이 0.05보다 작게 나타나면, 연구가설

을 채택한다. 여기서 유의수준(α)이 0.05라는 것은 100번에 5회 정도만 영가설이 옳지만, 영가설이 틀렸다고 판단할 위험이 있다는 말이다. 그러므로 신뢰수준을 99%로 높이거나 유의수준(α)을 0.01로 낮추면 1종 오류는 줄어든다.

2종 오류(Type Ⅱ error)는 연구가설이 옳고 영가설이 거짓이지만, 영가설을 채택할 때 발생하며 β 오류라고도 한다. 즉, 틀렸는데 맞다고 결론을 내리는 오류로 모집단의 특성이 실제로 영가설과 다르지만, 영가설을 채택할 때 발생한다. 그 확률을 β라고 표기하며 확률 1−β는 검증력(power of test)을 나타낸다. 예를 들어 실제로 C 대학교 학생의 평균 몸무게가 66kg이 아니지만, 검증 결과 66kg이라고 주장하는 영가설의 주장을 기각하지 못하는 경우를 말한다. 이처럼 2종 오류가 증가하면 통계적 검증력은 감소한다.

예 유의수준(α)은 확률적으로 일어나기 어려운 경우의 확률로 통계학자가 합의하여 정해 놓은 수준의 확률

5% 유의수준은 p<.05, α=.05, 95% 신뢰수준 오류 5%

1% 유의수준은 p<0.1, α=.01, 99% 신뢰수준 오류 1%

핵심정리

Core Theorem

1. 집중경향

- 집중경향은 자료를 대표하는 점수로 대푯값이라고도 하는데, 한 집단의 분포가 중심을 향해서 어떻게 모여 있는가를 나타내주는 것으로 수많은 점수를 하나의 수치로 요약하며, 평균, 중앙치, 최빈치 등을 들 수 있음

2. 변산도

- 변산도 혹은 산포도는 점수들이 집중경향을 중심으로 흩어져 있는 정도, 즉 한 분포 내의 사례들이 변수값에 따라 어떤 형태로 분포되어 있는지를 나타내는 정도를 의미하며, 범위와 사분위 범위, 표준편차, 분산 등을 들 수 있음

3. 가설 검증의 오류

- 1종 오류: 실제로 영가설이 참이지만, 이를 기각할 때 발생하며 α오류라고도 함
- 2종 오류: 연구가설이 옳고 영가설이 거짓이지만, 영가설을 채택할 때 발생하며 β오류라고도 함
- 유의수준(α): 영가설이 참이지만, 이를 기각할 확률, 즉 1종 오류를 범할 확률로 실제 차이 혹은 효과가 없는데도 차이 혹은 효과가 있다는 그릇된 결론을 내릴 확률
- 통계적 검증력: 영가설이 거짓일 때 기각할 수 있는 확률, 즉 2종 오류를 범하지 않을 확률(통계적 검증력=1−β)

사회복지사 1급자격시험 기출문제

01 다음 변수의 측정 수준에 따른 분석 방법이 옳지 않은 것은?

> ㄱ. 출신지역 : 도시, 도농복합, 농어촌, 기타
> ㄴ. 교육수준 : 무학, 초등학교 졸업, 중학교 졸업, 고등학교 졸업, 대졸 이상
> ㄷ. 가출경험 : 유, 무
> ㄹ. 연간기부금액 : (　　)만 원
> ㅁ. 연령 : 10대, 20대, 30대, 40대, 50대, 60대 이상

① ㄱ: 최빈값　② ㄴ: 중위수
③ ㄷ: 백분율　④ ㄹ: 범위
⑤ ㅁ: 산술평균

02 통계적 가설검증에 관한 설명으로 옳지 않은 것은?

① 영가설을 기각하면 연구가설이 잠정적으로 채택된다.
② 영가설은 연구가설과 대조되는 가설이다.
③ 통계치에 대한 확률(p)이 유의수준(α)보다 낮으면 영가설이 기각된다.
④ 연구가설은 표본의 통계치에 대한 가정이다.
⑤ 연구가설은 경험적으로 검증이 가능하여야 한다.

03 통계적 가설 검정에 관한 설명으로 옳지 않은 것은?

① 신뢰수준을 높이면 1종 오류를 줄일 수 있다.
② 유의수준을 낮추면 1종 오류가 늘어난다.
③ 유의확률이 유의수준보다 낮으면 영가설이 기각된다.
④ 2종 오류가 증가하면 통계적 검정력은 감소한다.
⑤ 2종 오류는 실제로는 참이 아닌 영가설을 기각하지 못하는 것을 말한다.

04 확률이론에 근거한 표본평균들의 표집분포(sampling distribution)에 관한 설명으로 옳지 않은 것은?

① 모집단의 평균이 100이면 표집분포의 평균도 100이다.
② 표준오차는 표집분포의 표준편차이다.
③ 표본크기와 상관없이 정규분포를 따른다.
④ 중심극한정리를 따른다.
⑤ 표본크기가 9배될 때 표준오차는 1/3로 감소한다.

정답 01 ⑤ 02 ④ 03 ② 04 ③

참고문헌

Reference

강길호 (2017). 사회과학논문 연구아이디어, 이렇게 찾는다. 고양: 피앤씨미디어.

강신익 외 18인 (2011). 과학철학: 흐름과 쟁점 그리고 확장. 파주: 창비.

강종수 (2019). 사회복지조사방법론(3판). 파주: 양서원.

공계순, 서인해 (2006). 증거기반 사회복지실천에 대한 이해와 한국에서의 적용가능성에 관한 연구. 사회복지연구, 31, 77-102.

권대훈 (2018). 사회과학 연구를 위한 통계학. 서울: 학지사

권중돈, 김유진, 엄태영 (2011). 노년기 자살행동 경험의 의미와 과정에 관한 근거이론 연구. 노인복지연구, 52, 419-446.

권지성, 변미희, 안재진, 최운선 (2018). 입양부모의 입양관련 활동경험에 관한 질적 사례연구. 사회복지실천과 연구, 15(2), 57-82.

김광웅 (1989). 사회과학연구방법론. 서울: 박영사.

김경동, 이온죽 (1989). 사회조사연구방법. 서울: 박영사.

김기덕, 김용석, 이정희, 전종설, 정익중 (2017). 사회조사론. 서울: 박영스토리.

김구 (2011). 사회과학 연구조사 방법론의 이해: 양적연구와 질적연구의 접근. 서울: 비앤엠북스.

김대환 (2021). 사회조사분석. 서울: 박영사.

김영석, 김경모, 백영민 (2017). 사회과학 조사방법. 파주: 나남출판.

김영종 (2007). 사회복지 조사방법론(2판). 서울: 학지사.

김영종 (2013). 사회복지 프로그램 개발과 평가. 서울: 학지사.

김진숙 (2011). 사회복지조사론. 서울: 신정.
김진우 (2018). 사회복지 프로그램 개발과 평가. 서울: EM실천.
김태성, 김기덕, 이채원, 홍백의 (2012). 사회복지조사론. 서울: 청목출판사.
김환준 (2004). 사회복지연구조사방법론. 파주: 나남출판.
남궁근 (2017). 행정조사방법론(제5판), 파주: 법문사.
박미원, 엄태완 (2018). 조현병을 가진 사람의 삶에 대한 현상학적 연구. 디지털융복합연구, 16(11), 521-533.
박승민 (2009). 증거기반 사회복지실천을 향하여: 흡연 임산부 금연프로그램의 효과성 · 지속성 · 비용효과성 분석. 극동사회복지저널, 5, 7-31.
배규한, 이기재 (2015). 통계조사방법론. 서울: 한국방송통신대학교출판문화원.
서인해, 공계순 (2004). 욕구조사의 이론과 실제. 파주: 나남출판.
서홍란 (2014). 보호관찰 지도감독에서의 증거기반실천의 적용. 보호관찰, 14(2), 7-51.
성태제, 시기자 (2014). 연구방법론(2판). 서울: 학지사.
성규탁 (1988). 사회복지행정론. 파주: 법문사.
손의성 (2013). 은퇴목회자의 우울과 고독감과 대처자원 관계 연구. 교회사회사업, 22, 7-42.
송진영 (2018). 다문화가정 자녀의 사회통합에 관한 문화기술적 연구. 교육문화연구, 24(6), 687-706.
신경림, 조명옥, 양진향 (2004). 질적 연구방법론. 서울: 이화여대출판부.
양병화 (2013). 조사와 통계 분석: 실전응용을 위한 SPSS 100% 활용. 서울: 학지사.
유기웅, 정종원, 김영석, 김한별 (2018). 질적 연구방법의 이해(개정판), 서울: 박영스토리.
유영준 (2014). 사회복지조사론의 이해. 서울: 학지사.
유혜령 (2011). 포스트 시대 질적 연구방법론의 경향과 논리: 해체와 생성의 패러다임. 유아교육연구, 31(6), 511-534.
이군희 (2014). 연구방법론의 이해. 파주: 법문사.
이남인 (2005). 현상학과 질적 연구: 응용현상학의 한 지평. 파주: 한길사.
이봉재 (2016). 사회복지조사론. 서울: 신정.
이훈영 (2018). 이훈영교수의 사회과학조사방법. 서울: 도서출판 청람.

정대연 (1996). 기초 사회통계학. 서울: 백산서당.

정무성 (2017). 사회복지 프로그램 개발과 평가(2판). 파주: 정민사.

조성우, 안정선, 최승희, 김상곤 (2018). 쉽게 배우고 바로 활용하는 사회복지 프로그램 개발과 평가. 서울: 학지사.

조영달 (2015). 질적연구방법론[이론편]: 학교와 수업 연구의 새 지평. 서울: 드림피그.

주재홍, 김영천 (2012). 질적 연구의 지적 전통으로서 포스트모더니즘: 그 방법적 이슈들. 교육인류학연구, 15(3), 29-61.

채구묵 (2015). 사회복지조사방법론. 파주: 양서원.

채서일 (2011). 사회과학조사방법론(3판). 서울: 비앤엠북스.

채서일, 김주영 (2016). 사회과학조사방법론(4판). 서울: 비앤엠북스.

최선희 (2018). 사회복지조사방법론(2판). 파주: 공동체.

최성재 (2005). 사회복지조사방법론. 파주: 나남출판.

최지영 (2009). 대학상담: 장애대학생의 대학생활 적응에 관한 현상학적 연구. 상담학연구, 10(4), 2571-2589.

한동우 (2000). 사회복지 프로그램 평가의 방향과 실천. 2000년 추계학술대회 및 워크숍자료. 한국사회복지행정학회.

황성동 (2015). 알기 쉬운 사회복지조사방법론(2판). 서울: 학지사.

황성철 (2005). 사회복지 프로그램 개발과 평가. 고양: 공동체.

Barlow, D., & M. Hersen. (1984). *Single Case Experimental Designs: Strategies for Studying Behavior Change*. New York: Pergamon Press.

Baron, R. M., & Kenny, D. A. (1986). The Moderator-Mediator variable distinction in social psychological research: Conceptual, Strategic, and Statistical Considerations. *Journal of Personality and Social Psychology*, *51*, 1173-1182.

Bradshaw, J. (1972). The Concept of Social Need. *New Society*, *30*, 640-643.

Bryman, A. (2008). Social Research Methods. New York: Oxford University Press.

Campbell, D. T., & Stanley, J. C. (1963). *Experimental and Quasi-Experimental Designs for Research*. Chicago: Rand McNally.

Cournoyer, D. E., & Klein, W. C. (2000). *Research Methods for Social Work*. Boston: Allyn and Bacon.

Creswell, J. W. (2013). *Qualitative inquiry and research design: Choosing among five different approaches*(3rd. ed.). Thousand Oaks, CA: Sage.

Frankfort–Nachmias, C., & Nachmias, D. (2000). *Research Methods in the Social Sciences*(6th ed.) New York: Worth Publishers.

Gambrill, E. D. (2006). Evidence–based practice and policy: Choices ahead. *Research on Social Work Practice, 16*, 338–357.

Guba, E. G., & Lincoln, Y. S. (1981). Effective evaluation. San Francisco: Jossey–Bass.

Hair, J. F., Black, W. C., Babin, B. J., Anderson, R. E., & Tatham, R. L. (2006). *Multivariate Data Analysis*(6th ed). Upper Saddle River. NJ: Pearson Education Inc.

Kazdin, A. E. (1992). *Research Design in Clinical Psychology*. Needham Heights, MA: Allyn and Bacon.

Kuhn, T. (1970). *The Structure of Scientific Revolutions*. Chicago, IL: University of Chicago Press.

Ladyman, J. (2002). *Understanding philosophy of science*. New York, NY: Routledge.

Losee, J. (1993). *A historical introduction to the philosophy of science*(3rd ed.). Oxford: Oxford University Press.

Maslow, A. H. (1954). *Motivation and Personality*. New York: Harper & Row.

Merriam, S. B. (2009). *Qualitative Research: A Guide to Design and Implementation*. San Francisco, CA: Jossey–Bass.

Monette, D. R., Sullivan, T. J., & Dejong, C. R. (2011). *Applied Social Research: Tool for the Human Services*. Belmont, CA: Brooks/Cole.

Osgood, C. E. (1957). The Measurement of the Meaning. *Psychological Bulletin, 49*, 197–237.

Padgett, D. K. (1998). *Qualitative Method in Social Work Research: Challenge and Reward*. Sage Publications, Inc.

Reid, W. J., & Smith, A. D. (1981). *Research in Social Work*. New York: Columbia University Press.

Royse, D. (2011). *Research Methods in Social Work*(6th ed.). Belmont, CA: Brooks/Cole-Cengage Learning.

Rubin, A. (2008). *Practitioner's Guide to Using Research for Evidence-Based Practice*. Hoboken, NJ: John Wiley & Sons, Inc.

Rubin, A., & Babbie, E. R. (2014). *Research Methods for Social Work*(8th ed.). Belmont, CA: Thomson Brooks/Cole.

Strauss, A., & Corbin, J. (1998). *Basics of qualitative research: Techniques and procedures for developing grounded theory*(2nd ed.). Thousand Oaks, CA: Sage.

Wallace, W. (1971). *The Logic of Science in Sociology*. Aldine, Atherton, Inc.

Wimmer, R. D., & Dominick, J. R. (1994). *Mass Media Research: An Introduction*(4th ed.). CA: Wadsworth.

Zastrow, C. (1999). *The Practice of Social Work*(6th ed.). Practice Grove, CA: Brooks/Cole.

찾아보기 Index

[내용]

[ㄱ]

[ㄴ]

[ㄷ]

[ㄹ]

[ㅁ]

저자소개

조학래

연세대학교 사회사업학과 졸업
연세대학교 대학원 사회복지학과 졸업(문학석사)
연세대학교 대학원 사회복지학과 졸업(문학박사)
전, 태화기독교사회복지연구소 소장
전, 송강사회복지관 관장
현, 한국침례신학대학교 사회복지학과 교수
hlcho@kbtus.ac.kr

사회복지조사의 이해(3판)

초판발행 2020년 3월 10일 **1판 1쇄 발행** | 2020년 9월 10일 **1판 2쇄 발행** |
2021년 3월 10일 **1판 3쇄 발행**
2판발행 2022년 3월 10일 **2판 1쇄 발행** | 2022년 9월 10일 **2판 2쇄 발행** |
3판발행 2024년 3월 10일 **3판 1쇄 발행** | 2024년 9월 10일 **3판 2쇄 발행**

지은이 조학래
펴낸이 최용구 | **펴낸곳** **도서출판 신정**
주소 (04316) 서울시 용산구 원효로 89길 19(원효로1가)
전화 02)3211-4782, 0266(영업부), 3211-4783(편집부), 3211-4784(팩스)
이메일 shinjeong72@naver.com | **홈페이지** www.sjbook.co.kr
등록 2001년 5월 11일 제13-702호
기획마케팅 최용구 장만동 최충구 송대용 | **책임편집** 석기은 황가연 | **표지** SDY

ISBN 978-89-5912-901-0 93330
정가 25,000원